U0823683

2017 年度教育部哲学社会科学研究后期资助项目“日语语言游戏研究”
（项目编号:17JHQ049）阶段性成果
湖南科技大学外国语言文学学科“双一流”建设学术成果

日语语言游戏实例精华（续篇）

王程辉　编著

苏州大学出版社

图书在版编目(CIP)数据

日语语言游戏实例精华：续篇 / 王程辉编著. --苏州：苏州大学出版社，2023.2
ISBN 978-7-5672-4196-1

Ⅰ.①日… Ⅱ.①王… Ⅲ.①日语—自学参考资料 Ⅳ.①H36

中国版本图书馆 CIP 数据核字(2022)第 250168 号

书　　名：日语语言游戏实例精华(续篇)

编 著 者：王程辉
责任编辑：汤定军
装帧设计：刘　俊

出版发行：苏州大学出版社(Soochow University Press)
社　　址：苏州市十梓街 1 号　邮编：215006
印　　装：江苏凤凰数码印务有限公司
网　　址：www.sudapress.com
邮　　箱：sdcbs@suda.edu.cn
销售热线：0512-67481020

开　　本：700 mm×1 000 mm　1/16　印张：21.25　字数：316 千
版　　次：2023 年 2 月第 1 版
印　　次：2023 年 2 月第 1 次印刷
书　　号：ISBN 978-7-5672-4196-1
定　　价：88.00 元

凡购本社图书发现印装错误，请与本社联系调换。
服务热线：0512-67481020

说　明

一、括号中的页码如果没有特别注明，均指铃木堂三的《新版日语语言游戏词典》。

二、本书与《日语语言游戏实例精华》为姊妹篇，互相补充。《日语语言游戏实例精华》中论述过的内容，本书不再赘述。同时，两本书与即将出版的《日语语言游戏研究》构成“日语语言游戏研究三部曲”。

三、关于书中每个词条中关键词的解释，如果在本书前面出现过相关单词的解释，后文则不再对该词重复解释。

四、每一个条目最前面选取的关键词一般是产生双关语的日语词汇。戏仿的句子选择本体的第一个词汇。

目 录

第一部分 基础型语言游戏

第一章 戏仿 …… 2
第二章 歇后语 …… 5
第三章 无理问答 …… 53
第四章 两段谜语 …… 106

第二部分 三段谜语

第一章 字词 …… 124
　第一节 拟声词 …… 124
　第二节 字谜 …… 131
第二章 百科 …… 146
　第一节 弈棋 …… 146
　第二节 度量衡 …… 151
　第三节 人文地理 …… 153
　第四节 节日月份 …… 175
　第五节 衣服 …… 188
　第六节 医疗 …… 192
　第七节 饮食 …… 199
　第八节 居住 …… 222
　第九节 航行 …… 226

第十节　娱乐 …………………………………………………… 235
第十一节　身体 ………………………………………………… 250
第三章　婚姻家庭 ……………………………………………… 253
第一节　爱情 …………………………………………………… 253
第二节　夫妻 …………………………………………………… 262
第三节　父母子女 ……………………………………………… 269
第四章　各行各业 ……………………………………………… 278
第一节　政治与司法 …………………………………………… 278
第二节　主仆 …………………………………………………… 283
第三节　工匠与工艺 …………………………………………… 285
第四节　学习 …………………………………………………… 289
第五节　商业 …………………………………………………… 294
第五章　动植物 ………………………………………………… 305
第一节　花木 …………………………………………………… 305
第二节　鸟 ……………………………………………………… 307
第三节　鱼 ……………………………………………………… 310
第四节　虫 ……………………………………………………… 313
第五节　其他 …………………………………………………… 315
第六章　人物 …………………………………………………… 321

附录:《日汉大辞典》中的语言游戏……………………………… 325
参考文献 ………………………………………………………… 331

第一部分

基础型语言游戏

第一章

戏　仿

1.〖あくじ〗〖本体〗悪事千里を走り。〖戏仿〗百事便利をはかり(622)。〖翻译〗好事不出门，恶事行千里。〖戏仿〗一切事情着眼于便利。

2.〖あんずる〗〖本体〗案ずるより生むが易しい。〖戏仿〗饅頭よりは芋が易しい(632)。〖翻译〗百思不如一试。想来难上难，做起来却简单。〖戏仿〗比起馒头，芋头更便宜。

3.〖いわし〗〖本体〗鰯のかぶも信心から。〖戏仿〗火鉢の鐶も真鍮から(622)。〖翻译〗精诚所至，金石为开。心诚则灵。〖戏仿〗火盆的环也是黄铜炼成的。〖解析〗火盆是在底层积灰上放置炭火，用于暖手、热茶的用具。

4.〖うそ〗〖本体〗嘘から出た誠（まこと）。〖戏仿〗嫁から出た孫子(640)。〖翻译〗弄假成真。〖戏仿〗儿媳生出来的孙子。

5.〖えんいん〗〖本体〗延引は時間の賊。〖戏仿〗堪忍は自身の徳(573)。〖翻译〗延宕是时间的窃贼。〖戏仿〗忍耐本身即美德。

6.〖おき〗〖本体〗沖の暗いのに白帆が見える。〖戏仿〗奥の暗いのに白歯が見える(563)。〖翻译〗黑暗的海上能够看到白帆。〖戏仿〗黑暗的深处能看到人的洁白牙齿。

7.〖おび〗〖本体〗帯に短し襷に長い。〖戏仿〗鬼にゃ短し狸にゃ長し(565)。〖翻译〗高不成，低不就。〖戏仿〗鬼叫，声短；狐狸叫，声音长。

8.〖き〗〖本体〗木を頼まば大木を頼め。〖戏仿〗火を煽がば扇を頼め(623)。〖翻译〗如果找木材支撑，最好找巨木支撑。〖戏仿〗如果煽风点火，就需要扇子。

9.〖こうし〗〖本体〗孔子も時に会わず。〖戏仿〗拍子木時に合わず(623)。〖翻译〗孔子也有遭遇厄运的时候。〖戏仿〗梆子也有不合音乐节拍的时候。

10.〖こうぼう〗〖本体〗弘法も筆のあやまり。〖戏仿〗兵法も腕のかたまり。〖翻译〗弘法大师也有写错字的时候;智者千虑,必有一失。〖戏仿〗兵法也能成为手腕的肌肉疙瘩;抽象的理论也有助于实际生活。

11.〖ごまめ〗〖本体〗ごまめの歯ぎしり。〖戏仿〗お前の歯ぎしり(565)。〖翻译〗胳膊拧不过大腿。〖戏仿〗您睡觉时磨牙。〖解析〗「ごまめ」为海蜒或小鳀鱼干。小鳀鱼干制作工艺为:将鳀鱼幼鱼晒干,干炒后用砂糖和酱油煮,在日本用作新年菜肴。

12.〖さん〗〖本体〗三井晩鐘。〖戏仿〗三井繁昌。〖翻译〗三井晚钟。〖戏仿〗三井繁昌。〖解析〗《三井晚钟》为歌川广重的一幅画,内容是夕阳将天空染成枯黄色。

13.〖ぜんしゃ〗〖本体〗前車の覆るは後車の戒めとす。〖戏仿〗貧者の苦しがるをみて驕奢の誡めとす(623)。〖翻译〗前车之覆,后车之鉴。〖戏仿〗看到穷人的痛苦,对于骄奢是一种劝诫。

14.〖ちょうじゃ〗〖本体〗長者の万灯貧者の一灯。〖戏仿〗相場の繁昌損の一統(596)。〖翻译〗穷人诚心诚意献上的一点点供品比富人风光体面的供品更有功德。〖戏仿〗股市一律亏损。〖解析〗本体表示心诚为贵;宫灯万盏,不如油灯一盏。比喻诚意比表面做作更可贵。关于富人的另一个谚语为"多此一举;本来已经太多,再添上一些"「長者の脛に味噌を塗る」。

15.〖ちり〗〖本体〗塵も積もれば山となる。〖戏仿〗霧も曇れば闇となる(576)。〖翻译〗积沙成塔。〖戏仿〗大雾弥漫,一团黑暗。

16.〖ちんこう〗〖本体〗沈香も焚かず屁もひらず。〖戏仿〗貧乏酒で目がさめず(623)〖本体〗既不发出香味,也不放出臭味。比喻"不求有功,但求无过"。〖戏仿〗一文不名喝酒,长睡不醒。

17.〖にんげん〗〖本体〗人間万事塞翁が馬。〖戏仿〗日本万事西洋の真似(612)。〖汉语〗〖本体〗人世间福祸相倚。〖戏仿〗日本一切都是模仿西方。〖解析〗戏仿揭示了日本善于向西方学习的品质。

18.〖ひら〗〖本体〗比良の暮雪。〖戏仿〗冷のおはち(623)。〖翻译〗比良暮雪。〖戏仿〗冰冷的火山口;冰冷的饭桶。〖解析〗比良山地在日本滋贺县西部、琵琶湖西岸,以近江八景之一的比良暮雪闻名。近江其他七景包括石山秋月、濑田夕照、粟津晴岚、矢桥归帆、三井晚钟、唐崎夜雨、坚田落雁。

19.〖ひん〗〖本体〗貧の盗みに恋の歌。〖戏仿〗備後の薄べり恋の歌(623)。〖翻译〗贫则盗,恋则歌。〖戏仿〗备后国的凉席、恋爱时的歌。〖解析〗备后古国位于今天广岛县东部。

20.〖み〗〖本体〗身を捨ててこそ浮かぶ瀬もあれ。〖戏仿〗ひのくれてこそ草臥れ旅(622)。〖翻译〗破釜沉舟。唯有肯牺牲,才能成功。天无绝人之路。即使遇到一时的不幸,也不必失望或发愁。〖戏仿〗正因为天色变黑,才觉得旅途特别劳累。

21.〖ゆきがけ〗〖本体〗行き掛けの駄賃。〖戏仿〗朝駆けの駄賃。〖翻译〗顺便稍带做的事情。比喻"办事极其容易,轻而易举"。〖戏仿〗早晨马精力充沛,多驮点东西算不了什么。

22.〖よめ〗〖本体〗夜目遠目笠の内。〖戏仿〗嫁当時母の内(640)。〖翻译〗女性三美:月黑头、离得远、斗笠下。在黑夜、远处、斗笠下,女性显得比实际更美。〖戏仿〗女儿出嫁时母亲当时的心情。〖解析〗关于斗笠,日语还有其他习语:「笠に着る」表示"仗势欺人,狐假虎威,卖弄人情"。「笠の台」意为"脑袋",「笠の台が飛ぶ」表示"斩首,革职",「笠の台の生き別れ」表示"被斩首,身首异处"。

23.〖らく〗〖本体〗楽あれば苦あり。〖戏仿〗百あれば苦あり(622)。〖翻译〗有乐就有苦。〖戏仿〗如果希望活到一百岁,就要能吃苦。

第二章

歇后语

24.〖あう・おう〗〖日语〗背中の鉄砲:負うて放したい(685)。〖汉语〗背上背着大炮:在背上开炮。另一意义:想见面说话「逢うて話したい」。〖解析〗日语中,「負う」(背负)与「逢う」(相见)发音相似,「話し」(说话)与「放し」(放炮)发音相似。

25.〖あかじ・たらい〗〖日语〗赤子(あかご)の行水(ぎょうずい)で盥(たらい)で泣(な)いている(643)。〖汉语〗用大盆给小孩洗澡,孩子不想洗澡,在澡盆那里哭泣。另一意义:(家庭主妇、公司经理、大学教授等)经费不足,出现赤字,一筹莫展,暗自伤心落泪。〖解析〗日语中,「あかじ」既表示“婴儿”「赤児」,又表示“赤字”「赤字」,「たらい」既表示“水盆”「盥(たらい)」,又与「足らない」(经费不足)发音相似。

26.〖あがったりさがったり・あげたりさげたり〗①〖日语〗一人葺の屋根屋であがったりさがったり(708)。〖汉语〗一个人修葺屋顶:上上下下。另一意义:情绪一会儿高涨,一会儿低落。〖解析〗日语中,「あがったりさがったり」表示物体、情绪、行情等的“上上下下”。②〖日语〗びっこの提灯持で:上げたり下げたり(708)。〖汉语〗跛子的灯笼:一上一下。③〖日语〗井戸替の釣瓶で:上げたり下げたり(649)。〖汉语〗淘井时的吊桶:七上八下。〖解析〗淘井又称洗井,指将井中的水基本淘干后清除杂质淤泥。

27.〖あがる〗①〖日语〗貧乏人の子やらいで:ぼろで上がる(710)。〖汉语〗贫穷人的孩子:穿着破烂不堪的衣服去学校上学。另一意义:秋冬之交的阵雨后天气放晴。②〖日语〗北海道の鰯:目から先へ上がる(714)。

〖汉语〗北海道捕获的沙丁鱼：眼睛最先变质。另一意义：人衰老从眼睛开始。

28. 〖あかん〗〖日语〗稗島のお医者さんで：あかんさん（707）。〖汉语〗稗岛的医生：医术不行。

29. 〖あきはてる〗〖日语〗貫の祭りで：秋（厭き）果てる（701）。〖汉语〗贯山庄的典仪：秋末举行。另一意义：厌烦透顶。〖解析〗日语中，「あきはてる」既表示"秋末"「秋果てる」，又表示"极度厌烦"「厭き果てる」。贯山庄位于福冈县企救郡（北九州市小仓北区）。以前，典仪在秋末霜月十五日举行。

30. 〖あける・くさい〗〖日语〗八歳の小児で：明ければ九歳（705）。〖汉语〗八岁的孩子：新年到了，就是九岁。另一意义：打开容器，里面盛的东西臭不可闻。〖解析〗日语中，「あける」既表示"打开"「開ける」，又表示"过年"「明ける」；「くさい」既表示"九岁"「九歳」，又表示"臭"「臭い」。

31. 〖あし〗〖日语〗達磨人形で：おあしがない（690）。〖汉语〗不倒翁：没有脚。另一意义：没有钱。〖解析〗日语中，「おあし」既表示尊称"您的脚"，又表示"钱"。

32. 〖あしあがり〗①〖日语〗足袋屋の看板で：足上がりじゃ（690）。〖汉语〗袜子店的招牌：脚朝上。另一意义：失势，被驱逐出权力中心。②〖日语〗吉野の蔵王権現さんで：片足上がってる（725）。〖汉语〗吉野的藏王权现：一只脚向上。另一意义：失掉依靠，失业。〖解析〗日语中，「あしがあがる」既表示"脚向上"，又表示"被解雇"。"藏王权现"指吉野山金峰山寺中的藏王菩萨。他的形象为右手持三钴杵、左手按着腹部、右足向上。

33. 〖あしたこい〗〖日语〗釣れぬ魚釣り：あした来い（692）。〖汉语〗钓不到鱼：明天再来。另一意义：滚蛋。

34. 〖あすおきて〗〖日语〗戸隠山の鳥で：明日起きて巣造ろう（696）。〖汉语〗户隐山的鸟：明天起来再筑巢。另一意义：将事情一推再推。〖解析〗户隐山位于长野县北部，山上有户隐神社，作为信仰之山自古闻名。

35.〖あずき〗〖日语〗小豆の豆腐:無いこと(644)。〖汉语〗红小豆做豆腐:不可能。〖解析〗豆腐为白色,红小豆不能制作成白豆腐。

36.〖あたまがおおきい〗〖日语〗頼朝様の子孫で:頭が大きい(726)。〖汉语〗赖朝的子孙:头大。另一意义:愚蠢。

37.〖あたる〗①〖日语〗下手の鉄砲で:当たったことはない(712)。〖汉语〗不精准的大炮:无法击中目标。另一意义:没有中签或中奖。②〖日语〗近眼の楊弓と来て:当てが違う(691)。〖汉语〗近视眼射箭:不能射中目标。另一意义:指望落空。〖解析〗日语中,「あて」既表示"碰上",又表示"指望"。③〖日语〗楊弓の上手で:当ててじゃ(725)。〖汉语〗杨柳弓手高手:百发百中。另一意义:预言很准。

38.〖あちこち〗〖日语〗股ぐら膏薬で:あっち付きこっち付き(716)。〖汉语〗胯部的膏药:这边有,那边也有。另一意义:骑墙派。

39.〖あな・あらさがす〗〖日语〗石垣の蟹:穴を探す(647)。〖汉语〗石头墙里的螃蟹:找洞穴。另一意义:找毛病,搜集他人的缺点。〖解析〗日语中,「あらさがす」既表示"找洞穴",又表示"找茬"。

40.〖あなどる〗〖日语〗石垣の鰻で:侮ってじゃ(647)。〖汉语〗石头墙里的鳗鱼:挖洞。另一意义:欺负人。〖解析〗日语中,「あなどる」既表示"挖洞"「穴摺る」,又表示"欺负人"「侮る」。「あなずる」是「あなどる」的文言语。

41.〖あめ〗〖日语〗日暮れの薦編みで:明日編め(雨)(708)。〖汉语〗编织草席,时间到了晚上:现在停下来,明天继续编织。另一意义:明天有雨。

42.〖あわ〗〖日语〗遠乗りの馬で:泡吹いてる(695)。〖汉语〗长途跋涉的马:因为疲劳,嘴角冒泡沫。另一意义:惊讶,慌里慌张。〖解析〗「泡吹く」意义等同于「泡を食う」和「あわてる」,表示"慌里慌张"。

43.〖あん〗〖日语〗饅頭屋の違いで:餡(案)違い(716)。〖汉语〗制作包子的老板犯错误:弄错了馅。另一意义:出乎预料。〖解析〗日语中,「あん」

既表示“馅”「餡」，又表示“方案，思考，计划”「案」。“不出意料”是「案に違わず」。

44.〖あんしん〗〖日语〗按摩の新兵衛はんで：按新（安心）（646）。〖汉语〗刚刚进入按摩业：按摩新手。另一意义：安心。〖解析〗日语中，「あんしん」既表示“按摩新手”「按新」，又表示“安心”「安心」。

45.〖あんずる〗〖日语〗破れ饅頭で：あんずる（案ずる）ばかり（722）。〖汉语〗馒头破了：只剩下馅。另一意义：一直担心。

46.〖あんつく〗〖日语〗饅頭屋の臼で：餡搗く（716）。〖汉语〗包子店的臼：用来捣馅。另一意义：笨蛋。

47.〖あんま・あんまり〗〖日语〗按摩の理屈で：あんまりひどい（646）。〖汉语〗按摩的道理：用力按摩。另一意义：过分。〖解析〗日语中，「按摩」与表示“过分”的「あまり」或「あんまり」发音相似，如“说得也太过分了”「余りと言えばあまりのことばだ」、“过分的说法”「あんまりな言いぐさだ」。

48.〖いう・ゆ〗①〖日语〗饂飩屋の釜で：ゆうばかり（653）。〖汉语〗面条店的锅：净是开水。另一意义：只说不做。〖解析〗日语中，「ゆ」既表示“开水”「湯」，又与表示“说话”的「言う」发音相近。大阪方言中，「湯」为「ゆう」。②〖日语〗坊主の頭で：結う事ない（713）。〖汉语〗和尚的头：没有梳过头发。另一意义：没有说过某句话。〖解析〗日语中，「結う」表示“梳理，梳扎”，与表示“说”的「言う」发音近似。

49.〖いたばかり〗〖日语〗天神様の壁で：板ばかり（694）。〖汉语〗供奉天神的墙壁：只有木板。另一意义：刚刚离开。〖解析〗日语中，「いたばかり」既表示“只有木板”「板ばかり」，又与表示“刚走”的「行ったばかり」发音相似。

50.〖いたみいる〗〖日语〗池田(いけだ)の牛(うし)：伊丹入ります（647）。〖汉语〗池田的牛:进入伊丹境内。另一意义:于心不安,过意不去。〖解析〗"进入伊丹境内"的日语与「痛(いた)み入(い)ります」(惶恐,不敢当)发音近似,如"承蒙亲切接待,于心不安"「ご親切に痛み入ります」。伊丹在兵库县东南部,为大阪国际机场所在地,池田为伊丹相邻地区,池田的牛很容易进入伊丹境内。

51.〖いちもん〗〖日语〗無地の羽織で:一紋(文)あし(718)。〖汉语〗素色的和服外褂:没有花纹。另一意义:一文不名,家徒四壁。〖解析〗日语中,「いちもん」既表示"一个花纹"「一紋」,又表示"一分钱"「一文」。日语有谚语「一文にもならぬ」(没有丝毫价值,毫无益处,白费力气)。

52.〖いったきり〗〖日语〗豆の使に鳩で:行ったきり(716)。〖汉语〗豆子的使者见鸽子:有去无回。汉语相似歇后语为"肉包子打狗,有去无回"。

53.〖いっとう〗〖日语〗一斗二升五合:ご商売、ますます繁盛。〖汉语〗一斗二升五合:祝生意日益兴隆。〖解析〗「一斗」是「五升の倍」,其发音与「ご商売」基本一样。「二升」意思是「升(ます)」有两个,也就是「ますます」。「五合」是一升的一半「半升(はんしょう)」,与「繁盛(はんじょう)」发音相似。合起来是"祝生意日益兴隆"「ご商売、ますます繁盛」。

54.〖いなし〗〖日语〗下手な網打ちで:いなしてじゃ(712)。〖汉语〗笨渔夫撒网:有漏网之鱼。另一意义:贬低。〖解析〗日语中,「いなし」既表示"逃走",又表示"诋毁"。

55.〖いま〗〖日语〗坊主さんの夜這で:居間(いま)から(713)。〖汉语〗小孩晚上爬:从起居室开始,到其他房间。另一意义:从现在开始。〖解析〗日语中,「いま」既表示"起居室"「居間」,又表示"现在"「今」。

56.〖いまいち〗〖日语〗日光の手前で:今市だ(700)。〖汉语〗日光的近邻:今市市。另一意义:同样商品库存还有一个。〖解析〗日语中,「いまいち」既表示"今市",又表示"还有一个"。

57.〖いれる〗〖日语〗椀櫃で:親も子も入れる(728)。〖汉语〗碗柜:父

亲和孩子的碗都放到里面。另一意义：儿媳妇和公公有私情。

58.〖いわしいわす〗〖日语〗柊の無い年越で：鰯(言わし)ておいてじゃ(707)。〖汉语〗过年时没有柊：只能用沙丁鱼。另一意义：让人说话。〖解析〗日语中，「いわし」表示“沙丁鱼”「鰯」，又与「言わす」(让人说话)发音相近。柊树叶和果实可以用作圣诞节装饰。在日本，立春前夜将树枝和沙丁鱼头插在门口，作驱邪护符。

59.〖いわぬ〗〖日语〗石の地蔵で：物言わぬ(648)。〖汉语〗石头地藏菩萨：不言不语。另一意义：不泄露秘密。

60.〖うえ〗〖日语〗頭の上のおできで：この上なし(644)。〖汉语〗头顶上生疮：没有比它更高的了。另一意义：最高水平(再好没有了)。〖解析〗「おでき」是「できもの」的礼貌语，表示“脓肿，疮，疖子，脓疱”。汉语对等歇后语为“飞机上挂暖瓶——高水平”。

61.〖うく〗〖日语〗生木の筏：気(木)が浮かん(699)。〖汉语〗用砍倒而未干燥的树制成的木筏：浮不起来。另一意义：不高兴。〖解析〗日语中，「浮く」既表示“物体漂浮在表面、空中或水中”，又表示“兴高采烈，兴致勃勃”。

62.〖うごかない〗〖日语〗絵にかいた地震で：動かない(655)。〖汉语〗画中地震：地面纹丝不动。另一意义：比喻人没有行动。〖解析〗日语中，「うごかない」既表示“大地没有震动”，又表示“人没有行动”。

63.〖うしなう〗〖日语〗貧乏の百姓で：失う(牛無う)てじゃ(710)。〖汉语〗穷人：没有牛。另一意义：丢失。

64.〖うすぼんやり〗〖日语〗夜明けの行灯で：薄ぼんやり(724)。〖汉语〗拂晓的灯：灯光暗淡。另一意义：愚蠢。

65.〖うちわ〗〖日语〗深草の名物で：团扇(内輪)(711)。〖汉语〗深草的名产：团扇。另一意义：都是自己一方的人。〖解析〗深草为日本京都南部伏见区的住宅区。

66.〖うまい〗〖日语〗(718)宫重大根:旨い。〖汉语〗宫重萝卜:美味。另一意义:容易。〖解析〗日语中,「うまい」既表示"美味",又表示"容易"。宫重萝卜主要种植于以爱知县春日井为中心的地区。

67.〖うるさい〗〖日语〗店屋の菜で:売る菜(694)。〖汉语〗商店的菜:用来出售。另一意义:吵死了。〖解析〗日语中,「うるさい」既表示"用来出售的菜"「売る菜」,又表示"嘈杂"「煩(うるさ)い」。

68.〖おうけん〗〖日语〗不動様の剣で:おうけん(711)。〖汉语〗不动明王的宝剑:明王的武器。另一意义:无法接受。

69.〖おがでる〗〖日语〗いかのぼりの日の丸で:尾が出る(646)。〖汉语〗画有太阳图案的风筝:露出尾巴。另一意义:露出真实面目。〖解析〗日语中,「尾が出る」既表示"露出尾巴",又表示"露出真实面目"。画有太阳图案的风筝刚升空时,人们以为是朝阳。等到风筝尾巴露出来,人们才知道真相:这是风筝,不是太阳。

70.〖おきどころ〗〖日语〗振袖の手で:置き所なし(711)。〖汉语〗穿长袖和服的手:没有放袖子的地方。另一意义:没有容身之地。〖解析〗长袖和服为少女的盛装。日本古时未成年男子也穿这种和服,有大长袖和中长袖之分。

71.〖おくめん〗〖日语〗貧乏なお能役者で:置く面(臆面)なあ(710)。〖汉语〗贫穷的能乐演员:没有放能面具的地方。另一意义:厚颜无耻。〖解析〗维新后,能乐演员失去了保护者,日益贫穷。「臆面」表示"羞怯的神色"。「臆面も無く」表示"恬不知耻"。

72.〖おけっこう〗〖日语〗殿様の鶏で:御結構(697)。〖汉语〗大人物的鸡:咯咯叫。另一意义:很好。

73.〖おそがい〗〖日语〗夜中の粥で:遅粥(725)。〖汉语〗半夜煮粥:晚粥。另一意义:可怕。「おそがい」与「恐ろしい」发音相似。

74.〖おだてる〗〖日语〗焼物の稲荷:尾立てる(720)。〖汉语〗陶瓷器上的狐狸:尾巴竖起。另一意义:煽动,恭维。〖解析〗日语中,「おたてる」既表示“尾巴竖起”「尾立てる」,又与表示“恭维”的「煽てる」发音相近。陶瓷器上的狐狸尾巴一般为竖起状态。

75.〖おと〗①〖日语〗ほいとの博で:声ばかり(713)。〖汉语〗乞丐赌博:只是声音大,没有多少钱。②〖日语〗浜の松風:音ばかり(706)。〖汉语〗海滨传来的松树声音:只有声音,不见行动。③〖日语〗乾の雷:音ばかり(649)。〖汉语〗干打雷,不下雨:只听到雷声。另一意义:只有言辞,没有行动。

76.〖おなじなもの〗〖日语〗羅漢様の頭:同じようなものが並ぶこと(726)。〖汉语〗罗汉头:同样的东西摆在一起。另一意义:千人一面,千篇一律。

77.〖おひなさま〗〖日语〗お雛様で:いつも同じ着物だ(659)。〖汉语〗鸡雏:看起来一样。另一意义:很长一段时间,身上穿的衣服一成不变。〖解析〗日语中相似意思的表达为「着たきり雀」。

78.〖おもい〗〖日语〗休みなしの荷物で:重い通し(思い合った)(721)。〖汉语〗拿着行李,一直不休息:沉重。另一意义:想法一致,如:不谋而合的朋友「思い合った同士」。〖解析〗日语中,「おもい」既表示“沉重”「重い」,又表示“思念”「思い」。类似的歇后语有:石屋の転宅で:重い重い(思い思い)(648)。〖汉语〗石匠搬家:物品很重。

79.〖おもしろい〗〖日语〗黒い犬:面白くない(尾も白くない)(692)。〖汉语〗黑狗:尾巴也不白。另一意义:无聊。

80.〖かう・カア〗〖日语〗浅間山の鳥だ:銭も持たずにカアカアに(644)。〖汉语〗浅间山的乌鸦:没钱却叫个不停。另一意义:没钱却花钱无度。〖解析〗日语中,「買う買う」(花钱买东西)与乌鸦「カアカア」(嘎嘎叫)

发音相似。浅间山位于群马县和长野县境内，是一个安山岩质复合火山。

81. 〖かえす〗〖日语〗家鴨の卵で：かえすことを知らぬ（644）。〖汉语〗家鸭：不会孵蛋。另一意义：有去无回。〖解析〗日语中，「かえす」既表示"孵蛋"「孵す」，又表示"返还"「返す」。凡是孵化能力强的家禽，其产蛋量就低。所以，人们为了提高家鸭的产蛋量，就选择和保留了产蛋量高的品种。因为人们并不希望雌鸭刚生下几个蛋，就耗掉多天去孵卵。人类宁可用人工孵化方式高效率地解决鸭子的传宗接代问题，以便让雌鸭更安心地为人们产蛋。可以说，家鸭不孵蛋是人类驯化的结果。汉语对等歇后语是"肉包子打狗——有去无回"。

82. 〖かおにかかる〗〖日语〗入口の蜘蛛の巣で：顔にかかる（651）。〖汉语〗入口处的蜘蛛网：覆盖到脸上。另一意义：与面子有关。〖解析〗日语中，「かおにかかる」既表示"覆盖到脸上"，又表示"与名誉有关"。

83. 〖かかり・かかる〗①〖日语〗坊主の鉢巻：かかりがない（713）。〖汉语〗和尚的扎头带或缠头布，没有挂或扣的地方。另一意义：没有依靠。〖解析〗「かかり」指用手巾扎头或缠头。②とんびの糞で：かかり次第じゃ（697）。〖汉语〗老鹰的粪便：高空随意排泄。另一意义：随意花钱。〖解析〗日语中，「かかる」既表示"当空"「懸かる」，又表示"花费"「掛かる」。③〖日语〗細引医者：かかればきっと死ぬ（714）。〖汉语〗去庸医处就诊：病人必死无疑。另一意义：卷入其中，牵涉进去，没有好结果。

84. 〖かさにかかる〗〖日语〗深江の正月で：かさにかかってじゃ（710）。〖汉语〗深江的正月：挂着斗笠。另一意义：乘势攻击，盛气凌人。〖解析〗深江指日本长崎县岛原半岛东岸的深江町。

85. 〖かさね〗〖日语〗与右衛門の女房：（累）重ね重ね（724）。〖汉语〗与右卫门之妻：累。另一意义：越来越，越发；反复。〖解析〗日语中，「かさね」既表示"累"「累」，又表示"重复"「重ね」，如「重ね重ねおわびします」（再三

道歉）。《累》是日本江户初期的因缘故事。故事大概内容为：下总国羽生村百姓与右卫门之妻的名字为「累」，容貌丑陋，嫉妒心很强。后来，与右卫门将其杀死。「累」的冤魂不得安息。于是，她的鬼魂回到阳间复仇，向全族发泄怨恨，后在祐天上人的祈祷下得到解脱。这些情节成为净琉璃和歌舞伎的内容。

86.〖かしましい〗〖日语〗葦原雀で：かしましい（725）。〖汉语〗芦苇中的麻雀：七嘴八舌。另一意义：人多嘴杂，声音喧闹，让人受不了。

87.〖かずしれず・かずばかり〗①〖日语〗年寄の虱で：数知れず（696）。〖汉语〗老年人身上的虱子：数目很多。②〖日语〗継子の餅で：数ばかり（716）。〖汉语〗继子的年糕：量多质差。〖解析〗继子不是亲生，所以受虐待。

88.〖かたい〗〖日语〗昔の南京焼で：固い（718）。〖汉语〗以前的陶瓷器：坚硬。另一意义：人不随和。〖解析〗「南京焼」指明末到清朝时烧制的下等陶瓷器。

89.〖かたおもい・かたほうねつい〗①〖日语〗足袋屋の看板で：片思い（690）。〖汉语〗袜子店的招牌：一头重。另一意义：单相思。〖解析〗袜子店用袜子作为招牌。袜子悬挂起来，脚后跟一端重，会下沉，脚趾一端轻，会翘起来。②〖日语〗提灯に釣鐘で：片重い（691）。〖汉语〗灯笼和吊钟：一轻一重。另一意义：单相思。〖解析〗灯笼和吊钟形状相似，但轻重悬殊。③〖日语〗甘酒屋の荷で片方熱い（645）。〖汉语〗卖甜酒人的担子：一头热。另一意义：单相思。〖解析〗汉语对等歇后语是“剃头挑子——一头热”。日本货郎卖甜酒时，挑子一端是称重的天平，另一端是温酒的炉子，因此一头热。关于甜酒还有其他习语：「甘酒進上」为省略「此処まで御出で甘酒進上」的前半部分，表示“走到这里，给你好吃的”，是鼓励幼儿向前走路时讲的话。

90.〖かたばかり〗〖日语〗新野のお焼で：型ばかり（700）。〖汉语〗新野

烧饼:中看不中吃。个头大,不好吃。另一意义:循规蹈矩。

91.〖かたまる〗〖日语〗吊し柿で:へたに固まる(692)。〖汉语〗吊起的柿子:固执。另一意义:低水平原地徘徊,没有明显的进步或进展。〖解析〗「吊し柿」指将涩柿子去皮吊起风干后的干柿子。

92.〖かちかち〗①〖日语〗時計の針で:かちかち(696)。〖汉语〗手表的指针:滴答滴答。另一意义:胜利。〖解析〗日语中,「かちかち」既表示"滴答滴答",又表示"胜利"。②〖日语〗鼬の喧嘩で:負けてもかちかち(648)。〖汉语〗黄鼠狼吵架。另一意义:输了还嘴硬。〖解析〗日语中,「かちかち」既表示"黄鼠狼叫声",又表示"胜利"。

93.〖かどなみ〗〖日语〗祭りの提灯で:門並みだ(716)。〖汉语〗祭祀时的灯笼:鳞次栉比。另一意义:人人平等。

94.〖かなけ〗〖日语〗いい水で:金気なし(646)。〖汉语〗优质水:没有铁锈。另一意义:没有钱。〖解析〗日语中,「金気」既表示"铁锈,铁锈味",又表示"金钱"。铁锈指锅里煮出来的红黑色的东西。

95.〖かなわん〗〖日语〗仏の碗で:かなわん(643)。〖汉语〗老佛爷的碗:金色。另一意义:吃不消,受不了,敌不过,不允许。〖解析〗日语中,「かなわん」既表示"金碗"「金碗」,又表示"吃不消"「かなわん」。

96.〖かみすき〗〖日语〗羊で:紙好(髪梳)(708)。〖汉语〗羊:喜欢吃纸。另一意义:梳头。〖解析〗日语中,「かみ」既表示"纸",又表示"头发";「すき」既表示"喜欢",又表示"梳头"。纸与草的主要成分都是纤维素,所以羊喜欢吃纸。然而,在造纸过程中加了许多添加剂,这对其健康会产生或多或少的影响。

97.〖から〗①〖日语〗糠屋の鼠で:から騒ぎ(701)。〖汉语〗卖糠的商店的老鼠:在谷物的外壳里闹腾。另一意义:大惊小怪,无端地吵嚷。〖解析〗日语中,「から」既表示"将稻谷加工成糙米时脱下的稻壳",又表示"平白无故”。②〖日语〗朝鮮攻めで:から(韓)騒ぐじゃ(691)。〖汉语〗进攻朝鲜:朝鲜半岛骚动。另一意义:大惊小怪。〖解析〗日语中,「から」除了表示“平白无故”,日本古代还表示“朝鲜半岛”。

98.〖からむ〗〖日语〗糸屋の地震:絡む(649)。〖汉语〗纱线厂地震:线卷绕在一起。另一意义:胡搅蛮缠。〖解析〗日语中,「からむ」既表示“卷,绕”,又表示“密切相关”“无理取闹”。

99.〖かん〗〖日语〗関白太政大臣:ゆるり官(緩閑)(90)。〖汉语〗关白太政大臣:轻松的官职。另一意义:悠闲。〖解析〗日语中,「かん」既表示“官”「官」,又表示“闲”「閑」。“关白”意为处理天下万机,是辅佐天皇处理政务的最高职务。

100.〖かんかん〗〖日语〗日照りの田圃で:かんかん(708)。〖汉语〗阳光照射田地:火辣辣。另一意义:愤怒。〖解析〗日语中,「かんかん」既表示“阳光强烈照射”,又表示“生气”。

101.〖かんめ〗〖日语〗痩地の芋で:貫目がない(721)。〖汉语〗贫瘠田地里的芋头:没有重达一贯的芋头。另一意义:没有威严、威风、风度。〖解析〗一贯为3.75千克。日语中,「かんめ」既表示重量单位“一贯”,又表示“威严,威势”。

102.〖きえん〗〖日语〗つんぼの立聞きで:聞えん(692)。〖汉语〗聋人偷听:听不到。

103.〖きがうすい〗〖日语〗菩提造りで:きが薄い(714)。〖汉语〗菩提酒:像水一样清澈。另一意义:不感兴趣。

104.〖きがえ〗〖日语〗植木の交易で:木(着)替え(651)。〖汉语〗盆栽的交易:树木易手。另一意义:换衣服。〖解析〗日语中,「きがえ」既表示“树木易手”「木替え」,又表示“更衣”「着替え」。

105.〖きがおおい〗〖日语〗植木屋の庭で:木が多い(652)。〖汉语〗盆栽店的院子:树多。另一意义:贪得无厌,欲壑难填,见异思迁。〖解析〗日语中,「きがおおい」既表示“树多”「木が多い」,又表示“水性杨花,三心二意”「気が多い」。

106.〖きがおおきい〗〖日语〗①三津寺の楠:木(気)が大きな(717)。〖汉语〗三津寺的楠木:参天大树。另一意义:豁达大度。〖解析〗日语中,「きが大きな」既表示“树很大”,又表示“宽宏大量,有自信”。三津寺在大阪市南区,寺内楠木很大。②〖日语〗独活の大木で:木が弱い(653)。〖汉语〗土当归长大:大而无用。另一意义:大草包。〖解析〗日语自古有「独活の大木」的谚语,表示“‘独活’长大不成材,‘独活’长大只当柴”,这与土当归的特点有关:虽然它的茎最长可以到三米左右,但很柔软,没什么用处。日语有近似内容的川柳为「大男、総身に知恵が回りかね」。

107.〖きがしれぬ〗①〖日语〗深山の大雪で:気(木)が知れぬ(718)。〖汉语〗深山大雪:看不到树。另一意义:摸不透心思,难以捉摸。②〖日语〗櫨の木の梅檀で:気が(知)しれん(705)。〖汉语〗栌木和檀香:分不清楚木材的区别。另一意义:不知道其他人的心情。〖解析〗栌木和檀香的果实不一样,但木材很相似。

108.〖きがつく〗①〖日语〗硫黄屋の手間取りで:きが付く(646)。〖汉语〗引火木片生产商花费工夫:让硫黄附着在木片上。另一意义:注意到某事或某物。〖解析〗日语中,「きがつく」既表示“硫黄附着”「黄が付く」,又表示“注意”「気がつく」。引火木片是从燃着的炭火等处引火用的木片,以杉树、扁柏等的薄片一端涂上硫黄制成。「いおん」(硫黄)是引火木片的大阪方言。②〖日语〗日かげの庭で:気が付かぬ(707)。〖汉语〗阴影里的院子:不长树。另一意义:没有注意到。

109.〖きがない〗〖日语〗貧乏の材木屋で:木(気)がない(710)。〖汉语〗贫穷木材店:没有木材。另一意义:没有那个心情。

110. 〖きがまわる〗〖日语〗鬱金の臼で：木が廻る（652）。〖汉语〗姜黄色的臼：里面有木制的捣杵在转动。另一意义：推测，揣度，仔细。〖解析〗日语中，「きがまわる」既表示“木制的捣杵转动”「木が廻る」，又表示“猜想，捉摸，周全，无微不至”「気が回る」。有关的习语包括「臼と杵」（男女关系十分融洽，情投意合，如胶似漆）、「臼から杵」（用臼捣杵，事情本末倒置）。此处，臼隐喻女子，杵隐喻男子。

111. 〖きがもめる〗①〖日语〗日暮の山道：気がもめる（708）。〖汉语〗日暮走山路：树木杂乱交织。另一意义：忧心忡忡，焦虑不安。〖解析〗日语中，「きがもめる」既表示“树木杂乱交织”「木が揉める」，又表示“忧心忡忡”「気が揉める」。

112. 〖きがわるい〗〖日语〗流しの薪で：木がわるい（698）。〖汉语〗伸到水面的树枝（或流水中的木材）：质量不好。另一意义：心情不佳。

113. 〖きき〗〖日语〗香具師の丸薬で：効き（聞き）っこない（721）。〖汉语〗江湖游医的丸药：没有药效。另一意义：听不进去。〖解析〗日语中，「きき」既表示“效果”「効き」，又表示“入耳”「聞き」。有相似意义的谚语为「奥を聞こうより口聞け」（不用询问，其内心从话音便可揣测）。另一意义：探明真相的线索就在身边。

114. 〖きこえる〗〖日语〗道中の材木で：聞えた（717）。〖汉语〗道路中间横着树：从树上跨过去。另一意义：听得见，出名。〖解析〗日语中，“听得到”「聞こえる」包含了表示“树”的「木」和表示“跨越”的「越える」。

115. 〖きしんぱい〗〖日语〗宮寺普請で：きしんぱい（718）。〖汉语〗宫殿和寺庙的土木工程：为了木材而着急。另一意义：心神不宁。

116. 〖きぜん〗〖日语〗風呂樽の栓：木栓（711）。〖汉语〗洗澡桶的栓：木塞。另一意义：逞威风，耍威风，摆架子。〖解析〗日语中，「きぜん」表示“给人一种威势逼人或傲慢、目空一切的感觉”「毅然」。

117.〖きたかわ〗〖日语〗道端の竹の子で:着た皮もがれる(717)。〖汉语〗道路边的竹笋:(为了吃竹笋,人们将竹笋外面)穿着的衣服也剥去。另一意义:某人所有物一件件失去,靠变卖家产度日。

118.〖きたくも〗〖日语〗北国の晴天で:北雲(着たくも)ない(714)。〖汉语〗北国晴天:万里无云。另一意义:不想穿的衣服。

119.〖きたなり〗〖日语〗雛さんのべべで:着たなりじゃ(708)。〖汉语〗刚出生的鸡雏:只有身上一身衣。另一意义:没有换的衣服。

120.〖きづかい・とおい〗①〖日语〗難波の火事で:木津(きづ)(気遣)かいない(700)〖汉语〗南波发生火灾:与木津关系不大。另一意义:不用担心。〖解析〗日语中,「きづかい」既表示"木津",也表示"担心,忧虑"。南波与木津在大阪浪速区。以前,这两个地区之间有一条河。因此,如果南波发生火灾,木津还可以隔岸观火。空袭中,这条河被填埋,南波和木津连成一体。因此,上面的歇后语也不再符合实际情况。②〖日语〗本所の火事で:遠い遠い(715)。〖汉语〗本所火灾:远在天边。〖解析〗本所是位于东京都墨田区西南部、隅田川东岸的一个地区。对于隅田西岸的人来说,本所的火灾可能不关痛痒。隅田川是日本流经关东平原的荒川下游(东京都内)部分的河。始终坚持水质净化,有"言问桥"等众多名桥。③〖日语〗江戸の火事で:遠い話(655)。〖汉语〗江户发生火灾:遥远的地方发生的事情。另一意义:很古老的话题,很早很早以前的事情。〖解析〗日语中,「とおい」既表示"地理位置远",又表示"时间久远"。说话人显然是离江户较远的地方的人。

121.〖きってつぐ〗〖日语〗下手の大工で:切って継ぐ(712)。〖汉语〗拙劣的木匠:干完活后,因为不合格,锯掉重新做工。另一意义:返工。

122.〖きってもきれぬ〗〖日语〗ちびた鋸で:切っても切れぬ(691)。〖汉语〗用笨锯干活:想锯也锯不断。另一意义:感情深厚,切不断关系。

123.〖きっと〗〖日语〗鼬の鳴き声で:キットな(648)。〖汉语〗黄鼠狼

叫声。另一意义：确凿无疑。〖解析〗日语中，「キット」（黄鼠狼叫声）又表示"确定无疑"。

124. 〖きて〗〖日语〗絽の羽織で：来て（着て）いるか来て（着て）いぬか分からん（728）。〖汉语〗透明的薄纱衣服：穿了衣服，还是没有穿衣服？不太明白。另一意义：来，还是没来？不知道。〖解析〗日语中，「きて」既表示"穿"「着て」，又表示"来"「来て」。

125. 〖きどり〗〖日语〗下手の大工で：気取り（木取り）が悪い（712）。〖汉语〗手艺不高的匠人：下料不好。另一意义：装腔作势。〖解析〗日语中，「きどり」既表示"下料"（指从大型木材上截取各种用途的小型木材），又表示"作态；假装，冒充"。

126. 〖きにいる〗〖日语〗柳の虫で：き（木）に入った（722）。〖汉语〗柳树生虫：进入树皮之下。另一意义：喜欢。

127. 〖きのどく〗〖日语〗鳥の糞で：気（木）の毒（697）。〖汉语〗鸟粪：对树有毒。另一意义：可怜，于心不忍。

128. 〖きみ〗〖日语〗津野山の不作で：気味（黍）が悪い（692）。〖汉语〗津野山歉收：玉米收成不好。另一意义：感觉不好。〖解析〗日语中，「きみ」既表示"感觉"「気味」，又是「黍（きび）」（玉米）的古称。津野山在高知县高冈郡东津野村和梼原町附近。

129. 〖きもがおおきい〗〖日语〗水戸鮟鱇で：肝が大きい（718）。〖汉语〗水户的老头鱼：肝很大。另一意义：胆大包天。〖解析〗日语中，「きも」既表示"肝"，又表示"胆量"。日语有习语「鮟鱇の唖に噎せた様な人」（张着大嘴发呆的傻子）。水户位于茨城县中部那珂川流域。

130. 〖きゅうへい〗〖日语〗焼場の囲で：急塀（旧弊）（720）。〖汉语〗失火现场的围墙：需要紧急救援的围墙。另一意义：旷日持久的积弊。〖解析〗日语中，「きゅうへい」既表示"需要紧急救援的围墙"「急塀」，又表示"积弊"

「旧弊」。

131.〖きょう〗〖日语〗若狭街道で:今日(京)が始め(728)。〖汉语〗若狭街道:京城的开始。另一意义:从今天开始。〖解析〗日语中,「きょう」既表示"今日",又表示"京城"。京都于794年被定为日本的首都。若狭临近京都,又有海港,历来受到当权者的重视。

132.〖きらい〗〖日语〗欝金の雷で:嫌い(652)。〖汉语〗闪亮的金色的雷:黄色的雷。另一意义:讨厌。〖解析〗日语中,「きらい」既表示"黄色的雷"「黄雷」,又表示"讨厌"「嫌い」。

133.〖きり〗〖日语〗迷子の鳳凰で:きり(桐)がない(715)〖汉语〗迷路的凤凰:找不到梧桐树。另一意义:没完没了。〖解析〗日语中,「きり」既表示"梧桐树",又表示"终结"。传说凤凰经常栖息于梧桐树,因此有"栽下梧桐树,引来金凤凰"之说。

134.〖きんげん〗〖日语〗下手な将棋で:金銀持って苦しむ(712)。〖汉语〗拙劣的将棋棋手:有金将和银将还烦恼。另一意义:有钱还痛苦。〖解析〗日语中与金银相关的成语有:「金銀は回り持ち」(穷不生根,富不长苗)、「金銀は湧きもの」(金黄银白,不求自来;命中有财,不求自来)。将棋共有九种棋子:步兵(步)、香车(香)、桂马(桂)、银将(银)、金将(金)、角行(角)、飞车(飞)、王将(玉)、玉将(玉)。

135.〖く・ないしょう〗①〖日语〗下手な俳諧師で:句にならぬ(712)。〖汉语〗拙劣的俳谐师:写不出好句子。另一意义:不觉得苦。〖解析〗日语中,「く」既表示"句子"「句」,又表示"苦"「苦」。②〖日语〗丸の字の点落ちで:九になるわな(716)。〖汉语〗"丸"字上的点脱落:成为"九"字。另一意义:苦不堪言。③〖日语〗宮内省:苦労無い。〖汉语〗宫内省:没有苦劳。〖解析〗宫内省为日本掌管皇宫事务的官厅。

136.〖くい・くる〗①〖日语〗褌の川流れで:食い気(杭け)にかかった

ら動かん(712)。〖汉语〗男子的兜裆布在河里顺水漂流:碰到木桩就不再移动。另一意义:在座位上纹丝不动,一心一意大吃大喝。②〖日语〗名僧の持つ数珠で:繰ってばかり(719)。〖汉语〗高僧拿着的念珠:一个一个地数。另一意义:低头只管吃,从头吃到尾。〖解析〗日语中,「食う」(吃)和「繰る」(计数)的促音变一样,都是「くって」。

137.〖くいこむ〗〖日语〗牡丹餅の綱渡りで:くいこむ一方(714)。〖汉语〗牡丹饼踩钢丝:钢丝嵌入饼里。另一意义:连续不断亏损。

138.〖くうき〗〖日语〗つぶれた風船:空気(食う気)がない(692)。〖汉语〗破烂气球:没有空气。另一意义:没有食欲。〖解析〗日语中,「くうき」既表示"空气"「空気」,又表示"食欲"「食う気」。

139.〖くず〗〖日语〗吉野の名物で:葛(屑)が出る(725)。〖汉语〗吉野名产:吉野葛粉。另一意义:生产垃圾。〖解析〗葛粉(淀粉)是日本奈良县吉野地区的特产。从蔓生植物葛根中提取。也指被蔑称为"废人"的居民。他们是古代居住于日本吉野地区的原住民,被朝廷视为异族。奈良、平安时代曾在仪式或宫廷节日宴会上演奏笛子。

140.〖くち〗①〖日语〗大阪土瓶で:口が達者だ(656)。〖汉语〗:大阪陶壶:壶嘴大。另一意义:人只有言语(或花言巧语),没有行动。〖解析〗日语中,「くち」既表示"壶嘴",又表示"人的话语"。「土瓶」是煮茶、熬药用的陶制容器,有壶嘴和提梁。壶嘴大是大阪陶壶的特点。②〖日语〗郵便屋の鞄で:口が大きい(724)。〖汉语〗邮局的邮包:嘴大。另一意义:胃口大。③〖日语〗焼物の巾着で:口があかぬ(720)。〖汉语〗陶瓷荷包:打不开口。另一意义:无法开口。〖解析〗「巾着」也可以翻译为"钱袋"或"药袋"。它们一般是布制或皮制,用绳束口,兼具实用性和装饰性。④〖日语〗料理屋の土瓶で:口が悪い(726)。〖汉语〗料理店的陶壶:壶口不好。另一意义:说话难听。⑤〖日语〗ほいとうの虱で:口で殺しゃあがる(712)。〖汉语〗乞丐灭

虱：用嘴。另一意义：用漂亮话花言巧语蒙骗。〖解析〗据说用手掐不死虱子，用嘴巴能够彻底咬死虱子。⑥〖日语〗餅で：口離されぬ(646)。〖汉语〗饼：在嘴里。另一意义：口头禅，总在嘴边。⑦〖日语〗鯰の子で：口ばかり(699)。〖汉语〗鲇鱼的孩子：嘴特别大。另一意义：口惠而实不至。〖解析〗除了上面的歇后语，日本自古还有“鲇鱼乱跳地震兆”的民间说法。

141. 〖くれる〗①〖日语〗春の日：暮(呉)れそうで暮(呉)ない(643)。〖汉语〗春天的太阳：眼看要天黑，但迟迟没有日暮。另一意义：许诺(将女儿)嫁给男方，却(因为爱女儿)迟迟不能兑现诺言。〖解析〗日语中，「くれる」既表示“日暮”，又表示“给(我)”。②〖日语〗宵の明星で：呉れぬうちから星が出る(724)。〖汉语〗晚星：天没有黑之前出现。另一意义：不考虑给其他人东西，总希望从其他人那里得到东西。③〖日语〗貧乏人の季節で：暮れ(呉れ)にくい(710)。〖汉语〗穷人的季节：天黑得晚。另一意义：不想给其他人礼物。

142. 〖げい〗〖日语〗役者の病気で：芸(解)せぬ芸(解)せぬ(721)。〖汉语〗演员得病：演出取消。另一意义：不可理解。〖解析〗日语中，「げい」表示“表演”「芸」，与「げせぬ」(不可理解)中的「げ」有相似发音。

143. 〖けいらん〗〖日语〗呼子の鶏卵：食わずば鶏卵(725)。〖汉语〗呼子的鸡卵饼：如果不吃，就不回去。〖解析〗呼子为佐贺县东松浦郡呼子町。「鶏卵」(鸡卵)与「帰らん」(不回去)发音相同。

144. 〖こ〗〖日语〗水菓子屋の舞台顔で：こがない(717)。〖汉语〗水果商上舞台：脸上不涂脂抹粉。另一意义：没有孩子。〖解析〗日语中，「こ」既表示“粉”「粉」，又表示“孩子”「子」。水果表面的灰尘或粉粒擦亮之后易于出售。因为这个习惯，水果商表演时脸上不涂脂抹粉。

145. 〖こうねつ〗〖日语〗石亀の疱瘡で：甲熱(高熱)(647)。〖汉语〗水龟长疱疮：龟甲发烧。另一意义：争强好胜。〖解析〗日语中，「こうねつ」既

表示“发烧”，又表示方言“盛气凌人，自以为是地卖弄己说或坚持自己的意见”，等于「生意気」。关于水龟的其他谚语有「雁が飛べば石亀も地団駄」（见到雁飞，水龟气得直跺脚），比喻“干着急，没办法”。

146.〖こえ・こい〗〖日语〗貧乏人の初節句で：声（鯉）ばかり大きい（710）。〖汉语〗穷人第一次过男孩节：只有鲤鱼大。另一意义：只有声音大。〖解析〗日本风俗中「初節句」是人出生后迎来的第一个节日。女孩节是3月3日，男孩节是5月5日。男孩节又称“鲤鱼节”。日本人相信鲤鱼最有精神和活力，希望家中的男孩都像鲤鱼那样健康、快乐地成长。这一天，日本有男孩的家家户户都会用纸或布做成色彩鲜艳、形状像鲤鱼的彩带，然后把这些彩带串在竹竿上，并和金色的风车绑在一起，挂在屋顶上，祝福家中的男孩。

147.〖こえる〗〖日语〗雪隠べりの藜（あかざ）：肥えていても食えない（685）。〖汉语〗厕所边的藜：长势再好，也不能吃。〖解析〗「藜の羹」表示“粗劣的饭菜”。

148.〖こしがない〗〖日语〗達磨の掛字で：腰がない（690）。〖汉语〗字轴上的不倒翁：没有腰。另一意义：某人体型肥胖难看，没有腰。

149.〖こつ〗〖日语〗猫の御器で：骨どころ（701）。〖汉语〗猫使用的碗：净是骨头。另一意义：全是要点。

150.〖こぶり〗〖日语〗貧乏な肴屋で：小ぶり（鰤）じゃ。（710）。〖汉语〗贫穷的饭店：五条鲕很小。另一意义：尺寸小，型号小，个子小。

151.〖こぼれる・あみだ・なみだ〗〖日语〗仏壇の底ぬけで：阿弥陀（涙）がこぼれる（711）。〖汉语〗佛座没有底部：阿弥陀佛损毁。另一意义：眼泪止不住流下来。〖解析〗日语中，「阿弥陀」（阿弥陀佛）和「涙」（眼泪）发音相似。同时，「こぼれる」既表示“毁坏”「毀れる」，又表示“夺眶而出”「溢れる」。

152.〖ころす〗〖日语〗内証のおならで：殺してじゃ（697）。〖汉语〗偷

偷放屁：控制声音，掌握时机。另一意义：（异性间使对方）神魂颠倒。

153．〖ころぶ〗〖日语〗張子の達磨：すぐ転ぶ（706）。〖汉语〗纸糊的达摩：很快就翻倒。

154．〖ころも・こども〗〖日语〗寺の箪笥で：衣（子供）たくさん（693）。〖汉语〗寺庙的衣柜：袈裟很多。另一意义：孩子多。〖解析〗日语中，「ころも」表示“法衣”「衣」，又与表示“小孩”的「こども」发音相近。

155．〖こんき〗〖日语〗貧乏な染物屋で：紺（根気）がない（710）。〖汉语〗贫穷的染匠：没有藏青色，没有深蓝色。另一意义：没有毅力或耐性。〖解析〗日语中，「こん」表示“藏青色”，又与表示“毅力”的「根気」发音近似。

156．〖さいだいじ〗〖日语〗豊心丹で：西大寺（713）。〖汉语〗丰心丹：西大寺。另一意义：把妻子看得最重要。〖解析〗丰心丹为奈良西大寺出售的药丸。日语中，「さいだいじ」既表示“西大寺”，又表示“妻子最重要”。西大寺位于奈良寺西大寺町，是真言律宗的总寺院。

157．〖さがる〗〖日语〗雪の上の糞：だんだんさがる（724）。〖汉语〗雪上的粪便：（雪融化后）粪便慢慢往下降。另一意义：水平逐渐下降。

158．〖さじを投げる〗〖日语〗洋食屋の喧嘩で：さじを投げる（725）。〖汉语〗在西餐厅里打架：双方互相扔勺子。另一意义：束手无策，对事物失去信心。〖解析〗西餐厅使用刀、叉、勺子，因此用勺子之类的餐具互殴。医生扔掉配药用匙，表示病人已经无药可救。

159．〖さんがいち〗〖日语〗左三味線で：三が一（708）。〖汉语〗从左边看三味线：三根弦成为一根。另一意义：占三分之一的份额。

160．〖じあい〗〖日语〗貧乏人の葬礼で：時合ばかりする（710）。〖汉语〗穷人的葬礼：只考虑时间。另一意义：不考虑酒肉款待客人。

161．〖しおしお〗〖日语〗雨降りの幣束：しおしおとしている（645）。〖汉语〗下雨时的祭神驱邪幡：被雨淋湿。另一意义：无精打采，毫无力气。

162.〖しがい〗〖日语〗幽霊の手討で:死骸がない(724)。〖汉语〗幽灵被斩杀:没有尸骸。另一意义:没有意义。〖解析〗日语中,「しがい」既表示“尸体”「死骸」,又表示“做事情的意义”「仕甲斐」。

163.〖したから〗〖日语〗煙草の葉っぱで:下から一番(690)。〖汉语〗用于制作香烟的烟叶:下面的叶子为上等品。另一意义:倒数第一。

164.〖しつれい〗〖日语〗飯櫃の上下で:失礼じゃ(719)。〖汉语〗盛饭的容器:饭桶里有食物。另一意义:抱歉。〖解析〗日语中,「しつれい」既表示“饭桶里的礼物”「櫃に礼」,又与「失礼」(抱歉)发音相近。饭桶一般是木制带盖的圆形盛饭容器。

165.〖しびくれる〗〖日语〗漁師の土産で:鮪呉れた(冷びくれた)(726)。〖汉语〗渔夫的礼物:送来了金枪鱼。另一意义:冷得够呛。〖解析〗日语中,「しび」既是“金枪鱼”的别名「鮪」,又表示“寒冷”「冷び」。

166.〖しぶい〗〖日语〗鯡のお茶漬で:渋い渋い(700)。〖汉语〗鲱鱼泡饭:有点苦。另一意义:人性格阴郁。

167.〖しまあかす〗〖日语〗宮島の蛍で:しまあかす(718)。〖汉语〗宫岛的萤火虫:照亮了岛屿。另一意义:失败。〖解析〗日语中,「しまあかす」既表示“照亮岛屿”,又是表示“失败”的日语方言。宫岛为严岛的异名,位于广岛县西部的广岛湾中。

168.〖しゃく〗〖日语〗手水鉢の金魚で:杓(癪)にさわる(691)。〖汉语〗洗手盆里的金鱼:碰到了(舀水的)勺子。另一意义:生气,发怒。〖解析〗日语中,「しゃく」既表示“勺子”「杓」,又表示“怒气”「癪」。

169.〖じょう〗〖日语〗丹後縮緬:情(丈)が足りない(690)。〖汉语〗丹后绉绸:(宽度)不足一丈。另一意义:没有感情。〖解析〗日语中,「じょう」既表示长度单位“丈”「丈」(约 3.03 米),又表示“感情”「情」。丹后町位于京都府北端丹后半岛北岸,主要产业为纺织业,丹后绉绸的产地。

170. 〖しょうが〗〖日语〗谷中の不作：しょうが（生姜）ねえ（722）。〖汉语〗山谷田地歉收：不长生姜。另一意义：生活困难。〖解析〗日语中，「しょうが」既表示"生姜"「生姜」，又表示"生活"「生が」。

171. 〖しょうじ・しょうち〗〖日语〗豆腐屋の看板：障子（承知）（695）。〖汉语〗豆腐坊的招牌：隔扇。另一意义：明白。〖解析〗日语中，「障子」（隔扇）与表示"明白"的日语发音相似。有时，豆腐坊的招牌在隔扇上悬挂。

172. 〖しょんぼり〗〖日语〗雨降りの鶏：しょんぼりとしている（645）。〖汉语〗被雨淋的鸡：浑身湿透。另一意义：孤单寂寞，垂头丧气。

173. 〖しりぬく・すりきれ・すれる〗〖日语〗いざりの着物で：尻（知り）抜いている（647）。〖汉语〗瘫子的衣服：屁股露了出来。其他意义：洞悉一切，完全明白；健忘，听后即忘；做事有始无终。〖解析〗日语中，「しりぬく」既表示"裤子的臀部部分磨破"「尻り抜く」，又表示"知晓道理"「知り抜く」。相似的歇后语有：褌の破れで：尻抜け（712）。〖汉语〗兜裆布烂：露出臀部。

174. 〖しりやけざる〗〖日语〗八里の内が四里行けた：尻焼け猿（208）。〖汉语〗总共八里，走了四里：还剩四里。另一意义：讽刺人像烧了屁股的猴子一样心急火燎。〖解析〗日语中，「しり」既表示"四里"，又表示"屁股"；「さる」既表示"猿猴"「猿」，又表示"去掉"「去る」。

175. 〖しわい〗〖日语〗真向きの牡丹：吝い客（716）。〖汉语〗牡丹花：花瓣朝里开。另一意义：吝啬，不向外掏钱。

176. 〖しん〗〖日语〗生炊の飯で：しんがある（699）。〖汉语〗夹生饭：饭粒里面没有熟。另一意义：有主心骨。〖解析〗日语中，「芯」表示"正中间，位于中心之物"。「芯のしっかりした人」表示"有主心骨的人"。

177. 〖しんぼう〗〖日语〗引臼で：しんぼうが鉄じゃ（707）。〖汉语〗臼：有铁棒作为芯。另一意义：忍耐很重要「辛抱がたいせつ」。

178. 〖すい・あまい〗〖日语〗山口の蜜柑で：酸い甘い（722）。〖汉语〗

山口产的蜜橘:酸酸甜甜。

179. 〖すきがない〗〖日语〗役者附けの絵割で:透きがない(721)。〖汉语〗写有公职人员花名册的文件:密密麻麻。另一意义:没有喘息的空间。〖解析〗日本历史上呈送给上级的公职人员花名册写得密密麻麻。

180. 〖すべる〗〖日语〗坊主の頭に橙すえた:すべって危ない(713)。〖汉语〗和尚头上放橙子:随时有滑下来的危险。另一意义:危如累卵。

181. 〖すむ〗①〖日语〗水屋の喧嘩で:すむのすまないの(717)。〖汉语〗卖水商店里打架:水清,还是水浊? 另一意义:事情结束了,还是没有结束?〖解析〗日语中,「すむ」既表示“清澈”「澄む」,又表示“解决”「済む」。水店有时因为水清或水浑而打架,也可能因为打架导致水体震动,然后变得浑浊。②〖日语〗紺屋の地震:澄まぬ。〖汉语〗印染店地震:缸中的蓝色染液不能澄清。另一意义:对不起。〖解析〗地震使染坊的蓝缸「藍瓶」摇晃,缸中的蓝色染液变得浑浊「澄まぬ」。因发音与「相済まぬ」相近,故转义为“对不起”。

182. 〖すわり〗〖日语〗石の地蔵で:すわりがよい(648)。〖汉语〗石头地藏菩萨:稳定性好。另一意义:办事稳当。〖解析〗日语中,「すわり」既表示“物体的稳定性”,又表示“人老成持重”。

183. 〖そば〗〖日语〗八月の風で:そば迷惑(705)。〖汉语〗八月的风:让荞麦摇摆。另一意义:给周围的人带来麻烦。

184. 〖そひん〗〖日语〗手土産の書付で:粗品だ(693)。〖汉语〗随手携带的简单礼物上的纸条或便签:粗陋的东西。〖解析〗在日本,送给其他人的礼物经常用白纸包装,上面写上「粗品」。

185. 〖だいじ〗〖日语〗東山の送り火で:大字(大事)にせよ(707)。〖汉语〗东山的送祖灵火:“大”字。另一意义:严肃对待。〖解析〗日语中,「だいじ」既表示“‘大’字”「大字」,又表示“重要”「大事」。送祖灵火指盂兰

盆会结束之日为送祖先之灵而在门前燃起的火，以东山“大”字火最为知名。盂兰盆节为阴历七月十五日，庆祝一年中的上半年平安度过，并祭奠祖先亡灵。大致等于阳历八月。

186.〖だいじょうぶ〗〖日语〗仁王の門番：大丈夫（700）。〖汉语〗仁王看门：彪形大汉。另一意义：没问题。〖解析〗浅草观音寺寺院的正门为雷门。进入里面，正殿前是宝藏门（原名仁王门）。观音寺的历史很悠久。据传以捕鱼为生的兄弟在隅田川中发现了观音像。以此为契机，官方建立了观音寺，将观音像供奉起来。

187.〖たかぶる〗〖日语〗二階雑巾で：高振る（700）。〖汉语〗二楼上擦地板，高高在上挥舞。另一意义：傲慢。

188.〖だしぬく〗〖日语〗饂飩屋の鰹で：出し抜いてじゃ（653）。〖汉语〗面条店的鲣鱼：用于汤汁。另一意义：出其不意。〖解析〗日语中，「出し抜く」表示“冷不防，突然；抢先，先下手”。「出し汁」（汤汁）可以缩略为「出し」。鲣鱼煮后，经火烤、晒干、霉化，成为干制鲣鱼，主要用来制作汤汁。

189.〖たじょう〗〖日语〗枇杷葉湯：多情な人（709）。〖汉语〗枇杷叶汤：多情的人。〖解析〗为了做广告，广告员送枇杷叶汤给路人品尝。有些路人并不想品尝。因此，送饮料给人品尝这种行为被比喻为自作多情。

190.〖ただ〗〖日语〗宗恵が牛黄丸で：ただじゃ（686）。〖汉语〗给宗惠吃牛黄丸：白吃。〖解析〗宗惠为三河人氏。人非常吝啬，病入膏肓也不肯花钱吃药。让他吃竹田的牛黄丸，并且告诉他药免费。听到这话，宗惠马上将药夺过来，大口吞服。

191.〖たちぎえ〗①〖日语〗駄蠟燭を見るように：立ち消えする（690）。〖汉语〗劣质蜡烛：中途熄灭。另一意义：工作半途而废。〖解析〗日语中，「たちぎえ」（蜡烛未能充分燃烧中途熄灭）又表示“中断”。②〖日语〗夜明けの幽霊で：立ち消え（724）。〖汉语〗天破晓时的幽灵：马上消失。另一意义:做事半途而废。

192. 〖だめ〗〖日语〗按摩の眼で:駄目だ(646)。〖汉语〗按摩师的眼睛:眼不好。另一意义:不行。〖解析〗按摩师一般都是由眼睛不好的人担当。日语中,「駄目」既表示“眼睛不好”,又表示“不行,不可以”。

193. 〖たらん〗〖日语〗天保銭で:少々足らん(694)。〖汉语〗天保钱:分量稍微有点不足。另一意义:人有点傻。〖解析〗日语中,「たらん」既表示“分量不足”,又表示“智慧不够”。

194. 〖ちゃちゃをいれる〗〖日语〗宇治の夕暮で:茶々入れてじゃ(653)。〖汉语〗宇治的傍晚:商家手忙脚乱收拾茶袋。另一意义:妨碍他人讲话,捣乱。〖解析〗作为茶的名产地,宇治傍晚时商家打烊,会将货品收进店来,呈现出一片手忙脚乱的场面。茶袋有时会阻碍行动。「ちゃちゃを入れる」为固定词组,表示“捣乱”。

195. 〖ちゃにする〗〖日语〗宇治の挨拶で:茶にしてじゃ(652)。〖汉语〗在宇治向人打招呼:喝茶吗? 另一意义:开玩笑,嘲弄,搪塞。〖解析〗日语中,「茶にする」既表示“喝茶”,又表示“挖苦,把话岔开”。

196. 〖つかえる・つかえん〗①〖日语〗長屋の総雪隠で:後が使える(支える)(698)。〖汉语〗大杂院的厕所:臀部会使用。另一意义:事情后来停滞,因发生故障不能继续进行;将来可以使用。〖解析〗日语中,「後」既表示“后面的部分”,又表示“后来”;[つかえる]既表示“停滞”「支える」,又表示“使用”「使える」。②〖日语〗墓原の茶園で:塚園(704)。〖汉语〗坟地里种茶:墓地茶园。另一意义:无法使用。〖解析〗日语中,「つかえん」既表示“墓地茶园”「塚園」,又表示“无法使用”「使えん」。

197. 〖つかみ〗〖日语〗羅生門で:掴みたがる(726)。〖汉语〗罗生门:贪得无厌。芥川龙之介小说《罗生门》发表于 1915 年。故事取材于《今昔物语》的内容,描写极度饥荒中出现的罪恶与利己主义纠葛:一个农民破产,只好拿

起刀来,决心做强盗。但是他力弱胆小,并且总是觉得有愧于心。一天,他到刚刚经历了一场厮杀的城墙上去,那里到处都是死尸。农民想找到一些财物。他发现有一个衣衫褴褛的老太太正从一个年轻女子的死尸头上拽下头发,于是冲上去指责。老太婆说,她只是想用这些头发做个头套卖钱谋生而已。从老太太口中,农民得知,年轻女子生前也曾昧着良心,把蛇晒干了当作鳝鱼来卖。于是,农民大彻大悟:“既然是为了生存,还有什么不可以?”于是,他抢了老太婆的衣服,落荒而逃。

198.〖つかみあう〗〖日语〗按摩の仲良しで:掴み合うてじゃ(646)。〖汉语〗按摩业的好朋友:互相抓握对方。另一意义:扭打在一起。〖解析〗日语中,「掴み合う」既表示“因为眼睛不好,只能通过抓握对方的肢体示好”,又表示“敌对双方扭打在一起”。

199.〖つち〗〖日语〗面の型で:土が離れぬ(719)。〖汉语〗面具模型:离不开土。另一意义:土得掉渣,落后于时代,不时髦。〖解析〗日语中,「つち」既表示“土”,又表示“落后,乡巴佬”。日本面具的历史起源于贝壳制面具,然后是土制面具模子。

200.〖つづかん〗〖日语〗兎の糞で:続かん(652)。〖汉语〗兔子粪便:不连续。另一意义:某种状态不能持续。

201.〖つまらない・つまらん〗①〖日语〗新しい煙管で:詰まらない(644)。〖汉语〗新烟袋:不会堵塞。另一意义:无聊。〖解析〗日语中,「つまらない」既表示“(管道等)畅通,没有堵塞”,又表示“无聊”。②〖日语〗女房の気違で:つまらんつまらん(700)。〖汉语〗妻子发疯:妻子精神失常。另一意义:无聊。

202.〖つめたい〗〖日语〗昨夜死んだ婆で:冷たい(725)。〖汉语〗昨夜去世的老婆婆:尸体已经变冷。另一意义:待人接物态度冷淡。

203.〖つるとかめ〗〖日语〗破れ蚊帳で:つるとかめが(吊ると蚊奴)は

いる(722)。〖汉语〗破了的蚊帐:挂了之后,蚊子会进来。另一意义:仙鹤和乌龟。〖解析〗日语中,「つるとかめ」既表示“挂了后,蚊子”,又表示“仙鹤和乌龟(这两个吉祥物)”。

204.〖つんつん〗〖日语〗舞の稽古で:つんつんじゃ(715)。〖汉语〗学舞蹈:砰砰砰。另一意义:板着面孔。〖解析〗日语中,「つんつん」既表示伴舞乐器三味线的声音“砰砰砰”,又表示“神气十足,臭脸,不和蔼”。

205.〖て〗〖日语〗仏師屋の観音で:手が足らん(711)〖汉语〗佛像师傅的观音:手臂不够。另一意义:人手不够。〖解析〗日语中,「て」既表示“手臂”,又表示“干活时的人员数量”。千手观音共40只手(左右各20只)。这些手很容易坏掉。如果发生这样的情况,需要师傅修理,而店里储备完好的观音手臂总是显得太少。

206.〖てがあがる〗〖日语〗脇の下のできもんで:手が上がらん(728)。〖汉语〗腋窝下长疙瘩:手抬不起来。另一意义:即使再努力练习,也没有进步的迹象。〖解析〗日语中,「てがあがる」又表示“技术提高,字写得比以前好,能喝酒”。

207.〖てがける〗〖日语〗裸小便:手掛けず(705)。〖汉语〗裸体小便:(不怕尿滴到裤子上,因而)不用手。另一意义:不亲自动手。〖解析〗日语中,「てがける」表示“亲自动手做;照顾”。

208.〖てがだせない・てをだす〗①〖日语〗石垣の鰻で:手が出せない(647)。〖汉语〗石头墙里的鳗鱼:到不了手。另一意义:不帮助,力所不及。〖解析〗鳗鱼在石头墙里,抓不到。日语中,「てがだせない」既表示“不能伸手”,又表示“不能帮助”。相关的习语「手が出ない」表示无法对抗力量强大的对手,无人问津,由于价格昂贵,以自己的财力无法购买。②〖日语〗火のない炬燵で:誰も手を出す人がない(709)。〖汉语〗没有火的炉子:没有人伸手烤火。另一意义:没有人帮助。〖解析〗日语中,「手を出す」既表示

“伸手”，又表示“帮助，干预”。

209．〖てがつかん・てがつけられぬ〗①〖日语〗焼け火鉢で：手がつかん（721）。〖汉语〗滚烫的火盆：不可触摸。另一意义：束手无策，无法处理。②〖日语〗柄のない肥柄杓で：手がつけられぬ（655）。〖汉语〗没有柄的舀粪勺：无法下手。另一意义：某些事情无法找到线索，打开突破口。

210．〖てがとどかん〗〖日语〗深山の桜で：手がとどかん（718）。〖汉语〗深山里的樱花：太高，手够不到。另一意义：在某人能力范围之外。

211．〖でたばかり〗①〖日语〗土用の筍：出たばかり（697）。〖汉语〗立春前的竹笋：刚出头。汉语对等谚语：出头的椽子先烂。其他意义：新人刚刚入职，还没有做出什么成绩或业绩。②〖日语〗茗荷の子じゃ：出れば取られる（718）。〖汉语〗襄荷的嫩芽：刚出头，就被掐。另一意义：枪打出头鸟。〖解析〗襄荷，亦名阳藿，嫩芽、嫩花茎和地下茎可食用。

212．〖でたりはいったり〗〖日语〗鮫の子：出たり入ったり（692）。〖汉语〗鲨鱼的子女：进进出出。另一意义：不安定，躁动不安。〖解析〗据说小鲨鱼早晨从大鲨鱼口中出去，晚上经由大鲨鱼肚子上的孔再回到大鲨鱼体内。

213．〖てにあう〗①〖日语〗足袋の型で：手に合わぬ（690）。〖汉语〗制作袜子的模具：与手的形状不搭配。另一意义：对某人（尤其是逆子）无计可施；软硬兼施都没有效果。②〖日语〗生きた亀さん：手に合わん（646）。〖汉语〗活着的乌龟：手不能合而为一。另一意义：不胜任，工具不好使。

214．〖てもあしもでない〗〖日语〗土瓶で蛸をいがいて：手も足も出ん（697）。〖汉语〗陶壶中煮章鱼：手脚都出不来。其他意义：一筹莫展；无法进攻；闭门不出。〖解析〗日语中，「手も足も出ん」既表示“手和脚出不来”，又表示“手足无措，无从下手”。日语有相似意义的谚语「薬缶で茹で蛸のよう」。

215.〖てれる〗〖日语〗雪の翌日：てれた(724)。〖汉语〗降雪后的第二天：太阳照耀。另一意义：难为情，不好意思。〖解析〗日语中，「てれる」表示“害羞”，送假名是「照」。

216.〖どう〗〖日语〗寺の地震で：堂(胴)震い(693)。〖汉语〗寺庙地震：大堂震动。另一意义：身体颤抖。〖解析〗日语中，「どう」既表示“大堂”「堂」，又表示“身体”「胴」。

217.〖とうがのはな〗〖日语〗冬瓜の花で：百一つ(694)〖汉语〗冬瓜开花：百里挑一。另一意义：不说实话。〖解析〗冬瓜开花多，结果实的不多。

218.〖とうじ〗〖日语〗有馬の元日で：当時休みじゃ(645)。〖汉语〗元旦时的有马：温泉经营者放假，不营业。另一意义：当时休息。〖解析〗日语中，「とうじ」既表示“当时”「当時」，又表示“温泉疗养”「湯治」。有马温泉位于日本神户市六甲山地北斜坡，是历史悠久的著名温泉，也是夏季凉爽的疗养胜地。

219.〖とうとう〗〖日语〗ト一ト一：上上(694)。〖汉语〗滔滔：上上。〖解析〗「ト一」可以合为「上」。

220.〖どうともいわれぬ〗〖日语〗牛に乗ったで：どうともいわれぬ(652)。〖汉语〗乘牛车：不喊“吁吁”。另一意义：没有什么话可以说。〖解析〗想让马停住时，赶车人会喊“吁吁”。日语对等词是「どう」。乘坐牛车时，不能喊「どう」。如果听到「どう」，牛会停止不前，所以连「どう?」都不能问。

221.〖とくり〗〖日语〗徳利の身投げ：泳げない(696)。〖汉语〗酒壶投水自尽：不会游泳。〖解析〗日语中，「徳利」既表示“日式酒壶”，又因为其入水即沉，因而表示“不会游泳的人”。

222.〖とけい〗〖日语〗火つけの炭団で：土気がのかず(707)。〖汉语〗引火炭：脱不了土气。另一意义：乡巴佬。

223.〖とこ〗〖日语〗ほいとの寝床で:床がない(713)。〖汉语〗乞丐睡觉:没有床。

224.〖とびあがる〗〖日语〗夜明けの星で:飛び上がり(724)。〖汉语〗晨星:飞向天空。另一意义:办事冒失的人。〖解析〗日语中,「とびあがる」(飞起)又表示"越级晋升"。

225.〖どよどん〗〖日语〗祭の太鼓で:どよどん(716)。〖汉语〗仪式上擂鼓:立秋前暑伏时的咚咚声。另一意义:希望落空。

226.〖とりえ・とりい〗①〖日语〗一人角力で:とりえがない(708)。〖汉语〗一人摔跤:没有对手。另一意义:没有长处或优点。②〖日语〗貧乏稲荷で:鳥居(取柄)がない(709)。〖汉语〗贫穷的神社:没有牌坊。另一意义:人没有优点。〖解析〗日语中,「稲荷」为供奉宇迦之御魂神的神社。「鳥居」为神社入口处的牌坊(或日本神社入口处所建的大门),用以表示神域。「鳥居」与表示"优点"的「取柄」发音相似。

227.〖どんつく〗〖日语〗櫓太鼓で:どんつく(721)。〖汉语〗高台鼓:发出"咚咚咚"的声音。另一意义:笨蛋。〖解析〗高台鼓是为告知相扑、戏剧等的演出进程而在高台上敲的鼓。亦指这种鼓声。

228.〖な〗〖日语〗田舎の雑炊で:菜すぎる(649)。〖汉语〗乡下的菜粥:菜很多。另一意义:盛名之下,其实难副。〖解析〗日语中,「な」既表示"菜",又表示"名"。乡下菜自产,数量多,不用购买。乡下人吃火锅,素的多,荤的少。

229.〖ながくぬきさしならん〗〖日语〗旦那の脇差で:長く抜き差しならん(690)。〖汉语〗老爷的短刀:不能以长刀方式抽出来。另一意义:一筹莫展,无可奈何,左右为难。

230.〖ながびかね〗〖日语〗春の雪と子供の喧嘩で:長びかね(707)。〖汉语〗春天的雪和孩子的争吵:长久不了。〖解析〗汉语对等表达:兔子尾巴长不了。

231．〖ながもち〗〖日语〗貧乏人の嫁入で：長持がない（710）。〖汉语〗穷人嫁女：没有长方形带盖的盛衣箱。另一意义：没有好东西。〖解析〗日语中，「長持」既表示“盛衣箱”，又表示“耐久”。盛衣箱长方形带盖，收存衣服和日用品。搬运时用竹竿挑行。日语有谚语「長持、枕にならず」（盛衣箱不能当枕头），比喻“盛衣箱不能当枕头：大不兼小”或“是金子总会发光”。

232．〖なき〗〖日语〗猫の子の貰い際で：泣き通し（701）。〖汉语〗猫生小猫：一直叫。另一意义：一直哭，生活苦不堪言。

233．〖なし〗〖日语〗梨の礫で：音沙汰なし（698）。〖汉语〗扔出去的石头：再也不回来。另一意义：寄出的书信石沉大海，没有回音。〖解析〗日语中，「なし」既表示“梨”「梨」，又表示“杳无音信”「無し」。

234．〖なっとらん〗〖日语〗馬場の柿の木で：なっとらん（707）。〖汉语〗跑马场的柿子树：柿子长不大。很快被人拧下来，摘除。另一意义：事情不成功。

235．〖なんともいわぬ〗〖日语〗牛の角の蜂で：何とも思わぬ（653）。〖汉语〗牛角上的蜜蜂：对牛不会造成疼痛。另一意义：无关痛痒。

236．〖にあわない〗〖日语〗犬と猫の喧嘩で：にゃわん（649）。〖汉语〗猫狗吵架：喵和汪。另一意义：不适合，不搭配。〖解析〗日语中，「にあわない」既表示“猫和狗的叫声”，又表示“不搭配”「似合わない」。相似的谚语有：猫と犬との夫婦で：にゃわん（701）；猫の茶椀で：にゃわんにゃわん（701）。

237．〖にえあがる・ひえあがる〗〖日语〗八日豆腐で：煮え上がる（725）。〖汉语〗八日豆腐：煮出来。另一意义：胆怯。〖解析〗同时，八日既表示“滋贺县中南部、爱知川中游的八日市”，又表示“花了八天煮出来的豆腐”。

238．〖にえる・ねる〗〖日语〗ひね小豆：煮えない（寝ない）（709）。

〖汉语〗陈年小豆:煮不熟。另一意义:睡不着。

239.〖にげるがかち〗〖日语〗昔権現:逃げるが勝(788)。〖汉语〗古代的德川家康:曾经在战场上失败逃跑,最后获胜。另一意义:三十六计,走为上。〖解析〗「権現」为「東照権現」,即德川家康。

240.〖にちれんいちねん〗〖日语〗堀之内のお師様で:一年(日蓮)に一遍(715)。〖汉语〗东京堀之内妙法寺的师父:日莲。另一意义:一年一次。

241.〖につく〗〖日语〗はやらぬ問屋で:荷着かぬ(706)。〖汉语〗不受人欢迎的批发商:(没人买东西,没有订单)货物不会到达目的地。另一意义:长得不相像。〖解析〗日语中,「につく」既表示"货物到达目的地"「荷着く」,又表示"相像"「似付く」。

242.〖にてもやいてもくえない〗〖日语〗山雀金魚で:煮てもやいても食えぬ(722)。〖汉语〗山雀和金鱼:无论烧,还是煮,都无法食用。〖解析〗另一意义:难以对付。

243.〖のみ・のみいっちょう・のみつぶし・のみながし〗①〖日语〗穴掘大工で:のみ一方(644)。〖汉语〗只会凿眼的木匠:只有凿子。另一意义:别无长处,只会喝酒。〖解析〗日语中,「のみ」既表示"凿子"「鑿」,又表示"喝酒"「飲み」。②〖日语〗左甚五郎:鑿一丁(飲み一挺)(708)。〖汉语〗左甚五郎:天下第一凿子。另一意义:整个早上都用来喝酒。〖解析〗日语中,「いっちょう」既表示"一个"「一挺」,又表示"整个上午,一个早上"「一朝」。左甚五郎是16世纪后半叶日本江户时代传说中的神奇建筑雕刻家(也有传说称他是虚构的人物)。这位大师本名甚五郎,年轻时就非常擅长雕刻,但被坏人砍去了右手。但是,甚五郎没有放弃雕刻,经过拼命努力,终于使自己可以用左手进行雕刻,因此甚五郎也被称为"左甚五郎"。在日本,据传左甚五郎雕刻的作品很多。他在栃木县的日光东照宫通往德川家康墓的门旁雕刻了一只躲藏在牡丹花丛中睡觉的猫。此后,东照宫内再也没有出现一只老

鼠。③〖日语〗下手の大工で：鑿（飲み）潰し（712）。〖汉语〗拙劣的木匠：弄坏凿子。另一意义：因为喝酒毁了自己。④〖日语〗大工の川流れで：鑿流し（687）。〖汉语〗木匠在河里淹死：凿子顺水漂流。另一意义：宴会时按座位顺序喝酒。

244.〖のり〗〖日语〗東京土産で：乗り（海苔）が来た（694）。〖汉语〗东京土特产：海苔。另一意义：来了劲头，感兴趣，起劲。〖解析〗日语中，「のり」既表示"海苔"「海苔」，又表示"兴致"「乗り」。"感兴趣"用「乗りが来る」表达。

245.〖のる〗〖日语〗坊さん頭に真桑瓜：のるかのらぬかやってみろ（713）。〖汉语〗和尚头上放甜瓜：能不能放得上，试一下才知道。另一意义：是上当受骗，还是没有上当受骗，试一下才知道。「真桑瓜」可以翻译为"甜瓜"，也可以翻译为"香瓜"，据说岐阜县真桑村曾是著名产地而得名。

246.〖は〗〖日语〗日照り木履で：歯も濡れぬ（708）。〖汉语〗太阳照着的木屐：木屐齿不会湿。另一意义：牙齿没有接触食物。〖解析〗日语中，「歯」既表示"木屐齿"（接在木屐下面的板），又表示"人的牙齿"。

247.〖は・はな〗〖日语〗山桜で：花より先に葉（歯）が出る（722）。〖汉语〗山中的樱花：先长叶子，然后开花。另一意义：即使闭嘴，门牙（或龅牙）仍露在外面，比鼻子还醒目。〖解析〗日语中，「は」既表示"叶子"「葉」，又表示"牙齿"「歯」；「はな」既表示"鼻子"，又表示"花"。

248.〖ばか・すれる〗〖日语〗剥き身屋の盤台で：馬鹿にすれている（718）。〖汉语〗海产品店剥蛤蜊的工作台：磨得非常厉害。另一意义：人非常油滑世故。〖解析〗日语中，「ばか」既表示"笨蛋"，又表示"蛤蜊"，因其将红色的足耷拉到壳外面的样子与傻子耷拉着舌头相似而得名。「すれる」既表示"磨损"「磨れる」，又表示"人油滑"「擦れる」。

249.〖はかがいかん〗〖日语〗寺の引越しで：墓（捗）が移管（行かん）

(693)。〖汉语〗寺庙搬家:墓地移交给其他人看管。另一意义:事情发展不顺利。〖解析〗日语中,「はかがいかん」既表示“移交墓地”「墓が移管」,又表示“效率上不来”「捗が行かん」。寺庙一般在墓地附近,同时管理有关墓地的事务。

250.〖はぎれ〗〖日语〗歯抜けのきくらげで:はぎれがよくない(706)。〖汉语〗没有牙齿的人吃木耳:口感差。另一意义:发音不标准。

251.〖はく〗〖日语〗煙草屋の番頭:はいてじゃナア(690)。〖汉语〗香烟店的商店掌柜:抽烟。另一意义:从中得到好处或油水。〖解析〗日语中,「はく」既表示“吸”,还有“从中渔利”的意义。

252.〖はくらみ〗〖日语〗貧乏人の盆で:はくらみ(710)。〖汉语〗穷人过盆节:鸟将祭祀的食物弄脏搞乱。另一意义:霍乱。

253.〖はし・もって〗〖日语〗粟飯汁掛で:箸から漏る(646)。〖汉语〗用筷子食用小米饭汁:汁液从筷子上漏下来。另一意义:从一开始就有,让人受不了。〖解析〗日语中,「はしからもって」既表示“从筷子上漏下来”,又表示“从一开始就有,让人受不了”「端からもってたまらない」。

254.〖はしにもぼうにも〗①〖日语〗煮過ぎた饂飩:箸にも棒にもかからない(700)。〖汉语〗煮过头的面条:怎么也夹不起来。另一意义:任何办法都不奏效,软硬不吃。②〖日语〗粟茶粥で:箸にかからん(646)。〖汉语〗小米茶粥:无法用筷子食用。另一意义:软硬不吃。

255.〖はずれる〗〖日语〗年寄の言う事と牛の尻がいは外れない(721)。〖汉语〗老人的言语和牛的后鞧:老人的言语不会错误,后鞧不会脱落。〖解析〗后鞧为马具的一种,指套车时拴在马屁股和车或鞍之间的绳子。日语中,「はずれる」既表示“说话落空”,又表示“脱落”。套马时,马的动作幅度大,后鞧会脱落。牛却不同。它的身体摆动幅度小,后鞧不容易脱落。

256.〖はだか〗〖日语〗誕生仏で:いつも裸(年中無一文)(690)。

〖汉语〗刚刚诞生的佛祖：赤身裸体。另一意义：一直一无所有。

257.〖はな〗〖日语〗山の桜：はなが高い(718)。〖汉语〗山中的樱花：太高够不着。另一意义：骄傲。〖解析〗日语中，「はながたかい」既表示“花太高”，又表示“骄傲”。

258.〖はなし〗〖日语〗死んだ亀さん：話し(放し)にならぬ(646)。〖汉语〗死了的乌龟：无法放生。另一意义：不值一提，不成问题，吓得说不出话来。〖解析〗日语中，「はなし」既表示“放生”「放し」，又表示“话语”「話し」。

259.〖はなみち〗〖日语〗寄席の客席で：鼻(花)道がない(725)。〖汉语〗传统小剧场的客人席位：没有演员经过观众席左侧进入舞台的通道。另一意义：鼻子不端正。〖解析〗花道是歌舞伎舞台一种独特的舞台设计，是经过观众席的左侧通向舞台的通道，主要用于演员进出舞台。鼻子端正指鼻梁高而直，相貌堂堂「鼻筋が通る」。相似的歇后语是：田舎芝居で：花道がない(649)。

260.〖はなればなれ〗〖日语〗馬糞の川流れるで：離れ離れ(716)。〖汉语〗马粪顺水漂流：四分五裂。另一意义：亲人离散，分散。〖解析〗关于该词的例句有「家族が離れ離れ」(家族离散)。

261.〖はなれる〗〖日语〗下手の焼きつぎで：離れること請合(712)。〖汉语〗拙劣的陶瓷器拼接：陶瓷器早晚会再次分裂。另一意义：人迟早会分手。

262.〖はなをおる〗〖日语〗天狗の転んだので：鼻を折る(693)。〖汉语〗天狗摔倒：伤了鼻子。另一意义：压下对手的高傲气焰，挫伤对手的锐气。〖解析〗天狗的一个特征是鼻子高。

263.〖ばば〗〖日语〗便所の大水で：糞浮いとる(713)。〖汉语〗厕所发大水：粪便漂浮起来。另一意义：老婆婆兴高采烈；有点飘了。〖解析〗日语中,「ばば」既表示“粪便”「糞」,又表示“老婆婆”「婆」。

264. 〖はばかり〗〖日语〗遅播大根:葉ばかり(憚り)ながら(658)。〖汉语〗迟播萝卜:只有叶子。另一意义:请原谅。〖解析〗日语中,「はばかりながら」既表示“只有叶子”「葉ばかり」,又表示“请原谅,虽然不该我说,恕我冒昧地说,不是说大话,敢说”「憚りながら」。

265. 〖はら〗①〖日语〗乾した鯡で:腹がない(714)。〖汉语〗干了的鲱鱼:没有肚子。另一意义:没有度量;没有胆量;不加考虑。〖解析〗日语中,「はら」既表示“腹部”「腹」,又表示“胆量”。②〖日语〗夏の鰯で:腹がわるい(699)。〖汉语〗夏天的沙丁鱼:肚子坏得快。另一意义:人居心不良。〖解析〗日语中,「腹」既表示“腹部”,又表示“心肠”。

266. 〖はれにたたん〗〖日语〗褌に定紋で:晴に立たん(712)。〖汉语〗兜裆布上的家徽:不能让众人看到。另一意义:见不得人。不能大白于天下。

267. 〖ひだりまき〗〖日语〗渦巻線香で:左巻き(653)。〖汉语〗螺旋状蚊香:向左旋转。另一意义:缺心眼的人。〖解析〗日语中,「ひだりまき」既表示“向左卷”,又表示“(俗语)糊涂”。

268. 〖ひとくだり〗〖日语〗鼻くえ涙で:一下り(706)。〖汉语〗没有鼻子的人流泪:垂流直下。另一意义:快速下坡。

269. 〖ひとをくう〗〖日语〗墓場の犬で:人を食う(704)。〖汉语〗墓地的狗:以死人为食物,吃人。另一意义:把别人当傻瓜,愚弄人。

270. 〖ひねる〗①〖日语〗蠟燭箱の書付:事を難しくして難癖をつける(727)。〖汉语〗蜡烛箱体的字:陈旧扭曲,难以辨认。另一意义:故意找茬,使事情困难。②〖日语〗御簾紙に包んだ蚰蜒:ひねる(717)〖汉语〗用吉野产的高级和纸包蚰蜒:蚰蜒身体扭动。另一意义:蛮不讲理。〖解析〗抓起蚰蜒将其扔掉时,蚰蜒身体会在纸中扭动。日语中,「ひねる」既表示“身体扭动”,又表示“胡搅蛮缠”「理屈をこねる」。

271. 〖ひびきわたる〗〖日语〗知恩院の鐘で：そこら響き渡る(691)。〖汉语〗知恩院的钟声：响声达到很远的地方。另一意义：某人声名远扬。〖解析〗知恩院是日本京都的一座寺庙，寺内有巨钟，重达几十吨，需要多名僧人同时努力才能敲响。

272. 〖ひんそう〗〖日语〗品のよい相のよい人で：貧相(709)。〖汉语〗有品位、相貌堂堂的人：寒碜。〖解析〗汉语类似歇后语有"十窍已通九窍：一窍不通"。

273. 〖ぴんぴん〗〖日语〗誕生日の鯛で：ぴんぴんしている(690)。〖汉语〗过生日的鲷鱼：活蹦乱跳。另一意义：精神抖擞，健壮，硬朗。

274. 〖ふかい〗①〖日语〗本所の穴蔵で：湿深い(715)。〖汉语〗本所的窖：又湿又深。另一意义：某人色情淫荡。②〖日语〗上町の井戸で：深い仲(652)。〖汉语〗上町的水井：很深。另一意义：人与人之间交情深。〖解析〗日语中，「ふかいなか」既表示"井深"「深い中」，又表示"交情深"「深い仲」。上町位于大阪市东部高台地区，打井很深才能出水。

275. 〖ふがいい・まんがいい〗〖日语〗新しい俵で：ふがいいふがいい(644)。〖汉语〗新麻袋：针脚好。另一意义：好运。〖解析〗日语中，「ふがいい」既表示"针脚好"，又表示"好运"「まんがいい」。

276. 〖ぶき・ぶっき〗〖日语〗仏様の茶碗で：仏器(不器用)な奴(714)。〖汉语〗佛祖的茶碗：佛器。另一意义：不中用的家伙。

277. 〖ぶくぶく〗〖日语〗水瓶へ落ちた飯粒：白くぶくぶくふくれている(717)〖汉语〗落到水瓶里面的饭粒：咕嘟咕嘟落下，泡得肿胀。另一意义：人长得又白又胖。〖解析〗日语中，「ぶくぶく」既表示"咕嘟咕嘟下沉"，又表示"松弛肥胖"。

278. 〖ふくれる〗〖日语〗鰒の腹で：膨れ通し(711)。〖汉语〗鰒鱼肚子：始终鼓鼓囊囊。另一意义：心中感到不满。

279.〖ぶつかる〗〖日语〗檜垣の伝馬を見るように：とかくぶつかりたがる(707)。〖汉语〗沿岸船遇到小舢板：小舢板随时都可能与河岸碰撞。另一意义：喜欢挑毛病，和其他人产生冲突。〖解析〗「檜垣」表示“沿海岸航行、运送客货的船只”，「伝馬」表示“运送货物的小型舢板”。

280.〖ふとい〗①〖日语〗牛の糞で：出が太い(652)。〖汉语〗牛粪：分量大。另一意义：言过其实，夸海口。〖解析〗日语中，「ふとい」既表示“粗大”，又表示“厚脸皮，胆大”。②〖日语〗三輪素麺で：太い野郎(718)。〖汉语〗三轮素面：粗。另一意义：不要脸的家伙。〖解析〗日本奈良县三轮地区是优质小麦产地。

281.〖ふとん〗〖日语〗干店の根付で：布団の上じゃ(714)。〖汉语〗露天店铺的坠饰：放在垫子上。另一意义：已经钻进被窝。〖解析〗坠饰系在腰包、烟荷包的绳端。露天店铺各种货品众多，随意摆放。唯恐担心坠饰出问题，因此放在垫子上。

282.〖ぶらぶら〗〖日语〗屋台の提灯で：ぶらぶらしている(721)〖汉语〗移动售货摊床的吊灯：晃晃悠悠。另一意义：人无所事事，不干活。〖解析〗日语中，「ぶらぶら」既表示“晃晃悠悠”，又表示“不干活”。相似的歇后语是：牛の金玉で：ぶらぶらしている(652)。〖汉语〗牛的睾丸：晃晃悠悠。另一意义：人百无聊赖。

283.〖ふりそでふらない〗〖日语〗乞食(貧乏人)の嫁入で：振袖振らない(降らない)(720)。〖汉语〗乞丐(穷人)嫁女：没有长袖和服，想抖动袖子也无法抖动。另一意义：天阴沉沉的样子，看似要下雨，迟迟不见雨滴。〖解析〗日语中，「ふりそで」既表示“长袖或长袖和服”「振袖」，又与表示“天阴欲雨”的「降りそうで」发音相近；「ふる」既表示“抖动(袖子)”「振る」，又表示“下雨”「降る」。

284.〖ふる〗〖日语〗盲の杖で：振って(降って)来た(719)。〖汉语〗盲

人的手杖：挥舞着过来。另一意义：下起雨来。

285.〖ぶんぶん〗〖日语〗蜂の喧嘩で：ぶんぶん(705)。〖汉语〗蜜蜂打架：嗡嗡嗡。另一意义：每人按照自己的身份。

286.〖へこみ〗〖日语〗備前徳利で：へこみがない(708)。〖汉语〗备前酒壶：没有凹陷或瘪下去的地方。另一意义：没有赤字。

287.〖ペテン〗〖日语〗仲店の三味線で：ペテンペテン(698)。〖汉语〗神社或寺院内商店街的三味线："砰砰砰"地演奏。另一意义：骗人。〖解析〗日语中，「ペテン」既表示"砰砰砰"声，又表示"骗人"。"骗子"用「ペテン師」表示。

288.〖ほお〗〖日语〗頬冠で：両方覆い(良い)(714)。〖汉语〗用毛巾包头：两边脸颊都覆盖。另一意义：两个都好。

289.〖ほおかむり・め〗①〖日语〗蛙の頬冠りで：先が見えない(802)。〖汉语〗青蛙用手巾包住脸颊：看不到前面。另一意义：鼠目寸光。〖解析〗青蛙眼睛长在背上。如果被手巾包住脸颊，就看不到前面。②〖日语〗蛙女房：目上妻。〖汉语〗雌性青蛙。另一意义：比丈夫年龄大的妻子。〖解析〗青蛙眼睛长在上方「蛙は目が上にある」。该歇后语使用了日语「目上」是"年龄大""眼睛在上方"的意思。

290.〖ぼくぼく〗〖日语〗湯の中の屁で：ぼくぼく(724)。〖汉语〗澡池中放屁：噗嗤噗嗤。另一意义：无聊，愚蠢。

291.〖ほね〗①〖日语〗破れ障子：骨ばかり(722)。〖汉语〗隔扇破了：只剩木格子。另一意义：人只有骨头，没有肉。瘦得皮包骨头。〖解析〗日语中，「ほね」既表示"隔扇的方格形骨状结构、伞骨"，又表示"人的骨头"。②〖日语〗傘屋の小僧で：骨折って叱れる(662)。〖汉语〗制伞作坊的学徒：将伞骨折断，遭受斥责。另一意义：吃力不讨好。〖解析〗日语中，「骨を折る」表示"卖力气，努力"。学徒将伞骨弄断，制造残次品，当然受到老板批

评。这个歇后语有具体意义和引申意义。如果将制伞作坊改为灯笼作坊，歇后语同样适用。

292.〖ぼんつく・ぼんやり〗①〖日语〗鼓に槍で:ぼんつく(692)。〖汉语〗扎枪对大鼓:刺戳。另一意义:发呆。〖解析〗日语中,「ぼん」表示大鼓的声音,「つく」表示"扎戳"。「ぼんつく」表示"心不在焉"。②〖日语〗八月の槍で:ぼん(盆)やり(705)。〖汉语〗八月的扎枪:盂兰盆节的扎枪。另一意义:无所事事,发呆。〖解析〗日语中,「ぼんやり」既表示"盂兰盆节的扎枪"「盆やり」,又表示"心不在焉"。③〖日语〗幽霊の写真で:ぼんやりしてる(724)。〖汉语〗幽灵的照片:很模糊。另一意义:缺乏活力,马虎,不注意。

293.〖まえ〗〖日语〗和食の浜で:前高(728)。〖汉语〗和食海滨:前面海岸高,看不到大海。另一意义:参观时前面有遮挡物,很难看到努力要看的东西。〖解析〗和食在高知县安芸郡芸西村。

294.〖まえをさげる〗〖日语〗陸地の芋掘りで:前を下げる(727)。〖汉语〗地里挖红薯:面朝黄土背朝天。另一意义:恭恭敬敬地行礼。

295.〖まがぬけた〗〖日语〗天狗の伊勢参り:魔が抜けた(間が抜けた)(693)。〖汉语〗天狗参拜伊势神宫:临阵脱逃。另一意义:愚蠢。〖解析〗日语中,「まがぬけた」既表示"天狗临阵脱逃"「魔が抜けた」,又表示"愚蠢"「間が抜けた」,也表示在音乐中走调、不合拍。伊势神宫在三重县伊势市,是皇大神宫(内宫)与丰受大神宫(外宫)的总称。皇大神宫供奉天照大神,神体为八尺镜。天狗怕照镜子,所以提前离开。

296.〖まくのうら・まけおしみ〗①〖日语〗田舎芝居で:幕の裡が賑やか(649)。〖汉语〗乡间演出:幕里面热闹。另一意义:暗箱操作。〖解析〗日语中,「まくのうら」既表示"演出时的帷幕里面,剧场里",又表示"在不为人知的时间和地点进行操纵"。②〖日语〗天狗の始末で:負惜しみ(魔気惜しみ)(693)。〖汉语〗天狗的节俭:魔鬼吝惜财物。另一意义:不服输,不认输。

〖解析〗日语中，「まけおしみ」既表示“魔鬼觉得可惜”「魔気惜しみ」，又表示“输了还嘴硬”「負惜しみ」。

297. 〖まちくたびれる〗〖日语〗火の出ぬ摺付け木で：待ちくたびれてる（709）。〖汉语〗不能擦出火的火柴：火柴坏了。「マッチ」和「待ち」发音相近。另一意义：等累了。

298. 〖まま〗①〖日语〗火のない竈で：まま（飯）ならぬ（709）。〖汉语〗没有火的锅：做不了饭。另一意义：不能随心所欲。〖解析〗日语中，「飯ならぬ」表示“不能做饭”，与表示“不能按自己的意思行事”的「儘ならぬ」发音类似。②〖日语〗割木にお飯で：木の飯（気の儘）（728）。〖汉语〗把饭盛在锯开的木材上：木材上的饭。另一意义：任性。

299. 〖まめ〗〖日语〗鳩の餌で：まめだ（706）。〖汉语〗鸽子的饲料：豆子。另一意义：勤奋，诚实。

300. 〖まる〗〖日语〗ぼうず：まる儲け。〖汉语〗当和尚：头溜圆，没有毛发。另一意义：不用本钱就能得利，发横财。〖解析〗日语中，「まる」既表示“圆形物体（和尚的头）”，又表示“完全，全部”。

301. 〖まるにこばん〗〖日语〗丸に小判で：違う（716）。〖汉语〗铜钱与金币：币值不同。另一意义：大相径庭，天壤之别。〖解析〗日语中，「丸」也表示“钱”。

302. 〖まるめこむ〗〖日语〗手の平の丸薬：自由にまるめこむ（693）。〖汉语〗手掌中的药丸：随意揉成团塞进，卷成卷放入。另一意义：拉拢，笼络，耍弄。

303. 〖みそ〗〖日语〗味噌が腐る。〖汉语〗豆酱腐烂。另一意义：破嗓子。嗓音太坏。嘲笑歌声差、走调等的话。〖解析〗日语中，「みそ」既表示“豆酱”，又表示“（七个音阶中的）咪唻”。关于「みそ」其他的谚语有：「味噌も糞も一緒」（鱼龙混杂）；「味噌を擂る」（捣碎豆酱：阿谀奉承，拍马）;「味噌を付ける」（丢脸，失面子，受挫）。

304.〖みたものがない〗〖日语〗幽霊のたわけで：見た者が無い（724）。〖汉语〗闹鬼：没有人见过。

305.〖みなみさる〗〖日语〗南から猿来よった：みな見さる（718）。〖汉语〗南方猴：来自南方。另一意义：有目共睹。〖解析〗日语中，「みなみさる」既表示“南方猴”「南猿」，又表示“大家都看到”「みな見さる」。

306.〖みにかかる〗〖日语〗卯辰の雨で：巳にかかる（653）。〖汉语〗卯辰时候的雨：已经持续下到巳时。另一意义：落到自己身上。〖解析〗日语中，「みにかかる」既表示“持续到巳时”，又表示“（多指坏事）与自己有关”，如「身に掛かった災難」（降临到头上的灾难）。十二地支顺序为“子丑寅卯、辰巳午未、申酉戌亥”。

307.〖みみ〗〖日语〗①破れ頭巾で耳にかかる（722）。〖汉语〗破了的小头巾：挂在耳朵上。另一意义：刺耳。〖解析〗「耳にかかる」为「耳ざわる」的意思。②〖日语〗兎のとんぼ返りで：耳が痛い（652）。〖汉语〗兔子空手翻：耳朵碰到地面发痛。另一意义：因被别人说中弱点而听来刺耳，听起来难受。③〖日语〗兎の逆立で：耳擦り（652）。〖汉语〗兔子倒立：长耳朵擦住了地面。另一意义：挖苦，耳语。〖解析〗日语中，「みみこすり」既表示“耳朵擦地”，又表示“讽刺，在耳边嘀咕”「耳擦り」。

308.〖みみでもつ〗〖日语〗坊主鉢巻：耳で持つ（713）。〖汉语〗和尚的缠头或扎头：靠耳朵支撑。另一意义：需要靠耳朵生存。〖解析〗世界上有需要靠耳朵生存的工作，如记者。

309.〖みよりかわいい〗〖日语〗柚子で：実（肉親）より皮いい（可愛い）（724）。〖汉语〗柚子：皮比肉更好。另一意义：不是亲戚，但比亲戚更亲。〖解析〗柚子有天然水果罐头之称。柚花可入药，柚子肉可以吃，柚子皮具有食用、驱除异味、防蚊虫等功效。日语中，「み」表示“果实”「実」，「みより」

表示“亲戚”「肉親」;「かわ」既表示“皮”「皮」,又是“可爱”「可愛い」的一部分。

310. 〖むずかしい〗①〖日语〗六本の樫で:むずかしい(727)。〖汉语〗六棵橡树:六棵栎树。另一意义:困难。〖解析〗日语中,「むっつ」表示“六个”,与「むず」发音相近;「かし」表示“橡树,栎树”「樫」。合在一起为“困难”。②〖日语〗六本の樫の木に五匹の猿:六つ樫五猿(むずかしござる)(728)。〖汉语〗六棵橡树、五只猿猴:难。

311. 〖むちゅう〗〖日语〗六匹の鼠で:夢中(727)。〖汉语〗六只老鼠:六个唧唧叫的动物。另一意义:在梦中。

312. 〖むね〗〖日语〗寺の庇で:胸(棟)が狭い(693)。〖汉语〗寺庙的厢房:屋脊窄小。另一意义:心胸狭窄。〖解析〗日语中,「むね」既表示“屋脊”「棟」,又表示“心胸”「胸」。

313. 〖むねにある〗〖日语〗時計の鎖で:胸にある(696)。〖汉语〗怀表的锁:在胸口。另一意义:在心中,胸有成竹。

314. 〖むねにおちる〗〖日语〗団子の茶漬で:腑に落ちる(690)。〖汉语〗团子泡饭:进入肚里。另一意义:放了心。〖解析〗「茶漬」指用茶水或较淡味汤汁泡的饭。

315. 〖むねにのこる〗〖日语〗二日酔の酒:胸に残っている(711)。〖汉语〗宿醉:感觉不适。另一意义:记在心里。

316. 〖むらむら〗〖日语〗村長髯で:むらむら(687)。〖汉语〗村长的胡子:散乱。另一意义:生气,暴怒。〖解析〗「むらむら」有“生气”的意义,也有“散乱”的意思。

317. 〖め〗①〖日语〗糸屋の娘で:眼で悩殺(殺す)(649)。〖汉语〗纱线厂的小姑娘:用线杀人。另一意义:眉目传情。〖解析〗日语中,「め」既表示“被纵横交错的线围起来的缝隙”,又表示“眼睛”。「悩殺」表示“令人心烦意

乱,令人极其烦恼”,特指女性以其魅力使男性神魂颠倒的情形。②〖日语〗張子の篩で:抜け目が無い(706)。〖汉语〗纸糊的筛子:没有网眼。另一意义:做事之前精密策划。〖解析〗竹篾编织的筛子有网眼。③〖日语〗日ましの種:めが出ねえ(709)。〖汉语〗陈旧的种子:很难出芽。另一意义:很难有好运。〖解析〗日语中,「芽が出る」既表示“草木长出芽”,又表示“走运,碰上好运”。

318.〖めん・かおやく〗①〖日语〗面屋の火事で:顔焼くじゃ(719)。〖汉语〗面粉店失火:烧了面。另一意义:头面人物。〖解析〗日语中,「めん」既表示“面粉”,又表示“颜面”。「顔焼く」和「顔役」意义一样,表示“头面人物,有权势的人”。相似的歇后语有:火鉢の居眠りで:顔焼く(顔役)じゃ(709)。〖汉语〗在火炉边睡着:烧了脸。另一意义:头面人物。②〖日语〗面屋の仕損い:顔潰してじゃ(719)。〖汉语〗面店亏本:亏了面。另一意义:没有面子,大失脸面,丢人。

319.〖もう〗①〖日语〗牛の講釈で:もうしまい(653)。〖汉语〗牛的讲解说明:哞哞。另一意义:已经结束。〖解析〗日语中,「もう」既表示“哞哞”,又表示“已经(结束)”。②〖日语〗牛の胴切りで:もう半分(653)。〖汉语〗以刀横砍牛的躯干:牛已经被一分为二。另一意义:(任务等)已经完成了一半。〖解析〗「胴切り」表示“横着切”。③〖日语〗牛の大病で:もうたまらぬ(653)。〖汉语〗牛得大病:牛受不了了。另一意义:已经受不了了。④〖日语〗牛の誕生で:鼻をあける(653)。〖汉语〗小牛诞生:穿牛鼻。另一意义:抢先。〖解析〗日语中,「はなをあかす」既表示“穿牛鼻”「鼻をあける」,又表示“先下手”「鼻を明かす」。⑤〖日语〗牛の皮癬で:もうけがない(653)。〖汉语〗牛患牛皮癣:没有牛毛。另一意义:不赚钱。〖解析〗日语中,「もうけ」既表示“牛毛”「もう毛」,又表示“盈利”「儲け」。⑥〖日语〗牛にかりん糖で:もう懲り懲り(652)。〖汉语〗给牛吃花林糖:津津有味。另一意义:吃了大苦头,再也不想干了。〖解析〗日语中,「もうこりごり」既模拟牛吃东西的声音,又表示“受够了”「もう懲り懲り」。花林糖是将糅入膨松剂的面粉团切成小指大小的条形后油炸,再撒上砂糖的一种粗点心。⑦〖日语〗牛と狐:もう来ん(652)。〖汉语〗牛和狐狸:哞哞叫,吭吭叫。另一意义:已经不来了。〖解析〗日语中,「もうこん」既表示两者的叫声,又表示“已经不来了”「もう来ん」。⑧〖日语〗牛の行列:猛烈(652)。〖汉语〗牛排成队:牛的行列。另一意义:猛烈。〖解析〗日语中,「もうれつ」既表示“牛的行列”,又表示“猛烈”。⑨〖日语〗牛の正月:物言わぬ(653)。〖汉语〗牛过正月:庆祝。另一意义:不要讲话。〖解析〗日语中,「ものいわぬ」既表示“牛庆祝”「もうの祝う」,又表示“不要出声”「物言わぬ」,是成年人在小孩闹别扭、任性撒泼时说的话。⑩〖日语〗紋付の牛で:紋もう(文盲)(720)。〖汉语〗带有花纹的牛:花牛。另一意义:文盲。

320.〖もちない〗〖日语〗貧乏人の正月で:餅ない(710)。〖汉语〗穷人过正月:没有年糕。另一意义:没有钱物。

321.〖ものいり〗①〖日语〗焙烙の行列で:物炒り(要り)続き(714)。〖汉语〗砂锅排成排:连续不断地炒焙东西。另一意义:不断花钱。〖解析〗日语中,「ものいり」既表示“炒焙东西”「物炒り」,又表示“花钱”「物入り」。②〖日语〗焙烙の掃除で:ちょっと物炒り(物入り)(714)。〖汉语〗打扫砂锅:准备炒东西。另一意义:需要花一点钱。

322.〖もり〗〖日语〗日暮れの烏で:森(盛り)見て上がる(708)。〖汉语〗傍晚的乌鸦:看到森林,就飞到树上栖息。另一意义:看到小笼屉荞麦面条,就开始吃。

323.〖やりつける〗〖日语〗殿さまの行列で:槍(遣り)付けている(697)。〖汉语〗大人物出行:带着扎枪。另一意义:习惯。〖解析〗日语中,「やりつける」既表示“带着扎枪”「槍付けている」,又表示“做熟,习惯”

「遣り付ける」。大人物出行时，仪仗队中有扎枪（长柄顶部带有细长刃的武器）。

324.〖ゆき〗〖日语〗閻魔様の死んだので：行き所がない（656）。〖汉语〗阎王去世：无处可去。另一意义：人没有归属感，或走入绝境。〖解析〗人去世了，到阎王处报到。阎王死了，不知道最终归宿。

325.〖よい〗〖日语〗難波の綱引：よいよいよい（700）。〖汉语〗难波拉纤人：嗨吆嗨吆。另一意义：好好好。

326.〖よめ〗〖日语〗悪筆の文で：読め（嫁）にくい（643）。〖汉语〗写得拙劣的文字：很难读。另一意义：妻子凶悍。〖解析〗日语中，「よめ」既表示“能够阅读”「読め」，又表示“新娘、妻子、儿媳”「嫁」。

327.〖わ・わすれる〗①〖日语〗良くない車で：輪が悪い（722）。〖汉语〗破车：轮子不好。另一意义：我不好，我错了。〖解析〗日语中，「わ」既表示“轮子”「輪」，又表示“我”「我」。②〖日语〗桶屋の娘で：輪（我）がよい（657）。〖汉语〗木桶店老板的女儿：我家木桶的桶环好。另一意义：我很棒。〖解析〗早期的木桶由数块板组成，由此产生了“短板效应”：盛水多少由最短的那块木板决定。桶环箍在木桶外面，使其加固。汉语对等歇后语是“王婆卖瓜：自卖自夸”。③〖日语〗樽屋の前垂で：輪摺れる（忘れた）（690）。〖汉语〗制木桶师傅的围裙：被桶环磨损。另一意义：忘记了。〖解析〗日语中，「輪」（桶环）和「摺れる」（摩擦）连在一起是「忘れた」（忘记）。

328.〖わかる〗〖日语〗牛の爪で：前から分かっている（719）。〖汉语〗牛蹄子：前面分叉。另一意义：未卜先知，洞悉一切。〖解析〗日语中，「わかる」既表示“分开”，又表示“明白”「分かる」。这和汉语歇后语有相同之处，也有不同之处。汉语中，牛蹄也表示“两个分开”，如“要是自作主张地胡干一气，跟二哥他们牛蹄子两掰着，再想掉过头来，可就难了。”但汉语歇后语中牛蹄没有“明白”的含义。相似的歇后语有：〖日语〗仲仕の前垂で：分かっている

(698)。〖汉语〗搬运(船载货物的)工人的围裙:前面分开。另一意义:理解,明白。

329.〖わたす〗〖日语〗渡し場の風で:渡さぬ(728)。〖汉语〗渡口刮风:无法开船航行。另一意义:无法让渡或移交。

330.〖わらってそんをした〗〖日语〗箔屋の小僧で:笑って損をした(704)。〖汉语〗金箔店的伙计:笑一下,就会受损失。〖解析〗金箔质量轻,一旦发笑,嘴里的气息会将金箔吹走,造成钱财的损失。

331.〖立ち上がらぬ〗〖日语〗縁の下の喧嘩で:立ち上がらぬ(656)。〖汉语〗铺板走廊下吵架:站不起身。另一意义:无法起身。〖解析〗「縁」指外廊或边缘,表示由建筑物外缘伸搭出去的狭长铺板走廊。走廊下面空间狭窄,人无法立身。

第三章

无理问答

无理问答又称为「蒟蒻問答(こんにゃくもんどう)」,指莫名其妙的问答。「蒟蒻問答(こんにゃくもんどう)」又是日本「落语」题名,内容为魔芋店主化装成禅寺主持,与旅行的行脚僧的奇问妙答。下面是一些经典例句:

332.〖あおい・きく〗〖日语〗〖問〗赤い花でも葵(青い)とは如何?〖答〗見る物だに菊(聞く)といえるがごとし。〖汉语〗〖问〗红锦葵花为什么被称为蓝色?〖答〗和只用眼睛欣赏菊花而被称为用耳听是一个道理。〖解析〗锦葵花紫红色或白色,也可以翻译为"冬葵,蜀葵"。

333.〖あおやま・あかさか・めじろ・めぐろ〗〖日语〗〖問〗青山に赤坂とは如何?〖答〗目白に目黒といえるがごとし(793)。〖汉语〗〖问〗为什么青山有赤坂这样的地名?〖答〗和目白有目黑这样的地名是一个道理。〖解析〗青山在东京都港区西北部。赤坂在港区北部。目黑在东京都西南部,是拥有众多学校的文教区。

334.〖あさ・きぬ〗〖日语〗〖問〗夜昼着して麻(朝)上下とは如何?〖答〗衣服に用いて絹(着ぬ)といえるがごとし。〖汉语〗〖问〗中午和晚上也能穿麻做的上衣和裤子(一套服装),为什么被称为早上穿的衣服?〖答〗和穿着丝绸衣服而被称为没穿衣服是一个道理。

335.〖あし・あたみ・あだみ〗〖日语〗〖問〗病をよくする温泉を葦(悪し)の湯とは如何?〖答〗身に薬となる湯場を熱海(仇身)といえるがごとし(845)。〖汉语〗〖问〗能够治疗疾病的芦苇温泉为什么被称为邪恶?〖答〗和

对人有益处的热海温泉被称为仇人是一个道理。〖解析〗日语中,「あし」既表示“芦苇”「葦」,又表示“邪恶”「悪」。芦苇有药用价值,治疗热病烦渴、胃热呕吐、肺痿、肺痈等。日本有谚语「葦を含む雁」(衔苇之雁,有备无患)。「あだみ」(仇人)和「あたみ」(热海)发音相近。热海市位于静冈县伊豆半岛根部东岸,自古以来是温泉地区。

336.〖あすかやま・ひぐれ〗〖日语〗〖問〗今日の遊山に出て飛鳥(明日か)山とは如何?〖答〗早く帰っても日暮といえるがごとし(809)。〖汉语〗〖问〗今天游飞鸟山为什么被称为明天游山?〖答〗和很早回家而被称为很晚回归是一个道理。〖解析〗飞鸟山是位于日本东京都北区的丘陵,是江户时代以来的樱花胜地。有同样名字的飞鸟位于日本奈良县奈良盆地南部、飞鸟川领域,大和朝廷发祥地。橘寺、石舞台古坟、高松冢古坟和甘橿冈等史迹颇多。日暮位于东京荒川区。相似的提问还包括:四谷有很多户人家,为什么被称为四家?「家数のあるを四谷(四つ家)とは如何?」四谷在东京都新宿区东南部,地处日铁四谷车站一带,有上智大学等。

337.〖あめ・みのがめ〗〖日语〗〖問〗降りもせずして飴(雨)とは如何?〖答〗着もせねど蓑亀といえるがごとし(839)。〖汉语〗〖问〗糖不往下降落,为什么被称为雨?〖答〗和龟不穿蓑衣而被称为蓑龟是一个道理。〖解析〗蓑龟即绿毛龟,是龟壳上长满绿藻的水龟的俗称。自古以来作为吉祥物受到珍视。

338.〖あらかわ・こせん〗〖日语〗〖問〗古来よりありしを荒(新)川とは如何?〖答〗近年出来た銑銭を小(古)銭といえるがごとし(814)。〖汉语〗〖问〗荒川以前就有,为什么被称为新川?〖答〗和近年制造的币值小的钱被称为古钱是一个道理。〖解析〗日语中,「あら」既表示“荒”,又表示“新”;荒川起源于埼玉县、山梨县、长野县三县交界。「こ」既表示“小”,又表示“古”。「銑銭」指日本江户时代曾用铸铁制造、完全没有金和铜的劣质货币。

339．〖あわ・うずわ〗〖日语〗〖問〗水にあらずして泡（粟）とは如何?〖答〗鳴門にあらずしてうずわ（渦輪）といえるがごとし（841）。〖汉语〗〖问〗小米不在水中，为什么被称为水泡?〖答〗和舵鲣不在鸣门而被称为漩涡是一个道理。〖解析〗日语中，「あわ」既表示“水泡”，又表示“粟”；「うずわ」既表示“漩涡”，又表示“舵鲣”。鸣门以鸣门漩涡闻名。该自然奇观发生于日本四国岛的德岛县鸣门市和淡路岛的兵库县南淡路市西南段之间的鸣门海峡（宽 1350 米），是日本流速最快的漩涡（潮流最高流速每小时 10 海里）。舵鲣是鲭科海水鱼。

340．〖あわゆき〗〖日语〗〖問〗暖かに煮たる豆腐を淡雪とは如何?〖答〗火で焼きながら石焼豆腐といえるがごとし（794）。〖汉语〗〖问〗为什么用火炖的豆腐被称为淡雪豆腐?〖答〗和用火烧的豆腐被称为石烧豆腐是一个道理。〖解析〗淡雪豆腐和石烧豆腐是两种豆腐名称。

341．〖あんこう・まける・かつ〗〖日语〗〖問〗庵の内にて燻らす焚物ならで鮟鱇（庵香）とは如何?〖答〗得意場で値段を負けて勝つ（鰹）といえるがごとし（795）。〖汉语〗〖问〗鮟鱇不在寺内焚烧，为什么被称为庵香?〖答〗和在商店失败而被称为赢了是一个道理。〖解析〗答语的另一个意思是“顾客在商店以优惠价格买了鲣鱼”。

342．〖あんどん〗〖日语〗〖問〗丸き形を箱提燈とは如何?〖答〗智ありて作りたるを暗鈍（行燈）といえるがごとし（840）。〖汉语〗〖问〗为什么圆形灯笼被称为箱式灯笼?〖答〗和灯笼由能工巧匠制作而被称为愚昧是一个道理。〖解析〗日语中，「あんどん」既表示“灯笼”「行燈」，又表示“不聪明”「暗鈍」。「行燈」是用木材或竹料支撑方形或圆形框架，框架表面糊纸，底座板上放置油碟，然后点燃，可防灯火被风吹灭和摇动。明治中期以前使用。有些圆形灯笼可以折叠，放入方形盒子内。

343．〖いし・かわ〗〖日语〗〖問〗人でもないに石（医師）とは如何?

〖答〗肢体でもないに川(皮)といえるがごとし(836)。〖汉语〗〖问〗石头不是人,为什么被称为医师?〖答〗和河流不是人的身体而被称为皮肤是一个道理。〖解析〗日语中,「いし」既表示“石头”「石」,又表示“医师”「医師」;「かわ」既表示“河流”「川」,又表示“皮肤”「皮」。

344. 〖いっき・せんどう〗〖日语〗〖問〗多人数集って一騎(一揆)とは如何?〖答〗一人にても船(千)頭といえるがごとし(826)。〖汉语〗〖问〗农民起义中,很多人聚集,为什么被称为一骑绝尘?〖答〗和船老大是一个人而被称为千头是一个道理。〖解析〗日语中,「いっき」既表示“骑在马上的一个武士或士兵”「一騎」,又表示“同心同德,齐心协力;农民起义”「一揆」。

345. 〖いど・ほりだし〗〖日语〗〖問〗古渡りの茶碗を名付けて井戸とは如何?〖答〗目利き者の安く買取って掘出したといえるがごとし(815)。〖汉语〗〖问〗很早以前到达日本的茶碗为什么被称为井?〖答〗和行家以低廉价格购买到好东西而被称为淘到宝贝是一个道理。〖解析〗井户茶碗是朝鲜出口日本的茶碗中的上品,最为人们重视。「掘出」表示“偶然以较低价格买到的珍品”。

346. 〖いとこに・おじや〗〖日语〗〖問〗品多く小豆と煮て従兄弟煮とは如何?〖答〗雑炊を女中詞に(叔父や)といえるがごとし(818)。〖汉语〗〖问〗酱煮素杂烩是多种小豆同煮,为什么被称为堂兄弟煮?〖答〗和女官称杂烩粥为叔父粥是一个道理。〖解析〗「従兄弟煮」是日本杂煮食物的一种。制作时,需要把小豆或其他豆子与蔬菜一起煮。日本各地逢正月、盂兰盆节等节日均煮食。「おじや」指加有作料的菜粥或杂烩粥。

347. 〖うがい〗〖日语〗〖問〗水にて口中を濯ぐを嗽(鵜飼)とは如何?〖答〗鳥の両翼を羽掻(飼)といえるがごとし(841)。〖汉语〗〖问〗用水漱口为什么被称为饲养鸬鹚?〖答〗和鸟的两翼交叉的部分被称为饲养是一个道理。〖解析〗日语中,「うがい」(漱口)中有表示“鸬鹚”的「鵜」,又有表示“饲养”的「飼」。

348.〖うち・そとば〗〖日语〗〖問〗肴屋の外鈎はなくて内(打ち)鈎とは如何?〖答〗墓原にて団扇(内輪)を用いずして卒塔婆(外は)といえるがごとし(815)。〖汉语〗〖问〗饭店没有外钩,为什么有内(打)钩?〖答〗和墓地没有内(团扇)而有外(舍利子塔)是一个道理。〖解析〗日语中,「うち」既表示“打”「打ち」,又表示“内”「内」。「そとば」表示“舍利子塔”「卒塔婆」,中间有表示“外部”的「外(そと)」。搬运沉重的鱼时使用打钩。

349.〖おい・めい〗〖日语〗〖問〗老い甥とは如何?〖答〗命を姪といえるがごとし(801)。〖汉语〗〖问〗“老年人”为什么被称为外甥?〖答〗和“命”被称为“外甥女”是一个道理。

350.〖おもいざし・おさえ〗〖日语〗〖問〗盃を軽軽と受持って思い(重い)差とは如何?〖答〗直に手放しながら押えたといえるがごとし(815)。〖汉语〗〖问〗轻轻接过杯子,为什么被称为重重地斟酒?〖答〗和马上转手而被称为仍然操控是一个道理。〖解析〗日语中,「おもい」既表示“思念”「思い」,又表示“沉重”「重い」。「思い差し」为俗语,表示“为意中人斟酒”或“爱情的一杯酒”。「押え」既表示“压制”,又表示“不喝对方敬过来的酒,反而让对方喝酒”。

351.〖おやじ・しあん〗〖日语〗〖問〗子供も渡りながら親父橋とは如何?〖答〗うかうか渡っても思案橋といえるがごとし(814)。〖汉语〗〖问〗小孩也从上面经过,为什么被称为父亲桥?〖答〗和漫不经心经过而被称为思案桥是一个道理。〖解析〗父亲桥位于东京都中央区日本桥,方便照降町和芳町之间的人员和货物往来。桥名至今尚存。思案桥位于日本桥小网町。附近原有吉原的游乐场和堺町的歌舞伎剧场。因为人们需要思考到两者之中的哪个地方,因此得名。

352.〖おやしょく・おこご〗〖日语〗〖問〗子供にばかり食わせる時もお

夜食(親食)とは如何?〖答〗日中の食事をおこごといえるがごとし(813)。〖汉语〗〖问〗只让小孩吃的夜宵为什么被称为父母的饭?〖答〗和白天吃饭而被称吃午饭是一个道理。〖解析〗「おこご」表示方言“午饭”。

353.〖かいたく・だいじん〗〖日语〗〖問〗開墾の小使でもないに開拓使とは如何?〖答〗金満家の事を大臣(尽)といえるがごとし(804)。〖汉语〗〖问〗不是开垦的使者为什么被称为开拓使?〖答〗和把富翁称为负翁是一个道理。〖解析〗日语中,「開拓」既表示“开垦,开荒,围垦”,又表示“开发,开拓,开辟”。开拓使是日本实施北海道开发及行政事务的政府机构。1869 年设立,从事西洋农业的引进、煤矿开采、屯田兵的设置等。1882 年废除。「だいじん」既表示“大臣”「大臣」,又表示“家徒四壁”「大尽」。其他可供备选的答案包括:和士官不是使节而被称为使官是一个道理「使の役に非ずして士(使)官といえるがごとし」;和勺子不是释迦牟尼的弟子而被称为释迦牟尼弟子是一个道理「釈迦の使でもない者を釈使(杓子)といえるがごとし」;和领事不是医官而被称为治疗官是一个道理「医務の官でもないに領事(療治)官といえるがごとし」。

354.〖かいどく・ようちょう〗〖日语〗〖問〗薬と名付けて売りながら解毒とは如何?〖答〗腫物ならで美人を誉めるを窈窕(廱疔)といえるがごとし(810)。〖汉语〗〖问〗以药为名售卖,为什么被称为解毒?〖答〗和受人称赞的窈窕淑女不是肿瘤而被称为肿物是一个道理。

355.〖かえるのつらへみず〗〖日语〗〖問〗押しの強いを蛙の面へ水とは如何?〖答〗のらくら者を蛇つかいといえるがごとし(802)。〖汉语〗〖问〗为什么厚脸皮被称为“向青蛙脸上泼水”?〖答〗和态度不明朗(或无所事事)被称为“玩蛇人”是一个道理。〖解析〗日语中,「蛙の面へ水」表示“厚脸皮”;「押しの強い」又表示“有魄力,做事强硬”。「蛇を遣う」表示“游手好闲,闲混”。

356.〖かがみ・ふしかね〗〖日语〗〖問〗姿見は老いたる腰にあらで鏡(屈み)とは如何?〖答〗おはぐろは病人の夜半ならでふしかね(臥し兼ね)といえるがごとし(821)。〖汉语〗〖问〗镜子不是老人的腰,为什么却被称为弯曲?〖答〗和五倍子染牙液不像夜半的病人而被称为躺卧是一个道理。〖解析〗日语中,「かがみ」既表示“弯曲”「屈み」,又表示“镜子”「鏡」;「ふしかね」既表示“牙黑浆”「付子鉄漿」,又表示“躺卧”「臥し兼ね」。病人半夜痛苦,身体成蜷曲状。「おはぐろ」又可写作「はぐろ」,表示“染牙液,牙黑浆”,是将铁浸泡在酒或茶水中,使其氧化制成浆液。历史上,日本成年妇女用以染黑牙齿,江户时代则成为已婚女子的标记。中古时代,公卿及武士家族的男人也染牙齿。五倍子为五倍子蚜在盐肤木及其同属植物叶子上形成的虫瘿,是丹宁、墨水、染料等的原料,多分布于印度、东亚。日本产于濑户内海沿岸。

357.〖かしわもち・やきもち〗〖日语〗〖問〗蒲団にくるまって寝るを柏餅とは如何?〖答〗悋気して腹立つを焼餅といえるがごとし(839)。〖汉语〗〖问〗人裹着被子在里面睡,为什么被称为槲叶糕?〖答〗和男女嫉妒吃醋被称为烤黏糕是一个道理。〖解析〗槲叶糕是用槲树叶包起来的豆馅黏糕,一般在端午节制作。关于「焼餅」的谚语有「焼き餅焼くとて手を焼くな」(过分嫉妒,反害自己)。

358.〖カステラ・がいろうもち〗〖日语〗〖問〗金を働く院主にあらでカステラ(貸す寺)とは如何?〖答〗小田原の薬店ならで外郎餅といえるがごとし(806)。〖汉语〗〖问〗卡斯蒂利亚蛋糕不是赚钱的寺庙方丈,为什么说掌握着放贷的寺庙?〖答〗和外郎饼不是小田原的药店而被称为外郎是一个道理。〖解析〗小田原位于日本神奈川县西南部,濒临相模湾。外郎有两个意思:(1)外郎祛痰药,由中国元朝员外郎陈宗敬于镰仓时代传入日本;(2)米粉糕,用米粉做原料,蒸熟成羊羹状的点心,是日本名古屋、山口等地的特产。

359.〖かたばみ・たんぽぽ〗〖日语〗〖問〗柔らかなる草花を酢(固)漿とは如何？〖答〗赤き花ならねど蒲公英(丹ぽぽ)といえるがごとし(846)。〖汉语〗〖问〗酢浆果很柔软，为什么却说它很坚硬？〖答〗和蒲公英不是红色而名字带有红色是一个道理。〖解析〗日语中，「かた」既表示“酢”，又表示“坚硬”；「たん」既表示“蒲”，又表示“红色”。蒲公英的颜色有很多，经常见到的有黄色、紫色、白色和蓝色，没有红色。

360.〖かみなきげつ・みなづき〗①〖日语〗〖問〗神無月あって仏無月なきこととは如何？〖答〗水無月あって火無月なきといえるがごとし(807)。〖汉语〗〖问〗为什么有“神无月”而没有“佛无月”？〖答〗和有“水无月”而没有“火无月”是一个道理。〖解析〗日本阴历各月都有其他名称。一月是一家人和睦相处的月份，所以称为「睦月（むつき）」。二月又称为「如月（きさらぎ）」，其日语发音与「衣更着（きさらぎ）」相同(「衣更着」的意思是脱下来的衣服随时可能因为倒春寒又穿回去)。三月又称为「弥生（やよい）」，形容三月是草木逐渐开始生长旺盛的一个月。四月正是卯花盛开的季节，因此四月又称为「卯月（うづき）」。五月又称为「皐月（さつき）」。「水無月（みなづき）」是对六月的称呼。“水无月”有两个意思：(1)没有水的月份。这大概是古代日本人对将天界的水全部降于大地而使天界无水的天神的谢意而起的名称。(2)「な」「無」同音。六月是日本的梅雨季节，「水無月（みなづき）」意为全是水的月份。七月，人们会作文供奉牛郎织女，所以叫作「文月（ふみづき）」。《奥义抄》中，树叶落下的八月被称为「葉月（はづき）」。《拾遗和歌集》认为，人们期待能够尽快与恋人在第二天早晨会面，因此感觉夜晚太过漫长，所以九月叫作「長月（ながつき）」。日本全国的神在每年十月会聚集在出云之国参加会议。神都不在家，所以称为「神無月（かみなづき）」。此时，只有出云称十月为“神在月”。十月二十九日，神会离开出云，回到原址。十一月时常降霜，所以被称为「霜月（しもつき）」。十二月是僧侣到处颂经的时候，师父们四处奔走十分繁忙，所以称做「師走（しわす）」。②〖日语〗十月二十九日とかけて後架にいく人ととく。〖答案〗心は今に神(紙)がいる

(315)。〖汉语〗十月二十九日和如厕的人有什么相似之处?〖答案〗前者神很快就会回来;后者很快需要纸洁净臀部。〖解析〗「後架」因位于禅寺禅堂后面而得名。③〖日语〗〖問〗正月を睦(六)月とは如何?〖答〗九月の半数を重(丁)陽といえるがごとし(819)。〖汉语〗〖问〗正月为什么被称为六月?〖答〗和九月九被称为重阳是一个道理。〖解析〗日语中,「む」既表示"睦",又表示"六";「ちょう」既表示"重",又表示"丁"。"丁"表示偶数,而九月九是两个奇数。

361.〖かめ・つる〗〖日语〗〖問〗水を汲込む壺を亀(瓶)とは如何?〖答〗鍋の手を弦(鶴)といえるがごとし841)。〖汉语〗〖问〗为什么盛水壶被称为乌龟?〖答〗和锅的把手被称为鹤是一个道理。〖解析〗日语中,「かめ」既表示"水瓶"「壶」,又表示"乌龟"「亀」;「つる」既表示"(半圆形)把手"「弦」,又表示"鹤"「鶴」。

362.〖かも〗〖日语〗〖問〗雪氷を貯えて氷(火)室とは如何?〖答〗雷神の由来を語って賀茂(鴨)といえるがごとし(846)。〖汉语〗〖问〗储存雪冰的房间为什么被称为火室?〖答〗和将供奉雷神的贺茂神社归于鸭是一个道理。〖解析〗贺茂神社是京都市上贺茂神社和下鸭神社的通称。备选的答案还包括:和德才兼备的高僧被称为小人是一个道理「大坊主でも上(小)人」;和区长一个人被称为九个人是一个道理「大区一人だに区(九)長」;和御医即使不老而被称为老爷爷是一个道理「老人でもないに侍医(爺)」。

363.〖かもい・えんがわ〗〖日语〗〖問〗鳥類ならで鴨居とは如何?〖答〗水辺にあらねど縁側といえるがごとし(827)。〖汉语〗〖问〗门楣不是鸟,为什么被称为鸭居?〖答〗和门槛不在水边而被称为河沿是一个道理。〖解析〗日语中,「鴨居」表示"门上框、门楣、拉门或隔扇上方的带槽横木"。反义词为「敷居」,表示"门槛"。古时指阈,指在拉门、隔扇、拉窗等下部带槽的横木。「敷居が高い」不好意思登门拜访,由于对不起朋友或不体面等原因，难以登其家门。

364. 〖から〗〖日语〗〖問〗胡椒の実を唐辛子とは如何?〖答〗女中詞に大根を辛(唐)物といえるがごとし(813)。〖汉语〗〖问〗胡椒子为什么被称为唐辛子?〖答〗和宫中女官把萝卜称为辛物是一个道理。〖解析〗萝卜味道略辣，因此是「辛物」。

365. 〖からうす・せんごく〗〖日语〗〖問〗米を入れて精げながら唐(空)臼とは如何?〖答〗一升たらず入れて千石簁といえるがごとし(814)。〖汉语〗〖问〗把米放进碓臼，为什么碓臼被称为空臼?〖答〗和筛车装不满一升却被称为能装千石是一个道理。〖解析〗日语中，「から」既表示"唐"，又表示"空"。筛车是筛选谷粒、将米和谷糠分别选出的农具。

366. 〖からざけ・とうきび・とうど・からす・とび〗①〖日语〗〖問〗奥州筋で製する物を唐(乾)鮭とは如何?〖答〗畠に作って唐黍(唐土)といえるがごとし(801)。〖汉语〗〖问〗奥州产的干鲑鱼为什么被称为唐鲑鱼?〖答〗和日本田地上出产的玉米被称为唐土是一个道理。〖解析〗奥州指日本旧时的陆奥国，即陆奥、陆中、陆前、岩代、磐城的总称，代指整个日本东北地区。干鲑鱼指取出内脏后阴干的鲑鱼。②〖日语〗〖問〗日本にて育つ鳥を烏(唐す)とは如何?〖答〗翼を休めて居ても鳶(飛び)といえるがごとし(832)。〖汉语〗〖问〗乌鸦在日本长大，为什么被称为外国的鸟?〖答〗和鸢栖息在树上而仍被称为飞翔是一个道理。〖解析〗日语中，「からす」既表示"乌鸦"「烏」，又包含"外来的东西"「唐」;「唐」指中国或其他国家传来的东西。日语有谚语「唐へ投げ銀」(毫无意义乱花钱)。「とび」既表示"老鹰"「鳶」，又表示"飞翔"「飛び」。

367. 〖かり・ちょうけん〗〖日语〗〖問〗自分の衣装を着して借(狩)りとは如何?〖答〗遠近の道を測るを町間といえるがごとし(818)。〖汉语〗〖问〗猎装是自己的衣服，为什么被称为借来的衣服?〖答〗和测量远近的道路而被称为“町间”是一个道理。

368. 〖かわら・みずもり〗〖日语〗〖問〗屋根に敷き並べて瓦(河原)とは如何?〖答〗細縄を引張って水を盛るといえるがごとし(845)。〖汉语〗〖问〗为什么屋顶铺的瓦被称为河滩?〖答〗和牵绳测量地面是否水平被称为盛水是一个道理。〖解析〗日语中,「かわら」既表示“瓦”「瓦」,又表示“河滩”「河原」;「みずもり」字面意思表示“盛水”,又表示“测量地面是否水平”。

369. 〖かん・こおり〗〖日语〗〖問〗酒をあたため入れながら燗(寒)鍋とは如何?〖答〗煮立てを食いながら氷蒟蒻といえるがごとし(815)。〖汉语〗〖问〗可以将酒加热,锅为什么被称为寒冷的锅?〖答〗和蒟蒻煮沸食用而被称为冰蒟蒻是一个道理。〖解析〗日语中,「かん」既表示“寒”「寒」,又表示“烫热”「燗」;「氷蒟蒻」即“冰魔芋”,是将蒟蒻经过冷冻、脱水、干燥后制成的食品。用水浸泡还原后可煮菜,或以醋、酱凉拌食用。

370. 〖かんしゅ・たこぼうず・かんちょう〗①〖日语〗〖問〗酒にあらずして燗酒(貫主)とは如何?〖答〗酒の魚にあらずして蛸坊主といえるがごとし(815)。〖汉语〗〖问〗贯首不是酒,为什么被称为烫过的酒?〖答〗和秃子不是菜肴而被称为章鱼是一个道理。〖解析〗日语中,「かんしゅ」既表示“温热的酒”,又表示“贯首”(日本佛教各宗的总寺院和各大寺院首领的称谓);「たこぼうず」表示“秃头,光头”,中间有表示菜肴的“章鱼”「蛸」。②〖日语〗〖問〗木にも草にも出来ぬ物を醤油の実とは如何?〖答〗海の水引きたる時ならで醤(干潮)といえるがごとし(808)。〖汉语〗〖问〗酱油不发芽,没有茎,为什么说结果实?〖答〗和茄子黄瓜酱不是退潮而被称为落潮是一个道理。〖解析〗「み」既表示“结果实”,也表示“烹调原料”,如加在酱汤或汤中的蔬菜、肉等。「醤油の実」等同于「もろみ」,后者表示“未过滤的酒或酱油”(在酿造清酒、酱油和酒精发酵过程中产生的液体物质)。

371. 〖き・で〗〖問〗走っているものを出ん(電)車とはこれ如何に?〖答〗それでは、向こうへ行くものを来(汽)車というがごとしや。〖汉语〗〖问〗为什么驶来的电车被称为不出去的汽车?〖答〗和火车虽然向外行驶而被称为驶来的车是一个道理。〖解析〗日语中,「でん」既表示“不出去”,又与「電」(电)发音一样;「き」既表示「汽」,又表示「来」。

372. 〖きく・みず〗〖日语〗〖問〗酒を味おうて聞(利)くとは如何?〖答〗見ていながら見ず(水)といえるがごとし(815)。〖汉语〗〖问〗品尝了酒,酒力涌上身来,为什么被称为用耳朵听?〖答〗和看见水而被称为没有看到是一个道理。〖解析〗日语中,「きく」既表示“听”和“在口中品尝,以鉴定酒的质量优劣的检查方法”「聞く」,又表示“发生作用”「利く」。

373. 〖きくらげ・みる〗〖日语〗〖問〗耳なくして木耳とは如何?〖答〗目なくして海松食といえるがごとし(842)。〖汉语〗〖问〗木耳没有耳朵,为什么被称为木耳?〖答〗和开口蛤没有眼睛而被称为“看见”是一个道理。〖解析〗日语中,「木耳(きくらげ)」中带有“耳朵”,「水松(みる)」与“看见”的日语发音相同。「海松食」因为附着于刺松藻「海松」而得名。另外,「水松(みる)」等于「海松布(みるめ)」(「め」为“海藻”之意)。「海松布」多见于和歌,因读音相同而成为「見る目」的代用词。

374. 〖きせる・たばこ・かや・はかま〗〖日语〗〖問〗着物でもないに煙管(着せる)とは如何?〖答〗葉のものを煙草(多葉粉)といえるがごとし(808)。〖汉语〗〖问〗烟袋不是衣服,为什么被认为可以穿戴?〖答〗和香烟明明是叶子而被称为多叶粉是一个道理。〖解析〗可以作为备选答案的回答还包括:「樹木でもないに榧(蚊帳)といえるがごとし」(和蚊帐不是树木而被称为榧子树是一个道理)。

375. 〖ぎふ・きない〗〖日语〗〖問〗芸娼妓は厳禁だに岐阜(妓婦)県とは如何?〖答〗木も沢山あるに畿内(木無い)といえるがごとし(845)。

〖汉语〗〖问〗岐阜严禁娼妓,为什么却取名为娼妓?〖答〗和畿内地区多树而说没有树是一个道理。〖解析〗日语中,「ぎふ」既表示"岐阜",又表示"娼妓";「きない」既表示"没有树"「木無い」,又表示"畿内"「畿内」。

376.〖きゅう・すじちがい〗〖日语〗〖問〗物静かにしてすえながら急(灸)とは如何?〖答〗行儀よく座してすえても筋違いといえるがごとし(844)。〖汉语〗〖问〗平静地针灸,为什么被称为急如星火?〖答〗和在斜对面正襟危坐而被称为有悖常理是一个道理。〖解析〗日语中,「きゅう」既表示"急迫"「急」,又表示"针灸"「灸」;「すじちがい」既表示"不合道理",又表示"伤筋,扭筋;斜对面,斜交叉"。

377.〖きゅうり〗〖日语〗〖問〗親子は一世、夫婦は二世、主従は三世、一生涯の勘当を生生迄とは如何?〖答〗親子を瓜二つ、勘当を久離(胡瓜)切るといえるがごとし(803)。〖汉语〗〖问〗父母和子女是一世的缘分,夫妻是两世的缘分,主仆是三世的缘分。为什么断绝父子关系被称为直到永远?〖答〗和父子是两个瓜,断绝关系后被称为将黄瓜一刀两断是一个道理。

378.〖きょう・ほ・やまと〗〖日语〗〖問〗将棋の駒にもあらぬを京都府(香と歩)とは如何?〖答〗射術の具にもあらぬを大和(矢的)といえるがごとし(819)。〖汉语〗〖问〗京都府不是将棋棋子,为什么被称为"香"和"步"?〖答〗和大和不是射箭术而被称为箭和靶子是一个道理。〖解析〗日语中,「駒」表示日本将棋使用的五角形木片,代指棋子。「京都府」中有表示将棋棋子的"香"和"步"的日语发音;「大和」中有表示射箭术的"箭"「矢」和"靶子"「的」的日语发音。同样可以作为答案的选择还有:「勝負の具にもあらぬを賽玉(埼玉)といえるがごとし」(和埼玉县不是赌博工具而被称为骰子是一个道理);「絹布の類でありながら歩金(布巾)といえるがごとし」(和布巾明明是丝织品而被称为将棋棋子"步"和"金"是一个道理)。

379.〖きょうだい・しんし〗〖日语〗〖問〗髪結う道具箱を鏡台(兄弟)

とは如何?〖答〗絹張に添えて使う竹を伸子(親子)といえるがごとし(807)。〖汉语〗〖问〗梳妆台为什么被称为兄弟?〖答〗和父母和孩子被称为竹撑是一个道理。〖解析〗竹撑「伸子」是洗染和服衣料时为将衣料张开而使用的两端带有针的竹签,用以扎住衣料的边缘。

380.〖きんきん・すべた〗〖日语〗〖問〗着飾った出立をきんきんとは如何?〖答〗不器量なる女をすべたといえるがごとし(807)。〖汉语〗〖问〗欣欣然盛装出门,为什么被称为金金?〖答〗和骂丑女人是宝剑是一个道理。〖解析〗「すべた」是西班牙语 espada 的转音,纸牌中有"剑"之意。

381.〖きんせん〗〖日语〗〖問〗小判は花にも似ざる物を山吹とは如何?〖答〗安き価に求めても金盞(金千)花といえるがごとし(814)。〖汉语〗〖问〗一两金币不是花,为什么被称为棣棠?〖答〗和金盏花可以低价获得而被称为需要千盏金是一个道理。〖解析〗日语中,「きんせん」既表示"金盏花"「金盞」,又表示"一千金币"「金千」。棣棠花呈现金黄色,因此转指金币,如"椭圆形金币"「山吹の小判(大判)」;一般认为棣棠有花无果,实际上,棣棠有果实,呈黑褐色。

382.〖くい・くはない〗〖日语〗〖問〗官禄もなく位(喰い)倒れとは如何?〖答〗楽隠居を苦はない(食わない)といえるがごとし(807)。〖汉语〗〖问〗没有高高在上的官职,坐吃山空,为什么被称为倒台?〖答〗和一个人过着无忧无虑的隐居生活而被称为食不果腹是一个道理。

383.〖くち・した〗〖日语〗〖問〗物言う事もなく袖口とは如何?〖答〗なめる事もなくして袖の下といえるがごとし(844)。〖汉语〗〖问〗从来不说话,袖子为什么有一个口?〖答〗和袖子从来不会舔却有舌头是一个道理。〖解析〗日语中,「くち」既表示"嘴",又表示"袖口";「袖のした」表示"贿赂"(源自用和服袖遮住偷偷地交付),字面义表示"袖子的舌头"。

384.〖くちなわ・なめくじり〗〖日语〗〖問〗口中にて寄り付けぬ物を

蛇(くちなわ)（口縄）とは如何?〖答〗舌も手もなくてなめくじりといえるがごとし(812)。〖汉语〗〖问〗“蛇”不是口中的东西，为什么被称为口中的绳子?〖答〗和蛞蝓没有手、没有舌而被称为又舔又挖是一个道理。〖解析〗日语中，「くちなわ」既表示“蛇”，又表示“缰绳”；「なめくじり」表示“蛞蝓”，又表示“舔”和“（用手）搋，挖，挑，剔，搅拌”。之所以说“蛇”是口中的绳子，是因为“蛇”像腐朽的绳子。日语中，「朽(く)ち」（腐朽）和「口(くち)」（口）发音相同。

385.〖くもい・ぎょくすい〗〖日语〗〖問〗蜘蛛の巣にあらずして雲井とは如何?〖答〗やわらかにとろけもせで玉垂といえるがごとし(827)。〖汉语〗〖问〗皇宫不是蜘蛛网，为什么被称为蜘蛛窝?〖答〗和点心软糖柔软而且容易融化而被称为珠帘子是一个道理。〖解析〗日语中，「雲井」既表示“天空，皇宫”，又表示“蜘蛛窝”；「ぎょくすい」既表示“用玉装饰的帘子”，又表示“用牛皮饼包裹的含有山嵛菜和砂糖的点心”。

386.〖けいし・けいぶ〗〖日语〗〖問〗薬種でもない警視（桂枝）とは如何?〖答〗象棋の駒でなく警部（桂歩）といえるがごとし(845)。〖汉语〗〖问〗警视厅不是药物，为什么被称为桂枝?〖答〗和警部不是棋子而被称为桂步是一个道理。〖解析〗日语中，「けいし」既表示“桂枝”，又表示“警视”；「けいぶ」既表示“警部”，又表示“桂步”。中药桂枝可入药。警部为警察官阶之一，相当于中国的警督。

387.〖ご・みこ〗〖日语〗〖問〗一本あって御（五）幣とは如何?〖答〗巫(ふ)女(しど)女の一人を巫女（三子）といえるがごとし(798)。〖汉语〗〖问〗为什么一片供神币帛被称为五片?〖答〗和供奉神的一个未婚女子被称为三个人是一个道理。〖解析〗日语中，「ご」既表示“五”，又表示“供神币帛”的敬语「御」；供神币帛是将纸或布成串插在神木枝上的祭神用品。日语有习语「御幣を担ぐ」（讲迷信，遇事爱讲究吉凶）。「巫女」中有表示“三”的「み」。

388.〖こうがい・かみ〗〖日语〗〖問〗笄橋あって櫛橋なき事とは如何?

〖答〗髪(神)結あって仏結なきといえるがごとし(812)。〖汉语〗〖问〗有笄桥,为什么没有梳子桥?〖答〗和有神(发)结而没有佛结是一个道理。〖解析〗笄桥位于东京麻布笄町曹洞宗长谷寺前面。笄是文言语,表示"簪子"。「髪結い」为梳头或梳理头发的职业或店铺。日本为男性梳头始自安土桃山时代,为女性梳头始自宽政时代。「髪結いの亭主」字面意思是"有了以梳头为业的能挣钱的老婆,丈夫便可游手好闲地过日子",引申义为"靠老婆挣钱养活的男子"。

389.〖こうしゃく・ししゃく〗〖日语〗〖問〗芸人にあらずして公爵(講釈)とは如何?〖答〗勝手道具にあらずして子爵(柄杓)といえるがごとし(811)。〖汉语〗〖问〗公爵不是艺人,为什么被称为说唱艺人?〖答〗和子爵不是厨房用品而被称为有柄的勺子是一个道理。〖解析〗日语中,「こうしゃく」既表示"公爵",又表示"讲释";「ししゃく」既表示"子爵",又表示"带柄的勺子"。讲释为讲谈的古称,源自对武勇传记、复仇、政论、实录等的讲义读释。

390.〖こうせん・はんれい〗〖日语〗〖問〗越王は祇園の名物にもあらずで勾践(香煎)とは如何?〖答〗付届けの簡略するを范蠡(半礼)といえるがごとし(801)。〖汉语〗〖问〗越王勾践不是祇园名产,为什么被称为香煎?〖答〗和范蠡被称为附带的作为人情的礼物是一个道理。〖解析〗祇园位于京都东山区八坂神社门前。

391.〖こうや・こんや・ゆどのさん〗〖問〗染物師ならで高野山(紺屋さん)とは如何?〖答〗風呂屋にあらずして湯殿山といえるがごとし(824)。〖汉语〗〖问〗高野山不是染匠,为什么被称为染房店主?〖答〗和汤殿山不是澡堂而被称为澡堂是一个道理。〖解析〗高野山位于日本和歌山县伊都郡内。「高野山」(高野山)与「紺屋さん」(染匠)发音相似。汤殿山位于山形县中部,月山西南端。日语中,洗澡水为「湯」。「湯殿」为"浴池、浴室"。

392. 〖ごき〗〖日语〗〖問〗四つの椀を御(五)器とは如何?〖答〗一膳飯を煮(二)売りといえるがごとし(847)。〖汉语〗〖问〗四个碗为什么被称为五个碗?〖答〗和卖一顿(鱼、蔬菜、豆等的)煮熟饭菜而被称为卖两次是一个道理。

393. 〖こじき・くじき〗〖日语〗〖問〗非人にあらず昔の書を古事記(乞食)とは如何?〖答〗転んで手足痛むならで旧事記(挫き)といえるがごとし(837)。〖汉语〗〖问〗《古事记》不是非人,为什么被称为乞丐?〖答〗和《旧事记》没有手足受伤而被称为挫伤是一个道理。〖解析〗非人是贱民的一种,指日本江户时代从事刑场杂役和低级游艺工作的人。明治四年(1871),根据"解放令",非人成为平民,非人的称谓退出历史舞台。日语中,「こじき」既表示"《古事记》"「古事記」,又表示"乞丐"「乞食」;「くじき」既表示"《旧事记》"「旧事記」,又表示"挫伤"「挫き」。

394. 〖こせき・ふたつ〗〖日语〗〖問〗現在の調べを古跡(戸籍)とは如何?〖答〗一通の官令とにても二つ(布達)いえるがごとし(812)。〖汉语〗〖问〗现在对户籍进行调查,为什么被称为古籍?〖答〗和只有一道行政命令而被称为两道行政命令是一个道理。〖解析〗「布達」表示"机关的通报,明治初年的行政命令"。

395. 〖こそで〗〖日语〗〖問〗大人の着る服を小(子)袖とは如何?〖答〗稚児の衣類にしても大領といえるがごとし(803)。〖汉语〗〖问〗成年人穿的丝绸棉衣为什么被称为小袖?〖答〗和小孩的衣物被称为大领是一个道理。

396. 〖こたつ・すみ〗〖日语〗〖問〗おもに大人のあたるものを(子)炬燵とは如何?〖答〗真中にいけ置いて炭(隅)火といえるがごとし。〖汉语〗〖问〗很多时候是大人烤火,为什么被称为小孩的火炉?〖答〗和煤炭居于炉火中心部位而被称为在角落是一个道理。

397. 〖こぶん〗〖日语〗〖問〗老いても知らぬ者もある書を子(古)文と

は如何？〖答〗遠き昔渡っても新(真)宝しんといえるがごとし(801)。〖汉语〗〖问〗古书没有寿命，也不会变老，为什么被称为子书？〖答〗和很早之前远渡重洋传来的真宝被称为新宝是一个道理。

398. 〖ごめん・じゅうめん〗〖日语〗〖問〗無礼の言訳を御(五)免とは如何？〖答〗立腹顔を十(渋)面作るといえるがごとし(839)。〖汉语〗〖问〗为什么因为自己失礼的话而赔礼道歉被称为五免？〖答〗和生气因而表情苦涩被称为十面是一个道理。日语有习语「渋面を作る」(愁眉苦脸)。

399. 〖こよみ・おおみそか〗〖日语〗〖問〗稚児の取り扱わぬものを暦(子読み)とは如何？〖答〗極月小の二十九日を大晦日といえるがごとし(827)。〖汉语〗〖问〗和小孩没有关系，日历为什么被称为小孩阅读？〖答〗和农历十二月29日是最后一天而被称为大年三十是一个道理。〖解析〗日语中，「こよみ」既表示"日历"「暦」，又表示"小孩阅读"「子読み」；「大晦日」既表示"大年三十"，又表示"每月最后一天"。农历十二月天数不固定，大月30天，小月29天，比如2016年农历十二月为29天。同类的回答还包括：和即使是一个月的第三十一天也被称为第三十日是一个道理「三十一日でも晦日といえるがごとし」；

400. 〖ごろごろ〗〖日语〗〖問〗落ちもせずして雷豆腐とは如何？〖答〗蛙は雷にあらねどごろごろと鳴るといえるがごとし(802)。〖汉语〗〖问〗豆腐从来不会自空中落下，为什么被称为雷豆腐？〖答〗和青蛙不是雷却发出"隆隆声"是一个道理。〖解析〗日语中，「ごろごろ」既表示"隆隆"雷声，又表示青蛙"咕噜咕噜"的叫声。

401. 〖ころす〗〖日语〗〖問〗金を殺して使うとは如何？〖答〗金が敵といえるがごとし(806)。〖汉语〗〖问〗为什么花钱被称为将钱杀死？〖答〗和钱被称为仇人是一个道理。〖解析〗「金が敵」有两个意义：(1)金钱为招祸之根；(2)(因为仇敌很难找到，所以)金钱不易得，金钱难以到手。

402.〖ごんご・ごごう・いちご〗〖日语〗〖問〗升物でもないに言語（五合）とは如何？〖答〗量りもせぬに莓（一合）といえるがごとし（840）。〖汉语〗〖问〗言语不是计量工具，为什么被称为五合？〖答〗和草莓不是计量工具而被称为一合是一个道理。〖解析〗日语中，「ごごう」表示“五合”，与「言語」（言语）发音相近；「いちご」既表示“草莓”，又表示“一合”。

403.〖こんねん・ねのひ〗〖日语〗〖問〗来た年を今（来ん）年とは如何？〖答〗起きていても子（寝）の日といえるがごとし（808）。〖汉语〗〖问〗今年已经到来，为什么说不能到来？〖答〗和已经起床而被称为睡觉的日子是一个道理。〖解析〗「子の日」是「子の日の遊び」的缩略。「子の日の遊び」为民间风俗，指正月第一个子日举行的郊游活动。届时，人们到山野采小松枝或摘嫩菜吃。可以作为备选答案的回答还包括：和满月是一个月亮而被称为一万个月亮是一个道理「一つでも満（万）月といえるがごとし」；和一年一次日食而被称为两次日食是一个道理「一年に一度でも日（二）蝕といえるがごとし」；和下个月没有雷声而被称为雷月是一个道理「ごろごろいわぬに来（雷）月といえるがごとし」；和昨天食用魔芋而被称为今晚食用是一个道理「昨日食うても蒟蒻（今夜食う）といえるがごとし」；和和尚的令人不解的话被称为十年（十念）是一个道理「和尚の寝言を十念（年）といえるがごとし」（“十念”为“十念称名”的略语，表示念十遍“南无阿弥陀佛”）；和有年而被称为没有年是一个道理「年がありながら年内（無）といえるがごとし」；和去年风调雨顺却被称为凶年是一个道理「よい年であっても去（凶）年といえるがごとし」；和去年是牛年而被称为猴年是一个道理「昨年は丑でも去る（申）年といえるがごとし」（“猴子”的日语和“过去”的日语发音相同）。

404.〖さお・たたみ〗〖日语〗〖問〗竹にあらず長持を一棹（竿）とは如何？〖答〗折曲げぬものを畳といえるがごとし（826）。〖汉语〗〖问〗不是竹子，为什么盛衣箱计数方式为“一根”？〖答〗和不折叠弯曲而被称为榻榻米是一个道理。〖解析〗日语中，「棹」为助数词，表示“杆，根，块，个”，是衣柜、三味线、羊羹、旗帜等的量词；「たたみ」既表示“榻榻米”「畳」，又表示“折叠”。相似的回答包括：和入席而被称为出席是一个道理「席に入り来るを出席」、和招待客人进门而被称为“出去”是一个道理「人を招き入るにお出で」、和向外掏钱而被称为向内收纳东西是一个道理「銭金の出る事を物入り」、和向外射出子弹而被称为向内进入是一个道理「弾丸を出すを入射る」、和身体全部出现而被称为“露头”是一个道理「全体が出るに出頭」、和收了高昂的住宿费而被称为很便宜（寄宿）是一个道理「上等の宿料を受けても下宿」（「下宿」指一般家庭将自宅一个或几个房间租给他人住宿，也有同时提供膳食的情况，在学生街较多）、和脱口而出而被称为“入声”是一个道理「口から出る音に入声」。

405. 〖さかやき〗〖日语〗〖問〗頭の毛剃を月代とは如何？〖答〗手足の痒いを霜焼けといえるがごとし（794）。〖汉语〗〖问〗男子发型为什么被称为月代？〖答〗和手足痒被称为霜烧是一个道理。〖解析〗月代为传统日本成年男性的发型。将由前额侧开始至头顶部的头发全部剃光，使头皮露出呈半月形。「霜焼け」表示“冻伤”或“植物遭霜打变色”。

406. 〖さくら・うめ・あさ〗〖日语〗〖問〗桜時に参りて梅若とは如何？〖答〗日暮まで遊山して浅（朝）茅原といえるがごとし（815）。〖汉语〗〖问〗樱花时节参拜，为什么被称为梅若？〖答〗和游玩到天黑而被称为早晨游玩白茅丛生的原野是一个道理。〖解析〗日语中，「桜」和「梅」形成对比。「あさ」既表示“早上”「朝」，又表示“浅”「浅」。「浅茅が原」表示“荒凉的原野”。〖解析〗梅若丸为一日本少年，因为谣曲《隅田川》而著名。作品中，艄公一边摇船，一边讲述以前的故事。故事中，来自京城的一个名叫梅若丸的孩子被人贩子拐到偶田川，染上重病，在岸边死去。当地人在路旁砌坟将其埋葬，植柳树以为纪念，并虔诚祈祷。当艄公讲完这则悲哀故事后，乘客皆无奈叹息，

而其中一个女人反应特别强烈。她失声痛哭，几乎站不起来。原来，她就是梅若丸的母亲。艄公心中哀怜，带她来到墓旁。母亲悲恸之极，跪伏坟上惨然哀泣。此后，人们怀念不幸者的音容，于是每年 4 月 15 日在隅田川河畔的木母寺举行梅若忌辰活动。

407. 〖ささ・まつのは〗〖日语〗〖問〗植物ならで酒をささ（笹）とは如何？〖答〗少しばかり送る物を松の葉といえるがごとし（799）。〖汉语〗〖问〗酒不是植物，为什么被称为小竹？〖答〗和有很少的薄礼而被称为（很多的）松树叶是一个道理。〖解析〗日语中，「ささ」既表示古代宫中女官用隐语"酒"，又表示群生于山野中的矮竹的总称"细竹"；「まつのは」既表示"松叶"，又表示写在赠品包装纸上的谦辞"薄仪"。

408. 〖さしぬき・ちょうずがけ〗〖日语〗〖問〗小遣銭にあらずして指貫とは如何？〖答〗下手も用いながら頂頭（上手）掛といえるがごとし（813）。〖汉语〗〖问〗和服裙裤与零用钱无关，为什么被称为串着钱的绳？〖答〗和帽子绳系得不好而被称为系得很好是一个道理。〖解析〗日语中，「指貫」既表示"日本古时公卿、贵族穿的一种束裤腰、肥裤腿的和服裙裤"，又与表示"穿过钱孔的绳子"的「指縄」近义；「ちょうずがけ」表示"帽子系在下巴处的细绳"「頂頭掛」，中间有与「上手」（擅长）相似的发音。

409. 〖さしみ〗〖日语〗〖問〗串なくして刺身とは如何？〖答〗寝道具ならで焼物（夜着）といえるがごとし（810）。〖汉语〗〖问〗寿司没有串起来，为什么被称为刺身？〖答〗和烧烤不是寝具而被称为睡衣是一个道理。

410. 〖さびあゆ・うしおに〗〖日语〗〖問〗鉄物にあらざるを錆鮎とは如何？〖答〗畜生道になきを牛鬼（潮煮）といえるがごとし（806）。〖汉语〗〖问〗香鱼不是铁制，为什么说有铁锈？〖答〗和盐煮鲷（鲣）鱼不是牲畜而被称为牛鬼是一个道理。〖解析〗秋天，有些香鱼背呈红褐色斑点，如同铁锈，故名。牛鬼有两个意思：(1) 地狱中的怪物或妖精；(2) 日本四国南伊予地区民

俗祭典中的一种纸糊怪物，体为牛形，头为鬼形，是神轿的开道鬼和家宅的保护鬼。

411．〖さらさ・にしきて〗〖日语〗〖問〗焼物にあらざるものを皿さ（更紗）とは如何？〖答〗織物になきものを錦手といえるがごとし（844）。〖汉语〗〖问〗印花布不是烧制品，为什么被称为器皿？〖答〗和上釉的彩色陶制品不是丝织物而被称为锦缎是一个道理。〖解析〗日语中，「さらさ」表示"印花布"「更紗」，单词中包含「皿」（器皿）；「にしきて」表示"上釉的彩色陶制品"，单词中间包含「錦」（锦缎）。

412．〖さるだひこ・えんこう〗〖日语〗〖問〗木に登らずして猿田彦とは如何？〖答〗長き手にあらねど円光（猿猴）といえるがごとし（808）。〖汉语〗〖问〗猴田彦不爬树，为什么被称为猴？〖答〗和元光手臂不长却被称为猿猴是一个道理。〖解析〗猿田彦有两个意思：（1）地笋属唇形科多年生草本植物；（2）猿田彦神之略称。他是日本神话中的神，天钿女命之夫。元光即日本净土宗祖师法然上人。

413．〖さんぼう・すみとり〗〖日语〗〖問〗四方ある物を三方とは如何？〖答〗角があっても炭（隅）取りといえるがごとし（818）。〖汉语〗〖问〗三宝四个方向齐全，为什么被称为三方？〖答〗和炭笼有角而说角已经去除是一个道理。〖解析〗三宝指带座的白木四角方盘，在给神佛和贵人贡献供品时使用，座的三面有装饰孔。炭筐是盛放炭的容器，以竹制或木制的居多。

414．〖さんよう・しよう〗〖日语〗〖問〗一度しても算（三）用とは如何？〖答〗一つの用でも私用（四用）といえるがごとし（796）。〖汉语〗〖问〗计算一次，为什么被称为计算三次？〖答〗和私自使用被称为四次使用是一个道理。

415．〖し・かない〗〖日语〗〖問〗生きていても士（死）族とは如何？〖答〗うちに揃うて居ても家内（無い）といえるがごとし（795）。〖汉语〗〖问〗士族活着，为什么被称为死族？〖答〗和妻子在家而说家中无人是一个

道理。〖解析〗日语中,「し」既表示“士”「士」,又表示“死”「死」;士族是日本明治以后给武士出身者的族称,在皇族、华族、士族、平民等级制度中位居第三。1947年废除。「かない」既表示“家属,妻子”「家内」,又表示“没有在家”「無い」。

416. 〖し·ご〗〖日语〗〖問〗一句作っても詩(四)とは如何?〖答〗一度打つても碁といえるがごとし(797)。〖汉语〗〖问〗做了一句诗,为什么被称为四句?〖答〗和下了一局围棋而说下了五局是一个道理。

417. 〖しいのみ·みかん〗〖日语〗〖問〗酒をすすめられもせで椎の実(強い飲み)とは如何?〖答〗内を温めもせずして蜜柑(身燗)といえるがごとし(815)。〖汉语〗〖问〗没有强行劝酒,栗为什么被称为硬要喝酒?〖答〗和柑橘不能让人身体温暖而被称为暖身是一个道理。〖解析〗日语中,「しいのみ」既表示“栗”,又表示“灌酒”;「みかん」既表示“柑橘”,又表示“让身体暖和”。

418. 〖しじゅうから·がん〗〖日语〗〖問〗一羽居ても四十雀(空)とは如何?〖答〗本物でも雁(贋)といえるがごとし(797)。〖汉语〗〖问〗大山雀在巢里,为什么说总不在家?〖答〗和大雁是真东西而被称为赝品是一个道理。

419. 〖しのび·みずあおい〗〖日语〗〖問〗人目にかかる所につりて忍とは如何?〖答〗不断ながめながら見ず(水)葵といえるがごとし(836)。〖汉语〗〖问〗骨碎补吊在人眼能看到的地方,为什么说“悄悄”?〖答〗和雨久花不断被人欣赏而被称为“看不到的花”是一个道理。〖解析〗日语中,「しのび」既表示“骨碎补科蕨类植物”,又表示“悄悄,偷偷”;「みずあおい」表示“雨久花”「水葵」,中间含有「見ず」(看不到)。骨碎补附生于岩石或树干上,可将根茎团成球形吊起,以供欣赏。关于“忍”,日语有谚语「忍の一字」(一忍却百难)。

420.〖しぶがき・いがぐり〗〖日语〗〖問〗小さくもなき物を渋柿とは如何？〖答〗丹波の国に出来てもいが(伊賀)栗といえるがごとし(827)。〖汉语〗〖问〗人身体庞大,为什么被称为涩柿子？〖答〗和丹波出产的带刺壳的栗子却被称为伊贺栗是一个道理。〖解析〗日语中,「しぶがき」既表示“涩柿”,又表示“难以取悦的,爱挑剔的”;「渋柿」之所以表示“不和悦的”等意义,主要来自吃了涩柿之后的难看的表情。「いがぐり」既表示“伊贺栗”,又表示“带刺壳的栗子”。丹波位于京都府中部丹波高原。伊贺位于三重县西北上野盆地东端。

421.〖じゅうにん・さんぷ〗〖日语〗〖問〗一人住んでも住人(十人)とは如何？〖答〗一人でも町人産(三)婦といえるがごとし。〖汉语〗〖问〗一个人居住,为什么被称为十家住户？〖答〗和一个产妇被称为三个人是一个道理。备选的答案还包括:和一个人被称为四族是一个道理「一人を士族といえるがごとし」;和少将工资很多而被称为很少是一个道理「四大層の月給を取っても少将(少々)といえるがごとし」。

422.〖じゅうばこ・ごまめ〗〖日语〗〖問〗四つ組にして重(十)箱とは如何？〖答〗小さき干魚を五(ご)まめといえるがごとし(847)。〖汉语〗〖问〗四层漆饭盒为什么被称为十层？〖答〗和一条小鳀鱼干被称为五条是一个道理。〖解析〗漆饭盒一般为四角扁平形,由两层至五层构成,因此诞生了日语语法中著名的重箱读法和汤桶读法。

423.〖しゅっきん・にゅうひ・きゅうじつ〗〖日语〗〖問〗金を取って勤めるを出勤(出金)とは如何？〖答〗供がよくても官(簡)員といえるがごとし(806)。〖汉语〗〖问〗上班拿工资,为什么被称为出资？〖答〗和给官员的俸禄很好而说供应简单是一个道理。〖解析〗可以作为备选答案的回答还包括:和费用与开支被称为收入是一个道理「出す金を入費といえるがごとし」;和休息日整天悠闲玩耍却被称为紧急的日子是一个道理「ゆっくり遊ぶ日を休

（急）日といえるがごとし」。

424. 〖しゅっけ・やまぶし〗〖日语〗〖問〗家のうちに常住居て出家とは如何？〖答〗山伏と号して市中に居るといえるがごとし（795）。〖汉语〗〖问〗常住在家里，为什么被称为出家？〖答〗和号称山居修行而居住在市里是一个道理。〖解析〗「出家」指出家人。寺庙是他们的家。他们居住在寺庙中，也可以说在家中。「出家」的反义词是「在家」，表示“俗人，居士”。「山伏」表示“山中修行的僧侣”，也表示“日本修验道的修行者”。修验道的修行者可能居中在市区。

425. 〖しょう・もり〗〖日语〗〖問〗大いなる徳行数多し給いしを聖（小）徳太子とは如何？〖答〗屋根粗相なるにもあらで守（漏）屋大臣といえるがごとし（802）。〖汉语〗〖问〗圣德太子有大德，为什么被称为小德太子？〖答〗和房子毫无粗陋之感而被称为守漏大臣是一个道理。〖解析〗日语中，「しょう」既表示“圣”「聖」，又表示“小”「小」；「もり」既表示“守”「守」，又表示“漏”「漏」。守屋大臣即古坟时代的豪族物部守屋。

426. 〖じょうき・すじかいばし〗〖日语〗〖問〗定規に用いながら曲尺とは如何？〖答〗真直ぐに掛けて筋違橋といえるがごとし（819）。〖汉语〗〖问〗用于测量的尺子为什么被称为曲尺？〖答〗和笔直的桥被称为有悖常理的筋违桥是一个道理。〖解析〗曲尺又名“角尺”或“矩尺”，是呈直角弯曲的金属尺子。筋违桥在东京，今名万世桥。

427. 〖しょうべん・せっちん〗〖日语〗〖問〗多く通じても小便とは如何？〖答〗雪なき時も雪隠といえるがごとし（802）。〖汉语〗〖问〗为什么尿量很多，却被称为小便？〖答〗和厕所没有雪而被称为“雪隐”是一个道理。

428. 〖しょかん・くさいばん〗〖日语〗〖問〗暑さ寒さの事を書かぬに書簡（暑寒）とは如何？〖答〗耳で理非を聞き分けるを区裁判所（臭い番）といえるがごとし（805）。〖汉语〗〖问〗书简不写寒暑，为什么被称为寒暑？〖答〗

和区裁判所用耳朵分辨是非而说闻起来很臭是一个道理。〖解析〗日语中，「しょかん」既表示“寒暑”「暑寒」，又表示“书简”「書簡」；「くさいばん」既表示“区裁判”「区裁判」，又表示“很臭”「臭い番」。其他可供备选的答案包括：和书面邮寄的东西却说是口头传达的东西是一个道理「書いた物を届けるを郵便（言う）便といえるがごとし」；和内务省看似没有任何实体而能发布公告是一个道理「無い（内）務省でも布達あるといえるがごとし」；和警视厅不是纸而被称为印有竖线或横线的格纸是一个道理「紙でもないに罫紙（警視）といえるがごとし」；和监狱与季节无关而被称为极其冷热是一个道理「時候でもないに監獄所（寒極暑）といえるがごとし」；和议官是真正的官职而被称为假造的官是一个道理「本当の官でも擬（議）官といえるがごとし」；和公子不是建筑部件而被称为格子门窗是一个道理「建具にもあらぬ格子（公子）といえるがごとし」。

429. 〖しりやけいが・いのしし〗〖日语〗〖問〗火辺に居らぬものを尻焼烏賊とは如何？〖答〗用水の中に住まずして猪（井の獅子）といえるがごとし（806）。〖汉语〗〖问〗无针乌贼不在火边，为什么说烧了屁股？〖答〗和野猪不在水井中而被称为水井狮子是一个道理。

430. 〖しろうり・からすうり〗〖日语〗〖問〗色は青きを白瓜とは如何？〖答〗黒くあらねども烏瓜といえるがごとし。〖汉语〗〖问〗越瓜是绿色，为什么被称为白瓜？〖答〗和土瓜不黑而被称为黑瓜是一个道理。

431. 〖しろき・えちご〗〖日语〗〖問〗呉服に小間物を売る店を白木屋とは如何？〖答〗縮ばかり売るにあらず越後屋といえるがごとし（814）。〖汉语〗〖问〗为什么经销吴服和妇女小件用品的商店被称为白木屋？〖答〗和不止经销绉绸而被称为越后屋是一个道理。〖解析〗日语中，「小間物」为妇女小件用品杂货（脂粉、簪环等）。「小間物屋を開く」字面意思是“摆杂货摊”，实际上是用形象的方法比喻“呕吐”。「白木」表示“剥了树皮的木材”。

白木屋应该是经营木材的商店，却是经营服装的商店。越后屋以经营绉绸著名，但也经营其他商品。绉绸又名“绉布”“绉纱”“泡泡纱”，指用没有捻劲儿的经线和捻了劲儿的纬线平织，然后再精加工，使其产生收缩，显出皱褶效果的纺织品。

432. 〖しんこく・しんどう〗〖日语〗〖問〗紀元来続く国を新(神)国とは如何?〖答〗極く古き教を新(神)道といえるがごとし(808)。〖汉语〗〖问〗很久以来就存在的神国为什么被称为新国?〖答〗和神道是很古老的宗教而被称为新道是一个道理。

433. 〖しんらん・にちれん〗〖日语〗〖問〗尊き祖師を気違の様に親鸞(心乱)上人とは如何?〖答〗少しもねだり事もせで日蓮上人といえるがごとし(826)。〖汉语〗〖问〗令人肃然起敬的祖师亲鸾为什么却说“发了疯”?〖答〗和日莲从不强求而说死乞白赖地要求是一个道理。〖解析〗日语中，「しんらん」既表示“发狂”「心乱」，又表示“亲鸾”「親鸞」;「にちれん」与表示“一连”的「一連」发音相近。亲鸾为镰仓初期僧人。其教义提倡“恶人正机说”，即只要心诚念佛，罪深恶人也可成佛。日莲也是镰仓时代高僧。因为其著《立正安国论》批评幕府和其他宗教，被流放到伊豆、佐渡等地，后得赦免，隐居身延山说法著述。

434. 〖すいくち・がんくび〗〖日语〗〖問〗煙管にあらずして柚子の吸口とは如何?〖答〗煙草はつつかねど雁首といえるがごとし(808)。〖汉语〗〖问〗没有安在烟管上，吃柚子的吸口为什么被称为吸嘴?〖答〗和雁首与烟草无关而被称为烟袋锅是一个道理。〖解析〗吸口指器物置于嘴部用来吸饮的部分，又表示“烟袋杆，卷烟的咬嘴，过滤嘴”。雁首指烟袋锅、烟管的头部，因形似雁头而得名。

435. 〖すずし・せんし〗〖問〗鳴る音もなくて薄絹を生絹(鈴)とは如何?〖答〗煮もせぬものを撰糸(煎じ)といえるがごとし(831)。〖汉语〗

〖问〗薄绢不发出响声，为什么被称为铃？〖答〗和薄绢织物没有蒸煮而被称为煎是一个道理。〖解析〗日语中，「すずし」既表示“薄绢织物”「薄絹」，又与「鈴」（铃）发音类似；「せんし」既表示“薄绢织物”「撰糸」，又与「煎じ」（煎）发音类似。

436.〖せいし・ほうじ〗〖日语〗〖問〗幽王の后にあらず年忌を弔うを法事（褒姒）とは如何？〖答〗越王の后にあらで誓の文を誓詞（西施）といえるがごとし（846）。〖汉语〗〖问〗周年祭法事不是周幽王的王后，为什么被称为褒姒？〖答〗和誓词不是越王勾践的王后而被称为西施是一个道理。〖解析〗日语中，「ほうじ」既表示“法事”，又表示“褒姒”；「せいし」既表示“誓词”，又表示“西施”。

437.〖せいりゅうとう〗〖日语〗〖問〗関羽が鉾を青龍刀と名付けし事とは如何？〖答〗張飛が怒毛を虎髭といえるがごとし（807）。〖汉语〗〖问〗关羽的刀为什么被称为青龙刀？〖答〗和张飞生气时的胡子被称为虎髭是一个道理。

438.〖せきしょう・すいしょう〗〖日语〗〖問〗草の名を石菖とは如何？〖答〗玉の名を水晶といえるがごとし（810）。〖汉语〗〖问〗石菖蒲是草为什么带有石头？〖答〗和玉的名字被称为水晶是一个道理。

439.〖せん・じゅう〗〖日语〗〖問〗五十人たらずの義士葬って仙（千）岳寺とは如何？〖答〗九太夫親子二人を重（十）悪人といえるがごとし（813）。〖汉语〗〖问〗不足五十人的义士墓葬为什么被称为千（仙）岳寺？〖答〗和九太夫父子两人被称为十个罪孽深重的恶人是一个道理。〖解析〗九太夫父子是《忠臣藏》中的坏人。

440.〖せん・なるこ・せんき〗①〖日语〗〖問〗音もせぬ所を成る（鳴る）子とは如何？〖答〗一か所あるを千住といえるがごとし。〖汉语〗〖问〗鸣子町不发出声音，为什么被称为鸣子町？〖答〗和一个住所被称为千住是一个道理。〖解析〗鸣子町位于日本宫城县西北部，特产圆头圆身的偶人玩具。千住位于日本东京都足立区。备选的答案还包括：和老师被称为一千个人是一个道理「先生(千生)といえるがごとし」。②〖日语〗〖問〗数なくして疝(千)気とは如何？〖答〗光りあらずして寸白といえるがごとし(805)。〖汉语〗〖问〗疝气跟数量无关，为什么被称为一千个？〖答〗和绦虫不发光而被称为寸白是一个道理。〖解析〗日语中，「せんき」既表示"疝气"「疝気」，又有表示"千"的「千」；寸白即绦虫的别称。因绦虫包孕虫卵的节片呈白色，长约一寸，故称「寸白」。

441. 〖せんじ・ほうろく〗〖日语〗〖問〗綸言ならずして宣旨(煎じ)茶とは如何？〖答〗君恩に関わらず俸禄(焙烙)といえるがごとし(847)。〖汉语〗〖问〗煎茶不是皇帝的圣旨，为什么被称为宣旨？〖答〗和砂锅不蒙君恩而被称为领俸禄是一个道理。

442. 〖せんそく・まんぞく〗〖日语〗〖問〗二本の足を洗うて洗(千)足とは如何？〖答〗一足の草履を満(万)足あるといえるがごとし(832)。〖汉语〗〖问〗洗两只脚为什么说洗一千只脚？〖答〗和很高兴地拥有一双草鞋而说拥有一万双鞋是一个道理。〖解析〗日语中，「せんそく」既表示"洗脚"「洗足」，又表示"一千只脚"「千足」；「まんぞく」既表示"满足"「満足」，又表示"一万双脚"「万足」。

443. 〖せんにん〗〖日语〗〖問〗自慢するを天狗とは如何？〖答〗生物知りを仙人といえるがごとし(818)。〖汉语〗〖问〗傲慢的人为什么被称为天狗？〖答〗和无所不知的人被称为仙人是一个道理。〖解析〗仙人为嘲弄人的贬义语。

444. 〖たいや・さかな〗〖日语〗〖問〗精進日の宵を逮夜(鯛や)とは如何？〖答〗野菜物を硯蓋にならべ酒の肴(魚)といえるがごとし(819)。〖汉语〗〖问〗净身心、慎言行、避肉食的葬礼前夜为什么被称为鲷鱼店？〖答〗

和蔬菜放到点心盘上而被称为鱼是一个道理。〖解析〗日语中,「たいや」既表示“忌日前夜”「逮夜」,又表示“鲷鱼店”「鯛屋」;「さかな」既表示“酒菜”,又表示酒菜的转义“鱼”。「硯蓋」表示“砚台盒盖和点心盘”。在喜庆宴席等场合,人们在点心盘上放花、水果、点心、海带、去皮壳的栗子干等食品。

445.〖たか・はかま〗〖日语〗〖問〗安くても高帽子とは如何?〖答〗草も刈らずに袴(刃鎌)といえるがごとし(845)。〖汉语〗〖问〗帽子卖得不贵,为什么说价格高昂?〖答〗与和服裙裤不割草而被称为镰刀是一个道理。〖解析〗日语中,「たか」既表示“价格高”,又表示“位置高”;「はかま」既表示“和服裙裤”「袴」,又包含了“镰”和“刀”「刃鎌」。

446.〖たかだま〗〖日语〗〖問〗芝居に鶉下あるとは如何?〖答〗又高(鷹)土間ありといえるがごとし(818)。〖汉语〗〖问〗演出时,木板看台为什么被称为鹑下?〖答〗和观览席被称为鹰土间是一个道理。〖解析〗「高土間」指日本旧时的歌舞伎剧场里比看台前正面池座高一层的座席或池座后边略高的观览席。

447.〖たけばし・おおきど〗〖日语〗〖問〗木でかけながら竹橋とは如何?〖答〗牛町の土手二つを大木戸といえるがごとし(808)。〖汉语〗〖问〗木制的桥为什么被称为竹桥?〖答〗和牛町的两个大堤被称为大木门是一个道理。〖解析〗牛町为东京车町的俗称。「大木戸」表示“城门”或“关门”,江户时代设在城市出入关口的大门,如在江户的四谷、高轮等通往江户府内的出入口设有关门。

448.〖たちばな・いちょう〗〖日语〗〖問〗腰に帯する刃にあらずして橘(太刀花)とは如何?〖答〗見知りたる翼物になくても銀杏(異鳥)といえるがごとし(812)。〖汉语〗〖问〗橘子不是腰间的刀,为什么被称为长刀?〖答〗和大家熟悉银杏没有翅膀却被称为异鸟是一个道理。〖解析〗日语中,「たちばな」既表示“大刀”「太刀花」,又表示“橘”;「いちょう」既表示

“银杏”，又表示“异类鸟”。

449. 〖たつまつ・たけもと〗〖日语〗〖問〗正月の門飾りならずして辰（立つ）松とは如何？〖答〗竹林にあらずして竹本豊竹といえるがごとし（819）。〖汉语〗〖问〗辰松不是正月立在门口的松树，为什么被称为立松？〖答〗和竹本丰竹不是竹林而被称为竹林是一个道理。〖解析〗日语中，「たつ」既表示“站立”，又表示人名“辰松八郎兵卫”；「竹本」既表示“竹”，又表示人名“竹本丰竹”。日本正月时经常用装饰性松树和竹子装饰房门口或大门口。相传松树是年神入门的依附之物。据说，德川家康曾败给武将武田信玄（“武”的日语发音与“竹”的日语发音一样）。为打败武田信玄，德川家康便将松树、竹子的上部削掉，放在门口，代表除去武田信玄。后来德川家康胜利，门松、竹子也就流传了下来。在日本民俗中，新年期间指新年装饰门松期间。一般指元旦至正月初七。在此期间，年神在家中。正月常见的饰物还有“注连绳”。“注连绳”是秸秆绳索上有白色“之”字形纸带，是“建立结界（神域的界限）”之意，作用是阻止恶神入内。29 号不能挂注连绳，是因为“九”的日语跟“苦”的日语发音一样。一般 28 号或者 30 号悬挂。注连绳的组成部分各有不同的意义，如「昆布」（海带）代表健康，且发音类似日语的「喜ぶ」（欣喜）。

450. 〖たぬき・きつね〗〖日语〗〖問〗稲をそこなわずして狸（田抜き）とは如何？〖答〗人をばかす事ありて狐（気常）といえるがごとし（799）。〖汉语〗〖问〗狸子不损害禾苗，为什么说它拔去田里的庄稼苗？〖答〗和狐狸经常迷住人而让人心平气和是一个道理。

451. 〖たび・めりやす〗〖日语〗〖問〗足袋は道中にあらず旅とは如何？〖答〗手袋にあらず歌を聞きめりやすといえるがごとし（827）。〖汉语〗〖问〗厚袜子不在路上，为什么被称为旅行？〖答〗和短小音乐不是手套而被称为针织品是一个道理。〖解析〗日语中，「たび」既表示“袜子”，又表示

“旅行”;「めりやす」既表示“长歌”,又表示“针织品”。“长歌”是日本三味线音乐,指帮助演员做动作、烘托气氛的短小音乐。「めりやす」来自西班牙语,原意为“袜子”,是用编织机械织出的物品的通称。

452.〖たむし・がん〗〖日语〗〖問〗自分の煩を癬(他むし)とは如何?〖答〗目の煩にてもなきを雁(眼)瘡といえるがごとし(818)。〖汉语〗〖问〗癣是自己的烦恼,为什么被称为他人的烦恼?〖答〗和雁疮不是眼疾而被称为眼疮是一个道理。〖解析〗日语中,「たむし」既表示“癬”「癬」,又有“他”「他」;「がん」既表示“雁”,又表示“眼睛”。雁疮即痒疹的日本称谓,是一种难以治愈的发痒的慢性湿疹。因雁来发病,雁归病除而得名。

453.〖だんな・ちょうろう〗〖日语〗〖問〗主従にあらずして旦那寺とは如何?〖答〗尊敬しながら長老(嘲弄)といえるがごとし(819)。〖汉语〗〖问〗旦那寺不是主仆关系,为什么被称为旦那寺?〖答〗和尊敬长老而被称为嘲笑长老是一个道理。〖解析〗旦那寺是香川县高松市福善寺的曾用名。日语中,「旦那」既表示“(僧人对布施的信徒的称呼)施主”,又表示“(妻子对丈夫、佣人对主人等的称呼)主人、老爷”;「ちょうろう」既表示“长老”,又表示“嘲弄”。

454.〖ち・てん〗〖日语〗〖問〗女の病に血(地)の道あって男に天の道なき事とは如何?〖答〗癲(天)癎という病あって地かんなきといえるがごとし(806)。〖汉语〗〖问〗妇科病被称为“地(血)病”。为什么男子没有“天病”?〖答〗和有“天(癫)痫”却没有“地痫”是一个道理。〖解析〗日语中,「ち」既表示“血液”,又表示“地”。「血の道」既表示“血管,血液通道”,也表示妇女产褥期、月经期、更年期的各种症状,有头痛、头昏眼花、情绪不安等。作为俗语,表示与子宫有关的疾病或妇科病;「てん」既表示“天”,又表示“癫”。

455.〖ちゃぶね・まんじゅう〗〖日语〗〖問〗炭薪を積みながら茶船とは

如何？〖答〗人をのせながら饅頭船といえるがごとし(822)。〖汉语〗〖问〗船上运送的是煤炭和柴木，为什么被称为茶船？〖答〗和船上载人而被称为馒头船是一个道理。〖解析〗日语中，「茶船」是河船的一种，船上运输各种货物。低等妓女被称为“馒头”。载有这种人的船被称为“馒头船”。

456. 〖もうそうちく・チュウ〗〖問〗二十四孝にあらずして孟宗竹とは如何？〖答〗鼠は良臣にあらずしてチュウ(忠)というがごとし(831)。〖汉语〗〖问〗竹子并非二十四孝，为什么叫孟宗竹？〖答〗和“吱吱”叫的老鼠并非良臣而说它忠心耿耿是一个道理。〖解析〗日语中，「チュウ」既表示“吱吱声”，又表示“忠心”。

457. 〖ちょうし・かんしょ〗〖日语〗〖問〗三味に調子(銚子)とは如何？〖答〗三味に肝所(勘所)といえるがごとし(819)。〖汉语〗〖问〗酒壶(调子)为什么和三味线搭配？〖答〗和人体重要器官与三味线搭配是一个道理。〖解析〗日语中，「ちょうし」既表示“长把酒壶”，又表示“三味线、筝的调弦法”；「かんしょ」既表示“重要地方”，又表示“手指按到三味线的弦上斟酌音调”。

458. 〖ちん・ねこ〗〖日语〗〖問〗珍しくもないに狆(珍)とは如何？〖答〗寝た子でもないに猫(寝子)といえるがごとし(843)。〖汉语〗〖问〗哈巴狗不是很稀奇，为什么被称为珍稀动物？〖答〗和猫没有睡而被称为睡着的孩子是一个道理。〖解析〗日语中，「ちん」既表示“珍稀”「珍」，又表示“哈巴狗，狮子狗”「狆」。日语有谚语「狆が嚔をしたよう」，表示“丑八怪”，形容滑稽而难看的相貌或神情。狮子狗有扁塌鼻子和大而圆的眼睛。

459. 〖ちん・ねこ・かげつ・またたび・おうらい〗①〖日语〗〖問〗猫や鯰の事を書きながら珍(狆)聞とは如何？〖答〗雨や雪の詩歌もあるに花月新誌といえるがごとし(832)。〖汉语〗〖问〗为什么描写猫和鲶鱼的事情却被称为描写狮子狗的趣闻？〖答〗和歌咏雨、雪的诗歌被称为《花月新志》

是一个道理。〖解析〗日语中，猫表示“妓女”，鯰鱼是对官员的蔑称。「かげつ」既表示“花，月”，又表示“阳春白雪之类的文艺作品或活动”。②〖日语〗猫の昼寝とかけて日帰りの飛脚ととく。〖答案〗心は応来（往来）で疲れる（365）。〖汉语〗猫白天睡觉和当日往返的快递有什么相似之处？〖答案〗前者因为晚上的风尘生活而休息；后者因为往返路途奔波而疲惫。〖解析〗日语中，「おうらい」既表示“晚上卖淫”「応来」，也表示“往返”「往来」。

460. 〖つる〗〖問〗小さな蚊がとんでいてるのに敦賀（鶴蚊）とはこれ如何に？〖答〗普通の蚊が飛んでいても山家（山蚊）というが如し。〖汉语〗〖问〗为什么在敦贺飞的小蚊子被认为大如仙鹤？〖答〗和山中人家的普通蚊子也叫像山一样大的蚊子是一个道理。〖解析〗日语中，「つる」既表示“仙鹤”「鶴」，又表示“敦”「敦」。敦贺在日本福井。

461. 〖つわぶき・ゆり・すいせん・つば〗①〖日语〗〖問〗口より出ずして石蕗（つわぶき）とは如何？〖答〗動く事なくして百合（揺り）といえるがごとし（810）。〖汉语〗〖问〗大吴风草不是嘴里出来的东西，为什么说吐口水？〖答〗和百合没摇摆而说摇摆是一个道理。〖解析〗大吴风草「石蕗（つわぶき）」为菊科多年生草本植物，其中的「つわ」和「つば」相近，「つわぶき」听起来像「つばぶき」。②〖日语〗〖問〗水草にあらぬ一本を水仙（千）とは如何？〖答〗口中より吐かずして椿（唾）といえるがごとし（841）。〖汉语〗〖问〗水仙花不是水草，为什么一棵也被称为一千棵水中仙？〖答〗和茶花非口中吐出而被称为口水树是一个道理。〖解析〗日语中，「すいせん」表示“水仙”，字面上有“水”和“千”；「つば」既表示“茶花”「椿」，又表示“唾液”「唾」。

462. 〖ていか・こおり・こうり〗〖日语〗〖問〗相当の値を低価（定価）とは如何？〖答〗安く売っても高利（氷）水といえるがごとし（824）。〖汉语〗〖问〗定价高，让人多花钱，为什么却说低价？（824）〖答〗和冰水卖得很便宜却说利润很大是一个道理。〖解析〗日语中，「ていか」既表示“低价”

「低価」,又表示“定价”「定価」;「氷」(冰)和「高利」(高利润)发音相近。

463.〖てっぽう・しんけん〗〖日语〗〖問〗嘘つくのを鉄砲とは如何?〖答〗誠を真剣といえるがごとし(799)。〖汉语〗〖问〗大话为什么被称为大炮?〖答〗和真诚被称为「真」剑是一个道理。

464.〖と・よ〗〖日语〗〖問〗十二時に積りたる細工とは時(十)計如何?〖答〗数限りなき積善を余(四)慶といえるがごとし(819)。〖汉语〗〖问〗钟表使用十二个小时计时,为什么被称为十个小时?〖答〗和积攒无数善事而说积攒四次善事是一个道理。〖解析〗日语中,钟表中的「と」既表示“时”「時」,又与表示“十”的「十(とお)」发音相近;「よ」既表示“余”「余(よ)」,又表示“四”「四(よ)」。

465.〖とう〗〖日语〗〖問〗古来の名筆を道(当)風とは如何?〖答〗中興の画工を古法眼といえるがごとし(814)。〖汉语〗〖问〗古代名笔道风为什么被称为当代风格?〖答〗和中兴时代的画法被称为古法眼是一个道理。〖解析〗日语中,「とう」既表示“当代”「当」,又表示“道”「道」。「道風」指「小野道風」。他是日本平安中期书法家,奠定了典雅的日本式书法的基础,日本“三迹”之一。古法眼指日本室町后期画家狩野元信。他折中中国和日本的古典画,确立简明、率直的新风格。

466.〖とう・りん〗〖日语〗〖問〗五重に組みて塔(十)とは如何?〖答〗重く作って九厘(輪)といえるがごとし(813)。〖汉语〗〖问〗五重塔为什么被称为十重塔?〖答〗和九轮塔很重却说九厘重是一个道理。〖解析〗日语中,“厘”的日语和“轮”的日语同音。“厘”可以表示重量,一厘为37.5毫克。九轮指佛塔顶上的相轮中的九层环形金属轮。其上有水烟,其下有仰莲。

467.〖とうかいどう・きょう〗〖日语〗〖問〗近道の駅路を東海道とは如何?〖答〗二三日の道中を京(今日)大阪へ行くといえるがごとし(827)。〖汉语〗〖问〗东海道驿路很近,为什么被称为远海道?〖答〗和两三天才能到京都、大阪而说今天就可以到大阪是一个道理。〖解析〗日语中，「とう」既表示“东”，又与表示“远”的「遠（とお）い」发音相近；「きょう」既表示“京都”，又表示“今天”。

468.〖とうさい・にさい〗〖日语〗〖問〗近頃出産の赤子を当歳(十歳)とは如何?〖答〗十七八の男の子を二歳野郎といえるがごとし(827)。〖汉语〗〖问〗最近刚刚出生的婴儿为什么说有十岁?〖答〗和把十七八岁男子说成两岁是一个道理。〖解析〗日语中，「とうさい」既表示“当年”「当歳」，又与表示“十岁”的「十歳」发音相近；「にさい」既表示“两岁”「二歳」，又是责骂年轻男子的用语。

469.〖とうしせん・まんようしゅう〗〖日语〗〖問〗四百六十五首なる物を唐(十)詩選とは如何?〖答〗八千にたらずある歌書を万葉集といえるがごとし(818)。〖汉语〗〖问〗《唐诗选》收录有四百六十五首唐诗，为什么说十首?〖答〗和收录诗歌不足八千首却被称为《万叶集》是一个道理。

470.〖とうぞく・さかん・しょうゆう〗〖日语〗〖問〗政事に与る人の官名を盗賊(等属)とは如何?〖答〗官員にも非ざる土塗を左官といえるがごとし(823)。〖汉语〗〖问〗为什么处理政事的官员被称为盗贼?〖答〗和泥瓦匠不是官员而被称为左官是一个道理。〖解析〗日语中，「とうぞく」既表示「等属」，又表示「盗賊」。「等属」表示一定级别的官职。「左官」指泥瓦匠，是粉饰墙壁、做收尾工作的工匠。在日本，因为经常出入皇宫，临时给予木工寮属下官位，故名。答案还可以是“和少辅不会喝而被称为酱油是一个道理”「のめもせぬに醤油(少輔)といえるがごとし」。日语中，「しょうゆう」既表示官职“少辅”「少輔」，又表示“酱油”「醤油」。

471.〖とおみ・とうみ〗〖日语〗〖問〗切目の前にあっても唐箕(遠見)とは如何?〖答〗古い品にしても新沙(羅紗)といえるがごとし。〖汉语〗〖问〗簸箕近在眼前，为什么说从远处看?〖答〗和罗纱很旧而被称为新纱是一个道理。

472. 〖ドクトル・やくしゃ〗〖日语〗〖問〗ごねさせる医者もあるにドクトル(毒取る)とは如何?〖答〗薬も売らぬに薬種屋(役者)といえるがごとし(814)。〖汉语〗〖问〗也有夺命的医生,为什么说医生去除毒素?〖答〗和演员不卖药而被称为药师是一个道理。〖解析〗日语中,「ドクトル」既表示"医生",又表示"去除毒物";「やくしゃ」既表示"药师"「薬種屋」,又表示"演员"「役者」。可以作为备选答案的回答还包括:和主人不是米店老板而说拿着谷物量器是一个道理「米屋にもあらぬ旦那をマストル(枡取る)といえるがごとし」。[枡(ます)]是液体、谷物的量器,可以翻译为"升,斗",有方形或圆筒形,木制或金属制。

473. 〖とのさん・おくさん〗〖日语〗〖問〗建具の横木にあらずして殿さん(戸の桟)とは如何?〖答〗算盤ひかえて居るならで奥さん(億算)といえるがごとし(826)。〖汉语〗〖问〗老爷不是建筑横木,为什么被称为拉门、隔扇的格棂?〖答〗和夫人没拿算盘却豪言能计算一亿次是一个道理。〖解析〗日语中,「とのさん」既表示"大人"「殿さん」,又表示"格棂"「戸の桟」;「おくさん」既表示"夫人"「奥さん」,又表示"一亿次计算"「億算」。

474. 〖とら・さる〗〖日语〗〖問〗五種香の名代を虎屋とは如何?〖答〗楊枝売る店を猿屋といえるがごとし(813)。〖汉语〗〖问〗出售五种香的商店为什么被称为虎屋?〖答〗和牙签商店被称为猿屋是一个道理。〖解析〗五种香是各种香的混合产品,用来敬神供佛。虎屋位于江户两国横山町,以出售五种香闻名。猿屋位于京都粟田口,以出售牙签知名。

475. 〖ドロ・えん・きゅうす・かなきん・なまり・ナイフ・〗〖日语〗〖問〗金を拵えながらドロ(泥)とは如何?〖答〗角な札を円といえるがごとし(806)。〖汉语〗〖问〗筹措美元为什么被称为筹措泥土?〖答〗和一元纸币有棱角而被称为圆是一个道理。〖解析〗可以作为备选答案的回答还包括:和土制茶器被称为木臼是一个道理「土で作りし茶器を急須(木臼)といえるがごとし」;和用砂糖制作而被称为金华糖是一个道理「砂糖で製しても金華糖といえるがごとし」;和细棉布用棉布制作而说用金子制作是一个道理「綿で製してもかなきん(金巾)といえるがごとし」(「金巾」指细棉布或织纹细、质地薄的宽幅棉布,可以用作床单、内衣和衬里。该词来自葡萄牙语canequim);和方言被称为铅是一个道理「言葉にも鉛(訛)といえるがごとし」;和刀子虽然存在而说"没有"是一个道理「そこにあってもナイフといえるがごとし」;和染牙液被称为铁浆是一个道理「歯を染める汁を鉄漿といえるがごとし」(平安时代末期,日本皇族、贵族子女成长到八九岁时就要进行"铁浆付",也就是染黑齿);和铃铛用黄铜制作而说用锡制作是一个道理「真鍮で拵えながら錫(鈴)といえるがごとし」。

476. 〖とんび・くまたか〗〖日语〗〖問〗親よりよき生まれを鳶が鷹とは如何?〖答〗欲心深きものを熊鷹といえるがごとし(803－804)。〖汉语〗〖问〗平凡父母生出优秀的子女,为什么被称为鸢生出了鹰?〖答〗和欲壑难填的人被称为角鹰是一个道理。〖解析〗角鹰的典故出自贪得无厌的角鹰抓住左右逃窜的两头野猪,因不肯放过它们而造成自己骨头断裂的故事。比喻贪得无厌反招灾。

477. 〖ないくう・はちまんぐう〗〖日语〗〖問〗大きな宮がありながら無い(内宮)とは如何?〖答〗一の宮でも八幡宮といえるがごとし(802)。〖汉语〗〖问〗内宫是很大的宫殿,为什么说没有宫殿?〖答〗和一个八幡宫被称为八万宫殿是一个道理。〖解析〗八幡宫是日本供奉应神天皇的神社的称号。以位于大分县宇佐市的宇佐神宫为本宗。作为武士门第的守护神受到尊崇。在日本的神社中,其数量最多。

478. 〖なつ・ふゆ〗〖日语〗〖問〗四、五、六の三箇月を暑といわず夏とは如何?〖答〗十、十一、十二月の三箇月を冷えといわずに冬といえるがご

とし(817)。〖汉语〗〖问〗为什么四、五、六月被称为夏而不被称为暑?〖答〗和十月、十一月、十二月被称为冬而不被称为寒是一个道理。

479.〖におう・りょう〗〖問〗何の薫もなきを二王(匂う)門とは如何?〖答〗狩漁をもせぬに両(猟)大師といえるがごとし(831)。〖汉语〗〖问〗二王门不发出味道,为什么说发出香气(或臭气)?〖答〗和两大师不狩猎而被称为狩猎大师是一个道理。〖解析〗日语中,「におう」既表示"二王",又表示"发出味道";「りょう」既表示"狩猎"「狩」,又表示"两个"「両」。二王门表示左右有哼哈二将的寺院门。同时,京都仁和寺二王门的得名是因为在正面的左右两侧矗立着二王尊的雕像。两大师指比叡山慈慧大师和东叡山慈眼大师。

480.〖にほん・しんばし〗〖日语〗〖問〗一つの橋を(二本)日本橋とは如何?〖答〗古くなっても新橋といえるがごとし(836)。〖汉语〗〖问〗一座日本桥为什么被称为两座桥?〖答〗和新桥已经变得很古老仍被称为新桥是一个道理。〖解析〗日语中,「にほん」既表示"日本",又表示"两个"。日本桥位于东京站附近,从江户时代开始就是连接东海道的起点。日本东京都港区东北端的新桥是繁华的商业区。其他四个答案包括:和筋违桥虽然是一条笔直的桥但被称为扭筋大桥是一个道理「真っ直ぐな橋も筋違橋といえるがごとし」;和两国桥虽然是一座桥而被称为两国桥是一个道理「一つの橋を両国橋といえるがごとし」;和淀川虽然是一条河而被称为四十条河是一个道理「一筋の川をよど淀(四十)川といえるがごとし」;和栈桥虽然是一块木板而被称为三座桥是一个道理「一枚板でも桟(三)橋といえるがごとし」。两国桥为东京都墨田区的桥梁。其东西两侧古时分属武藏国和下总国,故名"两国桥"。淀川为日本本州中西部河流。源出日本最大淡水湖琵琶湖,流向西南,注入大阪湾。

481.〖にわか・とうろう〗〖日语〗〖問〗吉原に俄(庭蚊)とは如何?

〖答〗秋に燈籠（蟷螂）といえるがごとし（847）。〖汉语〗〖问〗为什么吉原舞蹈被称为庭中的蚊子？〖答〗和吉原灯笼被称为螳螂是一个道理。〖解析〗日语中，「にわか」既表示“吉原八月时举行的舞蹈”「吉原俄」，又表示“庭中的蚊子”「庭蚊」；「とうろう」既表示“玉菊灯笼”「燈籠」，又表示“螳螂”「蟷螂」。玉菊灯笼从七月一日开始悬挂，为期一个月，主要为了纪念名媛玉菊。

482. 〖にわとり・ちどり〗〖日语〗〖問〗一羽でも鶏とは如何？〖答〗一羽でも千鳥といえるがごとし（793）。〖汉语〗〖问〗一只鸡为什么被称为两只鸟？〖答〗和一只鸻鸟被称为无数只鸟是一个道理。〖解析〗日语中，「にわとり」既表示“鸡”「鶏」，又表示“两只鸟”「二羽鳥」；「千鳥」既表示“鸻”，又表示“很多的鸟”。

483. 〖ぬれる〗〖日语〗〖問〗火の気もなきに恋にこがれるとは如何？〖答〗水気もなくてぬれるといえるがごとし（837）。〖汉语〗〖问〗爱情没有火，为什么说灼烧？〖答〗和偷情没有水而说淋湿是一个道理。〖解析〗日语中，「ぬれる」既表示“淋湿”，又表示“偷情”。日语有俗语「しっぽりと濡れる」（情意绵绵地偷情）。

484. 〖のみとりまなこ・しらみ〗〖日语〗〖問〗くりくりした目付を蚤取眼とは如何？〖答〗明方に東を見て白み（虱）合いたるといえるがごとし（810）。〖汉语〗〖问〗好眼神为什么被称为跳蚤眼？〖答〗和东方欲晓被称为鱼肚白是一个道理。〖解析〗「くりくり」表示小的东西敏捷地转动状。「蚤取眼」意为像“捉跳蚤一般虎视眈眈，敏锐的目光”。

485. 〖はしご・ばんぎ・はしか・やぶいも・はがき・でんしん〗①〖日语〗〖問〗下り上りに真中をしながら端（梯）子とは如何？〖答〗朝も昼も用なるを板（晩）木といえるがごとし（810）。〖汉语〗〖问〗梯子正中间的横木在人们上上下下时使用，为什么说在一端？〖答〗和云板在早晨、中午使用而被称为晚板是一个道理。〖解析〗「ばんぎ」表示“云板”，指在寺院等处将厚木板吊起、用木槌敲击、用以传递信息的木板。②〖日语〗〖問〗座敷の真中に寝て麻疹（端か）とは如何？〖答〗家内に寝ても藪いもといえるがごとし（815）。〖汉语〗〖问〗在房子正中间睡觉得了麻疹，为什么说在旁边得了麻疹？〖答〗和在家中睡觉时患水痘也可以说在草丛中得水痘是一个道理。〖解析〗日语中，「はしか」表示“麻疹”「麻疹」，中间有表示“一端”的「端」；「藪いも」表示“水痘”，中有表示“草丛、竹林、灌木丛”的「藪」。③〖日语〗〖問〗中へ書いてもは（端）がきとは如何？〖答〗今出したのに電（出ん）信といえるがごとし（805）。〖汉语〗〖问〗明信片在中间书写，为什么在旁边书写？〖答〗和电报刚刚寄出而被认为没有寄出是一个道理。〖解析〗日语中，「葉書」有表示“一边”的「端」，「電信」有表示“没有发出”的「出ん」。

486. 〖はすね・ねぶとさご〗〖日语〗〖問〗種物にあらずしてはすねとは如何？〖答〗膏薬ははらねどねぶとさごといえるがごとし（826）。〖汉语〗〖问〗儿科疮病不是植物，为什么被称为莲藕？〖答〗和鲝不是贴的膏药而被称为肿疱药是一个道理。〖解析〗日语中，「はすね」既表示“莲藕”，又表示“儿科疮病”；「ねぶと」表示“肿疱”，「さご」表示“鹿胎，烧焦成药”，两者合起来表示“鲝”。肿疱是疖的一种，指发生于大腿等处、基底坚实的肿疙瘩。日语有谚语「根太は敵に押させよ」（脓包还得仇人挤），意为挤脓时必须下狠劲。

487. 〖はちりはん・ごり〗〖日语〗〖問〗道のりにあらずして焼芋を八里半とは如何？〖答〗歩きもせねどう魚に鮴（五里）といえるがごとし（841）。〖汉语〗〖问〗烤白薯不上路，为什么被称为八里半？〖答〗和杜父鱼一步也不走而被称为五里是一个道理。〖解析〗烤白薯被称为八里半是因为八里半接近九里，“九里”的日语与“栗子”的日语发音相同。形容烤白薯好吃，几乎等同于栗子。可以作为备选答案的回答还包括：和报纸要用眼看而被称

第一部分

为新闻是一个道理「見ていながら新聞といえるがごとし」;和鉴定用眼看而被称为用眼听是一个道理「見ても目聞き(目利)といえるがごとし」;和手中拿着梨说没有拿是一个道理「手に持っていても無し(梨)といえるがごとし」;和紫藤在固定时间开花而说没有固定时间是一个道理「咲く頃は決まってありながら藤(不時)といえるがごとし」;和白芨处处可见而说不知在哪里是一个道理「其処に見ていても知らん(芝蘭)といえるがごとし」;和眼珠不是食物而说可吃是一个道理「食物でもないにお目玉喰うといえるがごとし」(「目玉喰う」表示受申斥)。

488.〖はなみ・ふよう〗〖日语〗〖問〗目で見る物を花(鼻)見とは如何?〖答〗愛していながら芙蓉(不要)といえるがごとし(843)。〖汉语〗〖问〗为什么用眼睛赏花,却说用鼻子看花?〖答〗和虽然喜爱芙蓉却说不需要是一个道理。〖解析〗日语中,「はなみ」既表示"赏花"「花見」,又表示"鼻子看"「鼻見」;「ふよう」既表示"芙蓉"「芙蓉」,又表示"不需要"「不要」。

489.〖ばば・まご〗〖日语〗〖問〗馬に乗る所を馬場(婆)とは如何?〖答〗馬曳きを馬子(孫)といえるがごとし(800)。〖汉语〗〖问〗跑马场为什么被称为老太?〖答〗和马夫被称为孙子是一个道理。

490.〖ごぼうじり・はらつづみ〗〖日语〗〖問〗犬猫の短き尾を牛蒡尻とは如何?〖答〗音は知らず狸の腹鼓といえるがごとし。〖汉语〗〖问〗猫、狗尾巴短,为什么被称为牛蒡屁股?〖答〗和狸子不懂音乐而月夜鼓腹自乐是一个道理。〖解析〗相传狸于夜间模仿祭祀伴奏者打鼓,将自己肚子当鼓打。

491.〖はんにん・みなしご〗〖日语〗〖問〗一人前の男でも半人(判任)とは如何?〖答〗肉ありても身(三)なし子といえるがごとし(796)。〖汉语〗〖问〗一个判任官为什么被称为半个人?〖答〗和孤儿身上有肉而说没有肉是一个道理。〖解析〗判任官是日本旧宪法规定的最低级官职。在敕任官、奏任官之下,由机关的首长任命。备选的答案还包括:和琉球藩王是一个

人而被称为半王是一个道理「一人前の人でも琉球藩(半)王」;和一个望火楼吊钟被称为半个吊钟是一个道理「一つの鐘を半鐘」。「半鐘」也表示“警钟的小吊钟”,顶端有龙头式挂环,吊在望火楼上,用木槌敲打,用于报信、报警、通知水火灾和匪情等。

492.〖ひ・おき〗〖日语〗〖問〗水の出入する門を樋(火)の口とは如何?〖答〗旱魃に逢うて天水場といえるがごとし(841)。〖汉语〗〖问〗为什么水闸被称为火口?〖答〗和大旱时田里没有水而被称为天水田是一个道理。〖解析〗日语中,「ひ」既表示“水门,水闸”,又表示“火”;「天水場」表示不具备灌溉条件,因而蓄积雨水灌溉的田地。另一个回答为:和洋面被称为炭火是一个道理「海の面を沖(燠)といえるがごとし」。「おき」既表示“通红的炭火,余烬”「燠」,又表示“海上,湖心,距离海岸或湖岸较远的地方”「沖」。「沖」的反义词为「浜」和「岸」。

493.〖ひ・むく〗〖日语〗〖問〗夜着しても緋(日)無垢とは如何?〖答〗昼も夜も着ながら朝着(浅黄)無垢といえるがごとし(847)。〖汉语〗〖问〗晚上穿的红色表里一色的熟织绢物,为什么说白天穿?〖答〗和正午、晚上穿的浅黄色衣服被称为早晨穿的衣服是一个道理。〖解析〗「無垢」主要指白色衣服,如“一身白色的婚礼服”「白無垢婚礼衣装」。

494.〖ひしゃく・つち〗〖日语〗〖問〗水を汲んで使う物を柄(火)杓とは如何?〖答〗木で作っても土(槌)といえるがごとし(841)。〖汉语〗〖问〗汲水用具勺柄为什么被称为火勺?〖答〗和槌子用木材做成而被称为土是一个道理。〖解析〗日语中,「ひ」既表示“火”,又表示“柄”;「つち」既表示“土”,又表示“锤子,槌子”。日语有谚语「槌で庭掃く」(扫院恭候,倒屣相迎,赶忙准备招待客人;恭维,毫不掩饰地拍马屁)。

495.〖ひじりめん・ひぢりめん・さや〗〖日语〗〖問〗聖人の顔にあらず緋縮緬(聖面)とは如何?〖答〗刃の納めものにもなくて鞘(紗綾)といえ

るがごとし(823)。〖汉语〗〖问〗火红色绉绸不是圣人的脸，为什么被称为圣面？〖答〗和丝绫不藏刀刃而被称为刀鞘是一个道理。〖解析〗日语中，「聖面（ひじりめん）」（圣人面孔）和「緋縮緬（ひぢりめん）」（火红色绉绸）发音相近；「さや」既表示“刀鞘”「鞘」，又表示“丝绫”「紗綾」。「聖」表示“圣人，大师，天子，天皇，高僧”。日本1757年大阪出版有洒落本小说《圣游廓》，是初期洒落本的代表作。

496. 〖ひちりき・おうてき〗〖日语〗〖問〗力量無うて篳篥(七力)とは如何？〖答〗戦せずして横笛(追う敵)といえるがごとし(847)。〖汉语〗〖问〗筚篥没有力量，为什么被称为七力？〖答〗和横笛不战斗而被称为追敌是一个道理。〖解析〗日语中，「ひちりき」既表示“筚篥”「篳篥」，又与「七力」发音类似；筚篥是一种管乐器，用于军中和民间。「おうてき」既表示“横笛”，又表示“追敌”。

497. 〖ひな・くさもち〗〖日语〗〖問〗京細工の人形を雛(鄙)とは如何？〖答〗あしき匂ならでも草(臭)餅といえるがごとし(809)。〖汉语〗〖问〗大城市精工制作的女儿节偶人为什么被称为偏僻的地方？〖答〗和艾糕不发出气味而说很臭是一个道理。〖解析〗日本的女儿节最大的特征就是摆放女儿节人偶。这些身穿锦衣的宫装人偶以精美华丽和做工细腻著称。

498. 〖ひやかし・ほしみせ〗〖日语〗〖問〗水に入れざるに冷かしとは如何？〖答〗日に乾さざるも干店といえるがごとし(841)。〖汉语〗〖问〗不放入水里冰镇，为什么说“嘲笑”很冷？〖答〗和不用日晒露天售货摊被称为“干店”是一个道理。

499. 〖さんびやくろくげうらち・ひゃくもん〗〖日语〗〖問〗一年を三百六十日とは如何？〖答〗九十六文を百文といえるがごとし。〖汉语〗〖问〗为什么三百六十日被称为一年？〖答〗和九十六文被称为百文是一个道理。〖解析〗九十六文约等于百文。

500. 〖びわ・いちじく〗〖日语〗〖問〗楽器にあらず木の実を琵琶

(枇杷)とは如何?〖答〗懸け物にあらず無花果(一軸)といえるがごとし(805)。〖汉语〗〖问〗枇杷不是乐器,为什么被称为琵琶?〖答〗和无花果不是挂轴而被称为“一个挂轴”是一个道理。〖解析〗日语中,「びわ」既表示“琵琶”,又表示“枇杷”;「いちじく」既表示“无花果”「無花果」,又表示“一个挂轴”「一軸」。

501.〖ふ・ごいし〗〖日语〗〖問〗将棋の駒にあらずして麩(歩)とは如何?〖答〗尾もせねど鶏にごいし(碁石)といえるがごとし(819)。〖汉语〗〖问〗麦麸不是将棋棋子,为什么被称为步?〖答〗和围棋棋子没有尾巴而被称为斗鸡是一个道理。〖解析〗日语中,「ふ」既表示将棋棋子“步”「歩」,又表示“麦麸”「麩」;「ごいし」表示“围棋棋子”「碁石」,又与表示“羽毛有黑白斑点的斗鸡”「こいし」发音相近。日语有谚语「歩の無い将棋は負け将棋」,原意为“下将棋时,失去众多卒子的一方即使有强有力的棋子,也难以获胜”,转义为“光杆司令成不了大事”。

502.〖ふかがわ・なかばし・おくやま・あさくさ〗①〖日语〗〖問〗浅うして深川とは如何?〖答〗渡らずして中橋といえるがごとし(794)。〖汉语〗〖问〗深川很浅,为什么被称为深川?〖答〗和即使不过桥而说在桥中央是一个道理。〖解析〗深川位于日本东京都江东区,是填海造地建成的工业地带,以开拓者深川八郎右卫门的姓命名。中桥位于京桥和日本桥之间,故名。②〖日语〗〖問〗奥山もあるに浅草とは如何?〖答〗平地もあるに深川といえるがごとし(802)。〖汉语〗〖问〗为什么浅草有深山而被称为浅草?〖答〗和深川有平地而被称为深川是一个道理。

503.〖ふじ・せんけん・せんげん〗〖日语〗〖問〗紫の花咲きもせぬ所を富士(藤)山とは如何?〖答〗家数見えもせぬ山を浅間(千軒)といえるがごとし(843)。〖汉语〗〖问〗没有紫色花开,为什么富士山被称为藤山?〖答〗和浅间没有几户人家却被称为千户人家是一个道理。〖解析〗日语中,

「ふじ」既表示"藤"(藤一般开紫色花),又表示"富士";「浅间」和"千轩"的日语发音类似。

504.〖ふりそで・ゆかた・ゆうがた〗〖日语〗〖問〗振袖でも小袖とは如何?〖答〗朝着ても浴衣(夕方)といえるがごとし(839)。〖汉语〗〖问〗长袖和服为什么也可以被称为小袖衬衣?〖答〗和浴衣早上穿而说傍晚穿是一个道理。〖解析〗「小袖」指大袖礼服里的小袖衬衣,也指丝绸棉衣或窄袖便服。

505.〖ほおずき・どうづき〗〖日语〗〖問〗女子の口の中にて鳴らすを鬼灯類とは如何?〖答〗突き荒男の地形を均すを胴突といえるがごとし(803)。〖汉语〗〖问〗女子嘴中的酸浆果哨子为什么被称为鬼灯类?〖答〗和将荒地轧平打地基称为打桩是一个道理。〖解析〗酸浆果哨子是去除酸浆果实中的种子后将其放入口中吹的一种玩具,也有用天狗螺的卵囊、橡胶等做成的哨子。

506.〖ぼたもち・さくらだい〗〖日语〗〖問〗咲きもせずして牡丹餅とは如何?〖答〗散りもせねど桜鯛といえるがごとし(815)。〖汉语〗〖问〗饼不会盛开,为什么被称为牡丹饼?〖答〗和鲷鱼不会凋落而被称为樱花鲷鱼是一个道理。〖解析〗牡丹饼是表层裹上一层小豆馅的年糕团。日语谚语「棚から牡丹餅」表示"福从天降"。「桜鯛」指樱花季节在内湾捕获的鲷鱼。

507.〖ボタン・こはぜ〗〖日语〗〖問〗締め括りに引掛ける小さい物をボタン(牡丹)とは如何?〖答〗魚類にもあらでこはぜ(小沙魚)といえるがごとし(818)。〖汉语〗〖问〗系衣服的纽扣为什么被称为牡丹?〖答〗和搭扣不是鱼类却被称为小虾虎鱼是一个道理。〖解析〗搭扣又名"别扣",是日本人扣紧布袜、绑腿、书帙等用的指甲形金属卡子。

508.〖まくらのそうし・げんじものがたり〗〖日语〗〖問〗好色本にあらず清少納言が文を枕草紙とは如何?〖答〗軍の事を書かずして源氏物語

といえるがごとし(812)。〖汉语〗〖问〗《枕草子》不是诲淫诲盗的文字,清少纳言为什么将其命名《枕草子》?〖答〗和《源氏物语》不是军事方面的书而被称为《源氏物语》是一个道理。〖解析〗《枕草子》为日本平安中期的随笔,与《源氏物语》同为平安女子文学的代表作,被称为“随笔文学之祖”。《源氏物语》描写平安时代里日本贵族的生活,以光源氏的故事为核心。源氏又特别指代清和源氏。他们与平氏武力争权获胜后,建立镰仓幕府,开创武士政治的先例。

509.〖まぐろ・あかえい〗〖日语〗〖問〗赤き肉を真黒(鮪)とは如何?〖答〗白き肉にてもあかえ(い)といえるがごとし(793)。〖汉语〗〖问〗金枪鱼肉是红色,为什么被称为黑鱼?〖答〗和魟鱼肉是白色而被称为赤魟是一个道理。〖解析〗日语中,「まぐろ」既表示“金枪鱼”「鮪」,又表示“黑色”「真黒」;「あかえい」既表示“魟”「魟」,又表示“红”「赤」。备选的答案还包括:和鲇鱼身体呈现白色而被称为蓝色是一个道理「白き色鮎(藍)といえるがごとし」;和水母(或海蜇)浑身透明而被称为黑暗是一个道理「透き通るものでも海月(暗げ)といえるがごとし」;和金鱼是红色或白色而被称为金鱼是一个道理「紅白もありながら金魚といえるがごとし」。

510.〖まん・せん・まんどころ・おく〗①〖日语〗〖問〗十五夜の一輪の満(万)月とは如何?〖答〗過ぎ行きたる三十日を先(千)月といえるがごとし(819)。〖汉语〗〖问〗十五的满月为什么被称为一万个月亮?〖答〗和刚过去的一个月被称为一千个月是一个道理。〖解析〗日语中,「せん」既表示“先前”,又表示“千”。②〖日语〗〖問〗軍兵でもないに満期(万騎)とは如何?〖答〗兵士でもないに疝気(千騎)といえるがごとし(810)。〖汉语〗〖问〗期满(或到期)不是军队,为什么被称为万骑?〖答〗和疝气不是士兵而被称为千骑是一个道理。③〖日语〗〖問〗関白の奥方を政(万)所とは如何?〖答〗一人の武士を奥(億)家老といえるがごとし(807)。〖汉语〗〖问〗关白

的妻子为什么被称为万所？〖答〗和一个武士被称为一亿个家老是一个道理。〖解析〗政所是摄政、关白的妻子，后泛指贵族之妻。家老为日本江户时代在大名家中统管藩政的重臣。有江户家老和国家老之分，由数人合议，轮流主政。

511．〖みそ・まめ〗〖日语〗〖問〗人の自慢するを味噌とは如何？〖答〗よく働く人をまめといえるがごとし(836)。〖汉语〗〖问〗为什么人很骄傲与豆酱有关？〖答〗和人勤快与黄豆有关是一个道理。〖解析〗日语中，「味噌を上げる」表示“骄傲自满，自吹自擂”；「まめ」既表示“黄豆”，又表示“勤快”。

512．〖みの・かい〗〖日语〗〖問〗雨具でもないに簑(美濃)とは如何？〖答〗船の具でもないに甲斐(櫂)といえるがごとし。〖汉语〗〖问〗美浓不是雨具，为什么被称为笠？〖答〗和甲斐不是船上用具而被称为棹或桨是一个道理。〖解析〗美浓在今岐阜县中南部，甲斐在今山梨县。

513．〖みみだらい・口鍋〗〖日语〗〖問〗聞く事もなくて耳盥とは如何？〖答〗言う事もあらずして口鍋といえるがごとし(807)。〖汉语〗〖问〗水盆不能倾听，为什么被认为有耳朵？〖答〗和锅不能说话而说有口锅是一个道理。〖解析〗有耳水盆是左右带有耳朵形柄的盆，用于洗手、漱口等，多数为漆器。口锅表示有口有柄的锅。

514．〖めい・くち〗〖日语〗〖問〗物見もせずして茗(眼)とは如何？〖答〗物言わねど魚にはくち(口)といえるがごとし(843)。〖汉语〗〖问〗茶看不到东西，为什么被称为眼睛？〖答〗和白姑鱼不会说话而被称为口是一个道理。〖解析〗日语中，「めい」既表示“茶”「茗」，又近似地表示“眼睛”「眼」；「くち」既表示“口”，又表示“白姑鱼”。白姑鱼又名「石持」。因为头骨内的耳石较大，似石，故名。

515．〖めかけ・ちょうあい・かため〗〖日语〗〖問〗疵もなき女を妾

（目欠け）とは如何？〖答〗勘定事にかかわらずして寵愛（帳合）といえるがごとし（808）。〖汉语〗〖问〗妾没有任何缺点，为什么说少一只眼睛？〖答〗和宠爱与记账没有关系而被称为账目是一个道理。〖解析〗「妾」来自「目を掛ける」（关照，照顾）。相似的回答还包括：和与妻子一生的誓约被称为一只眼睛是一个道理「女房を一生の堅め（片目）といえるがごとし」（795）。

516.〖めし・ゆ〗〖日语〗〖問〗米を炊きながら飯をたくとは如何？〖答〗水をわかしながら湯をわかすといえるがごとし（814）。〖汉语〗〖问〗煮米为什么被称为煮饭？〖答〗和烧水被称为烧汤是一个道理。

517.〖めじろ・ばんちょう〗〖日语〗〖問〗小鳥にあらずして地名を目白とは如何？〖答〗夏賞翫する鳥ならで番町（晩鳥）といえるがごとし（814）。〖汉语〗〖问〗目白这个地名不是鸟类，为什么被称为绣眼鸟？〖答〗和番町不是夏季玩赏的鸟而被称为晚上的鸟是一个道理。〖解析〗日语中，「目白（めじろ）」既表示"绣眼鸟"，又表示"东京都丰岛区目白町"；「ばんちょう」既表示"晚上的鸟"「晩鳥」，又表示东京都千代田区"番町"「番町」。

518.〖やかん・かま〗〖日语〗〖問〗禿頭を薬罐とは如何？〖答〗尻をおかまといえるがごとし（833）。〖汉语〗〖问〗秃头为什么被称为水壶？〖答〗和屁股被称为锅是一个道理。〖解析〗日语中，「やかん」既表示"水壶"，又表示"秃头"；「かま」既表示"锅"，又是"屁股"的俗称。

519.〖やくし・せきどう〗〖日语〗〖問〗出家形気に似もせずして薬師寺次郎左衛門とは如何？〖答〗墓守にもあらで石堂（塔）右馬丞といえるがごとし（819）。〖汉语〗〖问〗没有出家，为什么被称为药师寺次郎左卫门？〖答〗和石堂右马丞不守墓而被称为石堂（塔）右马丞是一个道理。〖解析〗日语中，「药师寺」既表示"寺庙"，又表示"姓名"；「石堂（せきどう）」与「石塔（せきとう）」（石塔）发音相近。次郎左卫门和石堂右马丞为日本人名。墓地经常有石塔等建筑。

520.〖やなか・にごる・せいすい〗〖日语〗〖問〗昼も往来して谷中（夜

中)門とは如何?〖答〗濁る事もありながら清水門といえるがごとし(837)。〖汉语〗〖问〗谷中门白天也可以通行,为什么被称为夜中门?〖答〗和有污浊的事情发生而被称为清水门是一个道理。〖解析〗日语中,「やなか」既表示“谷中”,又表示“夜中”;「にごる」既表示“世事污浊”,又表示“水污浊”。

521.〖やまなし・おわり〗①〖日语〗〖問〗山ばかりの国だに山梨(山無し)県とは如何?〖答〗全国の中央にあるを尾張(終わり)といえるがごとし(845)。〖汉语〗〖问〗山梨县山很多,为什么说没有山?〖答〗和尾张位于中央地区而说最后是一个道理。〖解析〗日语中,「やまなし」既表示“没有山”「山無し」,又表示“山梨县”「山梨」;「おわり」既表示“尾张”「尾張」,又表示“结束”「終わり」。尾张在今天日本爱知县的西部。同时,尾张为东京银座町名。②〖問〗終わりに食して初茸とは如何?〖答〗新米にしても尾張(終わり)こめといえるがごとし(804)。〖汉语〗〖问〗最后吃松口蘑,为什么说最初?〖答〗和明明是新尾张米而说最后是一个道理。相似的问答还包括:和无论如何安排先后顺序而尾张町都是末尾是一个道理「あと先に町があっても尾張町といえるがごとし」;和长野县原野不多而说有很大的原野是一个道理「野は沢山なくとも長野県といえるがごとし」;和东京只有一片土地而说十个京城是一个道理「一つ土地を東京といえるがごとし」;和大阪府有平地而说有很陡的坡是一个道理「平地にあって大阪府といえるがごとし」。

522.〖やまびこ・かとう〗〖日语〗〖問〗高山に響くは三味線ならで山彦とは如何?〖答〗節和かに付けたる浄瑠璃を河東(固う)といえるがごとし(812)。〖汉语〗〖问〗高山回音不是三味线,为什么被称为山彦?〖答〗和音调和谐的净琉璃很坚硬刺耳是一个道理。〖解析〗日语中,「山彦」既表示“山的回声”,又表示三味线名人“山彦”;「かとう」既表示“坚硬”「固う」,又表示“河东”「河東」。河东节为江户净琉璃的一派,名人有山彦源四郎、山彦宇右卫门、山彦河良等。

523.〖ゆうびん・はいたつ〗〖日语〗〖問〗朝の間に届くを郵便(夕便)とは如何?〖答〗走り歩くを配達(這い立つ)といえるがごとし(794)。〖汉语〗〖问〗邮件早上送达,为什么被称为傍晚到达的邮件?〖答〗和跑着、走着投递邮件而说爬着、站着投递邮件是一个道理。〖解析〗日语中,「ゆうびん」既表示"邮政,邮件"「郵便」,又表示"傍晚的邮政,邮件"「夕便」;「はいたつ」既表示"投递"「配達」,又表示"爬着,站着"「這い立つ」。

524.〖よしはら・すみだ〗〖日语〗〖問〗悪場所をさして吉原とは如何?〖答〗濁りたるも隅(澄)田川といえるがごとし(793)。〖汉语〗〖问〗吉原不是好地方,为什么被称为吉原?〖答〗和隅田川河水混浊而被称为清澈的河流是一个道理。〖解析〗相似的回答还包括:和根津是睡觉的地方却说无法入眠是一个道理「寝る場所を寝ず(根津)といえるがごとし」。

525.〖よみうり・まるまる〗〖日语〗〖問〗読んで売らなくなったに読売とは如何?〖答〗四角な雑誌でも団団といえるがごとし(847)。〖汉语〗〖问〗为什么读了不卖却称为《读卖新闻》?〖答〗和《团团珍闻》是四角形杂志却被称为圆形是一个道理。〖解析〗日语中,「まるまる」既表示"团团"「団団」,又表示"圆圆"「丸丸」。《团团》为日本杂志《团团珍闻》的简称。类似的答案还有:和卖卦却说不卖卦是一个道理「易を売りながら占い(売らない)といえるがごとし」;和明明有休息日却被称为《每日新闻》是一个道理「休日も有るに日々新聞といえるがごとし」。〖解析〗《每日新闻》为日本全国性大报之一。

526.〖らいちょう・せいこう〗〖日语〗〖問〗唐より渡りもせぬ人を頼(来)朝とは如何?〖答〗鎌倉へ下りても西行法師といえるがごとし(807)。〖汉语〗〖问〗赖朝不是从大唐来到日本,为什么被称为来朝?〖答〗和西行法师向东到镰仓而被称为西行法师是一个道理。〖解析〗日语中,「来朝」(外国

人到日本来)又表示“源赖朝”。西行法师为日本僧人,俗名“佐藤义清”,曾仕鸟羽太上皇,成为“北面之武士”。23 岁出家,在洛外(京都之外)结庵修行,将居草庵和云游的感怀寄托于和歌创作,被认为是和歌史上可与歌圣柿本人麻吕匹敌的歌人,对后世产生巨大影响。镰仓在京都东面。

527.〖らくだ・いぬ・ぶち〗〖日语〗〖問〗重荷を背負って楽だ(駱駝)とは如何?〖答〗脇へ来て居て犬といえるがごとし(803)。〖汉语〗〖问〗骆驼背了很重的货物,为什么说很轻松?〖答〗和狗来到身边而说没有在身边是一个道理。相似的答案还包括:和很宠爱花猫却说打它是一个道理「寵愛しながら斑(打ち)といえるがごとし」。“ぶち”「花(猫)」与“击打”「打ち」发音相似。

528.〖れんが・こうか・おわり〗〖日语〗〖問〗高金のかかるものを煉瓦(廉価)造りとは如何?〖答〗廉価で建てても後架(高価)といえるがごとし(812)。〖汉语〗〖问〗花了很多钱用砖建造,为什么被称为低价建造?〖答〗和廉价建造厕所却说高价建造是一个道理。〖解析〗日语中,「廉価」和「煉瓦」发音相似;可以作为备选答案的回答还包括:和用十文钱购买朱砂根盆栽却说用万两购买是一个道理「十銭の植木でも万両といえるがごとし」(万两为朱砂根,是紫金牛科常绿灌木);和万金丹一颗只花费五厘钱而说万金是一个道理「一粒五厘でも万金丹といえるがごとし」;和自己建造临时建筑却说借来的建筑是一个道理「自分で建てながら仮(借り)普請といえるがごとし」;和低价购得高跟木屐却说高价是一个道理「安く買っても高下駄といえるがごとし」;和花了很多钱建造山门却说只花了三文钱建造是一个道理「金をかけても山門(三文)といえるがごとし」;和低价购得的雏叶芥被称为高价菜是一个道理「安く買ったも高菜といえるがごとし」;和一次建成两层楼而说两次替换是一个道理「一度建てても二階(二替)造りといえるがごとし」。

529. 〖ろ・あぐら〗〖日语〗〖問〗炬燵に用いる布団掛けを櫓とは如何?〖答〗座って足をあたたむるをあぐらといえるがごとし(813)。〖汉语〗〖问〗暖炉木框架为什么被称为摇船的橹?〖答〗和舒服地盘腿坐而被称为折叠式凳子或马扎是一个道理。〖解析〗日语中,「ろ」既表示"橹",又表示"暖炉木框架";「あぐら」既表示"盘腿坐"「胡坐」,又表示"折叠式凳子"「胡床」。

530. 〖ろくしゃく・しり〗〖日语〗〖問〗五尺の男でも六尺(陸尺)とは如何?〖答〗人間五尺の間にも尻(四里)といえるがごとし(813)。〖汉语〗〖问〗五尺高的轿夫为什么说有六尺高?〖答〗和人身高五尺而说有四里(臀部)是一个道理。〖解析〗「陸尺」表示"轿夫",指日本近世为显贵抬轿子肩舆的人,还可以表示"武士家中的杂工"。

第四章

两段谜语

531.〖あげる〗①〖日语〗上げる時上げず、上げぬ時上げるもの。〖答案〗油揚げ(6)。〖汉语〗炸的时候不能捞。不捞的时候就炸的东西。〖答案〗油炸食品。〖解析〗日语中,「挙げる」既表示“油炸”,也表示“从水(或油)中捞出”。谜面另一意义:油炸的时候不能从油中捞出,从油中捞出后不能油炸。②〖日语〗上がると下がり、下がりと上がるもの。〖答案〗つるべ(6)。〖汉语〗上的时候下,下的时候上,是什么?〖答案〗吊桶。〖解析〗歇后语“十五个吊桶打水:七上八下”有助于理解这个谜语。

532.〖あぶみ〗〖日语〗鉢のような物に水半分。〖答案〗鐙(207)。〖汉语〗钵一样的东西加一半儿水。〖答案〗马镫。〖解析〗日语中,「鉢」(钵)与「蜂」(蜜蜂)发音相同。与蜜蜂外形相似的东西为“牛虻”「虻（あぶ）」。「水（みず）」的一半为「み」。因此,答案为“马镫”「鐙（あぶみ）」。马镫为马具的一种,是垂在马鞍两侧供骑马人脚登的东西。

533.〖あまがいる〗〖日语〗比丘尼寺。〖答案〗雨蛙(210)。〖汉语〗比丘尼寺。〖答案〗雨蛙。〖解析〗日语中,「尼がいる」(有女尼)与「雨蛙（あまがえる）」(雨蛙)发音相似。

534.〖あむ〗〖日语〗編んでも編んでも着ることのできないもの。〖答案〗おさげ髪(14)。〖汉语〗无论如何编织也无法穿在身上的东西是什么?〖答案〗辫子、发辫。〖解析〗发辫由长发扎成一束或分成两股梳编而成。〖解析〗「編む」既表示“织毛衣”,也表示“梳辫子”。

535.〖いたち〗〖日语〗血がぽとりと板に垂れているなに。〖答案〗いたち(81)。〖汉语〗顺着木板吧嗒吧嗒向下滴血的东西是什么?〖答案〗黄鼠狼。〖解析〗日语中,「いたち」(黄鼠狼)包含「いた」(木板)和「ち」(血)。

536.〖いつくしま〗〖日语〗天狗美人に化けた。〖答案〗厳島(196)。〖汉语〗天狗化作美人。〖答案〗严岛。〖解析〗日语中,「厳島」(严岛)与「美し魔」(美丽的魔鬼)发音相似。《源氏物语》中常常出现「厳し」作为「美しい」使用的例子。

537.〖いっぱい〗〖日语〗いくら入れても一杯にならないもの。〖答案〗じょうご(20)。〖汉语〗无论怎样往里灌,也不能满一杯。是什么?〖答案〗漏斗。〖解析〗日语中,「いっぱい」有两个意思:名词“一杯”与副词“充满地”。谜面既表示“注满一杯”,又表示“让容器充满”。

538.〖いわな〗〖日语〗岩の上に菜一把。〖答案〗いわな(26)。〖汉语〗岩石上一把菜。〖答案〗日本红点鲑。〖解析〗日语中,「岩魚」(红点鲑)由「岩」(岩石)与「菜」(菜)组成。

539.〖いんろう〗〖日语〗日陰の獄屋。〖答案〗印籠(210)。〖汉语〗阴影处的囚室。〖答案〗印龙。〖解析〗日语中,「印籠」(印龙)与「陰牢」(阴影处的囚笼)发音相似。印龙指印盒或药盒,源自存放印章或印泥的器具。

540.〖うご・ひだ〗〖谜面〗雨やんで空は晴れたり。〖国名ニ〗。〖答案〗羽後・飛騨(427)。〖汉语〗雨后天晴。〖答案〗羽后、飞騨。〖解析〗日语中,「羽後・飛騨」与「雨後・日だ」(雨后天晴)发音相似。「飛騨」与「襞」同音,因多为山谷褶皱之地,故名。

541.〖うさぎ〗〖日语〗虎。〖答案〗兎(199)。〖汉语〗虎。〖答案〗兔。〖解析〗“寅虎”在“卯兔”前面。日语中,「兎」(兔子)与「うさぎ」(卯前面的虎)发音相似。

542.〖うつ〗〖日语〗打っても打っても一畦。〖答案〗屋根のてっぺん

(30)。〖汉语〗无论怎么耕田，也是一垄。〖答案〗屋脊。〖解析〗谜面另一意义：无论雨怎么敲打，也是一个屋脊。日语中，「打つ」既表示“雨的敲击”，又表示“耕田”。

543.〖うろうろ〗〖日语〗うろうろても売らねもの。〖答案〗まなこ(31)。〖汉语〗无论怎么叫卖也无法售出的东西是什么？〖答案〗眼睛。〖解析〗日语中，「うろうろ」既表示叫卖声「売(う)ろう」，又表示“紧张的眼神，心神不定，徘徊，无目的地走来走去”，如：没有办法，急得团团转「なすすべもなくうろうろする」；可疑的男子转来转去「不審な男がうろうろしている」。

544.〖えん〗〖日语〗字で書くと四角で絵でかくと丸いものなに。〖答案〗円(66)。〖汉语〗写时方，画时圆，是什么？〖答案〗日元。〖解析〗该谜另一个答案是“日”。

545.〖えんぴつ〗〖日语〗尻の間違いを首で直すものなに。〖答案〗消しゴム付きの鉛筆(70)。〖汉语〗屁股犯错误，脑袋来矫正，是什么？〖答案〗带橡皮的铅笔。

546.〖おいまつ〗①〖日语〗年寄の客が見えぬ。〖答案〗老松(199)。〖汉语〗见不到年老的客人。〖答案〗老松。〖解析〗日语中，「老松(おいまつ)」(老松)与「老待」(久等年老的客人)发音相似。②〖日语〗船頭の港休み。〖答案〗老松(187)。〖汉语〗船老大在港口休息。〖答案〗老松树。〖解析〗日语中，「老松」(老松树)与「追待」(等待顺风)发音相似。

547.〖おび〗〖日语〗朝起きて人のまわり回るものナーニ？〖答案〗帯。〖汉语〗早上起来围绕在人周围的东西是什么？〖答案〗腰带。

548.〖おふくろ〗〖日语〗宇治に母がいる。〖答案〗茶袋(148)。〖汉语〗母亲在宇治。〖答案〗茶袋。〖解析〗宇治位于京都府，北邻京都市，以高级名茶玉露的产地闻名。日语中，「ふくろ」(袋子)和「御袋」(母亲)相似。

549.〖カードゲーム〗端っこでとんがってそうなゲームってなーんだ？

〖答案〗カードゲーム(card game)。〖汉语〗好像在角落生气的游戏是什么游戏?〖答案〗纸牌游戏。〖解析〗「かど」表示“角”。日语习语「角が生える」表示“气歪了脸”。

550.〖かえる〗〖日语〗のしのしと帰る。〖答案〗しのしの。〖汉语〗拖着沉重的步子回家。〖答案〗しのしの。〖解析〗日语中,「かえる」既表示“回家”「帰る」,又表示“改变语序反读”「返る」。

551.〖かく〗①悲しいときにかくものなーんだ?〖答案〗泣きべそ。〖汉语〗悲哀的时候「かく」东西是什么?〖答案〗小孩撇嘴要哭的面孔。②走りながらかくものは何?〖答案〗あせ。〖汉语〗边跑边「かく」,在干什么事情?〖答案〗流汗。〖解析〗日语中,「あせをかく」的动词与“写写画画”的日语动词一样。③手を使わずに寝ながらかくものは、なに?〖答案〗いびき。〖汉语〗不用手,可以边睡边「かく」的事情是什么?〖答案〗打鼾。

552.〖かしわなし〗〖谜面〗慈悲心で証書を巻いて帳を消し。〖答案〗槲、梨(462)。〖汉语〗慈悲心肠,将他人债务一笔勾销。〖答案〗槲树、梨树。〖解析〗日语中,「槲(かしわ)」(槲树)和「梨(なし)」(梨树)结合与「貸(か)しは無(な)し」(免除债务)发音相似。

553.〖かみのこし〗据说,主神宙斯在与恶魔九头蛇怪海德拉(Hydra)对战时被利齿咬遍了全身,只有一个部位幸免,请问是哪个部位呢? 1. 颈部;2. 胸部;3. 腹部;4. 腰部。〖答案〗腰部。〖解析〗「噛(か)み残(のこ)し」(咬剩下的东西)中有「腰(こし)」(腰)这个单词。

554.〖からから〗のどが渇いている人が持っている水筒2本、中身入ってる?〖答案〗両方カラ(カラカラです)。〖汉语〗口渴的人手里拿着两个水杯,水杯里有东西吗?〖答案〗没有。〖解析〗意义一:水杯和喉咙都是干的;意义二:两个水杯是空的。

555.〖がんせき〗〖日语〗岩石破裂、言を放って、詩を吟ずべし。〖答案〗

石山寺(444)。〖汉语〗岩石破裂，放言吟诗。〖答案〗石山寺。〖解析〗谜面中的“岩石破裂”成为“山”和“石”。“放言吟诗”可以理解为“将‘詩’中的‘言’去掉”，得到“寺”。合起来就成为“石山寺”。石山寺位于日本滋贺县大津市石山，是真言宗东寺派的寺院，奈良时代由良辩创建。

556．〖かんな〗〖日语〗行く時も帰る時も糞をひるもの。〖答案〗かんな(20)。〖汉语〗去的时候、回来的时候都会排便，是什么？〖答案〗刨子。

557．〖かんのき〗〖日语〗大夫松。〖答案〗閂(189)。〖谜面〗大夫松。〖答案〗门栓。〖解析〗日语中，「閂」(闩)是「貫の木」的转音，后者与「官の木」(当官的树)发音相似。相传秦始皇登泰山遇雨，于是在一棵松树下避雨。作为答谢，封松树为大夫。后来，大夫松成为松树的雅称。

558．〖きく〗〖日语〗頭叩かぬと言うことききかぬもの。〖答案〗釘(13)。〖汉语〗如果不敲头就不听话的东西是什么？〖答案〗钉子。〖解析〗日语中，「きく」既表示“起作用”「効く」，也表示“听话”「聞く」。

559．〖きじんおまつ〗〖谜面〗軍の首途女房は泣き別れ。〖答案〗鬼神お松(428)。〖汉语〗丈夫从军妻子哭。〖答案〗鬼神松。〖解析〗日语中，「鬼神お松」(鬼神松)与「帰陣を待つ」(等待丈夫安全回到军营)发音相似。〖解析〗鬼神松为日本毒妇名。

560．〖きぬばり〗〖日语〗裸の小便。〖答案〗きぬばり(207)。〖汉语〗裸体小便。〖答案〗绷绸子的木板、缝丝绸用的细针。〖解析〗日语中，「きぬばり」既表示“绷绸子的木板”「絹張り」或“缝丝绸用的细针”「絹針」，又表示“裸体小便”「着ぬ尿」。

561．〖きね・ねぎ〗①〖日语〗葱のとんぼ返り。〖答案〗杵(204)。〖汉语〗葱翻跟斗。〖答案〗杵。〖解析〗日语中，「葱」(葱)颠倒后近似等于「杵」(杵)。关于“杵”的谚语有：东一榔头西一斧子，到处找碴；乱发脾气「杵で当たり杓子で当たる」。②〖日语〗葱は葱でも食わねえ葱なに。

〖答案〗禰宜様(99)。〖汉语〗虽说是葱,但不能吃,是什么?〖答案〗祢宜。〖解析〗日语中,「禰宜」(祢宜)与「葱」(葱)发音相同。祢宜是日本神社神职的总称。

562.〖きょうわ〗〖日语〗蚤虱背中あたりに居ると見え。〖答案〗享和、嘉永(487)。〖汉语〗看到背上有虱子和跳蚤。〖答案〗享和、嘉永。〖解析〗日语中,「享和」「嘉永」与「今日は痒い」(今天身上发痒)发音相似。

563.〖きる〗脱ぐことはできるのに着ることはできないものはなーに?〖答案〗ズボン。〖汉语〗能脱不能穿,是什么?〖答案〗裤子。〖解析〗日语的"穿裤子"用「ズボンを穿く」表达。

564.〖くさる〗〖日语〗机の腐ったのはなに。〖答案〗杖(82)。〖汉语〗桌子腐烂的部分是什么?〖答案〗拐杖。〖解析〗日语中,「腐る」表示"去掉「去る」「く」"。因此,「机の腐った」(桌子的腐烂的部分)又表示「机」去掉「く」,成为「杖」。

565.〖くわいちご〗〖日语〗人間。〖答案〗桑苺(204)。〖汉语〗人。〖答案〗桑葚。〖解析〗日语中,「桑苺」(桑葚)与「苦は一期」(受苦受累一辈子)发音相似。

566.〖けた〗下の太い馬ってなーんだ?〖答案〗下駄。〖汉语〗身体下部很肥的马是什么?〖答案〗木制的鞋子。〖解析〗日本木鞋在下面挖成齿状的台木上钻开三个洞眼,安上木屐鼻绳带,套在脚趾上穿。「下駄」可以分解为「下」、「馬」、「太」。

567.〖けむり〗〖日语〗墨絵の白鷺。〖答案〗煙(185)。〖汉语〗用墨汁画白鹭。〖答案〗烟。〖解析〗用墨汁不可能画出白色的羽毛。日语中,"烟"「煙」又表示"羽毛违背常理"「毛無理」。

568.〖こない〗〖日语〗春子、春菜、夏子、秋子、冬子を遊びにさそった。こなかったのは、だれ?〖答案〗春菜。〖汉语〗邀请春子、春菜、夏子、秋子、

冬子前来玩耍。谁没有到来？〖答案〗春菜。〖解析〗日语中，「来ない」（没有来）和「子ない」（名字中没有“子”字）发音相同。

569. 〖さかずき〗〖日语〗皿に似て皿にあらざるものなに。〖答案〗盃(177)。〖汉语〗像是器皿，不是器皿，是什么？〖答案〗盃。〖解析〗从文字结构上看，「盃」由“器皿”和表示否定的“不”组成。

570. 〖さくら〗〖日语〗皿の中に螺一つ。〖答案〗桜(177)。〖汉语〗白玉盘中一青螺。〖答案〗樱花。〖解析〗螺蛳字面意思是“二四”「螺」，二四得八，加上谜面中的“一”，成为“九”「九」。“盘子”「皿」中插入「九」，成为“樱花”「桜」。

571. 〖さや・ふた〗〖日语〗入用の時いらず、いらん時いるもん。〖答案〗刀のさや、弁当のふた(25)。〖汉语〗用的时候不用，不用的时候使用。是什么？〖答案〗刀鞘或饭盒盖子。

572. 〖さんま〗〖谜面〗狐狸猫。〖答案〗秋刀魚。〖解析〗日语中，「秋刀魚」（秋刀鱼）与「三魔」（三魔）发音相似。

573. 〖しぐれ〗〖日语〗亡者の土産。〖答案〗時雨(225)。〖汉语〗死者的礼物。〖答案〗冬秋之交下的阵雨，忽降忽停的雨，晚秋雨。〖解析〗日语中，「時雨」（晚秋雨）与「死呉れ」（死者的礼物）发音相同。

574. 〖しはん・いちご〗〖日语〗貳。〖答案〗師範、苺(202)。〖汉语〗二。〖答案〗师范或草莓。〖解析〗日语中，「師範」（师范）与「四半」（四的一半）发音相似。答案也可以是草莓。日语中，「苺」（草莓）与「一後」（一之后）发音相似。

575. 〖じゃ・しゃすいき〗①〖日语〗蛇の棲む池は鬼の声する。〖答案〗しゃすいき(181)。〖汉语〗有蛇栖息的池子里传出鬼的声音，是什么？〖答案〗滤水器。〖解析〗栖息又表示“清音”。「蛇」的清音是「しゃ」。池子表示“水”「水」，加上「鬼」，为滤水器。②〖日语〗この家の蛇五匹なんだ。

〖答案〗みじゃ、じゃる、じゃしき、よこじゃ、ごじゃ(60)。〖汉语〗家中有五条蛇，是什么？〖答案〗水房、笊篱、客厅、主人座位、贵宾座。③〖日语〗毎日人が飲んでる物で濁ると反対に人がのまれてしまうものなに。〖答案〗ちゃ(119)。〖汉语〗每天人都会喝它。如果变得浑浊，人反被其所害。是什么？〖答案〗茶。〖解析〗日语中，「茶」(茶)的浊音为「蛇」(蛇)。

576.〖しゃみせん〗〖日语〗竿はあっても干されず、芋はあっても干されず、糸があっても縫われず、川があっても洗われず。〖答案〗三味線(61, 25)。〖汉语〗有杆子不能晾晒，有芋头不会干瘪。有线条不能缝补，有河流不能洗涤，是什么？〖答案〗三味线。〖解析〗谜面中的“杆”指三味线的琴杆，“芋头”指乐器蒙着猫皮或狗皮的音箱。“线”指三味线的丝弦，数量为三根，并列分布为“川”字。

577.〖しゅうぶん〗〖日语〗盗み句や古句の話絶やしたい。〖答案〗秋分(486)。〖汉语〗剽窃句子，想用尽古代作品中的话。〖答案〗秋分。〖解析〗日语中，「秋分」(秋分)与「醜聞」(丑闻)发音相似。江户时代杂俳兴起。明治时代，媒体投稿多抄袭他人之作。

578.〖しょうじ〗〖日语〗神様の隣は糊様、糊様の隣は骨様。〖答案〗障子(46)。〖汉语〗神仙大人的旁边是浆糊大人，浆糊大人的旁边是骨头大人，是什么？〖答案〗隔扇。

579.〖すいとう〗水を入れていたのに、中が濁ったら水が流れ出したものなーんだ？〖答案〗すいとう。〖汉语〗里面盛有水，但如果浑浊的话，有水流出来，是什么？〖答案〗水壶。〖解析〗日语中，「水筒」(盛水的容器)成为浊音后，变成「水道」(自来水管道)。

580.〖スピーカー〗はずれの真ん中にPを入れたら何になる？〖答案〗スピーカー(speaker)。〖汉语〗在失败中加入字母P，变成了什么？〖答案〗扩音器。〖解析〗「はずれ」表示“落空，脱落”，与“(俗语)落空，失望”「スカ」

意思相近。「すかを食う」表示“泡汤，一场空”。

581.〖すみ〗〖日语〗堂の隅。〖答案〗塔（197）。〖汉语〗大堂角落。〖答案〗塔。〖解析〗日语中，「隅」（角落）与「澄み」（清音）发音相似。“大堂角落”的另一个意思是「堂」（大堂）这个单词的清音「澄み」。答案是「塔」。

582.〖せんきゅう〗〖日语〗百の上の灸。〖答案〗川芎（213）。〖汉语〗一百之上的针灸。〖答案〗川芎。〖解析〗日语中，「川芎」中有「千」和「灸」的读音。

583.〖だいがく〗〖日语〗一人舟に乗らで帰る。〖答案〗大学（212）。〖汉语〗一个人回家时不坐船。〖答案〗大学。〖解析〗“一人”组合成“大”。“不坐船”表示“陆路”回去。古语“陆地”是「陸」，「帰る」又表示“颠倒”「返す」。「くが」颠倒变成「がく」。组合为「大学」。

584.〖たけのこ〗〖日语〗子供の時は着物を着て大人になると着物を脱ぐものなに。〖答案〗たけのこ（60）。〖汉语〗小孩时穿着衣服，大了之后脱掉衣服，是什么？〖答案〗竹笋。

585.〖たすける〗くわえてけったらどうなった？〖答案〗助けることになった。〖汉语〗。〖答案〗嘴里衔着，踢一下，会发生什么？〖答案〗很有帮助。〖解析〗谜语的另一个意思是：增加了「け」，怎么样？有好处。「助ける」与「足す蹴る」发音一样。

586.〖たたみ〗〖日语〗田に立つ犂。〖答案〗畳（190）。〖汉语〗田里面直立着的犁。〖答案〗榻榻米。〖解析〗日语中，「に」为“二”。因此，「田に」表示「たた」。「立つ犂」近似于「辰過ぎ」。在十二地支序列中，“辰”之后为“巳”「巳」。因此，答案为“榻榻米”「畳」。

587.〖たばこ〗〖日语〗尻から吸うて口から出るものなに。〖答案〗煙草の煙（70）。〖汉语〗从屁股吸入，从口中吐出，是什么？〖答案〗香烟。

588.〖たらし〗〖日语〗神様の前の鼻たらし。〖答案〗ろうそく（46）。

〖汉语〗在神仙大人的面前，鼻子流鼻涕。〖答案〗蜡烛。〖解析〗日语中，「垂らす」既表示“流鼻涕”，又表示“蜡烛滴蜡烛油”。

589. 〖つき〗〖日语〗素晴らしい月。〖答案〗あなた素晴らしい好き。〖汉语〗月亮好美。〖答案〗你好美，喜欢你。〖解析〗“月亮”的日语与“喜欢”的日语发音相近。

590. 〖つらゆき〗〖日语〗面白し。〖答案〗貫之(225)。〖汉语〗有趣。〖答案〗纪贯之。〖解析〗日语中，「貫之」(贯之)和「面雪」(脸像雪一样白)发音相同。

591. 〖つるべ〗〖日语〗深い沢に鶴の声。〖答案〗釣瓶(113)。〖汉语〗溪谷深处传来鹤叫声，是什么？〖答案〗井里的吊桶。〖解析〗日语中，「釣瓶」(井里的吊桶)包含「鶴」(鹤)的发音。

592. 〖とうえんめい〗〖日语〗十匹の猿を兄の娘飼い。〖答案〗陶淵明(462)。〖汉语〗兄长的女儿饲养了十只猿猴。〖答案〗陶渊明。〖解析〗日语中，「陶淵明」(陶渊明)与「十猿姪」(侄女养了十只猴子)发音相似。

593. 〖とおし〗〖日语〗なん年たっても十四のもの。〖答案〗とおし(96)。〖汉语〗不管过多少年，都是十四的东西是什么？〖答案〗大眼筛子。〖解析〗日语中，「とおし」既表示“十四”，又表示“大眼筛子”。

594. 〖とがなし〗〖谜面〗夜中でもあすこの家は内が見え。〖答案〗栂・梨(511)。〖汉语〗即使晚上，也能看到远处家里的内部。〖答案〗铁杉、梨树。〖解析〗日语中，「栂」「梨」(铁杉、梨树)与「戸がなし」(没有门)发音相似。

595. 〖とぐ〗〖谜面〗といでも切れない物ってなあに？〖答案〗米。〖谜面〗用磨刀石将刀磨快，也不能将其切断，是什么？〖答案〗米。〖解析〗日语中，「磨ぐ」既表示“用水淘米”，又表示“用磨石将刀磨快”。

596. 〖となり〗〖日语〗鳥の中へ茎立ちが入った何。〖答案〗隣(199)。〖汉语〗鸟的中间插入油菜成了什么？〖答案〗邻居。〖解析〗日语中，「隣」

（邻居）由「鳥」（鸟）和「菜」（菜）组成，「菜」位于「鳥」的中间。

597.〖とら〗〖日语〗トラが濁った楽器ってなーんだ？〖答案〗銅鑼。〖汉语〗老虎将某种乐器弄得音色不清晰，这种乐器是什么？〖答案〗锣。

598.〖ながさき〗〖谜面〗日本は苗字が先が、西洋は？〖答案〗長崎。〖汉语〗日本人的姓名中，姓氏在前面。那么，西洋人呢？〖答案〗长崎（名字在前面）。〖解析〗「長崎」（长崎）与「名が先」（名字在前面）发音相似。

599.〖ならぶろ〗〖日语〗ろろ。〖答案〗奈良ぶろ（233）。〖汉语〗ろろ。〖答案〗奈良产茶水风炉。〖解析〗日语中，「奈良ぶろ」（奈良产茶水风炉）与「並ぶろ」（并列的「ろ」）发音相同。

600.〖なるみのさき〗〖日语〗花。〖答案〗鳴海の崎。〖汉语〗花为何物？〖答案〗鸣海的岬角。〖解析〗鸣海在今天日本爱知县名古屋市。岬角为向海洋伸出的尖形陆地。日语中，「鳴海の崎」与「成る実の先」（结果实之前）发音相似。

601.〖にしきき〗〖日语〗鉢に木を二本植えた。〖答案〗錦木（207）。〖汉语〗花盆栽了两棵树。〖答案〗锦木。〖解析〗日语中，“八”的日语与“花盆”的日语发音相似。以此类推，「錦木」（锦木）中有「二」「四」，二四得八，还有两个「木」。这与“花盆栽了两棵树”的日语发音相似。锦木是一种植物，常用于盆景装饰。

602.〖ねござ〗〖日语〗猫も猫も鳴かぬ猫はなに。〖答案〗ねござ（99）。〖汉语〗虽说是猫，但不能叫的猫是什么？〖答案〗睡觉时铺的席子。〖解析〗日语中，「寝茣蓙」中有与「猫」近似的发音。

603.〖亀の甲〗〖日语〗亀の上に鋸一挺。〖答案〗亀の甲（46）。〖汉语〗乌龟背上有一个锯子。〖答案〗龟甲。〖解析〗日语中，「亀の子」（龟甲）中包含了「鋸」（锯）的略语「鋸」。

604.〖はかた〗〖日语〗帯の名産地を尋ねたら。〖答案〗博多（438）。

〖汉语〗腰带的名产地。〖答案〗牙齿、肩膀。〖解析〗日语中,「歯」(牙齿)和「肩」(肩膀)合起来,与腰带的名产地福冈市「博多」(博多)发音相似。

605.〖はしり〗〖日语〗郵便の配夫遅刻をせぬようと。〖答案〗歯・尻(509)。〖汉语〗邮局工作人员不想耽误送邮件。〖答案〗牙齿、臀部。〖解析〗日语中,「は」(牙齿)与「しり」(屁股)加起来的另一意义为“跑步”「はしり」。

606.〖はちす〗〖日语〗火鉢の下に炭がしら。〖答案〗蓮(212)。〖汉语〗火盆下面,炭火上方。〖答案〗莲、荷。〖解析〗日语中,「火鉢」下方是「はち」,「炭」上方是「す」,组合为「蓮」。「蓮」是「蓮」的古名,其莲蓬似蜂巢「蜂巣」。

607.〖はつかねずみ〗〖日语〗二十日間昼夜眠らず眺めている獣はなに。〖答案〗はつかねずみ(208)。〖汉语〗连续二十天不睡觉、一直眺望的动物。〖答案〗鼷鼠。〖解析〗日语中,「二十日鼠」(鼷鼠)包含「二十日」(二十天)和「寝ず見」(不睡觉,眺望)。鼷鼠身长约 7 厘米,粪尿有特殊气味。小白鼠由鼷鼠驯化而来。

608.〖ハンバーガー〗棒のないハンバーガーってなーんだ?〖答案〗ハンガー(hanger)。〖汉语〗没有棒的汉堡包的东西是什么?〖答案〗衣架。〖解析〗日语「棒」与英语 bar(铁棒)「バー」发音相近。

609.〖ひきて〗〖日语〗三味線屏風にすがって何というや〖道具一〗。〖答案〗引手なし(463)。〖汉语〗三弦琴靠着屏风放着,怎么描述这种状况?〖答案〗没有门拉手。〖解析〗日语中,「弾手なし」(没有弹乐器的人)与「引手なし」(没有门拉手)发音相似。

610.〖ひくず〗〖日语〗灰。〖答案〗火屑(206)。〖汉语〗灰。〖答案〗簸屑。〖解析〗日语中,「簸屑」(簸屑)与「火屑」(火屑)发音相似。簸屑为(簸出的)茶梗、谷糠。

611.〖ひしゃく〗〖日语〗朝げ早起きてずぶ潜りする。〖答案〗ひしゃく(8)。〖汉语〗早上起来就潜水，从而浑身湿透的东西是什么？〖答案〗勺子。

612.〖ひとまる〗〖日语〗西。〖答案〗人丸(203)。〖汉语〗西。〖答案〗人丸。〖解析〗日语中，「人丸」(人丸)与「日泊る」(太阳休息的地方)发音相似，与“防火的神灵”「火とまる」有关。人丸即柿本人麻吕，是日本《万叶集》的主要歌手，被称为“和歌之圣”。

613.〖ひとやど〗〖日语〗孕み女。〖答案〗人宿(209)。〖汉语〗孕妇。〖答案〗旅馆。〖解析〗除了旅馆，这个谜语还有其他多对谜面和答案：「山椒」与「産生」、「大原」与「大腹」、「煎海鼠」与「入り子」、「小餅」与「子持」、「海松」与「産待」、「小町」与「子待ち」、「鯉」与「子居」、「中子」与「なかご」、「二見」与「二身」、「小鯛」与「子胎」、「小松」与「子待つ」、「小鼓」与「子包み」、「小姓」与「子生」、「小蟻」与「子有り」、「恋病」与「子居病」、「小蛙」与「子が居る」等。

614.〖ひばかり〗〖日语〗天に月星なし〖答案〗火計り(196)。〖汉语〗天上没有月亮和星星。〖答案〗陶瓷器。〖解析〗日语中，「火計り」(陶瓷器)与「ひばかり」(只有太阳)发音相似。

615.〖ひょうたん〗〖日语〗虎の目朱に似たり。〖答案〗瓢箪(199)。〖汉语〗老虎的眼睛血红色。〖答案〗瓢。〖解析〗有时，虎豹可以等同。日语中，「豹丹」(豹子眼睛红)与「瓢箪」(瓢)发音相似。

616.〖びょうぶ〗〖日语〗犬の鳴きさし、虻の一声。〖答案〗屏風(25)。〖汉语〗狗叫一声，牛虻叫一声。〖答案〗屏风。〖解析〗日语中，「びょう」(狗吠)和「ぶ」(牛虻叫)合成为「屏風」。

617.〖ふじ・ぶじ〖谜面〗安産の女。〖答案〗富士山(428)。〖汉语〗女子顺产。〖答案〗富士山。〖解析〗日语中，「富士山」(富士山)与「無事産」(顺产)发音相似。

618. 〖ふしみ〗〖日语〗夢。〖答案〗伏見(230)。〖汉语〗梦。〖答案〗伏见。〖解析〗日语中,「伏見」(伏见)与「臥し見」(呈现卧姿的时候看到的东西)发音相同。伏见区在日本京都。

619. 〖ふたみがうら〗〖日语〗そこ。〖答案〗「二見が浦」(187)。〖汉语〗底部。〖答案〗二见浦。〖解析〗“盖子”「ふた」的“对立面”「うら」为“底部”「そこ」。二见浦在日本三重县志摩半岛,濒临伊势湾,自古为旅游胜地。

620. 〖ふるい〗〖日语〗なんぼ新しくても古いものなに。〖答案〗篩(96)。〖汉语〗不管怎样崭新,都称为“陈旧”的东西是什么?〖答案〗筛子。〖解析〗日语中,「ふるい」既表示“陈旧”「古い」,又表示“筛子”「篩」。

621. 〖ふん〗〖日语〗鼻の声。〖答案〗糞(208)。〖汉语〗鼻之声。〖答案〗粪。〖解析〗日语中,「糞」(粪)与「ふん」(嗯)发音相似。

622. 〖ほうき〗〖日语〗死んでから働く竹。〖答案〗箒(71)。〖汉语〗死了之后才起作用的竹子是什么?〖答案〗扫帚。

623. 〖ぼうふう〖谜面〗北向の障子を冬は繕ろうて〖植物一〗。〖答案〗防风(445)。〖汉语〗冬天维修朝北的隔扇。〖答案〗防风。〖解析〗“抵御寒冷狂风”又表示药用植物“防风”。

624. 〖ほしみる〗〖日语〗濡れ文。〖答案〗干海松(204)。〖汉语〗湿了的文章。〖答案〗干刺松藻。〖解析〗日语中,「干海松」(干刺松藻)与「乾し見る」(晒干后看)发音相似。刺松藻为海藻,可以食用。

625. 〖ポンプ〗〖日语〗女房が姦通するに気が付かず〖消防器一〗(485)。〖答案〗ポンプ。〖汉语〗没有意识到妻子与人通奸。〖答案〗水泵。〖解析〗日语中,「ポンプ」(水泵)与「ポン夫」(作乌龟的丈夫)发音相似。

626. 〖まくら〗〖日语〗天狗の土蔵。〖答案〗枕(195)。〖汉语〗天狗的土仓。〖答案〗枕头。〖解析〗日语中,「枕」(枕头)与「魔蔵」(魔鬼的土仓)发音相似。土仓又名“土墙仓房”，指为防火防盗而在外墙涂上很厚泥土的仓库。

627．〖まいる〖谜面〗1600メートル歩いたらどうなる？〖答案〗まいる。〖汉语〗跑1600米，会怎么样？〖答案〗累垮。〖解析〗1600米为一英里。日语中，「まいる」（累垮）与英语 mile（英里）发音相似。

628．〖またたび〗〖谜面〗帰るかと思えば明日も発足。〖答案〗木天蓼。〖汉语〗刚刚归来又出发，是什么？〖答案〗木天蓼。〖解析〗日语中，「木天蓼(またたび)」（木天蓼）与「又旅(またたび)」（又一次旅行）发音相似（440）。

629．〖まつ〗〖谜面〗議員には皆福福の人ばかり。〖答案〗松、椎、桧、栂、梨（445）。〖汉语〗议员都是有福之人。〖答案〗松树、米槠、扁柏、铁杉、梨树。〖解析〗日语中，五种树名并列起来「松(まつ)」「椎(しい)」「桧(ひ)」「栂(とが)」「梨(なし)」与「貧(まず)しい人(ひと)が無(な)し」（没有穷人）发音相似。

630．〖まないた〗〖日语〗天狗の涙。〖答案〗まな板（195）。〖汉语〗天狗流泪。〖答案〗砧板、切菜板。〖解析〗日语中，「まな板」（砧板）与「魔泣いた」（魔鬼流泪）发音相似。

631．〖まめ〗〖日语〗天狗の女房。〖答案〗豆（195）。〖汉语〗天狗的妻子。〖答案〗黄豆。〖解析〗日语中，「豆(まめ)」（黄豆）与「魔妻(まめ)」（魔鬼的妻子）发音相似。

632．〖まるのみ〗〖日语〗歯欠けの団子食い〖道具一〗。〖答案〗丸鑿。〖汉语〗没有牙的人吃团子。〖答案〗圆凿。〖解析〗日语中，「丸鑿(まるのみ)」（圆凿）与「丸呑(まるの)み」（无条件接受，囫囵吞枣，一口吃下）发音相同。圆凿刀口呈半圆形，主要用来开圆形孔位或椭圆孔位。

633．〖まんじゅう〗〖日语〗亀の年の下へ焼火箸を水の中。〖答案〗まんじゅう（46）。〖汉语〗乌龟的寿命，灼热的火钳浸入水中。〖答案〗馒头。〖解析〗传说乌龟能活万年，取其“万”字。灼热的铁钳子浸入水中，发出

“吱吱声”「じゅう」。两者合起来为“馒头”「まんじゅう」。

634. 〖みおつくし〗〖日语〗主の為ならば私もできるだけ。〖答案〗(486)。〖汉语〗为了主人,我愿意效犬马之劳。〖答案〗澪標。〖解析〗日语中,「澪標(みおつくし)」(航标)与「身を尽くし」(竭尽全力)发音相似。「澪標(みおつくし)」为《源氏物语》第十四回名称。

635. 〖みがき〗〖日语〗磨き数珠。〖答案〗繻子(221)。〖汉语〗磨过的念珠。〖答案〗缎子。〖解析〗日语中,「磨き」表示“清音”。「数珠(じゅず)」的清音为「繻子(しゅす)」(缎子)。

636. 〖みずうみ〗海と湖、濁っているのはどっち?〖答案〗みずうみ。〖汉语〗大海和湖泊,哪一个更浑浊?〖答案〗湖。〖解析〗日语中,「湖(みずうみ)」这个单词有浊音「ず」,而「海(うみ)」没有浊音。

637. 〖むじな〗〖日语〗南無阿弥陀仏。〖答案〗貉(202)。〖汉语〗南无阿弥陀佛。〖答案〗貉。〖解析〗“南无阿弥陀佛”为“六字名”「六字名(むじな)」,与“貉”「貉(むじな)」发音相似。

638. 〖め〗〖日语〗いつも目をあいていてもちっとも見えないもの。〖答案〗鼻(25)。〖汉语〗一直睁着眼,却一点儿也看不见,是什么?〖答案〗鼻孔。〖解析〗日语中,“眼睛”与“鼻孔”都可以用「目」表示。

639. 〖もみ〗〖日语〗マッサージしてくれる木は?〖答案〗もみの木。〖汉语〗能给人按摩的树是什么树?〖答案〗冷杉。〖解析〗日语中,「揉(も)み」(按摩)与「樅(もみ)」(冷杉)发音相似。

640. 〖やおとめ〗〖日语〗的。〖答案〗八乙女(221)。〖汉语〗靶子。〖答案〗年轻女子,处女,日本古代和着宫中舞乐起舞的舞女。〖解析〗日语中,「八乙女(やおとめ)」有「矢(や)」(箭)和「お留(と)め」(停留)的读音。

641. 〖やくしきょう〗①〖日语〗廿一何ぞ。〖答案〗薬師(203)。〖汉语〗二十一。〖答案〗药师。〖解析〗日语中,「薬師(やくし)」(药师)与「八九四(やくし)」(八九四)

发音相似。后者三个数相加为“二十一”。②〖日语〗二十一の都。〖答案〗薬師経(203)。〖汉语〗二十一都。〖答案〗药师经。〖解析〗日语中,「薬師経」(药师经)与「八九四京」(二十一京)发音相似。《药师经》全名为《药师琉璃光如来本愿功德经》,是宗教作品。

642.〖やすり〗〖日语〗慈悲心で貸す金利故高くなし。〖答案〗鑢(462)。〖汉语〗有慈悲心肠,把钱借给别人,利息不高。〖答案〗锉刀,棒锉。〖解析〗日语中,「鑢」(锉刀)与「安利」(微利)发音相似。

643.〖ゆうれい〗〖日语〗昼過ぎの御祝儀。〖答案〗幽霊(213)。〖汉语〗中午过后的仪式。〖答案〗幽灵。〖解析〗日语中,「幽霊」(幽灵)与「夕礼」(夕阳西下时的仪式)发音相似。

644.〖らくだい〗〖谜面〗幾度か試験受けても同じ級。〖答案〗駱駝、猪(428)。〖汉语〗数次考试,都名落孙山。〖答案〗骆驼、猪。〖解析〗日语中,「落第」(落第)与「駱駝猪」(骆驼与猪)发音相似。

645.〖ろうそく〗〖日语〗年寄の足。〖答案〗蝋燭(199)。〖汉语〗老年人的脚。〖答案〗蜡烛。〖解析〗日语中,「蝋燭」(蜡烛)与「老足」(老足)发音相似。

646.〖ワニ〗〖日语〗○○っていう動物は、なあんだ?〖答案〗ワニ。〖汉语〗○○是什么动物?〖答案〗鳄鱼。〖解析〗日语中,「ワニ」(鳄鱼)与「輪二」(两个圆)发音相似。

第二部分

三段谜语

第一章

字　词

第一节　拟声词

647. 〖かちかち〗①〖日语〗官軍の戦報とかけて大家の飯時ととく。〖答案〗心は勝ち勝ち(280)。〖汉语〗官军的捷报和大户人家吃饭有什么相似之处？〖答案〗前者接连获胜，后者不停地吃。②〖日语〗時計とかけて日露戦争ととく。〖答案〗心はかちかち「勝ち勝ち」(242)。〖汉语〗钟表和日俄战争有什么相似之处？〖答案〗前者滴答滴答走，后者接连获胜。〖解析〗日俄战争是1904年至1905年日本和俄罗斯为争夺朝鲜半岛和中国东北而进行的战争。日本获胜，成为其跨入世界列强的契机。

648. 〖からから・おとずれ〗①〖日语〗日本の文字とかけて橋の上の駒下駄ととく。〖答案〗心はからから(唐から)渡る(362)。〖汉语〗日本文字和桥上的低齿木屐有什么相似之处？〖答案〗前者从中国传入，后者发出"嘎啦嘎啦"的脚步声在桥上穿行。〖解析〗日语中，「からから」既表示"从中国传入"「唐から渡る」，也表示干燥物、硬物碰撞的声音，如"发出嘎啦嘎啦的脚步声过桥"「からから渡る」。低齿木屐「駒下駄」因为形似马蹄而得名。②〖日语〗鳴子とかけて仲麻呂の手紙ととく。〖答案〗心は唐から(カラカラ)音ずれ(訪れる)(361)。〖汉语〗田间驱除鸟兽的鸣器和仲麻吕的信件有什么相似之处？〖答案〗前者"卡拉卡拉"响；后者从唐朝传来信息。③〖日语〗橋の上の黄石公とかけて蛙の鳴声ととく。〖答案〗心はくつかたくつかた

(369)。〖汉语〗桥上的黄石公和蛙鸣有什么相似之处?〖答案〗前者鞋子发出声响;后者发出“呱呱”的叫声。〖解析〗日语中,「くつかた」既表示“鞋子响声”,也表示“青蛙叫”。秦末张良因为行刺秦始皇没有成功,便逃到下邳隐藏起來。有一天,张良在一座桥上遇到黄石公。因为张良言行显示出尊敬,黄石公非常高兴,送给他一部兵法书。张良日夜攻读,后来帮助刘邦出谋划策,统一了天下。黄石公的名言“孺子可教”形容年轻人有出息、可以造就。④〖日语〗芝居の駆け落ちとかけていくさの凱陣ととく。〖答案〗心はかったかった(勝った勝った)(313)。〖汉语〗戏剧中演员私奔和军队凯旋有什么相似之处?〖答案〗前者木屐发出“咔塔咔塔”的声音;后者表示“胜利”。

649.〖コッケー〗〖日语〗団々珍聞とかけて鶏の朝機嫌ととく。〖答案〗心はコッケー(滑稽)でさかる(398)。〖汉语〗刊登珍闻的报纸《团团珍闻》和公鸡早晨很快活有什么相似之处?〖答案〗前者以滑稽故事取胜;后者高声咯咯叫,风头十足。

650.〖ごとりと〗〖日语〗十マイナスXマイナスXイコールゼロとかけて日永の水車ととく。〖答案〗心はごとりごとりと(240)。〖汉语〗10—X—X =0 和日永的水车有什么相似之处?〖答案〗前者中为减五减五;后者发出“嘎嗒”声。〖解析〗「ごとりと」表示重物开始移动时的声音与状态,如“哐当”。

651.〖ごろつく〗〖日语〗女郎買とかけて雷ととく。〖答案〗心は振られ(降られ)てごろつく(253)。〖汉语〗豪侠狎妓和雷有什么相似之处?〖答案〗豪侠被甩后天天游手好闲;后者突然降下,隆隆作响。

652.〖ころり〗〖日语〗銭二百文とかけて玉あられととく。〖答案〗心はころりころり(330)。〖汉语〗二百文钱和雪珠有什么相似之处?〖答案〗前者是轿夫隐语;后者骨碌碌滚动。〖解析〗轿夫的隐语中,「ころり」是一百文,「ころりころり」是二百文。

653.〖ころりん〗〖日语〗琴の音とかけて駒下駄の音ととく。〖答案〗心はころりんころりん(298)。〖汉语〗琴声和低齿木屐的声音有什么相似之处？〖答案〗前者发出“叮叮铮铮”的声音；后者发出“噼噼啪啪”的声音。〖解析〗日语中，「ころりん」也表示“扑通一下摔倒”的声音。

654.〖こんれい〗〖日语〗祝言の盃とかけて狐の年始ととく。〖答案〗心はこんれい(315)。〖汉语〗祝酒词和狐狸过年有什么相似之处？〖答案〗前者可能是婚礼；后者是狐狸互相拜年送礼。

655.〖そうつく・ゴンゴン〗〖日语〗山寺とかけてお嬢さんの散歩ととく。〖答案〗心は僧撞く(そうつく)度にゴーンゴン(410)。〖汉语〗山寺和女孩散步有什么相似之处？〖答案〗前者僧人每撞一次钟就发出“咚咚”的声音；后者用木屐来回踱步。

656.〖ちゅう〗①〖日语〗鼠二匹とかけて正午ととく。〖答案〗心は日中(365)。〖汉语〗两只老鼠和正午有什么相似之处？〖答案〗前者两只老鼠“吱吱”叫；后者是日在中天。〖解析〗日语中，「にっちゅう」既表示“一天正中间”「日中」，也表示“两只老鼠吱吱叫”「にちゅう」。②〖日语〗鼠一匹とかけて糸の付いた褌ととく。〖答案〗心は一ちゅう(365)。〖汉语〗一只老鼠和带着皮带的兜裆布有什么相似之处？〖答案〗前者是一只“吱吱”叫的老鼠；后者皮带居于人体中间，呈现“一”字。③〖日语〗鼠の公家衆とかけてすえた牡丹餅ととく。〖答案〗心は中位(チュウ喰らい)(365)。〖汉语〗老鼠朝臣和有馊味的牡丹饼有什么相似之处？〖答案〗前者是不高不低的职位；后者吃起来不好吃。④〖日语〗鼠三匹とかけて山の中ととく。〖答案〗心は三ちゅう(山中)(365)。〖汉语〗三只老鼠和山中有什么相似之处？〖答案〗前者是三只“吱吱”叫的老鼠；后者是山中。

657.〖ちょうちょう〗〖日语〗氏神お祭とかけて菜種の盛りととく。〖答案〗心は蝶々飛び出す(260)。〖汉语〗祭祀神和油菜花盛开有什么相似

之处？〖答案〗前者有“叮叮当当”敲打的声音；后者有蝴蝶飞来飞去。

658．〖ちりつんで・ひあがる〗〖日语〗この節の芸妓とかけて枝川のごみ船ととく。〖答案〗心はチリツンで(塵積んで)干上がる(299)。〖汉语〗这个时节的艺妓和支流的垃圾船有什么相似之处？〖答案〗前者伴着三味线的音乐舞蹈，赚不到维持生活的钱；后者装满垃圾，在无水的河床上搁浅。

659．〖チンチン〗〖日语〗洋犬とかけて四畳半の茶釜ととく。〖答案〗心はチンチンに立(煮)っている(413)。〖汉语〗洋犬和茶室的茶炊有什么相似之处？〖答案〗前者表演将前脚举起、后脚站立的艺术；后者水烧开时发出“咕嘟咕嘟”的声音。

660．〖ちんぷうかんぷう〗〖日语〗唐人の寝言とかけて鍛冶屋のおならととく。〖答案〗心はちんぷうかんぷうだ(353)。〖汉语〗外国人说梦话和铁匠放屁有什么相似之处？〖答案〗前者说莫名其妙的话；后者铁锤的“叮叮当当”声夹杂着“噗噗”的放屁声。〖解析〗「ちんぷんかんぷん」表示“没有道理的话、事情或样子”。

661．〖つんつるてん〗〖日语〗小さな着物とかけて三味線弾きととく。〖答案〗心はつんつるてん(341)。〖汉语〗过小的和服和弹三味线有什么相似之处？〖答案〗前者与身高相比，衣服袖子过短；后者“嘭嘭嘭”地弹奏。

662．〖てっぺん〗〖日语〗唖の時鳥とかけて無器用な理髪床ととく。〖答案〗心はてっぺんができぬ(268)。〖汉语〗不会发声的杜鹃和不中用的理发师有什么相似之处？〖答案〗前者不会叫；后者不会弄头顶。〖解析〗日语中，「てっぺん」既表示“杜鹃啼鸣声”，也表示“头顶”。

663．〖てんかん〗〖日语〗泡を吹く病とかけて鍛冶屋ととく。〖答案〗心は癲癇癲癇(てんかんてんかん)(251)。〖汉语〗嘴里冒泡的疾病和铁匠铺有什么相似之处？〖答案〗前者是癫痫；后者“叮叮当当”作响。

664．〖とうね〗〖日语〗関東伯楽とかけて寺の釣り鐘ととく。〖答案〗

心はとうねをつく(238)。〖汉语〗关东伯乐和寺庙的挂钟有什么相似之处?〖答案〗前者找一岁马;后者撞出声音。

665.〖とろろ〗①〖日语〗麦飯とかけて声のいい鳶ととく。〖答案〗心はとろろがうまい(401)。〖汉语〗麦饭和声音好听的鹰有什么相似之处?〖答案〗前者搭配上山药汁很好吃;后者发出"嘟噜噜"的声音。〖解析〗日语有习语「麦飯に薯蓣汁」,字面意思是"麦饭加上山药汁",比喻意思是"搭配得好而美味的东西"。山药汁是将山药搓成糊状,并拌入汤汁,多配以紫菜和葱。②〖日语〗腐ったつく芋とかけて鳴らぬとんびととく。〖答案〗心はとろろもできぬ(288)。〖汉语〗腐烂的佛掌山药和不能叫的老鹰有什么相似之处?〖答案〗前者不能作山药泥;后者不能"嘟噜噜"鸣叫。〖解析〗日语中,「薯蕷(とろろ)」(佛掌山药)与老鹰"嘟嘟"叫发音相似。「つく芋」表示佛掌薯蓣,是人工栽培的山药的一种,根为不规则掌状,可作山药泥。

666.〖どろんで・あらわれる〗〖日语〗芝居の幽霊とかけて盗み酒ととく。〖答案〗心はどろんで顕われる(313)。〖汉语〗戏剧的幽灵和偷酒有什么相似之处?〖答案〗前者突然出现;后者很快被发觉。「どろん」是俗语,原指日本戏剧中幽灵上下场时的鼓声,现在表示"逃跑,逃之夭夭"。

667.〖にあわん〗①〖日语〗婆の島田髷とかけて猫と犬の喧嘩ととく。〖答案〗心は似合わん(ニアワン)(372)。〖汉语〗老太太梳岛田髻和猫狗打架有什么相似之处?〖答案〗前者不搭配;后者"喵喵""汪汪"叫。〖解析〗岛田髻为日本妇女发型之一,主要为未婚女子梳整。新娘的髻绾得高而挺者叫高岛田;髻绾得低而平者称散岛田。传为东海道岛田驿艺妓首创而得名。②〖日语〗犬と猫の喧嘩とかけて人殺しの念仏ととく。〖答案〗心は似合わん(257)。〖汉语〗犬猫争吵和杀人犯念佛有什么相似之处?〖答案〗前者"汪汪""喵喵"叫;后者不相搭配。

668.〖ぴいぴい〗〖日语〗子供の手遊びとかけてその日暮しの身代ととく。

〖答案〗心はぴいぴい風ぐるま(299)。〖汉语〗孩子的玩具和过日子需要的财产有什么相似之处?〖答案〗前者是“啾啾”转的风车;后者手头紧巴巴的。

669.〖ふうふ・なる・いきぬける〗①〖日语〗つり合うた恋仲とかけてほおずきととく。〖答案〗心は夫婦(ふうふ)と成(鳴)る(346)。〖汉语〗相称的恋人和酸浆果哨有什么相似之处?〖答案〗前者成为夫妇;后者“呼呼”吹会发出声音。②〖日语〗火吹竹とかけて心中のしそこないととく。〖答案〗心は息(生き)ぬけてフーフー(夫婦)(243)。〖汉语〗吹火管和自杀失败的夫妻有什么相似之处?〖答案〗前者用气息穿过狭窄的地方到对面,呼呼吹火;后者是看破红尘的夫妇。〖解析〗吹火管是吹火用的 30 ~ 40 厘米的竹筒。

670.〖ぶうぶう〗①〖日语〗酒呑みとかけて焼芋の大喰いととく。〖答案〗心はあとがぶうぶう(304)。〖汉语〗喝酒和吃很多烤白薯有什么相似之处?〖答案〗前者酒后会在人前嘟囔;后者吃后会在背后唠叨。〖解析〗日语中,「ぶうぶう」(唠叨)也表示放屁声“噗噗”。②〖日语〗生酔のくだとかけてラッパの稽古ととく。〖答案〗心はブウブウが始まる(360)。〖汉语〗醉鬼发酒疯和练习喇叭有什么相似之处?〖答案〗前者从胡言乱语开始;后者从“呜呜”开始。③〖日语〗蚊に喰われたとかけて糸つむぎととく。〖答案〗心はぶうぶう(276)。〖汉语〗被蚊子咬和纺线有什么相似之处?〖答案〗前者“哼哼”叫;后者“嗡嗡”作响。

671.〖ぶつぶつきえそう〗〖日语〗泡とかけて羅漢の説教ととく。〖答案〗心はぶつぶつ消えそう(仏仏帰依僧)(251)。〖汉语〗气泡和罗汉的说教有什么相似之处?〖答案〗前者“咕嘟咕嘟”消失;后者是佛教喋喋不休说教的皈依僧。④〖日语〗地回りの勢いとかけて夏の蚊ととく。〖答案〗心は日暮からぶうぶう(314)。〖汉语〗无赖的气势和夏季的蚊子有什么相似之处?〖答案〗前者天黑之后不可一世;后者日暮之后“嗡嗡”叫。

672. 〖ほけきょう〗〖日语〗のらくら坊主とかけて籔鶯ととく。〖答案〗心は法華経(ほけきょう)がわからぬ(366)。〖汉语〗无所事事的假和尚和草丛里的黄莺有什么相似之处?〖答案〗前者不懂《法华经》;后者不会鸣叫。

673. 〖ぼちん〗〖日语〗三味線の習いかけとかけて雨の降りだしととく。〖答案〗心はぼちんぼちん(315)。〖汉语〗三味线练习和下雨有什么相似之处?〖答案〗前者发出"砰砰"声;后者发出"哗哗"声。

674. 〖ぽっぽ〗〖日语〗鳩とかけて乳呑み子ととく。〖答案〗心はぽっぽがよい(371)。〖汉语〗鸽子和吃奶的孩子有什么相似之处?〖答案〗前者是鸽子叫声好听;后者是妈妈怀抱好。〖解析〗日语中,「ぽっぽ」既表示"鸽子叫声",也表示幼儿语"怀抱"。

675. 〖もう・ひん・こん〗①〖日语〗牛と馬とかけて貧乏人ととく。〖答案〗心はもうもうひんひん(貧貧)(260)。〖汉语〗牛马和穷人有什么相似之处?〖答案〗前者"哞哞""哼哼"叫;后者是没钱人。②〖日语〗振られた客とかけて牛と狐のなき声ととく。〖答案〗心はもう来ん(モウコン)(387)。〖汉语〗被甩掉的客人和牛、狐的叫声有什么相似之处?〖答案〗前者已经不能再来拜访;后者"哞哞""吭吭"叫。

676. 〖わんきゅう〗〖日语〗茶筌売りとかけて犬のやいとととく。〖答案〗心は椀久(ワン灸)(342)。〖汉语〗卖茶筌和给狗施艾灸有什么相似之处?〖答案〗前者是椀久;后者是狗得到艾灸。〖解析〗大阪富商椀屋久右卫门喜欢新町妓女松山,一掷千金,后来被亲戚强行禁闭,最后发疯而死。情节见于歌舞伎《椀久松山茶筌卖话种瓢》。「ワン」模拟了狗的叫声,一般用来代指狗。

第二节 字 谜

677. 〖あかるい〗①〖日语〗月とかけて闇の夜ととく。〖答案〗心は日あれば明るい(344)。〖汉语〗“月”和黑夜有什么相似之处?〖答案〗前者有“日”即为“明”;后者如果有太阳,就一片光明。②〖日语〗日とかけて十五夜ととく。〖答案〗心は月があって明るい(378)。〖汉语〗“日”和阴历十五有什么相似之处?〖答案〗前者加上“月”为“明”;后者有月亮,很光明。

678. 〖あと〗〖日语〗亦とかけて雪中の往来ととく。〖答案〗心は足がついて跡(396)。〖汉语〗“亦”字和雪中的道路有什么相似之处?〖答案〗前者加上“足”字,就成为“跡”;后者如果有脚踩上去,就留下痕迹。

679. 〖あらわれる〗〖日语〗顕とかけて色気付いた生娘ととく。〖答案〗心はあらわれる(新割れる)(294)。〖汉语〗“显”和开始怀春的处女有什么相似之处?〖答案〗前者是显现;后者最近情窦初开。〖解析〗日语中,「あらわれる」既表示“出现”,也表示“最近一段时间开始怀春(或知春)”。

680. 〖いし〗〖日语〗定とかけて田舟の釣りととく。〖答案〗心は石を付けて碇(304)。〖汉语〗“定”和小舟上钓鱼有什么相似之处?〖答案〗前者加上石头就是“碇”;后者加上石头,就是船锚。

681. 〖いち・に〗〖日语〗トとかけて相場ととく。〖答案〗心は一に止まる(393)。〖汉语〗“卜”和行市有什么相似之处?〖答案〗前者加上两个“一”成为“止”;后者在一点钟终止交易。〖解析〗“卜”加上两个“一”(一横一竖)成为“止”。

682. 〖いと〗①〖日语〗逢とかけて衣の綻びととく。〖答案〗心は糸で縫う(246)。〖汉语〗“逢”和衣服的开绽有什么相似之处?〖答案〗前者有「糸」成为「縫」;后者用线缝合。②〖日语〗善とかけて破れ足袋ととく。〖答案〗心は糸で繕う(330)。〖汉语〗“善”和破烂的袜子有什么相似之处?

〖答案〗前者加上“纟”为“缮”;后者用线加以缝补。③〖日语〗糸とかけて春ととく。〖答案〗心は冬来て終る(256)。〖汉语〗“糸”和春天有什么相似之处?〖答案〗前者如果有“冬”字,就是“终”;后者遇到冬天来临,就结束了。

683.〖いわく〗〖日语〗水とかけて黄石公ととく。〖答案〗心は沓には曰くがある(399)。〖汉语〗“水”和黄石公有什么相似之处?〖答案〗前者和“曰”合成“沓”字;后者的鞋子里藏有军事兵法学说。

684.〖いん〗〖日语〗因とかけて蚊燻しととく。〖答案〗心は火を付けて烟る(259)。〖汉语〗“因”和熏蚊子有什么相似之处?〖答案〗前者添上“火”就成为“烟”;后者生火产生烟,以便消除蚊子。

685.〖うえ〗〖日语〗下とかけて反投角力ととく。〖答案〗心はひっくり返して上になる(311)。〖汉语〗“下”和反手摔倒对手的相扑比赛有什么相似之处?〖答案〗前者翻转过来是“上”;后者从下位翻转,转为上位,压倒对手。

686.〖うたう〗〖日语〗貝とかけて唖の芸妓ととく。〖答案〗心は口がないから唄えぬ(272)。〖汉语〗“贝”和哑巴艺伎有什么相似之处?〖答案〗前者没有口,无法成为“呗”字;后者无法唱歌。

687.〖うち〗〖日语〗冂の字とかけて流行らぬ寄席ととく。〖答案〗心は内に入りがない(292)。〖汉语〗“冂”和不受欢迎的小剧场有什么相似之处?〖答案〗前者是“内”字没有“人”;后者没有观众,不卖座(不上座儿)。

688.〖うちかえる〗〖日语〗忠とかけて碁の手を見るととく。〖答案〗心は打ち返る(343)。〖汉语〗“忠”和围棋招数有什么相似之处?〖答案〗前者「ちゅう」差不多是「うち」颠倒过来的产物;后者是反击对手的招数。

689.〖うる〗〖日语〗士とかけて商法ととく。〖答案〗心は買付けて売る(306)。〖汉语〗“士”和商法有什么相似之处?〖答案〗前者加上「介(かい)」,成为「売」;后者购买之后出售「売る」。

690.〖おこたる〗〖日语〗台とかけて勉強者ととく。〖答案〗心は怠る心がない(333)。〖汉语〗“台”和勤奋的人有什么相似之处?〖答案〗前者是无“心”之“怠”;后者无怠惰之心。

691.〖おさめる〗〖日语〗糸とかけて居候ととく。〖答案〗心は内があれば納める(256)。〖汉语〗“糸”和食客有什么相似之处?〖答案〗前者有了“内”,就成为“纳”;后者只要有房子,就能够将其收纳。

692.〖おとこ〗〖日语〗田とかけて角力ととく。〖答案〗心は力の有る男(333)。〖汉语〗“田”和相扑有什么相似之处?〖答案〗前者加上“力”为“男”;后者参与人都是大力士。

693.〖おのれ〗〖日语〗走の字とかけて起上り小法師ととく。〖答案〗心は己で起る(331)。〖汉语〗“走”和不倒翁有什么相似之处?〖答案〗前者加上“己”为“起”;后者自己可以起身来。

694.〖おんな〗①〖日语〗禾の字とかけて衣類の見立ととく。〖答案〗心は女が委(277)。〖汉语〗“禾”字和选衣服有什么相似之处?〖答案〗前者加上“女”后成为“委”;后者委托给女子挑选。②〖日语〗少とかけてうまい肴で一人呑みととく。〖答案〗心は女があれば妙(325)。〖汉语〗“少”和一个人吃美味佳肴有什么相似之处?〖答案〗前者有“女”为“妙”;后者如果有女子陪伴,就更妙了。

695.〖かくす〗〖日语〗匿とかけて子供は正直ととく。〖答案〗心は慝す心はない(355)。〖汉语〗“匿”和孩子的天真有什么相似之处?〖答案〗前者是无心之“慝”;后者有话直说,无遮无拦。

696.〖かける〗〖日语〗区とかけて千里軒の車ととく。〖答案〗心は馬を付けて駆ける(289)。〖汉语〗“区”字和千里轩的车有什么相似之处?〖答案〗前者加上“马”,就成为“驱”字;后者套上马,就可以行驶。〖解析〗谜面中的千里轩可能是出租马车的车行名称。

697. 〖かたて〗〖日语〗是の字とかけて小さい鞄ととく。〖答案〗心は片手で提る(328)。〖汉语〗“是”与小皮包的相同之处在哪里?〖答案〗前者加上“扌”是“提”;后者一只手可以提起来。〖解析〗日语中,「片手」既表示“提手旁”,也表示“用一只手”。

698. 〖かたる〗〖日语〗吾とかけて浄瑠璃ととく。〖答案〗心は言を付けて語る(422)。〖汉语〗“吾”和净琉璃有什么相似之处?〖答案〗前者加上“言”为“语”;后者使用语言诉说。

699. 〖かたわれ〗〖日语〗金とかけてガラス板ととく。〖答案〗心は鏡の片われ(301)。〖汉语〗“金”和玻璃片有什么相似之处?〖答案〗前者是“镜”字的偏旁;后者是镜子的碎片。

700. 〖かな〗①〖日语〗八とかけて土鍋で飯を炊く貧家ととく。〖答案〗心は金有れば釜となる(370)。〖汉语〗“八”和使用砂锅的贫穷之家有什么相似之处?〖答案〗前者下面加上“金”字旁就是“釜”;后者如果有钱,就购买铁锅使用。〖解析〗日语中,「かな」既表示“金字旁”,也表示“钱”。砂锅用于做砂锅菜肴和熬粥。②〖日语〗金とかけて茂林寺の宝物ととく。〖答案〗心は話(ハなし)の釜(276)。〖汉语〗“金”和茂林寺的宝物有什么相似之处?〖答案〗前者是「釜」,只不过少了上面的「ハ」;后者是传说中的文福烧水锅。

701. 〖かり〗〖日语〗厘とかけて借金ととく。〖答案〗心はかりにりがつく(419)。〖汉语〗“厘”和借款有什么相似之处?〖答案〗前者是“厂”字旁加上“里”;后者的借款需要支付利息。

702. 〖かわ〗〖日语〗可とかけて旱ととく。〖答案〗心は河には水が無い(275)。〖汉语〗“可”和干旱有什么相似之处?〖答案〗前者“河”字里没有“水”字旁;后者是河里没有水。

703. 〖きく〗〖日语〗門とかけて探訪者ととく。〖答案〗心は耳を付け

て聞く(405)。〖汉语〗“门”和探访者有什么相似之处?〖答案〗前者加上“耳”是“闻”;后者以耳凑近门,倾听是否有人在家。

704.〖きみとぼく〗〖日语〗松とかけて親切な友達ととく。〖答案〗心は君とぼくは離れぬ(397)。〖汉语〗“松”和亲切的朋友有什么相似之处?〖答案〗前者你我不分离;后者亲如一人。〖解析〗“松”可以分解为“木”和“公”。“木”与日语「ぼく」发音相同,“公”表示“你”。

705.〖きる〗〖日语〗土とかけて一の谷の熊谷ととく。〖答案〗心は切るに刀がない(356)。〖汉语〗“土”和一之谷的熊谷有什么相似之处?〖答案〗前者“切”字没有“刀”;后者熊谷直实因为敦盛哀伤的笛声无法落刀砍杀敦盛。〖解析〗平安朝贵族醉心于文学艺术。平敦盛乃平安朝末期掌权平氏的旁支,深通音乐,尤其擅吹横笛。1184 年 2 月,爆发了著名的一之谷(兵库县神户市须磨区有一之谷町)之战,年仅 16 岁的敦盛参加了这场战役。2 月 6 日,两军对峙,夜半时分,敦盛难以入眠。他随身携带着名笛“小枝”,吹奏一曲,优雅的笛声传得很远。不仅本方阵中,竟然连敌人也纷纷醒来,侧耳倾听。次日,敌方将领熊谷直实和敦盛交战,将其打落马下。本欲取其首级,但看到头盔下毫无惧色的少年容颜,于是欲饶他不死,被敦盛拒绝。为了避免赶来的兵士侮辱敦盛,熊谷直实不得已杀了他。几年后,熊谷直实因为领地问题打官司失败,愤而出家。人们宁愿相信他是悲悯敦盛之死,看破了红尘。据说平清盛的笛子现在兵库县的须磨寺。

706.〖くち〗①〖日语〗扱とかけて西洋人のしたしみととく。〖答案〗心は手をとり口を寄せて吸う(249)。〖汉语〗“扱”和西洋人的亲密感情有什么相似之处?〖答案〗前者去掉提手旁“扌”,加上“口”,就成为“吸”;后者轻握对方的手,将嘴凑上去亲吻。②〖日语〗秀とかけてあんばい見の吸物ととく。〖答案〗心は口付けて啄う。(378)。〖汉语〗“秀”和高汤的咸淡味道有什么相似之处?〖答案〗前者加上“口”是“唠”;后者将嘴凑上去品尝。

③〖日语〗十とかけて黙っている人ととく。〖答案〗心は申す口がない(316)。〖汉语〗“十”和沉默不言的人有什么相似之处？〖答案〗前者是没有“口”的“申”字；后者不张开嘴说话。④〖日语〗及とかけて一杯つぐ酒ととく。〖答案〗心は口付けて吸う(285)。〖汉语〗“及”和斟得满满的一杯酒有什么相似之处？〖答案〗前者加上“口”就成了“吸”；后者用嘴凑上去喝。⑤〖日语〗釟とかけて遠国言葉ととく。〖答案〗心は口に出さねば訛(鉛)が知れぬ(370)。〖汉语〗“釟”和其他地方的语言有什么相似之处？〖答案〗前者没有“口”，就不是“铅”；后者不开口，就不知道他(她)的方言是什么。⑥〖日语〗欠の字とかけて火吹竹ととく。〖答案〗心は口をつけて吹く(293)。〖汉语〗“欠”字和吹火管有什么相似之处？〖答案〗前者加上“口”，就成了“吹”字；后者将嘴凑上去，就能吹。⑦〖日语〗矢とかけて熱いかぬるいかととく。〖答案〗心は口つけて知る(408)。〖汉语〗“矢”和不知温热有什么相似之处？〖答案〗前者加上“口”为“知”；后者把嘴凑上去，就会知道是温还是热。

707. 〖くわだてる〗〖日语〗止とかけてわるだくみの頭取ととく。〖答案〗心は人よせて企(356)。〖汉语〗“止”和满肚子坏主意的头领有什么相似之处？〖答案〗前者有了“人”就是“企”；后者纠集众人，计划做坏事。

708. 〖こう〗〖日语〗工とかけて仇うちの助太刀ととく。〖答案〗心は力を添えて功になる(295)。〖汉语〗“工”和复仇时的助手有什么相似之处？〖答案〗前者加上“力”成为“功”字；后者献出自己的力量，帮助主人公建立功勋。〖解析〗「功成り名遂ぐ」表示“功成名遂”。

709. 〖こころ〗〖日语〗非とかけて秋をなく鹿の声ととく。〖答案〗心は心あれば悲(378)。〖汉语〗“非”和在秋天鸣叫的鹿的声音有什么相似之处？〖答案〗前者加上“心”为“悲”；听到后者，如果有心，会不免悲伤。

710. 〖こころざす〗〖日语〗士とかけて慈善者ととく。〖答案〗心は心

を入れて志(308)。〖汉语〗“士”和慈善者有什么相似之处?〖答案〗前者有“心”的话,成为“志”;后者立志倾注全部身心做好事。

711.〖こころづく〗①〖日语〗每とかけて落し物をした人ととく。〖答案〗心は心付いて悔む(395)。〖汉语〗“每”字和丢东西的人有什么相似之处?〖答案〗前者加上心字旁“忄”为“悔”;后者注意到自己丢失后,非常后悔自己不小心。〖解析〗日语中,「こころづく」既表示“加上心字旁‘忄’”,也表示“注意到丢失后”。②〖日语〗亡とかけて愚鈍な人ととく。〖答案〗心はこころづけても忘れる(392)。〖汉语〗“亡”字和愚钝的人有什么相似之处?〖答案〗前者加上“心”为“忘”;后者即使用心,也会遗忘。

712.〖さかん〗〖日语〗涂の字とかけて左官職ととく。〖答案〗心は土付けて塗る(350)。〖汉语〗“涂”和左官有什么相似之处?〖答案〗前者加上“土”为“塗”;后者用土涂墙。

713.〖さらす〗〖日语〗西とかけて紺屋ととく。〖答案〗心は日が当ればは晒す(361)。〖汉语〗“西”和染坊有什么相似之处?〖答案〗前者加上“日”字为“晒”;后者太阳高照时会晾晒染过的货品,使其干燥。

714.〖さん〗〖日语〗二の字と四の字とかけて孕婦の腹痛ととく。〖答案〗心は三前三後(産前産後)にある(362)。〖汉语〗“二”“四”两字和孕妇阵痛有什么相似之处?〖答案〗前者在“三”的前后位置;后者是产前产后的痛苦。〖解析〗日语中,「さん」既表示“三”,也表示“分娩”。

715.〖しげる〗〖日语〗兹とかけて乾地の草ととく。〖答案〗心は水あれば滋る(308)。〖汉语〗“兹”和旱地的草有什么相似之处?〖答案〗前者有“水”为“滋”;后者如果有水,可以获得滋润。

716.〖した〗〖日语〗舌とかけておしゃべりととく。〖答案〗心は言つけて話す(311)。〖汉语〗“舌”和说话有什么相似之处?〖答案〗前者加上“言”是“话”;后者找借口交谈。

717. 〖しゅ〗〖日语〗朱とかけて舌戦ととく。〖答案〗心は言を以て誅す(315)。〖汉语〗“朱”和舌战有什么相似之处？〖答案〗前者加上“言”成为“誅”；后者以言语决定生死成败。

718. 〖しるす〗〖日语〗己とかけて口書ととく。〖答案〗心は言について記す(400)。〖汉语〗“己”和听写有什么相似之处？〖答案〗前者加上“言”为“记”；后者听到话就记下来。

719. 〖しんにゅう〗〖日语〗兆の字とかけて命惜しみの大将籠城ととく。〖答案〗心は辶(侵入)すれば逃げる(344)。〖汉语〗“兆”和顾惜自己生命的大将在敌人包围下固守城池有什么相似之处？〖答案〗前者加上之字旁“辶”是“逃”；后者如果敌人进入城池就一走了之。

720. 〖しんぼう・じゅうじ〗〖日语〗一の字とかけて寺の小僧ととく。〖答案〗心は辛抱(心棒)すれば十字(住持)になる(255)。〖汉语〗“一”字和寺庙的小和尚有什么相似之处？〖答案〗前者中心加上一竖，成为“十”字；后者只要忍耐，就能成为住持。

721. 〖せん〗〖日语〗十とかけて九百九十九ととく。〖答案〗心は一あれば千となる(316)。〖汉语〗“十”和九百九十九有什么相似之处？〖答案〗前者添上一划，成为“千”；后者加上一，成为一千。

722. 〖そえる〗〖日语〗県と系とかけて季札の劔ととく。〖答案〗心は心をそえて懸ける(294)。〖汉语〗“県”“系”和季札的剑有什么相似之处？〖答案〗前者加上“心”为“懸”；后者满怀深深的敬意悬挂起来。〖解析〗季札过徐国，徐国国君喜欢季札的佩剑。季札想将其奉送给国君，但因为还要继续出使各国，不能马上割舍。出使各国的任务完成，季札回到徐国，准备将佩剑呈现给国君。想不到国君已经去世。季札挂剑于国君墓地树上，然后离去。

723. 〖そろう〗〖日语〗前とかけて古市の踊ととく。〖答案〗心は手が

付いて揃う(395)。〖汉语〗"前"和三重县伊势市的集体舞蹈有什么相似之处?〖答案〗前者加上提手旁"扌"为"揃";后者手拉手,一起舞蹈。

724. 〖たく〗〖日语〗火とかけて紅葉狩の酒ととく。〖答案〗心は林の下において焚く(275)。〖汉语〗"火"和欣赏红叶时喝酒有什么相似之处?〖答案〗前者在"林"下面为"焚";后者在林木下面烫酒畅饮。

725. 〖たす〗〖日语〗白とかけて九十九ととく。〖答案〗心は一たせば百になる(368)。〖汉语〗"白"和九十九有什么相似之处?〖答案〗前者添上一横就是"百";后者加上一,等于一百。

726. 〖たすき〗〖日语〗代とかけて敵討ととく。〖答案〗心はたすき掛けで伐つ(333)。〖汉语〗"代"和讨敌有什么相似之处?〖答案〗前者加上一撇成为"伐";后者披上斜挂于肩上的环状布带,开始出发征伐。

727. 〖たたずむ〗〖日语〗寺の字とかけて塞がる雪隠ととく。〖答案〗心は傍にたたずんで待つ(313)。〖汉语〗"寺"字和被堵塞的厕所有什么相似之处?〖答案〗前者加上双人旁"彳"成为"待";想上厕所的人只能在后者旁边伫立。〖解析〗日语中,「たたずむ」既可以写成「佇む」,也可以写成「彳む」;既表示"旁边加上双人旁'彳'",也表示"伫立"。

728. 〖たつ〗①〖日语〗卯辰巳とかけて大船の帆柱ととく。〖答案〗心は卯巳(海)の中に辰(立つ)(260)。〖汉语〗"卯辰巳"和大船的桅杆有什么相似之处?〖答案〗前者"辰"在"卯巳"中;后者立在大海中。②〖日语〗辰とかけて生魚市ととく。〖答案〗心は貝(海)辺で賑う(338)。〖汉语〗"辰"和生鱼市场有什么相似之处?〖答案〗前者加上"贝"为"赈";后者在海边设立,熙熙攘攘。③〖日语〗賑とかけて磯の千鳥ととく。〖答案〗心はかいへんにたつ(361)。〖汉语〗"赈"和海岸边的鸻鸟有什么相似之处?〖答案〗前者是"贝"字旁一个"辰"字;后者在海边飞起。〖解析〗日语中,「かいへんにたつ」既表示"贝"字旁加一个"辰"字「賑」,也表示"在海边飞起"。

第二部分

729.〖だっす〗〖日语〗兑とかけて返す目あてのない借金ととく。〖答案〗心は月が来たら脱す(333)。〖汉语〗“兑”和归还无望的借款有什么相似之处?〖答案〗前者加上“月”为“脱”;后者还款的月份一到,债务人就逃得无影无踪。

730.〖ち〗〖日语〗疒とかけてむずかしい物ととく。〖答案〗心は痴に知れない(409)。〖汉语〗“疒”和难解之谜有什么相似之处?〖答案〗前者“痴”字没有“知”;后者完全不知道谜底。

731.〖ちから〗〖日语〗執とかけて負け色の軍ととく。〖答案〗心は後詰の力で勢が出る(316)。〖汉语〗“执”和快要失败的军队有什么相似之处?〖答案〗前者下面加上“力”成为“势”;后者如果有后方预备队,就会重整旗鼓、卷土重来。

732.〖つく〗〖日语〗丘とかけて別当ととく。〖答案〗心は馬に付いて駈ける(267)。〖汉语〗“丘”和马夫有什么相似之处?〖答案〗前者有“马”成为“驱”;后者骑上马飞跑。〖解析〗「別当」原为日本古时官府的马厩长官,现在指马夫。

733.〖とどまる〗〖日语〗主とかけて放れた馬ととく。〖答案〗心は人ありて住まる(363)。〖汉语〗“主”字和脱缰之马有什么相似之处?〖答案〗前者加上人字旁是“住”字;后者有人拉就会停住脚步。〖解析〗日语中,「とどまる」的送假名是“住”,也表示“驻足”。

734.〖とりて〗〖日语〗巴とかけて素人角力ととく。〖答案〗心は把り手がない(356)。〖汉语〗“巴”字和外行人摔跤有什么相似之处?〖答案〗前者是“把”字没有提手旁;后者没有捕手。〖解析〗日语中,「とりて」既表示“提手旁”,也表示“捕手”。捕手指相扑或柔道中以擒拿为主、技艺高超的人。

735.〖どろ〗①〖日语〗尼とかけて清き流れととく。〖答案〗心は泥水

がない(250)。〖汉语〗“尼”和清流有什么相似之处?〖答案〗前者是“泥”字没有三点水旁“氵”;后者没有浑浊的泥水。②〖日语〗泥の字とかけて中将姫ととく。〖答案〗心は水気のある尼(357)。〖汉语〗“泥”和中将姫有什么相似之处?〖答案〗前者是“尼”字有三点水“氵”;后者是在水汽笼罩中的尼姑。〖解析〗据说,中将姫用藕丝织成《当麻曼荼罗》。尼姑指出家受具足戒的20岁以上的女子。反义词为「比丘」,表示“同样条件下的男子”。

736.〖に〗〖日语〗者とかけて序の料理ととく。〖答案〗心は火があって煮ゆる(404)。〖汉语〗“者”和菜肴有什么相似之处?〖答案〗前者加上火成为“煮”(下面四个点表示“火”);后者有火可以煮饭。

737.〖にく〗〖日语〗善とかけて精進料理ととく。〖答案〗心は膳に肉がない(330)。〖汉语〗“善”和素食者的饭菜有什么相似之处?〖答案〗前者是“膳”没有“月”字旁;后者饭菜里没有肉。〖解析〗日语中,「にく」既表示汉字偏旁“月”,也表示“肉”。

738.〖はたらき〗〖日语〗動とかけて火事場の手伝ととく。〖答案〗心は人が寄って働(351)。〖汉语〗「動」和救助火灾有什么相似之处?〖答案〗前者加上人字旁“亻”成为「働」;后者许多人聚集过来灭火。

739.〖はる〗〖日语〗長とかけて小田原提灯ととく。〖答案〗心は張るに弓がない(343)。〖汉语〗「長」和小田原灯笼有什么相似之处?〖答案〗前者「張」字少了“弓”;后者想糊灯笼(对抗)却没有弓。

740.〖はれる〗〖日语〗青とかけて曇天ととく。〖答案〗心は日が出て晴れる(246)。〖汉语〗“青”和阴云密布的天气有什么相似之处?〖答案〗前者有“日”成为“晴”;后者日出后放晴。

741.〖ひがし〗〖日语〗木とかけて雨の朝ととく。〖答案〗心は東に日が見えぬ(404)。〖汉语〗“木”和下雨的早晨有什么相似之处?〖答案〗前者“東”字里没有“日”;后者看不到太阳。

742.〖ひと〗〖日语〗半とかけて冥土の旅立ととく。〖答案〗心は伴う人がない(375)。〖汉语〗“半”和赴黄泉有什么相似之处？〖答案〗前者没有立人旁“亻”；后者路上没有人陪伴。〖解析〗日语中，「ひと」既表示立人旁“亻”，也表示“人”。关于黄泉的几个习语：“死时带到阴间的礼物”是「冥土の土産」。因此，“（你）临死前告诉你吧”是「冥土の土産に教えてやろう」。「冥土にも知る人」（黄泉也有相识人）表示“人生无处不相识”。“赴黄泉”为「冥土の旅に出る」。

743.〖ひとり〗〖日语〗大とかけて夫婦ととく。〖答案〗心は別れると一人(333)。〖汉语〗“大”和夫妇有什么相似之处？〖答案〗前者分开就成为“一”和“人”；后者离婚就各自成为一人。

744.〖ひのした〗〖日语〗是とかけて三千五百万の兄弟ととく。〖答案〗心は日の下の人(328)。〖汉语〗“是”和三千五百万兄弟姐妹有什么相似之处？〖答案〗前者可以分解为“日下人”；后者都是太阳下的人。〖解析〗设计这个谜语时，日本人口三千五百万。

745.〖ひみつ〗〖日语〗晶とかけて真言宗の土砂ととく。〖答案〗心は日三つ（秘密）でできる(318)。〖汉语〗“晶”和真言宗的土砂有什么相似之处？〖答案〗前者是三日；后者需要秘密行动三天时间。〖解析〗真言宗主张，秘密加持土砂108遍，撒到去世的人身上或墓上，持续三天，每日高声颂真言1080遍，可以保证逝者到极乐世界，尸身不会腐烂。

746.〖ぼう〗〖日语〗奉るとかけて分署の小使ととく。〖答案〗心は木を付けて棒(338)。〖汉语〗“奉”和分署的勤杂工有什么相似之处？〖答案〗前者加上“木”为“棒”；后者拿着木棒发号施令。

747.〖また〗〖日语〗女とかけて探訪者ととく。〖答案〗心は又来たか奴(271)。〖汉语〗“女”字和拜访者有什么相似之处？〖答案〗前者加上“又”成为“奴”；后者来得太频繁，讨人嫌。〖解析〗「奴」表示“家伙，东西”，是骂人或表示亲近时说的话,也可指物品。

748. 〖まめ〗〖日语〗痘とかけて人の身の上ととく。〖答案〗心は病がないとまめ(351)。〖汉语〗“痘”和人的身体有什么相似之处?〖答案〗前者没有“疒”就是“豆”;后者没有疾病,就身体健康。

749. 〖むし〗〖日语〗長の字とかけて年頃の娘ととく。〖答案〗心は虫が付いてなめくじじら(344)。〖汉语〗「長」和正值妙龄的女儿有什么相似之处?〖答案〗前者加上“虫”为“蜄”;后者如果结交了父母不喜欢的男朋友,就会变得怪异或让人讨厌。〖解析〗日语中,「なめくじじら」为蚰蜒,也表示“(女儿结交的)在父母看来不理想的异性”。

750. 〖もる〗〖日语〗成の字とかけて饗応の肴ととく。〖答案〗心は皿の上に盛る(328)。〖汉语〗“成”和接待客人的宴席有什么相似之处?〖答案〗前者在“皿”上为“盛”;后者盛放在器皿上,端给客人。

751. 〖やすむ〗〖日语〗亻とかけて矢場の客ととく。〖答案〗心は木があって休む(363)。〖汉语〗单人旁“亻”和射击场的客人有什么相似之处?〖答案〗前者有“木”即为“休”;后者靠着树休息。

752. 〖やっこのため〗〖日语〗心とかけて天下茶屋の伊織ととく。〖答案〗心は奴の為に怒る(296)。〖汉语〗“心”和天下茶屋的伊织有什么相似之处?〖答案〗前者加上“奴”即为“怒”;后者因为仆人的原因很生气。〖解析〗庆长5年,浮田秀家的家老林玄蕃被同一家中的仆从当麻三郎右卫门杀死。当麻逃跑。玄蕃的两个儿子重次郎、源三郎兄弟二人费尽千辛万苦寻找到了当麻。重次郎报仇不成反被害。源三郎在下属的帮助下于庆长14年在大阪天下茶屋报了父兄之仇。戏剧中,兄弟二人的名字被改为早濑伊织和源二郎。

753. 〖ゆく〗〖日语〗彳とかけて秘蔵娘ととく。〖答案〗心は主がついて往く(338)。〖汉语〗双人旁“彳”和精心培养的女儿有什么相似之处?

〖答案〗前者加上“主”就是“往”；后者“嫁鸡随鸡，嫁狗随狗”。

754. 〖よう〗〖日语〗クとかけて四辻の急行ととく。〖答案〗心は角に用はない(289)。〖汉语〗「ク」和四辻车站有什么相似之处？〖答案〗前者是“角”字少了“用”字；后者是偏远角落的小站，对于特快列车没有用处。

755. 〖あき〗〖日语〗さの字とかけて宮島ととく。〖答案〗心はあき(安芸)の間にあり(306)。〖汉语〗「さ」和宫岛有什么相似之处？〖答案〗前者在「あき」之间；后者在安芸。〖解析〗安芸市位于高知县东部，濒临土佐湾。《日汉大辞典》将“安芸”翻译为“安艺”。

756. 〖かたおもい〗〖日语〗磯の鮑とかけてろの字ととく。〖答案〗心は岩(いは)の間にある(254)。〖汉语〗海岸边的鲍鱼和「ろ」字有什么相似之处？〖答案〗前者在岩石之间；后者在「い」和「は」之间。〖解析〗这个谜语和后文许多谜语与「いろは」歌曲有关。

757. 〖ちりぬる〗〖日语〗いろはにほへととかけて盛り過ぎの桜ととく。〖答案〗心は散りぬる前だ(258)。〖汉语〗「いろはにほへと」和过了盛期的樱花有什么相似之处？〖答案〗前者在「散りぬる」前面；后者即将飘落。

758. 〖に・おはら・やせ〗①〖日语〗〖答案〗ほの字とかけて大原女ととく。〖答案〗心は荷を頭に置く(394)。〖汉语〗「ほ」和大原女有什么相似之处？〖答案〗前者「ほ」上面有「に」；后者头上顶有货物(包袱)。〖解析〗日语中，「に」表示“货物”。大原位于京都市左京区北部，坐落在比叡山北岭西麓的山间小盆地上。八濑也位于京都近郊。八濑和大原出产木材，加工后作为薪木出售。历史上，大原女选择的是一项艰苦谋生技能：到山里砍柴，顶在头上，徒步到城里，将柴卖给城里人。②〖日语〗いろはほへとかけて貧乏人の嫁取りととく。〖答案〗心はに(荷)がない(237)。〖汉语〗「いろはほへ」和穷苦人娶妻有什么相似之处？〖答案〗前者没有「に」；后者没有行李。〖解析〗行李也代表财物或财富。③〖日语〗京名所とかけて産後の女ととく。

〖答案〗心は大原八瀬(お腹痩せ)(286)。〖汉语〗京都名所和产后的妇女有什么相似之处?〖答案〗前者是大原和八濑;后者大肚子瘦了下来。〖解析〗日语中,「大原」(大原)与「大腹」(大肚子)发音相似;「八瀬(やせ)」(八濑)与「瘠(や)せ」(瘦)发音相似。④〖日语〗黒木売とかけて餓鬼ととく。〖答案〗心は八瀬大原(痩せお腹)(290)。〖汉语〗卖木材的人和饿鬼有什么相似之处?〖答案〗前者出身一般是八濑和大原;后者肚子瘪了下去。〖解析〗饿鬼是佛教语,指因为生前有恶行、死后遭报应、堕落饿鬼道的死者。相传常苦于饥渴,偶然得食,入口前即化为火焰。

759. 〖は〗〖日语〗ろの字とかけて夏のつゆととく。〖答案〗心はは(葉)の上にある(420)。〖汉语〗「ろ」字和夏天的露珠有什么相似之处?〖答案〗前者在「は」的上面;后者在叶子上面。

760. 〖ひのした〗〖日语〗もとかけて世界万国ととく。〖答案〗心はひ(日)の下にある(404)。〖汉语〗「も」和世界各国有什么相似之处?〖答案〗前者在「ひ」下面;后者同在太阳下面。

761. 〖ほ〗〖日语〗いろはにへとかけて川原小屋の舟ととく。〖答案〗心はほ(帆)は無い(237)。〖汉语〗「いろはにへ」和河滩小屋的小船有什么相似之处?〖答案〗前者没有「ほ」;后者没有帆。

762. 〖ろ〗①〖日语〗いの字とかけて田舎の土瓶ととく。〖答案〗心はいつもろ(炉)の上(257)。〖汉语〗「い」和乡下煮茶或熬药用的陶制容器有什么相似之处?〖答案〗前者总在「ろ」前面;后者总在火炉上。②〖日语〗いろはのいの字とかけて船頭の褌洗濯ととく。〖答案〗心はろ(櫓)の上にある(259)。〖汉语〗「いろは」的「い」和船夫洗过的兜裆布有什么相似之处?〖答案〗前者在「ろ」前面;后者搭在摇船的橹上。〖解析〗船上地方狭小,没有晾晒衣服的地方,只能搭到橹上让其自干。

第二章

百　科

第一节　弈　棋

763.〖いき〗〖日语〗碁打の心とかけて通人ととく。〖答案〗心は粋(活)ばっかりこのむ(295)。〖汉语〗下围棋的关键和精通游乐之道的人有什么相似之处？〖答案〗前者喜欢活；后者通晓人间世故。〖解析〗日语中，「いき」既表示“在围棋中，一方有两个以上的眼，不会被对方围死”「活」，也表示“通晓人间世故，尤其是熟知花街柳巷、烟花冶游、招妓作乐、吃喝玩乐等行为；男女间情爱事”「粋」。在第二个意义中，它是「意気」的转义。「粋のうわさ」指“桃色新闻”。

764.〖おうしょう〗〖日语〗下手将棋とかけて強盗寺へはいったととく。〖答案〗心は王将(和尚)逃げる(388)。〖汉语〗拙劣的将棋选手和强盗进入寺庙抓人有什么相似之处？〖答案〗前者让对方王将跑掉；后者和尚逃之夭夭。

765.〖おうて・つめる〗〖日语〗指し込めた将棋とかけて監獄署の見張番所ととく。〖答案〗心は王手(押丁)詰める(304)。〖汉语〗闯入对方领地的将棋和监狱的看守有什么相似之处？〖答案〗前者王将被将死；后者有很多狱卒。

766.〖きき〗〖日语〗なり飛車とかけて上手の按摩ととく。〖答案〗心はききがよい(360－361)。〖汉语〗飞车和很好的按摩有什么相似之处？

〖答案〗前者作用好；后者效果好。〖解析〗将棋棋子飞车可以纵横任意进退，进入敌阵后成为龙王，还可斜走一步。

767. 〖きゅうか〗〖日语〗閑員の囲碁とかけて新調のポンプととく。〖答案〗心は休暇(急火)に持出す(280)。〖汉语〗悠闲官员的围棋和新款的水泵有什么相似之处？〖答案〗前者在悠闲时拿出；后者在发生火灾时拿出。

768. 〖きょうとふ〗〖日语〗西京とかけて将棋の駒ととく。〖答案〗心は京都府(香と歩)だ(302)。〖汉语〗西京和将棋的棋子有什么相似之处？〖答案〗前者是京都府；后者是香和步。

769. 〖きんぎん〗〖日语〗女郎とかけてへぼ将棋ととく。〖答案〗心は金銀がなくてはさせぬ(320)。〖汉语〗妓女和拙劣的将棋有什么相似之处？〖答案〗前者如果客人没有金银，不会让他接近；后者没有金将银将，无法下棋。

770. 〖きんぎん〗〖日语〗婆さんの臍くり金とかけて当て将棋ととく。〖答案〗心は金銀は見せない(367)。〖汉语〗老奶奶的私房钱和将棋有什么相似之处？〖答案〗前者金钱不让人看到；后者有时起作用。〖解析〗金将的弱点是不能行走后斜方，所以金将在自己阵营最底部时最能发挥力量，在对方阵营最底部时作用微乎其微。银将价值和金将差不多。

771. 〖ご〗〖日语〗下手な紺屋とかけて上手の碁打ととく。〖答案〗心はご(碁)がつよい(389)。〖汉语〗水平低的染坊和水平高的围棋选手有什么相似之处？〖答案〗前者豆汁太浓烈；后者棋子招数高。〖解析〗将豆子浸泡，加入石灰，然后磨出并且滤出的豆汁可以用于染色。

772. 〖さす・つく〗〖日语〗蝙蝠傘とかけて将棋ととく。〖答案〗心はさしたり突いたり(295)。〖汉语〗蝙蝠伞和将棋有什么相似之处？〖答案〗前者可以撑，可以戳刺(支着)；后者可以下，可以攻击对手。〖解析〗「突く」表示用细长物体的顶端(顶着、支着、撑着)，如“支着胳膊肘”「ひじを突く」、

“拄拐杖”「つえを突く」。「将棋を指す」表示“下将棋”。

773.〖しちょう〗〖日语〗碁打とかけて貧乏人の吊り物ととく。〖答案〗心は翅鳥(紙帳)(295)。〖汉语〗下围棋和穷人的蚊帐有什么相似之处?〖答案〗前者从斜的方向袭击对手棋子,将对手逼入绝境;后者使用纸糊的蚊帐。

774.〖しょうぎ〗①〖日语〗地獄とかけて駒組も知らぬ奴の助言ととく。〖答案〗心は娼妓(将棋)の邪魔になる(310)。〖汉语〗私娼和连棋子布局都不懂的人给棋手提建议有什么相似之处?〖答案〗前者成为官方注册的娼妓的阻碍;后者是棋手顺利下将棋的障碍。〖解析〗日语中,「しょうぎ」既表示“娼妓”,也表示“将棋”。

775.〖しろ〗〖日语〗維新後の大華族とかけて下手な碁打ちととく。〖答案〗心は城(白)を持たぬ(254)。〖汉语〗维新后的大华族和水平低的围棋选手有什么相似之处?〖答案〗前者没有城池;后者没有白色的棋子。

776.〖しろくろ〗〖日语〗盗人猛猛しいとかけて碁の会ととく。〖答案〗心は白黒と争う(364)。〖汉语〗盗贼烈性逞强和围棋比赛有什么相似之处?〖答案〗前者争夺善恶是非;后者是白棋子和黑棋子的斗争。

777.〖だめ・おす〗〖日语〗初心の碁打とかけてしつこい男ととく。〖答案〗心は駄目ばかり押している(320)。〖汉语〗初学者下围棋和执拗地纠缠不休的男子有什么相似之处?〖答案〗前者只使用单官压倒对方;后者反复叮问。〖解析〗日语中,固定结构「だめを押す」表示“询问”。「だめ」既表示“单官”,也表示“无望”。单官是占不到“目”(即棋盘上的空交叉点,或称地域)的一手棋,只是用棋子占据棋盘上的一个非空交叉点。围棋的胜负以占领地域大小决定。单官没有占到任何地域,因此是价值最小的棋。这并不等于说下棋时一律不要走单官。高水平的棋手有时走出表面价值很小的单官,实际上可能隐藏着激烈的后续手段。“单官”中,“官”没有特别的含义。

围棋中也没有双官、多官的说法。

778.〖つま〗〖日语〗名人同士の将棋とかけて独身者ととく。〖答案〗心は詰ま(妻)ない(402)。〖汉语〗两个名士将棋对弈和单身汉有什么相似之处?〖答案〗前者不能让对方王将四处受困无处可逃;后者没有妻子。

779.〖つむ〗〖日语〗練瓦石とかけて難しい将棋の詰め手ととく。〖答案〗心はよく積(詰)んだなあ(419)。〖汉语〗砖石和难对付的将棋选手有什么相似之处?〖答案〗前者将其堆积盖房;后者很巧妙地将对方的军。

780.〖つめたがる〗〖日语〗下手な将棋さしとかけて雪降りのはだしととく。〖答案〗心はめったに詰めたがる(冷たがる)(389)。〖汉语〗拙劣的将棋选手和下雪时赤脚有什么相似之处?〖答案〗前者轻率地想把对方王将将死;后者冻得要命。

781.〖つめる〗〖日语〗痴話喧嘩とかけて将棋好きととく。〖答案〗心はつめられても憎く無い(344)。〖汉语〗因为争风吃醋而吵架和喜欢将棋有什么相似之处?〖答案〗前者被拧或被掐,也不生恨;后者被将军,也不在意。

782.〖て〗①〖日语〗上手な碁将棋とかけて袖口のない着物ととく。〖答案〗心は手が出されぬ(318)。〖汉语〗一流棋手和没有袖口的衣服有什么相似之处?〖答案〗前者沉思很久,迟迟不走棋子;后者想伸手,伸不出手。②〖日语〗負将棋とかけて羅生門ととく。〖答案〗心はうっかり手が出せぬ(396)。〖汉语〗输了的将棋和罗生门有什么相似之处?〖答案〗前者一着失手,陷入困局;后者稀里糊涂失去了手。〖解析〗渡边纲是日本平安时代中期武将。他在罗生门击败茨木童子的传说在日本广为传播。茨木童子被称为“罗生门之鬼”,据说是酒吞童子的手下。某天晚上,渡边纲和友人打赌,猜测经过朱雀大道会不会遇到鬼,结果确实碰到了鬼:茨木童子幻化成一个迷路的美女,让渡边纲送她回家,这招很灵验,渡边纲上当了。最后,还是渡边纲

略胜一筹。和茨木童子战斗时，他拔刀把茨木童子的右臂砍下来了，从此名刀被美名为“鬼切”。

783.〖てがだす〗〖日语〗固い娘とかけて段違いの将棋ととく。〖答案〗心はめったに手が出せない(275)。〖汉语〗手头紧的女子和力量悬殊的将棋有什么相似之处？〖答案〗前者(因为商品价格昂贵)以自己的财力无法购买；后者无法对抗力量强大的对手。

784.〖てづめ〗〖日语〗将棋上手とかけて染屋の染子ととく。〖答案〗心は手詰め(手爪)がくろい(317)。〖汉语〗将棋高手和染坊的学徒有什么相似之处？〖答案〗前者老练地走出追逼对方王将的招数；后者手指甲呈现黑色。

785.〖なる・ふとる〗①〖日语〗雷獣とかけて飛車角ととく。〖答案〗心は成(鳴)るとはたらく(417)。〖汉语〗雷兽和飞车有什么相似之处？〖答案〗前者雷鸣才会落下；后者进入敌阵后变成金将，发挥作用。〖解析〗雷兽是想象中的怪兽，被认为和雷一起落下，危及人畜。②〖日语〗雷とかけて下手な将棋ととく。〖答案〗心は鳴り(成り)こむかとこわがって逃げる(278)。〖汉语〗打雷和拙劣的将棋有什么相似之处？〖答案〗前者让人担心响声，慌忙逃跑；后者担心棋子进入敌阵后变成别的棋子，慌忙败阵。〖解析〗日语有习语「歩が成る」，表示“步”变成“金将”；「飛車が成る」表示“飞车”变成“金将”。

786.〖はがたたない〗〖日语〗練瓦屋の鼠とかけて段違いの碁打ととく。〖答案〗心は歯が立たない(419)。〖汉语〗制瓦厂的老鼠和水平悬殊的围棋选手对决有什么相似之处？〖答案〗前者咬不动硬瓦；后者无法抗衡。

787.〖フ・はん〗〖日语〗値高な鼈甲という負け象棋とかけてととく。〖答案〗心は斑(歩)がない(365)。〖汉语〗昂贵的龟甲和输了象棋有什么相似之处？〖答案〗前者没有斑点；后者没有兵卒。〖解析〗日语中，「フ」既表示象棋的“兵卒”「歩」,也与表示“斑点”的「はん」发音相似。

788.〖ふとる〗〖日语〗角力取の軽業とかけて下手将棋の飛車先ととく。〖答案〗心はふとってあぶない(327)。〖汉语〗相扑力士表演走钢丝和二流将棋棋手走飞车有什么相似之处?〖答案〗前者肥胖,非常危险;后者如果卒被吃掉,就情况不妙。

789.〖まける〗〖日语〗下手な将棋とかけて市の売り物ととく。〖答案〗心はやたらにまける(389)。〖汉语〗拙劣的将棋选手和市场的商品有什么相似之处?〖答案〗前者输得一塌糊涂;后者频繁降价大甩卖。

第二节 度量衡

790.〖いっけん〗〖日语〗道鏡の初恋とかけて京間一坪ととく。〖答案〗心は一件(一間)が大きい(351)。〖汉语〗道镜初恋和京间一坪有什么相似之处?〖答案〗前者生理器官较大;后者两柱之间的间隔较大。〖解析〗因为道镜受到孝谦天皇(女)的宠爱,所以平安时代以后的学者都提倡道镜与天皇通奸说、道镜巨根说等观点。「一间」为建筑物的开间或进深。「京間」为日本和式住宅房间格局的尺寸标准之一。其基准为两柱之间的尺寸为 197 厘米,按榻榻米计算一间为 191 厘米。多见于近畿地区。与之相对的是「田舎間」。「田舎間」两柱之间的尺寸为 182 厘米,按榻榻米计算一间为 176 厘米。多见于关东以北地区。「坪」为日本面积单位,约等于 3.306 平方米。

791.〖いっしょう・つまらない〗〖日语〗盲の躄(いざり)とかけて五合徳利ととく。〖答案〗心は一生(一升)詰まらない(244)。〖汉语〗双腿不能行走的盲人和五合的日式酒壶有什么相似之处?〖答案〗前者一生都很无趣;后者中五合的酒壶装不下一升的酒量。〖解析〗日语中,「いっしょう」既表示“一生”,也表示“一升”;「詰まらない」既表示“不能充满”或“不能容纳”,也表示“无聊”。合为日本容积单位,十合为一升。

792．〖ごう〗〖日语〗雑誌の流行とかけて小瓶にはかる酒ととく。〖答案〗心は三合(号)目は難しい(304—305)。〖汉语〗杂志的发行和用小瓶量酒有什么相似之处？〖答案〗前者很难发行到第三期；后者很难装下三合。

793．〖さす〗〖日语〗二階から目薬とかけて百貫目の石持ととく。〖答案〗心はさすことがならぬ(361)。〖汉语〗从二楼向一楼的病人点眼药和举一百贯重的白姑鱼有什么相似之处？〖答案〗前者不可能滴入眼里；后者不可能举起。〖解析〗日语中，「さす」既表示"滴眼药"，也表示"举起"。

794．〖じゅうかん〗〖日语〗太陽暦とかけて九貫九百九十九匁ととく。〖答案〗心は十干(十貫)はない(335)。〖汉语〗阳历和九贯九百九十九文目有什么相似之处？〖答案〗前者没有十个天干；后者不到十贯。〖解析〗文目为重量单位，一文目约合 3.75 克，折合为一贯的千分之一。

795．〖はかりにかける〗〖日语〗百目の銀とかけて知恵のある人ととく。〖答案〗心ははかり掛けている(379)。〖汉语〗一百文目的银两和有智慧的人有什么相似之处？〖答案〗前者用秤称重；后者能够衡量利害得失。

796．〖はっぽん〗〖日语〗ゆで蛸とかけて三貫二百文ととく。〖答案〗心はおあしが八本ある(412)。〖汉语〗煮熟的章鱼和三贯二百文目有什么相似之处？〖答案〗前者脚有八只；后者有八缗钱。〖解析〗一缗钱有一百文目、二百文目、四百文目不等。一贯钱为一千文目。八缗四百文目的钱是三贯二百文目。「おあし」既可是「お足」，也可以是「御錢」(钱)。

797．〖ひゃくしょう・はんじょう〗〖日语〗地方の景況とかけて一石五合ととく。〖答案〗心は百姓繁昌(百升半升)(342)。〖汉语〗地方状况和一石五合有什么相似之处？〖答案〗前者是百姓安居乐业；后者是百升半升。〖解析〗一石折合为百升。

798．〖ひろい・あかるい〗〖日语〗百目蝋燭とかけて学者の胸ととく。〖答案〗心はひろくあかるい(379)。〖汉语〗百目蜡烛和学者的胸怀有什么

相似之处?〖答案〗前者粗大明亮;后者胸怀宽广,性格爽朗。〖解析〗百目蜡烛是日本大蜡烛。

第三节 人文地理

799.〖あかばね〗〖日语〗水天宮様とかけて金鶏鳥ととく。〖答案〗心は赤羽だ(325)。〖汉语〗水天宫和雉有什么相似之处?〖答案〗前者在江户三田赤羽;后者有红色羽毛。〖解析〗水天宫是久留米藩主有马氏设在自己赤羽私邸内的建筑。

800.〖あし・あしのうら〗①〖日语〗難波江の朝霧とかけて幽霊ととく。〖答案〗心は芦(足)が見えぬ(359)。〖汉语〗难波江的朝雾和幽灵有什么相似之处?〖答案〗前者看不到芦苇;后者看不到脚。〖解析〗难波江是大阪所临海面的古称,海滨以芦苇多而著称。②〖日语〗難波の大風とかけて浜のはだしととく。〖答案〗心は芦の浦(足の裏)が痛む(359)。〖汉语〗难波的大风和海滨赤脚有什么相似之处?〖答案〗前者芦苇荡受到损失;后者脚掌痛。③〖日语〗片輪とかけて難波江ととく。〖答案〗心は短き足(芦)もあり(275)。〖汉语〗残疾人和难波江有什么相似之处?〖答案〗前者一条腿短;后者芦苇短。〖解析〗百人一首中有"短短芦苇节,难波满海滩"的诗句。

801.〖あわ・なると〗〖日语〗茶人とかけて西海の難所ととく。〖答案〗心は泡になると呑み(阿波に鳴門のみ)(342)。〖汉语〗喜欢茶道的人和西海道地形险峻难以通行之处有什么相似之处?〖答案〗前者等到茶有了气泡,就喝下去;后者的阿波有鸣门。〖解析〗阿波位于德岛县。

802.〖いき〗〖日语〗日隠しの子供とかけて国尽しの終りととく。〖答案〗心は息(壱岐)切れる(403)。〖汉语〗见不到太阳的孩子和《国名序》有什么相似之处?〖答案〗前者断了气息;后者以壹岐国结束。〖解析〗《国名序》是日本用以前全国各行政区的名称排列成的顺口溜,也常用作练字

帖。古代日本六十多国分别分布于五畿七道(此外,还有北海道内一国:虾夷)。五畿即天皇京畿之内的五国,又称「畿内」:山城、大和、河内、和泉、摄津。七道分为东山道、东海道、北陆道、山阳道、山阴道、南海道及西海道。东山道共六国:美浓、上野、下野、飞驒、近江、信浓。东海道共十五国:伊贺、伊势、志摩、尾张、三河、远江、骏河、甲斐、伊豆、相模、武藏、安房、上总、下总、常陆。北陆道共七国:越后、越中、越前、佐渡、能登、加贺、若狭。山阳道共七国:播磨、备前、备中、备后、安芸、周防、长门。山阴道共八国:丹波、丹后、但马、因幡、伯耆、出云、石见、隐岐。南海道共六国:纪伊、淡路、阿波、赞岐、伊予、土佐。西海道共十一国:丰前、丰后、筑前、筑后、肥前、肥后、日向、大隅、萨摩、对马、壹岐。

803.〖いし・ほうでん〗〖日语〗病院の学とかけて播州名所ととく。〖答案〗心は石(医師)の法伝(宝殿)(380)。〖汉语〗医学书籍和播州名胜有什么相似之处?〖答案〗前者是医师宝典;后者是石宝殿。〖解析〗石宝殿是播州名胜,位于现在兵库县的生石神社。

804.〖いたみ〗〖日语〗馬車道とかけて下りの新酒配りととく。〖答案〗心は傷み(伊丹)が早い(369)。〖汉语〗行走马车的道路和新酒有什么相似之处?〖答案〗前者很容易让行人受伤;后者显示伊丹酒厂配送很迅速。〖解析〗伊丹为名酒产地。

805.〖うえき・きのは・つぶれる〗①〖日语〗この節の新聞読とかけて庭好きな隠士ととく。〖答案〗心は植木で気(木)を揉む(300)。〖汉语〗这个时节的报纸阅读和喜欢待在庭院里的隐士有什么相似之处?〖答案〗前者为植木担心;后者在家中玩弄盆栽的草木。〖解析〗植木为熊本县鹿本郡的植木町,为明治十年西南战争的地点之一。②〖日语〗熊本の軍とかけて霜枯の景色ととく。〖答案〗まず木の葉から落ちる(289)。〖汉语〗熊本军队和霜枯的景色有什么相似之处?〖答案〗前者中,木叶首先被攻下。后者中,树叶首先纷纷落下。〖解析〗木叶为西南战争发生地，现在为熊本县玉名郡玉东村。③〖日语〗鹿児島の暴徒とかけて便毒の膿ととく。〖答案〗心は押し出しては潰れる（274）。〖汉语〗鹿儿岛的暴徒和横痃毒有什么相似之处？〖答案〗前者蜂拥而出，然后溃败；后者伤口挤破，毒脓被挤出。〖解析〗鹿儿岛的暴徒指西南战争中的西乡军。

806. 〖うえの〗〖日语〗勧業博覧会とかけて伊賀越の仇討ととく。〖答案〗心は上野で始まる（280）。〖汉语〗劝业博览会和伊贺越的复仇有什么相似之处？〖答案〗两者都从上野开始。〖解析〗1634 年 12 月 26 日发生了键屋之辻决斗事件（「辻」在日语中是“十字路口”的意思）。具体内容为：渡边数马和荒木又右卫门为了替数马的弟弟报仇，在伊贺国上野的键屋十字路口杀了仇人河合又五郎。伊贺越复仇事件、曾我兄弟复仇事件和元禄赤穗事件并称为“日本三大报仇事件”。自 1877 年开始，上野恩赐公园连续举办三届劝业博览会，虽然此后博览会转移至大阪和京都，上野恩赐公园依然会举办各类制造业博览会，如东京商业博览会、东京大正商业博览会等。

807. 〖うまかった〗〖日语〗結構な御膳とかけて足弱の伊勢参りととく。〖答案〗心はうまかった（馬借った）（293）。〖汉语〗美味饭菜和脚力不好的参拜伊势的香客有什么相似之处？〖答案〗前者认为味道好极了；后者借来马，骑上走。〖解析〗伊势的伊势神宫最初为皇室专属之氏神，后来转变为镇守日本全体之大神，堪称日本人的精神支柱。

808. 〖うらみ〗〖日语〗幽霊とかけて日光山の滝ととく。〖答案〗心は恨み（裏見）じゃあろ（411）。〖汉语〗幽灵和日光山的瀑布有什么相似之处？〖答案〗前者因为有怨恨；后者在日光山后面可以看到。

809. 〖うらみはらして〗〖日语〗幽霊の洒落とかけて品川の大一座ととく。〖答案〗心は怨みはらして（浦見晴して）騒ぐ（412）。〖汉语〗幽灵潇洒和品川大一座有什么相似之处？〖答案〗前者解除了怨恨，引起骚动；后者环视海

浜，引起轰动。〖解析〗古代品川附近的大一座为妓院，许多人在此寻欢作乐。

810.〖おおたけこたけ〗〖日语〗雀とかけて坂の下で草鞋とく旅人ととく。〖答案〗心は大竹小竹にとまる(325)。〖汉语〗麻雀和坡下的草鞋和旅客有什么相似之处？〖答案〗前者栖息在大竹小竹上；后者在大竹小竹旅店。〖解析〗大竹小竹是东海道著名旅店名。

811.〖おき・かわ・はさむ〗①〖日语〗竈の火箸とかけて越後佐渡ととく。〖答案〗心は燠(沖)を挟む(277)。〖汉语〗炉灶的火钳子和越后佐渡有什么相似之处？〖答案〗前者用来夹通红的炭火；后者中间隔着海水。〖解析〗佐渡是日本第五大岛屿，由两座平行的山脉(金北山脉和国见山脉)以及山脉之间的国仲平原组成。山脉之间以及国仲平原两端有海水。②〖日语〗火吹竹とかけて浜の風ととく。〖答案〗心は燠(沖)を吹く(379)。〖汉语〗吹火筒和海滨的风有什么相似之处？〖答案〗前者用来吹炭火；后者吹拂洋面。③〖日语〗火鉢とかけて走る船ととく。〖答案〗心は燠(沖)中にあり(379)。〖汉语〗火炉和行走的船有什么相似之处？〖答案〗前者中心有炭火；后者在海上航行。④〖日语〗本所と浅草とかけて靴屋ととく。〖答案〗心は川(皮)はさむ(394)。〖汉语〗本所与浅草和鞋店有什么相似之处？〖答案〗前者中间有一条河；后者的鞋中夹有皮革。〖解析〗日语中，「かわ」既表示“河流”「川」，也表示“皮革”「皮」。日本东京都墨田区本所和浅草之间有一条河。

812.〖おとわ〗〖日语〗深山の砲戦とかけて西京清水寺ととく。〖答案〗心は音は(音羽)山にある(400)。〖汉语〗深山炮战和西京清水寺有什么相似之处？〖答案〗前者山中有回音；后者在音羽山。〖解析〗西京清水寺位于京都市东山区清水。日语谚语「清水の舞台から飛び降りる」表示“孤注一掷，下定决心去做”。

813.〖おもて・みかけだおし〗①〖日语〗山師の懐とかけて写真の日光

廟ととく。〖答案〗心は表は立派でも内陣がない(410)。〖汉语〗骗子的内情和照片中的日光庙有什么相似之处?〖答案〗前者"金玉其外,败絮其中";后者表面光鲜,却没有供奉神佛的正殿。〖解析〗日语有谚语「山師の玄関」(徒有其表),原意是"骗子为使对方相信将大门布置得格外漂亮"。日光庙位于栃木县盐谷町。②〖日语〗独活の大木とかけて山師の玄関ととく。〖答案〗心は見かけ倒し(261)。〖汉语〗很长的土当归(草包)和骗子的大门有什么相似之处?〖答案〗前者不能作为栋梁之材;后者徒有其表,华而不实。

814.〖おやま・たかい・さんごくいち〗①〖日语〗富士の山とかけて新町遊びととく。〖答案〗心はお山が高い(384)。〖汉语〗富士山和新町游乐场有什么相似之处?〖答案〗前者山高;后者妓女价格高。②〖日语〗富士の山とかけて甘酒屋ととく。〖答案〗心は三国一(384)。〖汉语〗富士山和甜酒售卖人有什么相似之处?〖答案〗前者是世界第一;后者甜酒质量天下无双。〖解析〗古时,日本人把中国、印度和日本看成全世界。因此,三国第一就是世界第一。

815.〖おりる・そる〗〖日语〗①住吉の反橋とかけて花取るべからずととく。〖答案〗心は降(折)りかけておおこわ(こわい)(326)。〖汉语〗住吉的反桥和不允许摘花有什么相似之处?〖答案〗前者在桥上走下坡路时不好走;后者如果摘花,后果很严重。〖解析〗住吉位于大阪市南部,是以住吉大社、住吉公园为中心的地区。住吉大社被崇奉为航海之神。②〖日语〗免職官吏の髯とかけて住吉の橋ととく。〖答案〗心は急に反(剃る)(404)。〖汉语〗被免职官员的胡须和住吉桥有什么相似之处?〖答案〗前者迅速被刮去胡须;后者马上成了反桥。〖解析〗反桥又表示"拱桥"。住吉桥是拱桥。③〖日语〗免職巡査の髯とかけて火の上の鯣ととく。〖答案〗心は急に剃る(反る)(404)。〖汉语〗被免职官员的胡须和火上的柔鱼科乌贼有什么相似之处?〖答案〗前者迅速被刮去胡须;后者一烘烤立刻翘起来。

816.〖おる〗〖日语〗手本紙とかけて西陣の機屋ととく。〖答案〗心は折(織)りて置く(348)。〖汉语〗习字纸和西阵织布作坊有什么相似之处?〖答案〗前者折叠起来放好;后者编织后放好。〖解析〗西阵锦缎是日本京都市西阵地区出产的高级精美丝织品,传统悠久,技术高超,很难效仿。

817.〖かい〗〖日语〗富士の山のうしろとかけて帯の結び目ととく。〖答案〗心は甲斐(貝)の口(385)。〖汉语〗富士山后边和带子的打结处有什么相似之处?〖答案〗前者是甲斐国;后者是贝口结法。〖解析〗"甲斐国"(源自四周被山包围的「峡(かい)」)在今天山梨县。贝口结法因为形似文蛤等贝类伸出足、口而得名,是和服角带的一种结法。这种结法一头折得宽,另一头折得长,对折后再联结起来,剩余部分朝上。

818.〖かがやき〗〖日语〗日の光とかけて九谷焼ととく。〖答案〗心は輝き(加賀焼)(379)。〖汉语〗日光和九古烧有什么相似之处?〖答案〗前者放出光芒;后者是加贺烧。〖解析〗九谷烧窑迹位于石川县加贺市。

819.〖かし〗〖日语〗国見山とかけて大福帳ととく。〖答案〗心は河岸(貸し)は見える(239)。〖汉语〗国见山和流水账有什么相似之处?〖答案〗前者可以看到河岸;后者能看到借出的物品和金钱。〖解析〗国见山在岩手县黑泽尻,可以看到河岸。「大福帳」为流水账,是商家用来登记买卖金额的总账。

820.〖かみ〗〖日语〗高天原とかけて吹流しの鯉ととく。〖答案〗心は神(上)に留まる(336)。〖汉语〗高天原和有飘带的鲤鱼旗有什么相似之处?〖答案〗前者是神的居所;后者停在高空。〖解析〗高天原是日本神话中诸神居住的天国,与人居住的苇原中国、死者前往的黄泉之国相对应。高天原由天照大神统辖。转义指天空。「吹流し」指端午节与鲤鱼旗一起随风飘扬的类似幡的室外装饰品。

821.〖から〗〖日语〗住吉で見る淡路島とかけて豆腐屋から出るいかき

ととく。〖答案〗心はからを隠す(326)。〖汉语〗在住吉看淡路岛和挎着竹篮从豆腐店出来有什么相似之处?〖答案〗前者有云,看不到天空;后者买豆腐渣回家吃。因为不好意思,不想被人看到,因此用袖子遮住竹篮。〖解析〗淡路岛位于兵库县南部,濑户内海东端。豆腐渣又名“雪花菜”,含脂肪、蛋白质,可以做菜,也可以作为饲料。

822.〖からさき・よるのあめ・すじかい・あき〗①〖日语〗名月とかけて琵琶湖の雨ととく。〖答案〗心は待つ宵から先(唐崎)の景(402)。〖汉语〗明月和琵琶湖的雨有什么相似之处?〖答案〗前者是阴历八月十四日之后的夜景;后者等待客人到来,以便晚上欣赏唐崎夜雨。〖解析〗唐崎位于日本滋贺县大津市北部,琵琶湖岸边,有很多松树,唐崎夜雨为近江八景之一。②〖日语〗唐崎の一つ松とかけて恵方参りの飴ととく。〖答案〗心は夜の雨(縒るの飴)じゃ(278)。〖汉语〗唐崎松和吉祥方位参拜有什么相似之处?〖答案〗前者有唐崎夜雨;后者供奉有扭成多股的糖。〖解析〗吉祥方位根据当年的天干而决定,一般是日本阴阳道中主管一年中福财的岁德神掌管的方位或所在方向(被称为「惠方」或「明方」)。这个方向被认为是对一切都吉利的方向。常在该方位搭建岁德神棚,或去参拜该方位的神社等。③〖日语〗年徳棚の灯明とかけて下手な灸すえととく。〖答案〗心はいつも筋かいじゃ(355)。〖汉语〗朝拜岁德神的供灯和拙劣的艾灸有什么相似之处?〖答案〗前者与住房方向不一致;后者不能艾灸到正确经络。〖解析〗吉祥方向和住房方向一般不一致。④〖日语〗土用明けとかけて年神の棚ととく。〖答案〗心は秋(明き)に向う(356)。〖汉语〗立秋前的暑伏和朝拜岁德神的棚子有什么相似之处?〖答案〗前者马上就迎来秋天;后者朝着吉祥方位。⑤〖日语〗九月尽とかけて面白くない講釈ととく。〖答案〗心は秋(飽き)が来る(288)。〖汉语〗九月末和无聊的解释有什么相似之处?〖答案〗前者说明秋天来了;后者让人感到腻烦。

823.〖からみ〗〖日语〗木曾の山道とかけて打ちたての蕎麦ととく。〖答案〗心は空身(辛味)で上がれ(283)。〖汉语〗木曾山道和荞麦面有什么相似之处?〖答案〗前者需要轻装才能上山;后者吃起来稍微有点辣味。〖解析〗木曾山位于长野,被称作日本的屋脊。

824.〖かりたく〗〖日语〗深川仲町とかけて利の高い金ととく。〖答案〗心は仮宅(借りたく)ない(383)。〖汉语〗深川仲町和高利息贷款有什么相似之处?〖答案〗前者没有临时住宅;后者不愿意借这个款。〖解析〗深川仲町为现在东京江东区富冈町。

825.〖かわ〗①〖日语〗雪駄とかけて駿河台ととく。〖答案〗心は下に川(革)がある(330)。〖汉语〗竹皮草履和骏河台有什么相似之处?〖答案〗前者下面有皮革;后者下面有河流。〖解析〗竹皮草履在草鞋底贴皮革。②〖日语〗道中の雨とかけて久しく打たぬ鼓ととく。〖答案〗心は川(皮)が案じらるる(353)。〖汉语〗旅途中下雨和长时间不敲的鼓有什么相似之处?〖答案〗前者担心河流水位上涨;后者担心蒙着鼓的动物皮革已经变质毁坏。③〖日语〗船の出合とかけて当世の着物ととく。〖答案〗心は川(革)色だ(387)。〖汉语〗船只在河流交汇处和时下的和服有什么相似之处?〖答案〗前者呈现和河流一样的颜色;后者是皮革的色彩。④〖日语〗桃の花とかけて素見の客ととく。〖答案〗心は香は(買わ)ない(405)。〖汉语〗桃花和只看不买的顾客有什么相似之处?〖答案〗前者没有香气;后者不会买东西。

826.〖き〗〖日语〗浮気者とかけて長堀浜ととく。〖答案〗心は気(木)が多い(262)。〖汉语〗见异思迁的人和大阪「長堀浜」有什么相似之处?〖答案〗前者水性杨花、三心二意;后者树木多。

827.〖きえる〗〖日语〗富士の白雪とかけて秋葉の常夜灯ととく。〖答案〗心は消えたためしがない(384)。〖汉语〗富士山的白雪和秋叶的长明灯有什么相似之处?〖答案〗前者雪没有消失过;后者的灯没有熄灭过。

〖解析〗远州周智郡的秋叶神社供奉了防火之神三尺坊的神灵，灯火长明不灭。

828. 〖きく〗〖日语〗団子坂の人形とかけて盲の傍聴ととく。〖答案〗心は菊(聞く)ばかり(340)。〖汉语〗团子坂的人偶和盲人旁听有什么相似之处？〖答案〗前者只有菊花；后者只能倾听。〖解析〗“菊花人形”是头和手足是人形、身体用菊花扎出、与真人一般大小的玩偶，起源于江户后期，一度极为盛行。团子坂位于东京。在上下坡的过程中能够吃到团子，故名。明治时期，团子坂是菊花人形的胜地。在文学作品「半七捕物帳菊人形の昔」和「三四郎」中提到过团子坂菊人形。

829. 〖きしゃ〗〖日语〗はやる新聞とかけて川崎大師の縁日ととく。〖答案〗心は記者(汽車)が忙しい(374)。〖汉语〗受欢迎的报纸和川崎大师的庙会有什么相似之处？〖答案〗前者记者忙；后者火车忙。〖解析〗「縁日」也被称为“庙会日”。据说，这是神佛和人世间缘分好的一天。如果在这一天参拜，可获大功德。川崎大师不是一个人，而是坐落于神奈川县川崎的一个寺庙，正式名称是“真言宗智山派大本山金刚山金乘院平间寺”。它被奉为消除种种灾难厄运的除厄大师，在日本是时尚的新年参拜圣地。

830. 〖きたのかた〗〖日语〗ロシヤトルコ大いに戦うとかけて権妻選挙ととく。〖答案〗心は北の方が面白くない(420)。〖汉语〗俄罗斯与土耳其大战和选妾有什么相似之处？〖答案〗前者北方形势不妙；后者妻子不高兴。〖解析〗1853 年发生了克里米亚战争，俄罗斯与英国、法国、土耳其等国联合军作战，俄罗斯失败，沙皇南下政策破产。因妻子住在寝殿结构房屋的朝北房间内，故称「北の方」为贵妇人、公卿等显贵的妻子。

831. 〖きん〗〖日语〗佐渡の山とかけてきれた褌ととく。〖答案〗心は金が出る(305)。〖汉语〗佐渡山和划破的兜裆裤有什么相似之处？〖答案〗前者有金子；后者露出了生理器官。〖解析〗新潟县佐渡因为出产金银而闻名。

832.〖くさつみて〗〖日语〗春の野べとかけて矢走の船ととく。〖答案〗心は草摘みて(草津見て)行く(375)。〖汉语〗春天的原野和走矢桥方向的船有什么相似之处?〖答案〗前者去采摘青草;后者朝着草津进发。〖解析〗因为濑田的唐桥水域险恶,船只不走唐桥方向,而是走今天草津市的矢桥方向。矢桥位于日本滋贺县琵琶湖东岸草津市,因“近江八景”之一的“矢桥归帆”而闻名,但旧时的风貌已经荡然无存。

833.〖くじら〗〖日语〗木綿家のさしとかけて熊野浦漁師ととく。〖答案〗心は金より鯨を望む(405)。〖汉语〗棉织品店的尺子和熊野浦渔师有什么相似之处?〖答案〗前者不要金尺,只要鲸尺;后者不要金子,只要鲸鱼。〖解析〗鲸尺为日本裁剪用的尺子,因制作材料用鲸须而得名。熊野浦在纪伊半岛东南部。

834.〖くだん・ごとし〗①〖日语〗戦死の新魂とかけて碁の名人ととく。〖答案〗心は九段にとどまる(331)。〖汉语〗战死的新鬼和围棋名人有什么相似之处?〖答案〗前者留在九段;后者止于九段。〖解析〗九段位于东京都千代田区西北部。在明治中期以前,九段坂为高级住宅区(山手町)和平民住宅区(下町)的分界线。②〖日语〗土瓶とかけて証文の仍ととく。〖答案〗心は五徳(如)の上にある(349)。〖汉语〗陶壶和证明文书的“因此”有什么相似之处?〖答案〗前者在火撑子的上方;后者在“……一样,如,像”的上方。〖解析〗火撑子是置于炭火之上、搁放铁壶等的三脚或四脚铁制、陶制用具。「仍(よ)つて件(くだん)の如し」是证明文书的末尾固定用语,表示“如上所述(无误)”。

835.〖こぐ〗〖日语〗箱火鉢とかけて大井川ととく。〖答案〗心は焦げ(漕げ)そうでこげぬ(369)。〖汉语〗方火盆和大井川有什么相似之处?〖答案〗前者好像要把火盆附近的东西烤焦,却没有烤焦;后者想划船,却不能划船。〖解析〗木制方形火盆内侧贴有金属板,盆中放入灰后用炭火取暖。大

井川发源于赤石山脉，流经静冈县，注入骏河湾，河上多水坝。江户时代作为旧东海道的涉水渡口而闻名。

836. 〖こすい〗〖日语〗近江八景とかけて如才のない人ととく。〖答案〗心はこすい(265)。〖汉语〗近江八景和办事圆滑的人有什么相似之处？〖答案〗前者是湖水；后者很狡猾。〖解析〗日语中，「こすい」表示"湖水"，也表示"狡猾"。「如才ない」表示"机敏的，伶俐的，周到的"，「如才のない人」表示"办事周到的人"。

837. 〖こととい〗〖日语〗燈籠流しとかけて論議の発端ととく。〖答案〗心はこととい(言問)がもと(354)。〖汉语〗灯笼漂流和争议的起源有什么相似之处？〖答案〗前者从言问桥开始漂流；后者言语是争论的发端。〖解析〗言问桥是从浅草山宿町到向岛的桥梁。

838. 〖こもかぶり・さかごも〗①〖日语〗乞食とかけて伊丹の樽ととく。〖答案〗心は菰かぶり(297)。〖汉语〗乞丐和伊丹的木桶有什么相似之处？〖答案〗前者披着粗草席取暖；后者用粗草席覆盖，加以保护。〖解析〗粗草席用稻秸稀疏编织。②〖日语〗物貰とかけて難産の療治ととく。〖答案〗心は酒薦(逆か子も)着る(404)。〖汉语〗乞丐和给难产的孕妇接生有什么相似之处？〖答案〗前者连盖酒坛的粗草席也愿意披在身上；后者连逆产儿也能处理。

839. 〖こもり〗〖日语〗吉野神社とかけて風呂の内の音曲ととく。〖答案〗心は子守(籠り)(415)。〖汉语〗吉野神社和澡堂内的声音有什么相似之处？〖答案〗前者有保护孩子的神灵；后者水雾弥漫，声音变成深沉的余音。

840. 〖さかば〗〖日语〗花とかけて池田伊丹ととく。〖答案〗心は咲かば(酒場)誉れ(372)。〖汉语〗花和池田伊丹有什么相似之处？〖答案〗前者如果盛开，会赢得赞赏；后者的酒厂享有盛誉。

841. 〖さくら〗〖日语〗吉野山とかけて古手市ととく。〖答案〗心は桜

が多い(415)。〖汉语〗吉野山和旧货市场有什么相似之处?〖答案〗前者樱花多;后者小贩同伙多。〖解析〗日语中,「桜」也表示“敲边鼓,与卖主合谋,装作顾客的样子,引诱路人解囊购买商品的托儿”。另外,「桜」还表示“捧场人和受雇用喝彩者”。他们是演讲者的同伙,混入听众当中,使人们产生共鸣。《日汉大辞典》在「掛ける」的词条中问了一个问题:“樱花的双关语是什么?”「桜と掛けて何と解く」(380)。答案如上所述。

842.〖さしこむ・ひきつける〗〖日语〗淀川の登り舟とかけてどえらい癪気ととく。〖答案〗心はさし込んだり引付けたり(416)。〖汉语〗淀川里上溯的船和严重的胸腹部剧痛有什么相似之处?〖答案〗前者时而扎入巨浪,时而被吸引到漩涡里;后者腹部时而剧痛,时而抽搐。

843.〖さんぷ〗〖日语〗知事の役目とかけて産婆の得意場ととく。〖答案〗心は三府(産婦)に限る(341)。〖汉语〗知事的职责和助产妇擅长的工作领域有什么相似之处?〖答案〗前者是三府;后者是产妇。〖解析〗三府以前指东京府、大阪府和京都府。

844.〖しかくわない〗〖日语〗卵の形とかけて春日明神の氏子ととく。〖答案〗心は四角はない(鹿喰わない)(339)。〖汉语〗鸡蛋的形状和春日明神的族人有什么相似之处?〖答案〗前者无法成为四方形;后者不能吃鹿肉。〖解析〗春日明神与春日大社同义,位于日本奈良市春日野町。鹿在奈良被视为神物。

845.〖しかみ〗〖日语〗奈良見物とかけて眼病ととく。〖答案〗心は鹿見(しかみ)ながら歩く(360)。〖汉语〗在奈良参观和眼病有什么相似之处?〖答案〗前者一边走一边欣赏梅花鹿;后者脸上及额头上堆起皱纹。〖解析〗日语中,「しかみ」既表示“欣赏梅花鹿”「鹿見」,也与表达不快或痛苦心情的「顰め」(颦蹙,皱眉)发音相近。奈良公园辟有鹿苑,放养着许多梅花鹿。

846.〖じば〗〖日语〗八瀬大原の馬とかけて土筆ととく。〖答案〗心はじば(芝)に出まする(407)。〖汉语〗八濑大原的马匹和笔头草有什么相似之处?〖答案〗前者支付二百文可以使用;后者是杂草的一种。

847.〖しゅうと・かいこん〗〖日语〗北海道の開墾とかけて不精な嫁ととく。〖答案〗心は姑(囚徒)を使う(393)。〖汉语〗北海道的开垦和笨拙的媳妇有什么相似之处?〖答案〗前者依靠囚徒;后者依赖婆婆。〖解析〗日语中,「しゅうと」既表示"囚徒",也表示"婆婆"。

848.〖しょうぶ〗①〖日语〗角力場とかけて堀切の道ととく。〖答案〗心は勝負(菖蒲)見るとてこむ(327)。〖汉语〗相扑运动场和堀切的道路有什么相似之处?〖答案〗前者想看到胜负而拥挤;后者想看菖蒲而人头攒动。〖解析〗堀切在东京都葛饰区,有菖蒲园。②〖日语〗大仏と蟻との相撲とかけて五月闇ととく。〖答案〗心は勝負(菖蒲)がわからない(334)。〖汉语〗大佛与蚂蚁打斗和梅雨期夜晚的黑暗有什么相似之处?〖答案〗前者不知道谁胜谁负;后者看不到菖蒲。

849.〖ぜぜ〗〖日语〗破れ財布とかけて瀬田の橋ととく。〖答案〗心は銭(膳所)が見ゆる(409)。〖汉语〗破钱包和濑田桥有什么相似之处?〖答案〗前者能看到钱;后者能看到膳所。〖解析〗膳所是位于日本滋贺县大津市的一个地区,据说因提供琵琶湖的物产给大津王宫食用而得名。濑田位于大津市东部的一个地区,濒临濑田川,有著名的濑田唐桥。"濑田夕照"为近江八景之一。

850.〖た・うつる〗〖日语〗コレラ病とかけて更科(さらしな)の月ととく。〖答案〗心は他(田)へうつって数がふえ(301)。〖汉语〗霍乱和更科的月亮有什么相似之处?〖答案〗前者传染给其他人,感染人数增加;后者的光芒照射到田野中,赏月的人数增加。〖解析〗谜底也可以理解为:每一块水田都有一个月亮,因而月亮的数目增加。更科位于日本长野县长野市南郊,自古以来为和歌中赏月的胜地,也是荞麦的产地。

851.〖たんご・まきえ〗①〖日语〗小学校の生徒とかけて天の橋立見物ととく。〖答案〗心は単語(丹後)から導く(317)。〖汉语〗小学生和参观天桥立景观有什么相似之处?〖答案〗前者从学习单词开始指导;后者从丹后前往天桥立。〖解析〗宫津市丹后天桥立位于日本京都府北部宫津湾,以白沙和青松而知名,日本三景之一(其他两景分别为宫岛和松岛)。②〖日语〗日本の三景とかけて鶉の雛飼ととく。〖答案〗心は蒔絵(撒き餌)にも付ける(362)。〖汉语〗日本三景和饲养小鹌鹑有什么相似之处?〖答案〗前者被画进泥金画;后者被撒在地上的饲料吸引。〖解析〗日语中,「まきえ」既表示"泥金画"「蒔絵」,也表示"撒的饲料"「撒き餌」。泥金画为日本独特的漆器工艺装饰技法,用漆画好图案后,再用金、银、锡等的颗粒或色粉涂在上面以表现图案。

852.〖ちぢみ・おる〗〖日语〗冬の年寄とかけて越後の国ととく。〖答案〗心は縮み居る(織る)(387)。〖汉语〗冬天的老人和越后国有什么相似之处?〖答案〗前者缩在家里不出门;后者编织有皱褶效果的纺织品。

853.〖ちょう〗〖日语〗深川仮宅の火事とかけて蚕のさなぎととく。〖答案〗心は丁(蝶)にかわる(382)。〖汉语〗深川临时住宅发生火灾和蚕蛹有什么相似之处?〖答案〗前者改建到了丁町;后者变成了蝴蝶。〖解析〗丁町为吉原的异称。这与吉原的设计像"丁"字有关。

854.〖つき〗〖日语〗近江の石山とかけて羽二重餅ととく。〖答案〗心は月(搗き)がよい(265)。〖汉语〗近江石山和羽二重饼有什么相似之处?〖答案〗前者月亮好看;后者米捣得好。

855.〖つもり〗〖日语〗富士の白雪とかけてだんだんの借銭ととく。〖答案〗心は積り積り姿を隠してじゃ(384)。〖汉语〗富士山白雪和不断借钱有什么相似之处?〖答案〗前者白雪不断堆积,将富士山遮住;后者债务不断累积,债务人躲了起来。

856. 〖てりふり〗〖日语〗時雨紅葉とかけて西洋傘ととく。〖答案〗心は照り降りじゃ(309)。〖汉语〗晚秋小雨时的红叶和西洋雨伞有什么相似之处?〖答案〗前者发出耀眼的红色,然后落下;后者无论晴雨都能撑起来使用。〖解析〗日语谚语「降っても照っても」表示“不管晴天下雨”。

857. 〖でんがく・くし〗〖日语〗石橋の田楽とかけて比丘尼のおつくりととく。〖答案〗心は串(櫛)がさされぬ(253)。〖汉语〗枥木县石桥町的田乐舞蹈和尼姑的化妆有什么相似之处?〖答案〗前者无法串起来;后者无法使用梳子。〖解析〗日语中,「田楽」既是“水田舞乐”的统称,也表示“田乐豆腐”。田乐豆腐又称“酱烤串豆腐”,是把豆腐切成长方形串起来抹上酱烧烤的一种日本菜肴。

858. 〖とうじ・きたの〗〖日语〗京名所とかけて温泉の客ととく。〖答案〗心は東寺に北野(湯治に来たの)(286)。〖汉语〗京都名所和泡温泉的客人有什么相似之处?〖答案〗前者是北野和东寺;后者来泡温泉治病。〖解析〗日语中,「東寺」(东寺)与「湯治」(泡温泉治病)发音相似;「北野」(北野)与「来たの」(来)发音相似。北野位于京都西北部上京区。东寺为日本教王护国寺的通称。

859. 〖とと〗〖日语〗精進料理とかけて女護の島ととく。〖答案〗心はととがない(318)。〖汉语〗素食和女儿岛有什么相似之处?〖答案〗前者没有鱼;后者没有父亲。〖解析〗日语中,「とと」既表示幼儿语“鱼”,也表示幼儿语“父亲”。女儿岛或女儿国是传说中只有女子居住的岛,见于井原西鹤所著《好色一代男》、泷泽马琴所著《椿说弓张月》等作品中。

860. 〖とる〗〖日语〗十七八の娘とかけて一の宮富ととく。〖答案〗心はだれも取りたがる(316)。〖汉语〗十七八岁的小姑娘和一之宫的财富有什么相似之处?〖答案〗前者谁都希望得到;后者任何人都希望得到。〖解析〗一之宫为日本从古代末期至中世的神社的一个级别,是各藩国最具权威、地位最高的神社。

861．〖ながさき〗〖日语〗外国へ渡海の船とかけて取り返した軍旗ととく。〖答案〗心は長崎（名が先）出る（272）。〖汉语〗开往国外的船只和夺回军旗有什么相似之处？〖答案〗前者从长崎出发；后者把名誉看得重于一切。〖解析〗军旗象征着军队的荣誉。

862．〖なかず〗〖日语〗子供のままごととかけて昔の通人ととく。〖答案〗心は泣かず（中洲）に遊び（299）。〖汉语〗孩子过家家和以前精通游乐之道的人有什么相似之处？〖答案〗前者不哭不闹只顾玩耍；后者到中洲玩耍。〖解析〗中洲是日本隅田川西岸的填埋地，在东京中央区日本桥附近，是人们纳凉和游玩的地方。

863．〖ながれる〗①〖日语〗松島の景色とかけて八か月の質ととく。〖答案〗心は流れそうだ（396）。〖汉语〗松岛的景色和八个月的典当物有什么相似之处？〖答案〗前者青翠欲滴；后者眼看要断赎。〖解析〗日语中，「流れる」既表示“气氛笼罩，洋溢”，也表示“典当物断赎”。日本东北地方仙台市松岛湾内的松岛岛群散布着众多小岛，景色迷人。当死或断赎，又叫“取消抵押品赎回权”，指物件抵押人由于没有满足抵押品赎回期间（典当物的期限为七个月）所需要满足的要求（通常是没有支付利息），遭到债权人的清偿要求，从而丧失了物件赎回的权利。②〖日语〗水のない川とかけて生掛の蠟燭ととく。〖答案〗心は流れたことはない（399）。〖汉语〗干涸的河流和制作精良的蜡烛有什么相似之处？〖答案〗前者没有流动的水；后者不会流淌烛泪。〖解析〗蜡烛流泪不但影响燃烧，而且缩短蜡烛寿命。③〖日语〗水のない川とかけて利上げした質物ととく。〖答案〗心は流れることがない（399）。〖汉语〗干涸的河流和按时支付利息的典当物有什么相似之处？〖答案〗前者没有流动的水；后者不会断赎。〖解析〗按时付利息的典当物可以推迟赎回典当物的时间。

864. 〖なすの〗〖日语〗貧乏人の借財とかけて九尾の狐ととく。〖答案〗心はなすの(那須野)に追われる(381)。〖汉语〗穷人借钱和九尾狐有什么相似之处?〖答案〗前者被追到那须野垦荒;后者被追赶到那须野。〖解析〗九尾狐可以操纵风火雷电,懂得召唤亡灵的法术,并且能够死而复生。朝廷军队与它在那须野与朝廷军队大战三天三夜,数万士兵死伤,损失惨重。最终,它被广常、义澄两位将军冷箭射杀。那须位于栃木县北端。

865. 〖なり〗〖日语〗地震とかけて京の着倒れととく。〖答案〗心は形ゆするじゃあろ(310)。〖汉语〗地震和京都人讲究穿有什么相似之处?〖答案〗前者地面摇动;后者受外表的影响。〖解析〗「着倒れ」表示"讲究穿,穿穷,穷穿",与之相关的表达是「食い倒れ」(把人吃穷)。

866. 〖におう〗〖日语〗麝香のある座敷とかけて浅草の雷門ととく。〖答案〗心はなんぞ入れば匂う(仁王)(315)。〖汉语〗有麝香的日本式房间和浅草的雷门有什么相似之处?〖答案〗前者里面有香味;后者进去后有仁王门。

867. 〖のぼる〗①〖日语〗富士山とかけて道ばたのどん糞ととく。〖答案〗心は登って驚く(244)。〖汉语〗富士山和路上的粪便有什么相似之处?〖答案〗登上前者后,景色美得令人吃惊;踩上后者,让人心惊。②〖日语〗薬の強い風船とかけて役に立つ官員ととく。〖答案〗心はずんずんのぼる(288)。〖汉语〗氢气比较足的气球和能干的官员有什么相似之处?〖答案〗前者不停地向上升;后者快速晋升。〖解析〗日语中,「上(のぼ)る」既表示"物体在空中上升",也表示"职位晋升"。

868. 〖のまない〗〖日语〗下戸の生酔いとかけて小金原ととく。〖答案〗心は飲まないで(野馬ないで)騒ぐ(292)。〖汉语〗不喝酒的人半醉和小金原有什么相似之处?〖答案〗前者实际上是没有喝酒,而是借机闹事;后者因为没有放牧的马而发生骚动。〖解析〗日语中,「飲(の)まない」(没有喝

酒）与「野馬ない」（没有马）发音相似。小金原在千叶县东葛饰郡。历史上，幕府的马匹在这里放牧。

869. 〖はく〗〖日语〗ヒマラヤ山上の雪とかけて緒のなき下駄ととく。〖答案〗心は履け（履け）ない（379）。〖汉语〗喜马拉雅山上的雪和没有木屐带的木屐有什么相似之处？〖答案〗前者没法扫；后者没法穿。〖解析〗日语中，「はく」既表示"打扫"「掃く」，也表示"穿鞋"「履く」。

870. 〖はし〗①〖日语〗鶴とかけて永代ととく。〖答案〗心は嘴（橋）が長い（346）。〖汉语〗鹤和永代有什么相似之处？〖答案〗前者嘴长；后者桥长。〖解析〗永代桥是元禄年间开始在隅田川上架设的桥。因为离河口近，所以比较长。②〖日语〗加茂川の千鳥とかけて飯の上の蠅ととく。〖答案〗心は橋（箸）の音で逃げる（278）。〖汉语〗加茂川的鸟群和饭上的苍蝇有什么相似之处？〖答案〗前者听到桥上发出声音就飞走；后者听到筷子的声音就飞走。〖解析〗加茂川位于冈山县中部吉备高原。

871. 〖はっけい〗〖日语〗辻占とかけて近江の名所ととく。〖答案〗心は八卦（八景）であたる（345）。〖汉语〗十字路口占卜和近江名所有什么相似之处？〖答案〗前者八卦很灵；后者八景很受人欢迎。

872. 〖はな・つまる〗①〖日语〗錦絵とかけて日本橋の賑いととく。〖答案〗心は花の東の景物でおめでたい（361）。〖汉语〗锦绘和日本桥的繁华热闹有什么相似之处？〖答案〗前者上面有花团锦簇的关东地区的景色；后者是繁华的关东地区的景色。〖解析〗锦绘是套色浮世绘版画，因色彩丰富、鲜艳似锦而得名。日本桥位于日本东京都中央区北部，建于 1603 年，是东海道等江户时代五大驿道的起点，桥中央有通往全国各地的里程路标。现在的大桥建于 1911 年。「東」是从京都所见的镰仓、江户等关东地区的古称。②〖日语〗かぜっぴきとかけて吉野川ととく。〖答案〗心は鼻汁（花）が流れる（274）。〖汉语〗感冒和吉野川有什么相似之处？〖答案〗前者流鼻涕；后者是花的海洋。③〖日语〗風邪を引いた人とかけて吉野の花盛りととく。〖答案〗心は鼻(花)がつまる(274)。〖汉语〗感冒的人和吉野樱花盛开有什么相似之处?〖答案〗前者鼻子堵塞;后者充满了樱花。〖解析〗日语中,「詰まる」既表示“不通”,如「パイプが詰まる」(管道堵塞),也表示“挤满,充满,塞满”,如「仕事が詰まる」和「予定が詰まっている」(预约排满)。吉野位于日本奈良县南部,自古以来以樱花胜地和吉野杉的产地而闻名。

873.〖ひ〗〖日语〗早飛脚の提灯とかけて宇治川螢ととく。〖答案〗心は火が飛んで行く(373)。〖汉语〗飞脚的灯笼和宇治川的萤火虫有什么相似之处?〖答案〗前者是灯笼里的火飞了过来;后者是萤火虫的火飞了过来。〖解析〗飞脚指日本旧时将信件、金钱、小货物等送到远方的运输工,他们来回于江户和大阪之间,行程需要六天。

874.〖ひとしお〗〖日语〗吉野の桜とかけて若狭鰈ととく。〖答案〗心は一しお(塩)美しい(415)。〖汉语〗吉野樱花和若狭比目鱼有什么相似之处?〖答案〗前者分外美丽;后者是从若狭送到京城的(薄腌)比目鱼。

875.〖ひびく〗〖日语〗鹿児島戦争とかけて世界の大地震ととく。〖答案〗心は異国まで響く(274)。〖汉语〗萨英战争和世界地震有什么相似之处?〖答案〗前者波及其他国家;后者让世界震动。

876.〖ふじ〗〖日语〗富士山の夢とかけて嫁入ととく。〖答案〗心はよいことがある(384)。〖汉语〗梦见富士山和婚礼有什么相似之处?〖答案〗两者都表示有好事要发生。〖解析〗日本有固定说法「一富士、二鷹、三茄、四扇、五煙草、六座頭」,意思是在正月里第一个梦如果梦到富士山、鹰、茄子、扇子、烟和弹琵琶的盲和尚,那么新的一年就会有好事发生。富士山带有“不死”“平安”等寓意。鹰有“高飞”“百鸟之王”的寓意。「なすび」(茄子)和「ことをなす」(成事)发音相近。扇作为祭典上的小道具又叫作「末広がり」,有“兴旺”之意。作为祭典上的道具,烟被看作具有可以把人们聚集起

来的力量，而且烟燃烧时缭绕向上。「毛が無い」（弹奏琵琶的盲和尚没有头发）和日语「怪我ない」（不会受伤）的发音相同。

877. 〖ふじ〗〖日语〗四月頃の亀井戸とかけて返り咲ととく。〖答案〗心は藤（不時）の花を見る（309）。〖汉语〗四月的亀井户和春天开花的树木到秋天再度开花有什么相似之处？〖答案〗前者看到藤花；后者反季节开花。〖解析〗亀井户即东京都江东区亀户天神社，以藤花著名。

878. 〖ぶっかく〗〖日语〗京名所とかけて瀬戸物屋の大地震ととく。〖答案〗心は仏閣（打っ欠く）が多い（286）。〖汉语〗京都名所和濑户陶瓷器商店发生地震有什么相似之处？〖答案〗前者佛阁多；后者被摔碎。〖解析〗日语中，「仏閣」（佛阁）与「打っ欠く」（摔碎）发音相似。「仏閣」也可以指寺院、禅林等建筑物。

879. 〖ふるいち・やまだ〗①〖日语〗老女のめまいとかけて太太神楽ととく。〖答案〗心は古い血（古市）の騒ぎ（420）。〖汉语〗老太太头晕目眩和神乐有什么相似之处？〖答案〗前者是血液老旧引起的；后者是古市举行的活动。〖解析〗古市以前为宇治山田市，现在为三重县伊勢市。②〖日语〗金を持たぬ相場師とかけて伊勢の都会ととく。〖答案〗心は山だ（山田）（277）。〖汉语〗没有钱的投机者和伊势市有什么相似之处？〖答案〗前者投机；后者是山田。〖解析〗日语中，「山を張る」表示“冒险，投机”。

880. 〖ほしあい〗〖日语〗吉野川の名物とかけて七夕ととく。〖答案〗心はほしあいがよい（415）。〖汉语〗吉野川的名产和七夕有什么相似之处？〖答案〗前者有干香鱼；后者两颗星星（牛郎星和织女星）相会。

881. 〖まつ〗①〖日语〗隠し妻の別荘とかけて古河の畷手ととく。〖答案〗心は待つ（松）ばかり（273）。〖汉语〗金屋藏娇的妻子住的别墅和古河的田间小路有什么相似之处？〖答案〗前者中妻子天天等待；后者有很多松树。〖解析〗古河位于茨城县西端，渡良瀬川沿岸。②〖日语〗住吉高灯籠とかけて色事の出合ととく。〖答案〗心は松からこえじゃ(326)。〖汉语〗住吉高灯笼和风流韵事的幽会有什么相似之处?〖答案〗前者挂在松树上,发出声音;后者等待之后,然后呼唤过来。

882.〖みえ〗〖日语〗飢民の賑恤とかけて日本宗社のある県地ととく。〖答案〗心は外見(三重)ばかり(312)。〖汉语〗赈恤饥民和日本宗庙和社稷所在地有什么相似之处?〖答案〗前者只是做样子让人看;后者是三重。

883.〖みずとり〗〖日语〗鴨とかけて二月堂ととく。〖答案〗心は水鸟(水取り)(278)。〖汉语〗鸭和二月堂有什么相似之处?〖答案〗前者是水鸟;后者是取水。〖解析〗奈良东大寺二月堂取水节仪式从3月11日开始,12日晚到13日是仪式的高潮,是东大寺的僧人在二月堂的十一面观音像前代表世人忏悔罪孽而祈求国家安泰、万民丰乐的法事。该仪式始于公元752年,每年举行一次。据说到现在为止,从来没有中断过。

884.〖むっつ〗〖日语〗十五夜の月とかけて仙台の飛脚ととく。〖答案〗心は六つ(陸奥)から出る(315)。〖汉语〗十五的月亮和仙台的飞脚有什么相似之处?〖答案〗前者从晚上六点在天空出现;后者从陆奥出发。〖解析〗陆奥市在今天青森县,仙台在今天宫城县。

885.〖め〗〖日语〗高野山とかけてから鮭ととく。〖答案〗心は目(女)なし(295)。〖汉语〗高野山和干鲑鱼有什么相似之处?〖答案〗前者禁止女性上山;后者没有眼睛。〖解析〗干鲑鱼的眼睛在加工过程中容易脱落。

886.〖めん〗〖日语〗北海道の改革とかけて能役者の払い物ととく。〖答案〗心は面(免)が多い(393)。〖汉语〗北海道改革和能乐演员处理闲置品有什么相似之处?〖答案〗前者有很多减免税等优惠政策;后者有许多面具需要甩卖。〖解析〗日语中,「めん」既表示"免税",也表示"面具"。能乐演员一般需要戴面具。

887.〖もみじ〗〖日语〗高雄山とかけて羽二重ととく。〖答案〗心は紅

葉(紅絹地)がようござる(335)。〖汉语〗高雄山和纯白仿绸有什么相似之处？〖答案〗前者有红叶；后者是丝绸。〖解析〗高雄，又称“高尾”，位于日本京都市西北，是右京区梅畑的一个地区，有神护寺，与栂尾、槙尾一起被称为“三尾”，以红叶胜地著称。

888.〖ゆい・おきつ〗〖日语〗湯忘物とかけて二宿名目ととく。〖答案〗心は湯置(由比興津)(412)。〖汉语〗忘在澡堂里的东西和两个旧宿场町有什么相似之处？〖答案〗前者置于澡池；后者是由比和兴津。〖解析〗宿场町是以宿驿为中心形成的城镇。由比在日本静冈县中部。兴津位于静冈县清水市东部。

889.〖ゆきき〗〖日语〗日本橋とかけて三国一の富士ととく。〖答案〗心は往来(雪気)は絶えぬ(363)。〖汉语〗日本桥和世上最好的富士山有什么相似之处？〖答案〗前者行人络绎不绝；后者终年可以看到积雪。〖解析〗日语中，「ゆきき」既表示“行人数量，路况”「往来」，也表示“雪况”「雪気」。

890.〖ゆきだけ・つもる・こしじ〗①〖日语〗富士の山とかけて仕立屋の注文ととく。〖答案〗心は雪丈(裄丈)積もる(384)。〖汉语〗富士山和裁缝店的订单有什么相似之处？〖答案〗前者因为山高而有雪累积；后者粗略计算衣服水平和垂直方向的长度。〖解析〗日语中，「裄(ゆき)」为袖长，指衣服从背缝到袖口的长度。「丈(たけ)」为垂直方向的长度，如上衣身长、裙子长度。②〖日语〗冬の山とかけて半天の誂えととく。〖答案〗心は越路(腰字)に雪たけ(裄丈)(387)。〖汉语〗冬天的山和号坎的订制有什么相似之处？〖答案〗前者(如日本通往北陆地区的道路)被大雪覆盖；后者是腰部有文字印记的短上衣工作服。③〖日语〗富士の山とかけて手の出せぬ着物ととく。〖答案〗心は雪(裄)が長うある(385)。〖汉语〗富士山和伸不出手的衣服有什么相似之处？〖答案〗前者的雪已经有很长时间；后者衣袖太长。④〖日语〗手長島とかけて越後の国ととく。〖答案〗心は裄(雪)がたくさん(348)。〖汉语〗手长人的岛屿和越后国有什么相似之处？〖答案〗前者袖子长；后者雪多。〖解析〗手长人是住在虚构的岛屿上的手很长的居民。⑤〖日语〗夏の富士とかけて幅の狭い反物ととく。〖答案〗心は雪(裄)があるまい(359)。〖汉语〗夏天的富士山和宽度较窄的绸缎有什么相似之处？〖答案〗前者没有雪；后者袖子不到应有的长度。

891.〖ゆくさき〗〖日语〗水の流れとかけて闇夜の道ととく。〖答案〗心は行く先知れぬ(399)。〖汉语〗水的流动和黑夜走路有什么相似之处？〖答案〗前者不知道水会流到何处；后者看不清前面的道路。

892.〖よなき〗〖日语〗饂飩屋とかけて東海道の名所ととく。〖答案〗心は夜なきじゃ(261)。〖汉语〗面条店和东海道名所有什么相似之处？〖答案〗前者深夜不开张；后者有夜啼石。〖解析〗夜啼石是日本静冈县挂川市小夜中山(东海道日坂岭到金谷岭之间的坡道)的哭石传说，属于“远州七不思议”传说之一：一位孕妇夜晚路过时被强盗杀害。然而，孕妇腹中的婴儿却独自出生，被一位僧人抱回寺庙抚养。母亲的亡灵转移到路边的大石头上，夜夜哭泣。

893.〖りきむ〗①〖日语〗枕引とかけて仁王門ととく。〖答案〗心は両方にりきむ(394)。〖汉语〗拽枕头比赛和仁王门有什么相似之处？〖答案〗前者两边都屏气用力；后者精神百倍。〖解析〗日语中，「力む」表示“屏气用力，奋勇”。②〖日语〗金貸屋とかけて相撲場の飯時ととく。〖答案〗心は利金で(力んで)している(276)。〖汉语〗放债人和相扑赛场就餐时间有什么相似之处？〖答案〗前者靠利息获得利润；后者干劲十足。

第四节　节日月份

894.〖あかるい〗〖日语〗聖人の腹とかけて十五夜の月ととく。〖答案〗心は世界か明るい(328)。〖汉语〗圣人的心和十五的月亮有什么相

似之处？〖答案〗前者让世界明亮；后者照亮大地。

895. 〖あげる〗〖日语〗初午の豆腐屋とかけてよい芸妓ととく。〖答案〗心は揚げ売り通しじゃ(370)。〖汉语〗初午的豆腐店师傅和受欢迎的艺伎有什么相似之处？〖答案〗前者将豆腐油炸，然后出售；后者将艺伎招至宴席，饮酒玩乐。〖解析〗初午指二月最初的午日。日本许多地方自古以来将此日作为农神的傺祀日。

896. 〖あさくさ〗〖日语〗四万六千日とかけて汐のそこりに櫓のきかぬ船ととく。〖答案〗心は浅草をさして（浅く棹さして）出る(314)。〖汉语〗四万六千日和退潮时无法撑船有什么相似之处？〖答案〗前者香客朝着浅草出发；后者水太浅，撑船篙才能出来。〖解析〗「さす」既表示“指向，朝向”「射す」，也表示“用篙撑船”「差す」。七月十日是与观音结缘的日子。在这个日子里结缘，功力相当于平日的四万六千倍。江户时代，这个日子里前往浅草观音寺的人很多。船篙是撑入水底使船前进的竹竿。

897. 〖あつい〗①〖日语〗土用のうちとかけてのぼせたお客ととく。〖答案〗心はあつくなった(356)。〖汉语〗立夏前 18 天和热衷于某事的客人有什么相似之处？〖答案〗前者温度越来越高；后者感情越来越热烈。②〖日语〗七月とかけて今のんだ煙管ととく。〖答案〗心は残る暑（熱）さ(311)。〖汉语〗七月和刚刚抽过的烟斗有什么相似之处？〖答案〗前者还有残暑；后者还有余热。

898. 〖あぶらけ〗〖日语〗春の鰯とかけて勇みの髪の毛ととく。〖答案〗心は油気がない(375)。〖汉语〗春天的沙丁鱼和豪侠的头发有什么相似之处？〖答案〗前者不肥；后者不油亮。

899. 〖あまのがわ〗〖日语〗七夕とかけて辰巳村の橋ととく。〖答案〗心は天（尼）の川を渡る(338)。〖汉语〗七夕和辰巳村的桥梁有什么相似之处？〖答案〗前者牛郎织女渡过天河；后者横跨尼川。

900.〖あわせ〗〖日语〗四月の一足飛とかけてせかれた客ととく。〖答案〗心は袷(逢わせ)ないという(309)。〖汉语〗四月里蹦跳的人和不受欢迎的客人有什么相似之处?〖答案〗前者不穿夹衣;后者最好不要遇到。〖解析〗「袷」是有里子的和服的总称,初秋至次年初春时穿。

901.〖いちにちで・はる〗〖日语〗大晦日とかけて表具師ととく。〖答案〗心は一日で春(貼る)(267)。〖汉语〗除夕和表具师有什么相似之处?〖答案〗前者再过一天就是正月;后者每天忙于贴纸。〖解析〗日语中,「一日で」既表示"再过一天",也表示"每天";「はる」既表示"春天,正月""「春」,也表示"粘贴"「貼る」。「表具师」指以制作挂轴、匾额、打造和室推拉门、屏风等为职业的人。

902.〖いなり〗〖日语〗初午とかけて奉公人の出替りととく。〖答案〗心は稲荷(居なり)を喜ぶ(370)。〖汉语〗初午和佣人在主人家继续服务有什么相似之处?〖答案〗前者在神社庆祝;后者庆祝合同期满续签合同。

903.〖うらない〗〖日语〗綱五郎とかけて夏の移りかえととく。〖答案〗心は占(裏無い)になる(345)。〖汉语〗纲五郎和夏天换季有什么相似之处?〖答案〗前者成为算命先生;后者不穿衬衣。

904.〖うるさい〗〖日语〗五月の蠅とかけて二月二十九日ととく。〖答案〗心はうるさい(閏歳)(296)。〖汉语〗五月的苍蝇和二月包含二十九天有什么相似之处?〖答案〗前者很嘈杂烦人;后者是闰年。

905.〖おさんじ〗〖日语〗物貰とかけて大家の飯焚女ととく。〖答案〗心はお三日に(御三時)いそがしい(405)。〖汉语〗乞丐和大户人家厨房的女工有什么相似之处?〖答案〗前者在三大节日忙;后者为下午茶点忙。〖解析〗三大节日指朔日、十五日和二十八日。这几个节日便于乞丐乞讨。

906.〖おとし〗①〖日语〗賀の祝いとかけて箱火鉢の中を褒めととく。〖答案〗心はいいお年(いい落し)(277)。〖汉语〗新年祝贺和赞扬方形火盆有什么相似之处？〖答案〗前者说“新年快乐”；后者说“金属内胆真好”。〖解析〗日语中，「おとし」表示“新年”，也表示“木制火盆的金属内胆”。②〖日语〗上手な咄とかけて誂えの火鉢ととく。〖答案〗心はおとしがいい（318）。〖汉语〗上乘的笑话和定做的火盆有什么相似之处？〖答案〗前者最后的笑点好；后者的金属内胆好。

907.〖おには・まめ〗①〖日语〗節分とかけて植木屋の仕事ととく。〖答案〗心は鬼は（お庭）外だ（330）。〖汉语〗季节转换期和花木商人的工作有什么相似之处？〖答案〗前者边撒豆边说：“鬼到外边，福到里面”；后者在室外伺候花木。〖解析〗节分原始意思是季节的转换期，指立春、立夏、立秋、立冬的前一日。特指立春的前一天。在日本，以前曾把立春当作一年之始，故其前一天便具有除夕的特征。为驱鬼防灾，要举行多种仪式，如撒驱鬼豆以驱鬼等。②〖日语〗こわくない鬼とかけて死んだ鳩ととく。〖答案〗心は豆をまくにおよばん（301）。〖汉语〗模样不那么吓人的鬼和没命的鸽子有什么相似之处？〖答案〗前者不用撒豆子驱赶；后者不用撒豆子喂食。

908.〖かける〗①〖日语〗大晦日とかけて焼き接き屋ととく。〖答案〗心は掛け（欠け）を集める（267）。〖汉语〗除夕和烧接店有什么相似之处？〖答案〗前者有很多需要悬挂的东西（或需要付清的欠款）；后者有许多破损的东西。〖解析〗日本除夕需要悬挂许多预示吉庆的东西，如在神前或在举行神道仪式场所周围挂界绳或稻草绳。烧接指将破损的陶瓷器涂上釉，烧制后接上。②〖日语〗風鈴蕎麦屋とかけて二季払の商人ととく。〖答案〗心はかけばかり（382）。〖汉语〗风铃荞麦商人和两个季节支付的商人有什么相似之处？〖答案〗前者出售加烧汁的荞麦面条；后者赊买。〖解析〗日语中，「掛け」既表示“加烧汁的荞麦面条”「掛け蕎麦」，也表示“赊买”「掛け買」。赊买指先取得物品、后付钱的购买方式，一般在中元节和年末「盆暮れ」结算。③〖日语〗婦人の洋学とかけて四月ごろの俄か雨ととく。〖答案〗心は鼻

(花)に掛けぬようにしたい(385)。〖汉语〗妇女学习西方知识和四月的阵雨有什么相似之处?〖答案〗希望前者不要自高自大;希望后者的雨滴不要滞留在花朵上。

909.〖かりこみ〗〖日语〗流行る西洋床とかけて田舎の年末ととく。〖答案〗心は刈込みでせわしい(374)。〖汉语〗受欢迎的西洋理发店和乡下年末有什么相似之处?〖答案〗前者忙于修剪头发;后者忙于修树剪枝。

910.〖かん・あく〗〖日语〗銚子の継ぎ目とかけて節分ととく。〖答案〗心は燗(寒)が明く(343)。〖汉语〗长把酒壶的接口和立春前一天有什么相似之处?〖答案〗前者是烫酒壶破了,出现缝隙;后者寒冷到头了。〖解析〗日语中,「かん」既表示"温酒",也表示"寒冷";「あく」表示"一定的期限结束"。

911.〖きく〗〖日语〗九月の草花とかけて隣の踊ととく。〖答案〗心は菊(聞く)ばかり(288)。〖汉语〗九月的花草和邻居的舞蹈有什么相似之处?〖答案〗前者只剩下菊花;后者只能隔墙听,看不到。

912.〖きれる〗〖日语〗日本橋とかけて菖蒲刀ととく。〖答案〗心は人のきれることがない(363)。〖汉语〗日本桥和菖蒲刀有什么相似之处?〖答案〗前者人流不断;后者不会伤人。〖解析〗日语中,「きれる」既表示"中断",也表示"砍伤,割伤"。菖蒲刀是端午节时儿童当作刀带在身上的菖蒲。有利用香气浓重的菖蒲驱走邪气之意。

913.〖くさい・あける〗〖日语〗八歳の大晦日とかけて雪隠ととく。〖答案〗心は明けると九歳(臭い)(371)。〖汉语〗八岁过除夕和厕所有什么相似之处?〖答案〗前者开年就九岁;后者一打开门就臭不可闻。〖解析〗日语中,「あける」既表示"开年",也表示"打开门";「くさい」既表示"九岁"「九歳」,也表示"臭"「臭い」。

914.〖くさる〗〖日语〗吹降りの雨とかけて土用のうちの生魚ととく。

〖答案〗心は十分に腐る(383)。〖汉语〗狂风暴雨和立秋前的暑伏时的鲜鱼有什么相似之处？〖答案〗前者雨量很大；后者已经腐朽。〖解析〗日语中有习语「腐る程」(多得不得了，东西多得大大超出所需的程度)，说明「腐る」与“多”有关。猜这个谜语的时间可能早已过了立秋前的暑伏。

915.〖くむ・くまで〗〖日语〗酉の市とかけて深川の飲み水ととく。〖答案〗心は熊手(汲まで)買う(357)。〖汉语〗酉日集市和深川饮用水有什么相似之处？〖答案〗前者可以让顾客买捞财耙子；后者无法汲水，只能购买水。〖解析〗酉日集市于十一月初酉日举行。集市上可以买捞财耙子。历史上，深川水质低劣，因此不能从水井中汲水喝，只能使用外地的水。

916.〖くも・あかす・すごし〗①〖日语〗美人と寝た夜とかけて晴天の望月ととく。〖答案〗心は苦も(雲)なく夜をあかす(377)。〖汉语〗与美人同寝和阴历十五日晴天的月亮有什么相似之处？〖答案〗前者开心得一个通宵没睡；后者没有云，月亮照亮大地。〖解析〗日语中，「くも」既表示“云”「雲」，也表示“苦”「苦も」。②〖日语〗金持の大晦日とかけて寒夜の月ととく。〖答案〗心は苦も(雲)なく過ごし(凄し)(276)。〖汉语〗有钱人过除夕和寒夜的月亮有什么相似之处？〖答案〗前者快乐度日；后者天空没有云，很不错。③〖日语〗晴れ渡ったる夜の月とかけてだらだら上がりの山道ととく。〖答案〗心は雲(苦)もなく登る(375)。〖汉语〗晴朗时的夜月和徐缓的上坡山路有什么相似之处？〖答案〗前者没有云；后者爬起来不累。

917.〖くる〗〖日语〗盆と正月とかけてさしあいの道連れととく。〖答案〗心はいっしょに来られては困る(394)。〖汉语〗盂兰盆节与正月和话不投机的旅伴有什么相似之处？〖答案〗前者如果一起来，会非常繁忙；后者在一起，会横生枝节。

918.〖こ〗〖日语〗年の暮とかけて取上婆ととく。〖答案〗心は数の子を洗う(355)。〖汉语〗岁暮和接生婆有什么相似之处？〖答案〗前者清洗无

数青鱼子;后者清洗许多新生儿。〖解析〗青鱼子是青鱼的卵巢,通常制成腌青鱼子或青鱼子干。在日本,为子孙繁衍的吉祥物,多用于新年正月的菜肴中。

919.〖さんけい〗〖日语〗盆石会とかけて大阪の十日戎ととく。〖答案〗心は皆山景(参詣)を面白うする(394)。〖汉语〗盆石会和财神日有什么相似之处?〖答案〗前者大家都对山景有很大的兴趣;后者人们对参拜兴趣盎然。〖解析〗盆石会指在盆中摆放一些天然石或沙子,用以表现山水等风景的聚会。财神日指1月10日财神祭日,以大阪今宫、兵库县西宫、京都建仁寺等祭祀财神的神社最为有名。人们购买系在竹枝上的各种吉祥小宝物,以祈求买卖兴隆。

920.〖しまう〗〖日语〗年始の礼者とかけて松飾りの竹ととく。〖答案〗心は門口でしまう(366)。〖汉语〗新年拜年的人和门松、竹子有什么相似之处?〖答案〗前者的寒暄和交换礼品在门口完成和结束;后者在门口收拾整理。

921.〖しょうがつ・つくる〗〖日语〗東京谷中の百姓とかけて年の暮ととく。〖答案〗心は生姜作る(正月来る)でせわし(352)。〖汉语〗东京谷中的百姓和岁暮有什么相似之处?〖答案〗前者用生姜制作食物,一片繁忙景象;后者正月到了,人们忙着迎接新年。〖解析〗谷中是东京都台东区西北部、日暮里地铁站西侧的地区。地名意为"上野和驹込的中间之谷"。

922.〖しょうぶ・さす〗〖日语〗角力の行司とかけて端午の花活けととく。〖答案〗心は勝負(菖蒲)をさす(327)。〖汉语〗相扑裁判员和端午插花有什么相似之处?〖答案〗前者指出胜利者和失败者;后者插菖蒲花。

923.〖しろざけ〗〖日语〗三月のお客とかけて睦言ととく。〖答案〗心は白酒が出た(307)。〖汉语〗三月的客人与和睦交谈的话语有什么相似之处?〖答案〗前者用白甜酒庆祝;后者用白甜酒助兴。〖解析〗白甜酒指白色

浑浊的甜酒。日本有在3月3日偶人节饮用白甜酒的风俗。

924.〖すみきって〗〖日语〗名月とかけて炉開きの仕度ととく。〖答案〗心は澄み切って(炭切って)待つ人来る(402)。〖汉语〗明月和开炉的准备工作有什么相似之处？〖答案〗前者天空如洗，赏月的客人如约而至；后者将炭碎成小块，品茶的客人已经到来。〖解析〗日本茶道中，开炉指关闭夏季使用的风炉，打开地炉开始使用，于阴历十月初一或十月中的亥日进行。

925.〖せがき・らくがき〗①〖日语〗幽霊の参会とかけて孫の手を借りる老人ととく。〖答案〗心は施餓鬼(背掻)を楽しむ(412)。〖汉语〗幽灵出席会议和使用老头乐(或痒痒挠)的老人有什么相似之处？〖答案〗前者喜欢施食会；后者挠到痒处，心中痛快。〖解析〗施食会也叫作"水陆道场"，是佛教对饿鬼施食的法会。在日本，净土、禅宗等在盂兰盆会活动中均为祖先和无人祭祀的死者做佛事。②〖日语〗筆まめな順礼とかけて正月十六日七月十六日ととく。〖答案〗心は楽書(楽餓鬼)(386)。〖汉语〗勤于笔耕的人去圣地朝拜和正月十六日与七月十六日有什么相似之处？〖答案〗前者在墙上胡乱涂写；后者饿鬼很高兴。〖解析〗正月十六日和七月十六日为拜佛之日。这两日阎王放假，不再折磨地狱的罪人。日本特指佣人放假拜阎王的日子。

926.〖せわしない〗〖日语〗楽隠居とかけて年の暮ととく。〖答案〗心は何事も世話しない(忙しない)(417)。〖汉语〗悠闲隐居的人和岁暮有什么相似之处？〖答案〗前者没有任何担心和顾虑；后者不再忙碌。

927.〖そらもめる〗〖日语〗時雨どきとかけてうその喧嘩ととく。〖答案〗心は空揉める(309)。〖汉语〗秋冬之交时的阵雨和虚假争吵有什么相似之处？〖答案〗前者天气不佳；后者是假吵。

928.〖たえ〗〖日语〗堪忍袋とかけて十五夜の月ととく。〖答案〗心は耐えつつめば後、光明がさす(田へつつみて光さす)(281)。〖汉语〗容忍的限度和十五的月亮有什么相似之处？〖答案〗前者只要忍耐到足够的时间，就

会有光明;后者的光线普照田地。〖解析〗「堪忍袋」是将容忍对方的肚量比喻为口袋的用语。

929. 〖たかい〗〖日语〗七夕とかけて払わぬ気の買物ととく。〖答案〗心は高くっても構わぬ(338)。〖汉语〗七夕和不打算买的商品有什么相似之处?〖答案〗前者高高地放置竹制品;后者价格高也不介意。〖解析〗七夕有将竹制装饰品高高地放置的风俗。这种风俗从文政时代开始。

930. 〖たかい〗〖日语〗五月の幟とかけて馬方の話ととく。〖答案〗心は鯉(声)がたかい(296)。〖汉语〗五月鲤鱼旗和以赶驮马为业的人有什么相似之处?〖答案〗前者悬挂得高;后者声音大。〖解析〗日语中,「高い」既表示"位置高",也表示"声音大"。日语有习语「馬方船頭御乳の人」,表示"典型的说话粗暴的人"。以赶驮马为业的人又被称为"赶脚的"。

931. 〖たつ〗〖日语〗松飾とかけて修行者ととく。〖答案〗心は門へ立つ(396)。〖汉语〗门松和修行者有什么相似之处?〖答案〗前者新年装饰正门;后者伫立在门口希望得到施舍。

932. 〖たてる〗〖日语〗日の丸の旗とかけて髪置ととく。〖答案〗心は立てて祝う(379)。〖汉语〗太阳旗和放开头发仪式有什么相似之处?〖答案〗前者挂起来庆祝;后者改变发型庆祝。〖解析〗日本男孩、女孩三岁时要把以前一直夹起来的头发放开,同时举行庆祝活动。这种发型变化被称为「髪立」。

933. 〖つける〗〖日语〗西洋の門飾りとかけて紫蘇ととく。〖答案〗心は葉を束ねて実を付(漬)ける(328)。〖汉语〗西方人装饰大门和紫苏有什么相似之处?〖答案〗前者把叶子束起来,把果实挂起来;后者将其叶子捆起,将其果实腌渍。〖解析〗圣诞节时,西方人装饰圣诞树,树上挂苹果之类的果实。

934. 〖でる〗①〖日语〗晦日の月とかけて実体な息子ととく。〖答案〗

心は出た事がない(399)。〖汉语〗大年三十的月亮和忠厚老实的儿子有什么相似之处?〖答案〗前者不会出来;后者不会出去游玩(或不会出事)。〖解析〗日语有谚语「晦日に月が出る」(三十出月亮),比喻不可能有的事情,相当于汉语的“太阳从西边出来”。

935.〖どよう〗〖日语〗团々珍聞とかけて虫干の宝物ととく。〖答案〗心は土曜(土用)に出して見せる(398)。〖汉语〗《团团珍闻》报纸和晾晒重要物品有什么相似之处?〖答案〗前者星期六出版;后者在入伏时拿出来。〖解析〗晾晒表示为消除衣服、家具、书籍中的湿气,防止生虫、发霉,而将上述物品通风晾晒,根据不同的时期,分别有“入伏前后晾晒”“秋季晾晒”“冬季晾晒”。

936.〖にとはち〗〖日语〗春秋の彼岸とかけて金魚売りの金魚ととく。〖答案〗心は二と八(荷と鉢)(374)。〖汉语〗彼岸会和卖金鱼有什么相似之处?〖答案〗前者在阴历二月和八月;后者有行李和鱼缸。〖解析〗彼岸会是佛教道场之一,在春分日和秋分日及其前后三天(共七天)举行,以念经和上坟为主要活动。在日本,始于平安时期,至江户时期已经成为大众化的独特的佛教仪式。

937.〖のぼり〗〖日语〗三里のやいととかけて端午の雨ととく。〖答案〗心はのぼりを引きおろす(308)。〖汉语〗三里穴位艾灸和端午节下雨有什么相似之处?〖答案〗前者可以去火;后者将鲤鱼旗取下来。〖解析〗日语中,「のぼり」既表示“面红耳赤”,也表示“鲤鱼旗”。

938.〖は〗①〖日语〗神無月の時雨とかけて鉄漿付ととく。〖答案〗心は葉(歯)を染める(277)。〖汉语〗十月的及时雨和铁浆付有什么相似之处?〖答案〗前者将枫树叶染成红色;后者将牙齿染成黑色。

939.〖はた〗〖日语〗大祭日の町の景況とかけて田舎道ととく。〖答案〗心は旗(畑)がたくさん(334)。〖汉语〗国祭日街道的情况和乡下的

道路有什么相似之处?〖答案〗前者有很多旗帜;后者有很多田地。

940.〖はらい〗〖日语〗土用ぼしとかけてきりぎりすととく。〖答案〗心は夏虫払いじゃ(356)。〖汉语〗晒夏和蟋蟀有什么相似之处?〖答案〗前者是清除夏天的害虫;后者的鸣叫是夏秋之间的界限(预示告别了夏天)。

941.〖はるこま・いさむ〗①〖日语〗春駒とかけて鳶の者ととく。〖答案〗心はいさむ(374)。〖汉语〗春驹和江户时代町的消防员有什么相似之处?〖答案〗前者精神抖擞;后者劝告人们防火。〖解析〗日语中,「いさむ」既表示"振作或振奋"「勇む」,也表示"教导,教诲"「禁む」。日本民俗中,正月时分,把手制工艺品的马挂在腰间,挨门挨户到人家门口念吉利话,现在仍见于新潟、山梨、冲绳等地。日本民间认为岁神是骑着马临门的,并认为马是蚕的守护神,有驱邪的威力。江户时代,町的消防员平时做土木建筑活,发生火灾时拿起消防钩灭火。②〖日语〗春駒とかけて舟村の大港ととく。〖答案〗心はのりこんでくる(375)。〖汉语〗春驹和渔村大港有什么相似之处?〖答案〗前者岁神坐着马到来;后者船员乘着船到来。

942.〖ひ〗〖日语〗古い炬燵とかけて新暦の二月ととく。〖答案〗心は火(日)が足らん(387)。〖汉语〗旧暖炉和新历二月有什么相似之处?〖答案〗前者火的力量不足;后者天数不够。〖解析〗新历二月也即是阳历二月,只有28天。其他月份一般有30天或31天。

943.〖ひとつきます〗〖日语〗閏年とかけてあばれ牛ととく。〖答案〗心は一月増す(人突きます)(261)。〖汉语〗闰年和突然发狂的牛有什么相似之处?〖答案〗前者多了一个月;后者撞人。〖解析〗日语中,「つく」表示"扎,戳,捅,撞"。

944.〖ひな〗①〖日语〗雛の坊主とかけて田舎の美人ととく。〖答案〗心は雛(鄙)には珍しい(379)。〖汉语〗女儿节和尚偶人和乡下美人有什么

相似之处?〖答案〗前者在女儿节偶人中很罕见;后者在穷乡僻壤很罕见。〖解析〗女儿节偶人中一般没有和尚形象。②〖日语〗東京十軒店とかけて裏店の借財ととく。〖答案〗心は雛師(日済し)が多い(349)。〖汉语〗东京十轩店和背街借的钱有什么相似之处?〖答案〗前者制作女儿偶人节的师傅多;后者约定按日还款的借款多。〖解析〗十轩店是位于日本桥、本町和石町之间的一条大街的名字。

945.〖ひも〗〖日语〗松の内とかけて太政大臣の冠ととく。〖答案〗心は余程日も(紐)長くなる(397)。〖汉语〗新年期间和太政大臣的帽子有什么相似之处?〖答案〗前者时期很长;后者带子很长。

946.〖まつ〗〖日语〗一月一日とかけて付馬(つきうま)ととく。〖答案〗心は門に松(待つ)(255)。〖汉语〗一月一日和外出收款人有什么相似之处?〖答案〗前者门口有松树;后者在欠款人家门口等待(欠款人给钱)。〖解析〗外出收款人「付馬」指妓院和饮食店里跟随带钱不足或不付款的顾客回家收取欠款的人。

947.〖まつげ〗〖日语〗命日は天狗の夢想とかけて伝授ととく。〖答案〗心は秘事は魔告げ(睫)(403)。〖汉语〗在忌日梦到天狗和传授秘事有什么相似之处?〖答案〗前者有魔鬼在梦里告知秘密;后者秘事近在咫尺。〖解析〗日语有习语「秘事は睫」(秘事近在咫尺),表示虽说是秘事,可大抵就在身边,同自己的眼睫毛一样,只是平时不注意罢了。

948.〖まめ・いわう・よわる〗①〖日语〗節分とかけて鳩ととく。〖答案〗心は豆を拾う(330)。〖汉语〗节分和鸽子有什么相似之处?〖答案〗前者挑选驱鬼豆;后者用嘴吃地上的豆子。②〖日语〗年越の豆とかけて旅馴れぬ人の足の裏ととく。〖答案〗心はまめでよわってじゃ(355)。〖汉语〗过年的豆子和不习惯旅行生活的游客的脚心(或脚掌)有什么相似之处?〖答案〗前者用豆子庆祝;后者因为脚生水泡而身体衰弱。

949.〖まるい〗〖日语〗十五夜のお月様とかけて世の中の通人ととく。〖答案〗心は丸くて人にほめられる(315)。〖汉语〗十五的月亮和世界上通晓人情世故的人有什么相似之处?〖答案〗前者因为圆而受人称赞;后者因为圆融而得到赞誉。

950.〖みそか〗①〖日语〗隣に焼く田楽とかけて二十九ととく。〖答案〗心は味噌香(晦日)が来る(356)。〖汉语〗邻居做田乐烧烤和二十九日有什么相似之处?〖答案〗前者传来田乐烧烤的酱香味;后者很快就到三十号了。〖解析〗日语中,「みそか」既表示"豆酱香",也表示"每月的最后一天,每个月的第三十日"。田乐烧烤又称"酱烤鱼片",是把鱼、蔬菜穿成串烧烤,抹上田乐酱的一种日本菜肴。②〖日语〗擂子木とかけて大の月ととく。〖答案〗心は味噌香(晦日)がある(327)。〖汉语〗研磨杵和大月有什么相似之处?〖答案〗前者有豆酱香;后者有三十日。〖解析〗研磨杵又被称为"擂杵"或"研钵杵",是用雷钵研磨东西时用的棒。

951.〖もち・もちあがる〗①〖日语〗貧乏人の正月とかけて安い蝋燭ととく。〖答案〗心は餅(保ち)がない(381)。〖汉语〗穷人过正月和便宜的蜡烛有什么相似之处?〖答案〗前者没有年糕;后者不能持久。②〖日语〗上戸の年始客とかけて千斤の鼎ととく。〖答案〗心は餅あがらぬ(持ちあがらぬ)(317)。〖汉语〗酒鬼来拜年和一千斤重的鼎有什么相似之处?〖答案〗前者(只喝酒)不吃年糕;后者一个人举不起来。

952.〖やり〗〖日语〗下手な浄瑠璃会とかけて奈良のおん祭ととく。〖答案〗心は槍沢山で夜をふかす(388)。〖汉语〗拙劣的净琉璃和奈良的春日若宫祭有什么相似之处?〖答案〗前者通宵达旦,收获骂声一片;后者熬夜举行,装饰性的扎枪很多。

953.〖れいしゃ〗〖日语〗松の内とかけて四国遍路ととく。〖答案〗心は礼者(霊舎)歩く(397)。〖汉语〗新年期间和前往四国地区八十八名刹的人

有什么相似之处？〖答案〗前者前往其他人家拜年；后者前往灵舍（灵舍为祭祀亡灵的屋舍）参拜。

954.〖ろくがつきる〗〖日语〗居喰の士族とかけて富士参りの白衣ととく。〖答案〗心は禄が尽きる（六月着る）（253）。〖汉语〗坐吃山空的士族和参拜富士山的白衣服有什么相似之处？〖答案〗前者用尽了俸禄；后者在六月穿。〖解析〗古代参拜富士山从六月一号开始，到六月二十日结束。

第五节　衣　服

955.〖あったかい〗〖日语〗人の失せ物をたずねるとかけて厚着で炬燵ととく。〖答案〗心は有ったかい（378）。〖汉语〗向路人询问丢失的东西和穿厚衣服烤火炉有什么相似之处？〖答案〗前者说："看见……了吗？"；后者很暖和。

956.〖うすい〗〖日语〗近頃の人情とかけて春先の衣服ととく。〖答案〗心は追々に薄くなる（341）。〖汉语〗最近的人情和初春的衣服有什么相似之处？〖答案〗前者原来越淡漠；后者越来越单薄。

957.〖おおき〗〖日语〗油のつく着物とかけて人の噂ととく。〖答案〗心は日がたつほど大きくなる（250）。〖汉语〗粘有油渍的衣服和谣言有什么相似之处？〖答案〗随着时间推移，前者面积会越来越大；后者传播会越来越广。

958.〖かいかぶる〗〖日语〗生意気な西洋風とかけて値の出来た帽子ととく。〖答案〗心は開化ぶる（買いかぶる）（360）。〖汉语〗盛气凌人的西洋风和昂贵的帽子有什么相似之处？〖答案〗前者是开化的结果；后者价格虚高（或买来戴上）。

959.〖かけ〗〖日语〗貧乏人への貸した金とかけて短い女帯ととく。〖答案〗心は掛が出ない（381）。〖汉语〗借给穷人钱款和女服带子有点短有

什么相似之处？〖答案〗前者穷人无法付出欠款；后者带子一端无法出头。

960．〖かぶれる〗〖日语〗出来合の頭巾とかけて生漆ととく。〖答案〗心は直にかぶれる（347）。〖汉语〗做好的头巾和生漆有什么相似之处？〖答案〗前者直接戴到头上；后者直接涂到物体表面。

961．〖きせる〗〖日语〗獣に着物とかけて巻煙草ととく。〖答案〗心は着せる（煙管）に及ばす（239）。〖汉语〗给野兽穿衣服和卷烟有什么相似之处？〖答案〗前者不用穿衣服；后者不用烟袋。

962．〖きる〗①〖日语〗つんぼうの昼寝とかけて古着の小袖ととく。〖答案〗心は誰が来（着）たか知れぬ（346）。〖汉语〗聋子白天睡觉和二手的窄袖便服有什么相似之处？〖答案〗前者不知道谁登门拜访；后者不知道旧衣服第一任主人是谁。②〖日语〗ひとつ家の梅とかけてつづれの錦ととく。〖答案〗心は来て（着て）見る人がない（378）。〖汉语〗独户人家的梅花和破烂的锦缎有什么相似之处？〖答案〗前者没有人过来欣赏，后者没有人穿过。〖解析〗「つづれ錦」也表示"织锦"。③〖日语〗狼とかけて糊の付き過ぎた着物ととく。〖答案〗心は来たら（着たら）こわかろう（266）。〖汉语〗狼和浆得过分的衣服有什么相似之处？〖答案〗前者来了会让人害怕；后者穿上感觉很硬。〖解析〗浆洗指洗净并浆挺衣物。浆洗房洗衣后要用浆粉（淀粉）将糨糊牢牢贴在布料上，然后使用熨斗熨。"浆好的衬衣"用「糊が利いたワイシャツ」表达。浆洗过的衣物有许多好处，布料结实、耐用、板挺是其中一个好处。经过处理的衣服穿上后看上去整洁庄重，显得富贵体面。

963．〖きれる〗①〖日语〗夏羽二重の小袖とかけて手打蕎麦ととく。〖答案〗心は着（切）れても悪くない（359）。〖汉语〗夏天纯白纺绸的窄袖便服和手工做的荞麦面有什么相似之处？〖答案〗前者穿着感觉不错；后者即使荞麦面断裂，也味道不错。②〖日语〗新吹小判とかけて竹光ととく。〖答案〗心は切れる案じがない（323）。〖汉语〗新铸造的小金币和钝刀有什

么相似之处？〖答案〗前者不会断裂；后者不会切伤。〖解析〗新铸造的小金币金含量较少，质地硬，因此不会断裂，语含讽刺。

964.〖じ〗〖日语〗琴とかけて反物ととく。〖答案〗心は琴柱（地）で値を決める（298）。〖汉语〗琴和布匹（绸缎）有什么相似之处？〖答案〗前者的价值取决于弦柱；后者的价值取决于织物的材料或质地。〖解析〗弦柱又称为"琴马"，是弦乐器部件名，用来支撑弦。移动其位置可调节弦的长度，使声音传到琴体。

965.〖ち〗〖日语〗従兄弟同士の夫婦とかけて紐のない羽織ととく。〖答案〗心は血（乳）で血（乳）を結ぶ（256）。〖汉语〗兄弟妯娌和没有带子的和服外褂有什么相似之处？〖答案〗前者有血肉相连；后者靠小环相连。〖解析〗「乳（ち）」可以表示"旗帜、帷幕、短外套门襟和草鞋等上面用以穿绳的小环"。

966.〖ないそで〗〖日语〗貧乏人の負惜しみとかけて洋服で舞ととく。〖答案〗心は無い袖は振れん（381）。〖汉语〗穷人输了还嘴硬和穿着西装跳舞有什么相似之处？〖答案〗前者巧妇难为无米之炊；后者没有长袖子，难以挥舞。

967.〖のり〗〖日语〗土手を走る駕籠とかけて洗濯糊ととく。〖答案〗心は乗り（糊）つけて来る（356）。〖汉语〗轿子在堤上奔跑和浆洗衣服有什么相似之处？〖答案〗前者乘坐；后者上浆。

968.〖はかま〗〖日语〗都会の小学生徒とかけて丁重なる座敷の徳利ととく。〖答案〗心は袴をはく（354）。〖汉语〗都市小学生和比较庄重的宴会上的酒壶有什么相似之处？〖答案〗前者穿着和服裙裤；后者有托垫。

969.〖はり〗①〖日语〗仕立屋とかけておいらんととく。〖答案〗心は針（張り）が強い（311）。〖汉语〗裁缝铺和花魁有什么相似之处？〖答案〗前者针线活功夫强；后者气场大。〖解析〗日语中，「はり」既表示"固执己见"，也表示"针"。②〖日语〗男の稽古とかけて紺屋の職人ととく。〖答案〗心は張りに行く(269)。〖汉语〗男子学习技艺和染坊的工匠有什么相似之处?〖答案〗前者去学习拉弓;后者去把染好的布摊平。〖解析〗日语中,「張り」既表示"张开弓",也表示"将布摊平(晾干)",如「のりづけして張る」(把布浆好后摊平)。③〖日语〗蓄音機とかけて去年の回り燈龍ととく。〖答案〗心は針替えて(貼りかえて)回す(241)。〖汉语〗录音机和去年的旋转灯笼有什么相似之处?〖答案〗前者换了唱针,唱片开始旋转播放;后者重新贴纸,然后转动。④〖日语〗破れ障子とかけていたずら奴ととく。〖答案〗心は見ればは貼りつけたい(245)。〖汉语〗破了的隔扇和淘气的奴才有什么相似之处?〖答案〗前者见了就想粘贴好;后者见了就想严刑处罚。〖解析〗日语中,「はりつけ」也写成「磔」,是古代刑罚之一,指把人绑在木板上用刀枪扎。

970.〖ひっかけ・ほす〗〖日语〗物干竿とかけて底抜け上戸ととく。〖答案〗心は引っ掛けてぐっとほす(404)。〖汉语〗晒衣杆和酒量大的喝酒人有什么相似之处?〖答案〗前者衣服挂在晾衣杆上,马上会干;后者一口气喝干杯中的酒。

971.〖ほしおく〗〖日语〗洗濯物とかけてお鏡の餅ととく。〖答案〗心はほしおく物でござる(331)。〖汉语〗浆洗的衣服和镜饼有什么相似之处?〖答案〗前者将其晾干叠放好;后者将其放干,然后吃掉。〖解析〗镜饼为日本民间正月供神的圆形年糕,一般为大小各一,叠放在一起。有时直接吃,有时放置到六月一日或插秧日食用。

972.〖みにつける〗〖日语〗大風に衣とかけて道ならぬ金ととく。〖答案〗心は身に付かぬ(266)。〖汉语〗给大风穿衣服和昧心钱(不义之财)有什么相似之处?〖答案〗前者穿不到身上;后者不能要。〖解析〗日语中,「身に付ける」既表示"把衣服穿在身上",也表示"使之成为自己的东西"。〖解析〗日语中有谚语「悪銭身につかず」(悖入悖出)。

973.〖ものほし〗〖日语〗干物竿とかけて乞食ととく。〖答案〗心はその心はなんぞ物干し(物欲し)そうな顔をする(393)。〖汉语〗晒衣杆和乞丐有什么相似之处？〖答案〗前者希望人们在上面晾晒衣服；后者一脸希望人们给东西的表情。〖解析〗日语中，「ものほし」既表示"给自己的东西多多益善；眼馋，很想要的样子"「物欲」，也表示"晒干、晾干衣物"「物干し」。

974.〖やぶれる〗〖日语〗独身の褌とかけて豆腐屋の袋ととく。〖答案〗心は破れる迄しめる(355)。〖汉语〗单身汉的兜裆布和制作豆腐的师傅的袋子有什么相似之处？〖答案〗前者穿到破烂为止；后者用到破烂为止。〖解析〗单身汉无人为其换洗衣服。豆腐袋用来挤压豆腐渣里面的水分。

975.〖ロシャ・ロシヤ〗〖日语〗世界の強国とかけて夏の羽織地ととく。〖答案〗心はロシヤ(絽紗)が一等(329)。〖汉语〗世界强国与夏天丝织品的相同之处是什么？〖答案〗前者中，俄罗斯是强国；后者中，罗纱织物是上等品。〖解析〗「ロシヤ」的意思是"俄罗斯"，与「絽紗」(罗纱织物)发音相同。

第六节　医　疗

976.〖うみ〗①〖日语〗外科とかけて硯師ととく。〖答案〗心は膿(海)に心を尽くす(292)。〖汉语〗外科和制砚师傅有什么相似之处？〖答案〗前者为了除去脓疮费力；后者为了砚池费心。〖解析〗日语中，「膿(うみ)」(脓疮)与「海(うみ)」(砚池)发音相似。砚池指砚台存水的洼处。②〖日语〗小児の腫れ物とかけて島行きの科人ととく。〖答案〗心は膿(海)見て泣く(318—319)。〖汉语〗小孩的肿胀和被流放到岛上的人有什么相似之处？〖答案〗前者看到脓就哭；后者看到海水就伤心。③〖日语〗孕み女とかけてねぶととく。〖答案〗心は生み(膿)出す迄苦しむ(374)。〖汉语〗孕妇和肿疱有什么相似之处？〖答案〗前者生产之前痛苦；后者的脓挤出之前很苦。

977.〖かかえる〗〖日语〗手飼のしん猫とかけて疝気持の懐炉ととく。

〖答案〗心は人には抱かせぬ(347)。〖汉语〗亲手饲养的猫和患有疝气的病人抱着怀炉有什么相似之处?〖答案〗前者不让别人抱猫;后者不让人抱怀炉。〖解析〗怀炉是放在怀中取暖的器具,用铜、黄铜薄板制成,以怀炉灰、挥发油作燃料。怀炉也用于医疗,可以缓解疝气造成的疼痛。

978.〖かぜ〗①〖日语〗くさめとかけて和船の帆ととく。〖答案〗心は風受けて出る(288)。〖汉语〗打喷嚏和日本船帆有什么相似之处?〖答案〗前者因为受了风寒;后者因为有风吹动而前行。②〖日语〗古い馴染とかけて破れ扇ととく。〖答案〗心は風のたよりもない(387)。〖汉语〗很熟悉的朋友和破扇子有什么相似之处?〖答案〗前者天天见面,不需要借风传信;后者扇起来也没有风。〖解析〗「風の便り」表示"传闻,风闻"。

979.〖きかず〗〖日语〗流行の薬湯とかけて開放しの雪隠ととく。〖答案〗心は利(聞)かずともはいる(373)。〖汉语〗流行的汤药和任何人均可自由使用的厕所有什么相似之处?〖答案〗前者即使不管用,也要喝下去;后者很臭,最好不要闻,只管进去解手。

980.〖きぬぶるい〗〖日语〗裸の瘧とかけて寒中の行者ととく。〖答案〗心は着ぬ震い(絹篩)(369)。〖汉语〗裸体的人患了疟疾和寒冷中的行者有什么相似之处?〖答案〗前者没穿衣服在抖动;后者穿着细底罗。〖解析〗疟疾的症状之一是打摆子,身体不由自主地抖动。日语有习语「瘧が落ちる」,表示"(如疟疾退了一般)兴趣突然减退"。细底罗为绸子绷起后绸纹上出现的细筛。

981.〖きゅう〗①〖日语〗昼の行燈とかけて生みかかって呼ぶ婆ととく。〖答案〗心は急であろう(380)。〖汉语〗白天的灯笼和孕妇快要生产时呼唤产婆有什么相似之处?〖答案〗前者很快被熄灭;后者很着急。②〖日语〗落第の生徒とかけて服薬嫌いの手療治ととく。〖答案〗心は級(灸)を据えて置く(417)。〖汉语〗考试不及格的学生和不喜欢服药的人治疗

疾病有什么相似之处？〖答案〗前者被留级处理；后者使用灸，进行穴位治疗。

982. 〖くさめ〗〖日语〗かぜ心地とかけて春の野辺ととく。〖答案〗心は嚔（草芽）が出る（274）。〖汉语〗感冒的感觉和春天的原野有什么相似之处？〖答案〗前者打喷嚏；后者草发芽。

983. 〖くるう〗①〖日语〗気違い病院とかけて時計師ととく。〖答案〗心は狂ったのを直す（284）。〖汉语〗精神病院和钟表修理师傅有什么相似之处？〖答案〗前者治疗精神病人；后者修理有毛病的钟表。〖解析〗日语中，「狂（くる）う」既表示"精神失常"，也表示"（钟表等）发生故障"。②〖日语〗値の安い時計とかけて女紅場の芝居ばなしととく。〖答案〗心は針が狂うであろう（365）。〖汉语〗价格便宜的钟表和远离有关女红的戏剧有什么相似之处？〖答案〗前者时针走得不准；后者的针线活做得不合规矩。

984. 〖ころぶ〗〖日语〗よいよい急用とかけて大風の案山子ととく。〖答案〗心は転びそうで転ばぬ（413）。〖汉语〗手脚麻痹、口齿不清的患者办急事和大风中的稻草人有什么相似之处？〖答案〗前者好像要摔倒，却没有摔倒；后者好像要被吹倒，却没有吹倒。

985. 〖しんさつする〗〖日语〗紙幣局とかけて流行る医者ととく。〖答案〗心は新札刷（診察す）るので忙しい（313）。〖汉语〗造币厂和受人欢迎的医生有什么相似之处？〖答案〗前者忙于印刷新货币；后者忙于为病人诊治。

986. 〖ぜき・せき・せきたん〗①〖日语〗三都合併大角力とかけて流行風邪ととく。〖答案〗心は咳（関）が沢山出る（308）。〖汉语〗多地联合相扑大赛和流行感冒有什么相似之处？〖答案〗前者有许多关取；后者咳嗽很厉害。〖解析〗关取是接尾词，放在"十两"级以上的相扑力士的艺名之后，如「双葉山関」（双叶山关取）。②〖日语〗相撲取とかけてはやり風邪ととく。〖答案〗心は関（咳）が強うて纒頭（鼻汁）が出る（327）。〖汉语〗相扑力士和流行感冒有什么相似之处？〖答案〗前者关取强大，得到很多馈赠品；后者猛烈咳嗽，流出鼻涕。③〖日语〗喘息病みとかけて燈油の値下げととく。〖答案〗心は咳痰（石炭）でかなわん（331）。〖汉语〗哮喘病和灯油价格下降有什么相似之处？〖答案〗前者咳嗽吐痰，让身体难以承受；后者让煤炭难以匹敌。④〖日语〗逆さに掛けたランプとかけて風邪ととく。〖答案〗心は石炭（咳痰）が出る（302）。〖汉语〗颠倒的灯和感冒有什么相似之处？〖答案〗前者煤炭会倾倒出来；后者咳嗽吐痰。⑤〖日语〗汽船の火焚役とかけて喘息持ちの隠居ととく。〖答案〗心は石炭（咳痰）で日を送る（283）。〖汉语〗轮船上烧锅炉和哮喘有什么相似之处？〖答案〗前者和煤炭打交道；后者咳嗽吐痰。

987.〖せわやく〗〖日语〗いらぬ事とかけて嫌う人に灸ととく。〖答案〗心は無理から世話やく（背は焼く）（258）。〖汉语〗不需要做的事情和在讨厌的人身上的穴位上烧艾草有什么相似之处？〖答案〗前者无谓地照顾别人；后者烧灼背部。

988.〖たんき〗〖日语〗灰吹とかけていらいらする人ととく。〖答案〗心は痰気（短気）がある（367）。〖汉语〗烟灰筒和坐立不安的人有什么相似之处？〖答案〗前者里面有痰气；后者脾气急躁。〖解析〗日语中，「たんき」既表示“痰气”「痰気」，也表示“性急”「短気」。

989.〖つうじる〗〖日语〗小説の言文一致とかけて三黄丸ととく。〖答案〗心は誰にでもよく通じる（318）。〖汉语〗小说的言文一致和三黄丸有什么相似之处？〖答案〗前者谁都能懂；后者让服用的人大小便畅通。

990.〖なおす〗〖日语〗破れた障子とかけて膏薬ととく。〖答案〗心は貼ってなおす（409）。〖汉语〗破烂隔扇和膏药有什么相似之处？〖答案〗前者贴上纸，将隔扇恢复原状；后者贴到身上，会治好疾病。

991.〖なおる〗〖日语〗子供の喧嘩とかけて妙薬ととく。〖答案〗心はじきになおる(299)。〖汉语〗孩子吵架和灵丹妙药有什么相似之处?〖答案〗前者很快会和好;后者迅速治愈疾病。

992.〖にかい・やっかい〗〖日语〗宿屋逗留の病人とかけて十戒を保つととく。〖答案〗心は二階でいて厄介になる(二戒でいて八戒になる)(408)。〖汉语〗旅馆逗留的病人和遵守十戒有什么相似之处?〖答案〗前者在二楼的话,照顾起来就很麻烦;后者除了遵守二戒,还要遵守其他八戒。

993.〖のみにくい〗〖日语〗にがい薬とかけて大工の必要品二つととく。〖答案〗心は鑿に釘(飲みにくい)(361)。〖汉语〗苦口的药和木匠的两件用品有什么相似之处?〖答案〗前者难吃;后者是凿子和钉子。〖解析〗日语中,「のみにくい」既表示"难以下咽"「飲みにくい」,又与「鑿に釘」(凿子和钉子)发音相似。

994.〖はく〗①〖日语〗大食傷(コレラ)とかけて綺麗好きの人ととく。〖答案〗心はやたらに掃(吐)く(334)。〖汉语〗严重食物中毒(或霍乱)和喜爱干净有什么相似之处?〖答案〗前者让病人一顿乱吐;后者一个劲地搞卫生。②〖日语〗鼻緒の切れた下駄とかけて先のない帚ととく。〖答案〗心は履く(掃く)事ができぬ(371)。〖汉语〗没有木屐带的木屐和没有头的扫帚有什么相似之处?〖答案〗前者不能穿在脚上走;后者不能打扫地面。

995.〖はな〗①〖日语〗はやる野郎の顔見せとかけて風邪引いたととく。〖答案〗心は花(鼻汁)がいい(374)。〖汉语〗受欢迎的留有"野郎头"发型的演员与客人见面和患感冒有什么相似之处?〖答案〗前者得到的小费多;后者鼻涕多。〖解析〗「花」表示"给艺人的小费"。②〖日语〗持参金の多い嫁とかけて象の物食いととく。〖答案〗心は鼻にかける(310)。〖汉语〗钱很多的新娘和大象吃食物有什么相似之处?〖答案〗前者很傲慢;后者悬挂在鼻子上吃。③〖日语〗藤とかけて行儀のあしき子ととく。〖答案〗心は花(鼻)垂らす(384)。〖汉语〗藤类植物和不注意礼节的孩子有什么相似之处?

〖答案〗前者垂着花束;后者流着鼻涕。④〖日语〗植木屋の昼寝とかけて闇の夜ととく。〖答案〗心は花(鼻)をつまむも知らぬ(259)。〖汉语〗花木店主白天睡觉和伸手不见五指的黑夜有什么相似之处?〖答案〗前者的花被人拈了也不知道;后者的鼻子被人捏了,也不知道是谁捏的。〖解析〗日语中,"用指尖捏,撮,拈"也表示"捏花瓣"「花びらを摘む」。⑤〖日语〗生花の先生とかけて疳の出た子どもととく。〖答案〗心は花(鼻)ばかりいじっている(253)。〖汉语〗插花指导教师和(鼻子)出了脓肿的孩子有什么相似之处?〖答案〗前者天天摆弄花;后者天天摸弄鼻子。〖解析〗脓肿为生于皮肤、黏膜的疖子。⑥〖日语〗植木屋とかけて癇症の子ととく。〖答案〗心は花(鼻)をせせる(259)。〖汉语〗花木店主和有神经过敏的孩子有什么相似之处?〖答案〗前者摆弄花木;后者掏鼻子。〖解析〗日语中,「せせる」既表示"摆弄,玩弄",也表示"挖,剔,掏"。「せせる」可以用「弄(いじ)る」替代。⑦〖日语〗流行らぬ芸子とかけて古木の梅ととく。〖答案〗心は花も少なしみなりも悪い(373)。〖汉语〗不受人欢迎的艺伎和古树梅花有什么相似之处?〖答案〗前者小费少,打扮得也不好看;后者花少,果实也结得不好。

996. 〖みせられぬ〗〖日语〗ぜざいやの霍乱とかけて尻の穴の出来物ととく。〖答案〗心は人には見せられぬ(329)。〖汉语〗挑担卖药人患了霍乱和肛门排出物有什么相似之处?〖答案〗前者需要掩人耳目;后者不能被人看到。〖解析〗挑担卖药人患了霍乱,说明所售的药不灵验,因此不能让人知道售药人得了霍乱。

997. 〖みなみはれる〗〖日语〗夏の俄雨とかけて漆負けととく。〖答案〗心は南が晴れる(皆身が腫れる)(359)。〖汉语〗夏天的阵雨和漆疮有什么相似之处?〖答案〗前者南方晴(其他地方下雨);后者全身发肿。〖解析〗漆疮指对生漆过敏而引起的皮炎和斑疹。

998. 〖もり・もります〗①〖日语〗はやり医者とかけてあばら家の雨と

とく。〖答案〗心は無性に盛り（漏り）かける（373）。〖汉语〗受人欢迎的医生和破房子碰到下雨有什么相似之处？〖答案〗前者忙于配药让人服用；后者不停地漏雨。②〖日语〗乳母に乳母置くとかけて古い家ととく。〖答案〗心は守り増す（漏ります）（261）。〖汉语〗聘请了两个乳母和陈旧的房子有什么相似之处？〖答案〗前者增加了对婴儿的保护；后者漏雨。〖解析〗「守（も）る」为古语，表示“看护，守护”。

999．〖やぶ〗〖日语〗怠け者の医学生とかけて二三本の竹ととく。〖答案〗心は藪にもならぬ（360）。〖汉语〗懒惰的医学学生和两三根竹子有什么相似之处？〖答案〗前者水平低，连庸医也当不了；后者两三根竹子成不了林。

1000．〖やむ〗①〖日语〗盗人本质とかけて達者な人ととく。〖答案〗心はやまぬものだ（364）。〖汉语〗贼人的本质和健康的人有什么相似之处？〖答案〗前者不可能停止盗窃；后者没有生病。②〖日语〗つゆ時の雨とかけて五十万に二万たらずととく。〖答案〗心は始終やまん（四十八万）じゃないか（241）。〖汉语〗梅雨和差两万不到五十万有什么相似之处？〖答案〗前者始终不停歇；后者是四十八万。

1001．〖ようい・かかる〗〖日语〗旧弊家の病人とかけてけんのん性な相場師ととく。〖答案〗心は洋医（容易）にかからぬ（285）。〖汉语〗守旧人家的病人和危险的投机商有什么相似之处？〖答案〗前者不会到西医处就诊；千万不要掉以轻心，上了后者的当。〖解析〗日语中，「洋（よう）医（い）」（西医）与「容（よう）易（い）」（容易）发音相似；「掛る」既表示“就诊”，也表示“与……扯上关系”。

1002．〖よこ〗①〖日语〗竹の子盗人とかけて薮にらみととく。〖答案〗心は用心して目を横に使う（337）。〖汉语〗偷竹笋的人和斜视的人有什么相似之处？〖答案〗前者很小心，眼观六路；后者眼睛往侧面看。②〖日语〗夫人の乗馬とかけて欧文の書ととく。〖答案〗心は横に走る(385)。〖汉语〗女性骑马和西方人的书有什么相似之处?〖答案〗前者横着骑马;后者横着书写。〖解析〗日文习惯上下书写。

第七节 饮 食

1003.〖ああら〗〖日语〗厄払いとかけてうしおぴらととく。〖答案〗心はああらめでたい(406)。〖汉语〗祛除不祥和盐煮鲷鱼有什么相似之处?〖答案〗前者发出“啊”的声音,向人们贺喜;后者将盐煮鲷鱼盛放到平碗里。

1004.〖あがってみずをくむ〗〖日语〗山の上の井戸とかけて釣合のわるい凧ととく。〖答案〗心は上がって水を汲む(410)。〖汉语〗山上的水井和平衡能力差的风筝有什么相似之处?〖答案〗前者是爬上去用水桶往上提,汲水上来;后者翻跟斗,大幅倾斜。

1005.〖あしをくう〗①〖日语〗鼻緒のしまった草履とかけて蛸の肴ととく。〖答案〗心は足をくいます(371)。〖汉语〗系好了带子的草鞋和章鱼菜肴有什么相似之处?〖答案〗前者的鞋带深深陷入脚上的肌肉里;后者的脚被食客吃掉。②〖日语〗旅馴れぬ人の道中とかけてゆで章魚ととく。〖答案〗心はあしをくわれる(339)。〖汉语〗不习惯旅途劳顿的人在路上和煮章鱼有什么相似之处?〖答案〗前者草鞋不合脚,脚走路时很痛;后者的脚被食客吃掉。

1006.〖あとをひく〗〖日语〗人魂とかけてちびちび酒ととく。〖答案〗心はあとを引く(378)。〖汉语〗人的魂魄和一点一点喝酒有什么相似之处?〖答案〗前者久拖不决;后者留有想头(还想喝)。〖解析〗人死魂没走。相似的习语「尾を引く」表示“后果(影响)持续存在”。

1007.〖あやまる〗〖日语〗新聞の嘘とかけて酒狂の上ととく。〖答案〗心は後であやまる(324)。〖汉语〗报纸造假和发酒疯之后的结果有什么相

似之处？〖答案〗前者事后登报道歉；后者酒醒后向人赔不是。

1008.〖あら〗①〖日语〗新聞とかけて恐しいいか物喰いととく。〖答案〗心は世間のあらで飯を食う（324）。〖汉语〗报纸和爱吃一般人不爱吃的东西的人有什么相似之处？〖答案〗前者靠采写别人的缺点为生；后者吃别人不吃的东西。②〖日语〗新聞社の記者とかけて小料理屋の働きととく。〖答案〗心は人のあらで飯を食う（323）。〖汉语〗报社记者和小饭店的工人有什么相似之处？〖答案〗前者抓住人的弱点或缺点不放，以此谋生；后者吃鱼杂碎。〖解析〗鱼杂碎指烹调鱼后剩下的鱼头、鱼尾、鱼内脏。

1009.〖あんない〗①〖日语〗安い饅頭とかけて道者の先に立つ人ととく。〖答案〗心は餡無いじゃ（案内者）（406）。〖汉语〗便宜的馒头和在道路前面站着的人有什么相似之处？〖答案〗前者没有馅；后者是向导。

1010.〖いし〗〖日语〗手水鉢とかけて貧の病ととく。〖答案〗心は石（医師）より金がよい（343）。〖汉语〗洗手钵和患贫穷的疾病有什么相似之处？〖答案〗前者金质洗手钵胜过石头洗手钵；后者金钱的疗效超过医生的药方。

1011.〖いね〗〖日语〗米の下根とかけて十二支の後先ととく。〖答案〗心は稲ができる（300）。〖汉语〗水稻的根和十二地支的尾首有什么相似之处？〖答案〗前者因为稻谷已经收割；后者是「稲（いね）」。〖解析〗「稲（いね）」由「い」“亥”和「ね」“子”组成。

1012.〖いばる〗〖日语〗圧政とかけて大生酔ととく。〖答案〗心は倒れる迄威張る（249）。〖汉语〗暴政和烂醉如泥有什么相似之处？〖答案〗前者在倒台之前目空一切；后者在倒下之前耍威风。〖解析〗日语中，「威張る」既表示“逞威风，耍酒疯”，也表示“威势逼人”。

1013.〖いろ・おく・つく〗①〖日语〗十七八の娘とかけて青い南蛮ととく。〖答案〗心はおけばおくほど色がつく（240）。〖汉语〗十七八的小姑娘和青辣椒有什么相似之处？〖答案〗前者越变越好看；后者越放越变颜色。〖解析〗日语中，「おく」（保持好的状态）也表示“放置”。②〖日语〗十二三の娘とかけて青唐辛子ととく。〖答案〗心は色付けば人が好く（316）。〖汉语〗十二三岁的小姑娘和青椒有什么相似之处？〖答案〗前者如果变得好看，会受到人们喜欢；后者如果有颜色，人们就喜欢吃。

1014. 〖うかがう〗〖日语〗西瓜とかけてどうぞどうぞととく。〖答案〗心は外から中をうかがう（324）。〖汉语〗西瓜和“请！ 请！”有什么相似之处？〖答案〗前者只能从外面推测西瓜里面的情况；后者邀请客人从室外到室内。

1015. 〖うしなう〗〖日语〗秘蔵の宝物とかけて西洋料理ととく。〖答案〗心は失うては（牛無うては）ならぬ（377）。〖汉语〗秘藏的宝物和西洋食物有什么相似之处？〖答案〗前者万万不可丢失；后者没有牛肉不行。

1016. 〖うつ・ふるまう〗〖日语〗蕎麦屋とかけて神楽ととく。〖答案〗心は打って振舞う（332）。〖汉语〗荞麦面店和神乐有什么相似之处？〖答案〗前者擀面条，款待客人；后者打鼓、舞蹈。〖解析〗「神楽（かぐら）」为「神座（かむくら）」（神灵附体）的转音，表示祭神时奉献给神的舞和歌。

1017. 〖おきて〗〖日语〗不性な居候とかけて吝な質屋ととく。〖答案〗心は置人がない（385）。〖汉语〗懒散的常吃闲饭的人和吝啬的典当铺老板有什么相似之处？〖答案〗前者没有人收留；没有人到后者的店中典当物品。

1018. 〖おきる〗①〖日语〗焚きつけた釜の下とかけて朝寝坊ととく。〖答案〗心はまだおきない（336）。〖汉语〗刚点了火的锅和早上睡懒觉有什么相似之处？〖答案〗前者火还没有旺起来；后者还没有起床。②〖日语〗狸寝入りとかけて達磨の手遊びととく。〖答案〗心は起さずに起きる（338）。〖汉语〗装睡和不倒翁玩具有什么相似之处？〖答案〗前者在床上虽然没有起身，但实际已经醒来；后者不用扶持，也能起身。

1019.〖おしつけ〗〖日语〗無理な話とかけて箱寿司ととく。〖答案〗心は押しつけてじゃ(402)。〖汉语〗荒谬的话语和箱形寿司有什么相似之处?〖答案〗前者把责任强加于人,强迫人接受;后者按住。〖解析〗箱形寿司是将醋饭和所添加的鱼等材料放入一个箱形框中压紧的寿司,以大阪寿司为其代表。

1020.〖おっつける〗〖日语〗卵の目ききとかけて割れた茶碗ととく。〖答案〗心はおっつけて見る(339)。〖汉语〗鸡蛋鉴定和破损的茶碗有什么相似之处?〖答案〗前者眼睛凑近,放到明亮的光源上仔细看;后者用胶粘上,使劲挤压,看能否复原。

1021.〖おとこ〗〖日语〗生酔の飲み倒れとかけて糸車ととく。〖答案〗心は男(お床)はとらぬ(360)。〖汉语〗因为喝酒而败家和纺车有什么相似之处?〖答案〗前者不能成为男子汉;后者还没有纺织成被褥。

1022.〖おもにつける〗〖日语〗荷馬とかけて冬の大根ととく。〖答案〗心は重荷(主煮)付ける(361)。〖汉语〗驮着重物的马和冬天的萝卜有什么相似之处?〖答案〗前者背上有重物;后者主要靠煮。〖解析〗日语中,「おもにつける」既表示“马驮重物”「重荷付ける」,也表示“主要靠煮”「主煮付ける」。

1023.〖かがみ・かがめ・こごめ〗①〖日语〗にごり水とかけて小米餅ととく。〖答案〗心は鏡にならぬ(361)。〖汉语〗浊水和小米饼有什么相似之处?〖答案〗前者不能作为镜子照面孔;后者不能做成镜饼。〖解析〗小米饼和镜饼是两种不同的食品。②〖日语〗孕み女とかけて篩にかけた糠ととく。〖答案〗心は屈め(小米)なくなる(374)。〖汉语〗孕妇和筛子筛出的糠有什么相似之处?〖答案〗前者不能弯腰;后者小米从筛眼中漏出,消失不见。

1024.〖かきだす〗〖日语〗鰹節とかけて飛脚宿ととく。〖答案〗心は掻き出す(書出す)煮出す(荷出す)(275)。〖汉语〗干制鲣鱼和飞脚休息的旅店有什么相似之处?〖答案〗前者中,厨师切削鲣鱼熬汤;后者中,寄付人写出

信件交给飞脚,然后飞脚挑起担子出发。〖解析〗日语中,「かきだす」既表示“切,削,刨”,也表示“写好交出”;「にだす」既表示“熬汤,熬出食物鲜味,开始煮(熬)”,也表示“挑起需要送达远方的担子出发”。

1025. 〖かたい・やわらかい〗〖日语〗年礼の生酔とかけて氷豆腐ととく。〖答案〗心は固いようでやわらかい(366)。〖汉语〗拜年时喝醉和冻豆腐有什么相似之处?〖答案〗前者好像很执拗,实际上很随和;后者好像很坚实,实际上很松软。〖解析〗冻豆腐是将豆腐冷冻后干燥而成的食品。它营养价值高,价格便宜,便于运输和储藏。

1026. 〖かって〗〖日语〗出来揃った料理とかけて品物の代金ととく。〖答案〗心は勝手(買って)から出す(347)。〖汉语〗厨师制作出来的饭菜和商品的价格有什么相似之处?〖答案〗前者从厨房端出来;后者从买家手中拿出,付给卖家。

1027. 〖から・からくれない・からまけ〗①〖日语〗実のない菓子箱とかけて外国ととく。〖答案〗心はから(唐)(400)。〖汉语〗里面没有点心的盒子和中国有什么相似之处?〖答案〗前者是空空如也;后者是唐朝。〖解析〗古代的「唐」泛指外国。②〖日语〗貧乏人の財布とかけて豆腐を絞った袋ととく。〖答案〗心は内は空(おから)(381)。〖汉语〗穷人的钱包和挤压豆腐的袋子有什么相似之处?〖答案〗前者里面一文不名;后者里面是豆腐渣。③〖日语〗豆腐屋の安売とかけて朝鮮ととく。〖答案〗心はからまけじゃ(353)。〖汉语〗便宜出售豆腐和朝鲜有什么相似之处?〖答案〗前者豆腐渣价格下降;后者是韩国失败。

1028. 〖かろう〗〖日语〗唐辛子とかけてお大名ととく。〖答案〗心は辛う(家老)無うては勤まらぬ(351)。〖汉语〗辣椒和大名有什么相似之处?〖答案〗前者没有辣味不行;后者没有家老不行。

1029. 〖かわき〗〖日语〗焼け石に水とかけて酔ざめととく。〖答案〗心は乾き（渇き）が早い（406）。〖汉语〗往烧红的石头上浇凉水和醒酒之后有什么相似之处？〖答案〗前者水很快会干；后者很快感到口渴。

1030．〖きがつよい〗①〖日语〗ラムネとかけて持参金を持った嬶ととく。〖答案〗心は気が強い（417）。〖汉语〗柠檬汽水和嫁妆中带来许多钱的妻子有什么相似之处？〖答案〗前者气味浓；后者因为有钱，所以生性好强，刚愎固执。②〖日语〗男伊達とかけて伊丹酒ととく。〖答案〗心は気がつよい（269）。〖汉语〗漂亮小伙子和伊丹酒有什么相似之处？〖答案〗前者生性好强；后者酒劲大。〖解析〗日语中，「気が強い」既表示"倔强，固执，顽固"，也表示"酒性烈"。

1031．〖ききて〗〖日语〗糠味噌に釘とかけて下手な演説ととく。〖答案〗心はきき手がない（363）。〖汉语〗往米糠酱里钉钉子和拙劣的演说家有什么相似之处？〖答案〗前者没人能做到；后者没有听众。〖解析〗日语中，「ききて」既表示"能手，有水平的人"，也表示"听者"。

1032．〖きく〗①〖日语〗遠山の鹿とかけて辛子ととく。〖答案〗心は聞（利）く程涙が出る（354）。〖汉语〗远山的梅花鹿和辣椒有什么相似之处？〖答案〗听到前者鸣叫，让人激动得落泪；后者的气味让人流泪。②〖日语〗市子とかけて辛子ととく。〖答案〗心は聞く（利く）ほど涙が出る（255）。〖汉语〗女巫和芥末有什么相似之处？〖答案〗听了前者的话，让人流泪；吃了气味浓烈的芥末，让人流泪。〖解析〗日语中，「利く」也表示"奏效，有效"，如「わさびが利く」（山萮菜味出来了）。芥末酱菜属于咸菜，是用芥末粉、米曲和调料腌制的蔬菜（多为小茄子）。〖解析〗"女巫"也被称为"巫女"，在日本指让生灵、死灵附在自己身上，自己成为灵媒，以转达灵魂的嘱托为业的女子。在日本，招魂术分为召唤神灵的神巫、召唤活人魂灵的生巫和召唤死者魂灵的死巫。神灵降临传话时，巫女需要敲小梓弓传达神意。生者听了死者灵魂的话。一般会感动或激动得流泪。③〖日语〗道楽息子とかけて糠に釘ととく。〖答案〗心はさっぱり聞かねえ(243)。〖汉语〗浪子和往米糠里钉钉子有什么相似之处?〖答案〗前者根本不听话;后者没有任何作用。

1033. 〖くう〗①〖日语〗軽気球の難船とかけて不景気の世渡りととく。〖答案〗心は空(食う)に苦しむ(291)。〖汉语〗氢气球破损和不景气时度日有什么相似之处?〖答案〗前者因为飞行不畅而受苦;后者因为吃饭糊口而生活艰难。〖解析〗日语中,「空」(空气)与「食う」(吃饭)发音相似。②〖日语〗釣師の道連れとかけて禅宗の悟りととく。〖答案〗心は食う(空)にとどまる(346)。〖汉语〗钓鱼人的同路人和禅宗悟道有什么相似之处?〖答案〗前者限于钓鱼吃;后者知道万事皆空。③〖日语〗鰒汁とかけて間男の出合ととく。〖答案〗心はこわごわくう(383)。〖汉语〗河豚汁和情夫的幽会有什么相似之处?〖答案〗前者提心吊胆吃;后者小心翼翼,但还是吃亏上当。④〖日语〗寒暖計とかけて富士詣ととく。〖答案〗心は暑うなると昇る(281)。〖汉语〗温度计和参拜富士山有什么相似之处?〖答案〗前者天热水银柱就会上升;后者天热雪融化后就上山参拜。⑤〖日语〗排気鐘とかけて病人の食欲ととく。〖答案〗心は空気(食う気)がない(367)。〖汉语〗真空钟和病人的食欲有什么相似之处?〖答案〗前者没有空气;后者没有食欲。⑥〖日语〗風船とかけて山雀の梯子登りととく。〖答案〗心は空気(食う気)でのぼる(382)。〖汉语〗气球和山雀登梯子有什么相似之处?〖答案〗前者因为空气而上升;后者因为梯子上的食物而一步步朝上走。

1034. 〖くし〗〖日语〗女のつむりとかけて鰻の蒲焼ととく。〖答案〗心は串(櫛)をさす(272)。〖汉语〗女子的头和烤鳗鱼串有什么相似之处?〖答案〗前者插梳子;后者将鳗鱼串烧。〖解析〗日语中,「くし」既表示"梳子"「櫛」,也表示"串"「串」。烤鳗鱼串是将细长的鳗鱼剖成片状、除去骨头进行串烧的烹调法。将鳗鱼整条串在钎子上时的形状和颜色酷似宽叶香蒲的花穗,故名「蒲焼」。

1035.〖くちとり〗〖日语〗煎餅とかけてとかけて別当ととく。〖答案〗心は口取じゃ(331)。〖汉语〗煎饼和马夫有什么相似之处？〖答案〗前者是小菜；后者是马夫。〖解析〗日语中，「口取」既表示“冷盘，小菜”，也表示“马夫”。日本餐在上正菜之前端上来的小菜在古代有栗子仁、海带等，江户中期以后用鱼糕、白薯栗子泥点心等。

1036.〖くめん〗〖日语〗釣瓶のない井戸とかけて行詰った身上ととく。〖答案〗心は汲めん(工面)に困る(346)。〖汉语〗没有吊桶的水井和束手无策的处境有什么相似之处？〖答案〗前者无法打水，非常尴尬；后者经济状况窘迫。

1037.〖くらいだおれ〗〖日语〗公卿の駆落とかけて生酔いの梯子飲みととく。〖答案〗心は位(喰らい)倒れる(288)。〖汉语〗公卿逃往他乡和醉鬼一家家店连着喝酒有什么相似之处？〖答案〗前者徒有虚位；后者因为不胜酒力而倒下。〖解析〗日语中，「位倒(くらいだお)れ」(不称职，地位高而不具有相应的实力)与「喰(く)らい倒(だお)れる」(不胜酒力倒下)发音相似。

1038.〖くれる〗①〖日语〗燈火とかけて沢庵大根ととく。〖答案〗心は暮になると点火(漬け)る(356)。〖汉语〗灯火和泽庵萝卜有什么相似之处？〖答案〗前者天黑就点上；后者年末就腌上。②〖日语〗乞食の喜とかけて入相の鐘ととく。〖答案〗心は呉(暮)れる呉(暮)れる(297)。〖汉语〗乞丐欣喜和日落晚钟有什么相似之处？〖答案〗前者对人说“给我点，给我点”；后者的声音表示天黑了。③〖日语〗春の日とかけてしわいお客ととく。〖答案〗心は容易には暮れ(呉れ)ぬ(375)。〖汉语〗春天的白昼和吝啬的客人有什么相似之处？〖答案〗前者白天长，不容易天黑；后者不轻易掏钱买商家的东西。

1039.〖くろうとしろうと〗〖日语〗涅槃の豆とかけて芝居の見物ととく。

〖答案〗心は白と黒と(玄人素人)の中に青いのもまじっている(366)。〖汉语〗豆子和看演出有什么相似之处?〖答案〗前者是绿豆夹杂在黑豆、白豆之间;后者有内行演员,也有外行的演员,同时夹杂着水平差的演员。〖解析〗日语中,「くろうとしろうと」既表示"黑白"「白と黒と」,也表示"内行演员和外行演员"「玄人素人」。

1040.〖ごこく〗〖日语〗豊年とかけて神君の御威徳ととく。〖答案〗心は五穀(御国)成就(392)。〖汉语〗丰年和圣君威德有什么相似之处?〖答案〗前者五谷丰登;后者国富民康。〖解析〗日语中,「ごこく」既表示"五谷"「五穀」,也表示"国家"「御国」。

1041.〖こし〗①〖日语〗絵にかいた幽霊とかけて悪い米の餅ととく。〖答案〗心は腰がない(263)。〖汉语〗画中的幽灵和劣质米做出的饼有什么相似之处?〖答案〗前者没有腰;后者没有黏度。〖解析〗「こし」也表示"黏度高,有弹力和韧性"。②〖日语〗駕籠かきの稽古とかけていのめの灸ととく。〖答案〗心は腰にすえる(274)。〖汉语〗学习抬轿和针灸有什么相似之处?〖答案〗前者由腰部承受压力;后者在腰部实施针灸。

1042.〖こしょう〗〖日语〗鱈昆布の吸物とかけてお寺のお側ととく。〖答案〗心は胡椒(小姓)がいる(340)。〖汉语〗鳕鱼海带汤和寺庙的侍从有什么相似之处?〖答案〗前者有胡椒;后者有侍奉贵人的少年。

1043.〖ころも〗〖日语〗まずい天ぷらとかけて貧乏寺の和尚ととく。〖答案〗心は衣が悪い(396)。〖汉语〗质量低的油炸海味食品和贫穷寺庙的和尚有什么相似之处?〖答案〗前者鸡蛋面粉糊不好;后者袈裟不好。〖解析〗日语中,油炸食品、点心的"面衣、糖衣"「ころも」也表示僧人所穿的"法衣""袈裟"。油炸海味食品指把鱼虾裹上一层用冷水调匀的鸡蛋面粉糊、然后油炸而成的一种日本菜肴。

1044.〖ささ〗①〖日语〗お酌人とかけて雀ととく。〖答案〗心は酒(笹)

の相手(268)。〖汉语〗斟酒人和麻雀有什么相似之处?〖答案〗前者是酒的伴侣;后者是细竹的伙伴。②〖日语〗冬の鶯とかけて泣上戸ととく。〖答案〗心は笹鳴き(酒泣き)じゃ(387)。〖汉语〗冬天的黄莺和一醉就哭的人有什么相似之处?〖答案〗前者在细竹上鸣叫;后者因为喝醉酒而哭泣。

1045.〖さと〗〖日语〗搗き立ての餅とかけて奥山の娘ととく。〖答案〗心は砂糖(里)恋しいではあるまいか(241)。〖汉语〗刚刚捣好的年糕和深山的小姑娘有什么相似之处?〖答案〗前者希望有糖相配;后者留恋故乡。〖解析〗年糕是将糯米蒸熟后放在臼里捣制而成。

1046.〖さわるとくだける〗〖日语〗奴豆腐とかけて色気たっぷりの後家さんととく。〖答案〗心はさわると砕ける(408)。〖汉语〗奴仆豆腐和魅力十足的寡妇有什么相似之处?〖答案〗前者一碰就破碎;后者接触之后就闹心。〖解析〗奴仆豆腐是切成四方形的豆腐,因为形似武士奴仆衣服上所缀的家徽而得名。

1047.〖しめよせる〗〖日语〗渋っ柿とかけて巾着の紐ととく。〖答案〗心は口をしめよせる(313)。〖汉语〗味涩的柿子和荷包的带子有什么相似之处?〖答案〗前者让嘴难受;后者用来扎荷包的口。

1048.〖しめる〗①〖日语〗雨降りの煎餅とかけて工合の悪い戸ととく。〖答案〗心は湿める(閉める)に困る(250)。〖汉语〗干脆的煎饼遇到雨和做工不好的门有什么相似之处?〖答案〗前者易受潮而不再干脆爽口;后者关不上。②〖日语〗虎の皮の褌とかけて亡者の別嬪ととく。〖答案〗心は鬼がしめる(356)。〖汉语〗虎皮做的兜裆布和去世的美女有什么相似之处?〖答案〗前者只有鬼敢穿上,并且用腰带束紧;后者成为鬼的所有物。③〖日语〗養鶏とかけて買って来た帯地ととく。〖答案〗心はしめる気で仕立てる(413)。〖汉语〗养鸡和买来带子有什么相似之处?〖答案〗前者准备将其扭断脖子杀死;后者按一定方法剪裁、缝制,准备用其束腰。

1049.〚じょうまえ〛〚日语〛土蔵の締めりとかけて鮨屋の飯ととく。〚答案〛心は錠前(上米)を用いる(356)。〚汉语〛土仓防盗和寿司店的饭有什么相似之处?〚答案〛前者用锁;后者用上等的米。〚解析〛日语中,「じょうまえ」既表示"锁"「錠前」,又与「上米」(上等米)发音相似。

1050.〚すべる〛〚日语〛生酔とかけて井の端の茶碗ととく。〚答案〛心はすべりそうだ(360)。〚汉语〛醉汉和井沿上的茶碗有什么相似之处?〚答案〛前者随时会摔倒;后者随时会滑掉下去。

1051.〚すむ〛①〚日语〛山中の家とかけて濁り水ととく。〚答案〛心は住(澄)めばよい(308)。〚汉语〛山中人家和浑浊的水有什么相似之处?〚答案〛前者以久居为安;后者澄清之后复归纯净。〚解析〛日语有习语「住めば都」,表示"住惯了的地方,不论哪里,都会产生好感"。②〚日语〛流れ川の濁りとかけて夫婦喧嘩ととく。〚答案〛心はじきに澄む(済む)(358)。〚汉语〛河流的浑浊和夫妇吵架有什么相似之处?〚答案〛前者马上会变清;后者马上会和好。

1052.〚ぜんまい〛〚日语〛精進の料理とかけて大江のからくりととく。〚答案〛心はいずれもぜんまいが使うてある(318)。〚汉语〛避肉食,吃素食和大江活动偶人有什么相似之处?〚答案〛前者使用紫萁作为食物原料;后者使用弹簧。〚解析〛紫萁是蕨类植物,长于山野,嫩叶呈螺旋状,干燥后可食用。

1053.〚たかい〛〚日语〛西洋料理とかけて上野の茶店ととく。〚答案〛心は高いので恐れる(328)。〚汉语〛西洋饭菜和上野的茶店有什么相似之处?〚答案〛前者价格高,让人望而却步;后者地势高,让人心惊。

1054.〚たたぬ・しりがすわる〛①〚日语〛民権論とかけてラムネの徳利ととく。〚答案〛心は直ぐには立たぬ(400)。〚汉语〛民权论和盛柠檬的酒壶有什么相似之处?〚答案〛前者不会马上成立;后者如果竖着放置,会倒下。〖解析〗柠檬壶壶底有时呈纺锤状，不适宜竖着放置。②〖日语〗浮気娘とかけてラムネの徳利ととく。〖答案〗心は尻がすわらぬ(262)。〖汉语〗见异思迁的女孩和盛柠檬的酒壶有什么相似之处？〖答案〗前者没有耐性和恒心，容易移情别恋；后者如果依靠壶底，壶立不起来。

1055.〖たつ〗①〖日语〗地味な客とかけて安蝋燭ととく。〖答案〗心は早う立つ(314)。〖汉语〗朴素的客人和廉价的蜡烛有什么相似之处？〖答案〗前者吃饭后很早退席；后者很快融化。②〖日语〗読売とかけて西瓜ととく。〖答案〗心は立(断)って売る(416)。〖汉语〗《读卖新闻》和西瓜有什么相似之处？〖答案〗前者站着边走边卖；后者切开出售。③〖日语〗年礼除けの旅行とかけて端切らずの紙ととく。〖答案〗心は立(裁)たないで用を足す(366)。〖汉语〗不拜年的旅行和不切边的纸有什么相似之处？〖答案〗前者不会引人注意，也能办完事；后者不裁剪，也能在大小便时使用。④〖日语〗旅の川止めとかけて丈のない反物ととく。〖答案〗心はたつにたたれぬ(339)。〖汉语〗旅行时遇到禁止渡河和长度不够的和服料子有什么相似之处？〖答案〗前者无法出发；后者原料太少，无法裁剪成衣服。〖解析〗日本江户时代有涨水时禁止渡河的规定。⑤〖日语〗躄の行水とかけて座敷手品ととく。〖答案〗心は立たずに使う(253)。〖汉语〗瘫子洗澡和在铺着席子的日本式房间表演的魔术有什么相似之处？〖答案〗前者趴着洗澡；后者表演魔术时不是采取站姿。⑥〖日语〗諸会社の創立とかけて酔わぬという生酔の腰ととく。〖答案〗心は立ってもじきに倒れる(319)。〖汉语〗许多公司创立和口口声声说“没有醉”的醉汉的腰部有什么相似之处？〖答案〗前者刚创立就关门大吉；后者刚站起来就倒下。

1056.〖たね・ねた〗①〖日语〗紀州蜜柑とかけて上手な手品ととく。〖答案〗心は種が見えぬ(283)。〖汉语〗纪州蜜橘和上等的魔术有什么相似之处？〖答案〗前者没有籽；后者看不出魔术的窍门。②〖日语〗作物とかけて手品ととく。〖答案〗心は種がなくてはならぬ(344)。〖汉语〗庄稼作物和魔术有什么相似之处?〖答案〗前者没有种子不行;后者没有诀窍不行。③〖日语〗夢とかけて手品の種明かしととく。〖答案〗心は寝た間で見よる(413)。〖汉语〗梦和魔术师挑明自己的秘密花招有什么相似之处?〖答案〗前者睡觉时看到;后者说出了秘诀,就被人看穿了把戏。〖解析〗「たね」和「ねた」都表示"魔术花招"。

1057.〖たれ・あんばい〗〖日语〗新しい便所とかけて蕎麦屋ととく。〖答案〗心はたれ按配はよい(236)。〖汉语〗新厕所和荞麦面饭店有什么相似之处?〖答案〗前者蹲位大小便下落坡道的设计很好;后者佐料汁的味道好。

1058.〖ちょうし〗①〖日语〗気短の酒器とかけて下手な三味線ととく。〖答案〗心は銚子(調子)が間に合わぬ(285)。〖汉语〗性情急躁的人的酒杯和水平低的三味线演奏有什么相似之处?〖答案〗酒壶斟酒的速度跟不上前者喝酒的速度;后者不合乎标准音调。〖解析〗日语中,「銚子(ちょうし)」(酒壶)与「調子(ちょうし)」(音调)发音相似。②〖日语〗唱歌会とかけて下戸ばかりのお座敷ととく。〖答案〗心は調子(銚子)がちゃんと揃っている(317)。〖汉语〗歌唱大会和不喝酒的人云集的酒席有什么相似之处?〖答案〗前者各种腔调齐备;后者(因为没有人喝酒)酒瓶在柜子里整整齐齐地放好。③〖日语〗端歌入りの都都逸とかけておつぎめととく。〖答案〗心は調子(銚子)が変る(367)。〖汉语〗都都逸与短歌混合和接缝有什么相似之处?〖答案〗前者调子发生了变化;后者长把酒壶发生了变化。〖解析〗都都逸是日本俗曲的一种,属于娱乐性三味线歌曲,具有七、七、七、五调26字的固定格律。

1059.〖つき〗①〖日语〗悪いマッチとかけて悪い米ととく。〖答案〗心は付き(搗き)が悪い(422)。〖汉语〗糟糕的火柴和劣质大米有什么相似之处?〖答案〗前者划不着火;后者不好捣。〖解析〗日语中,「つき」表示

“着火”和“捣米”。②〖日语〗悪い米とかけて庭木の木木ととく。〖答案〗心は搗き（月）に困る（422）。〖汉语〗不好的大米和院子里的树木有什么相似之处？〖答案〗前者捣起来比较困难；后者使得赏月困难。③〖日语〗漬物とかけて秋の眺ととく。〖答案〗心は漬き（月）加減を賞美（345）。〖汉语〗咸菜和欣赏秋色有什么相似之处？〖答案〗前者赞美咸菜的咸甜程度；后者陶醉于月亮的形态变化。④偏屈者とかけて石山の曇り空ととく。〖答案〗心は付き（月）がわるい（391）。〖汉语〗古怪的人和石山上空阴云密布有什么相似之处？〖答案〗前者不是好伙伴；后者看不到月亮。⑤〖日语〗家賃の才覚とかけて大きな腹ととく。〖答案〗心は月が重なる（408）。〖汉语〗房租的筹措和孕妇的肚子有什么相似之处？〖答案〗前者每月会累积增加；后者逐月增大。⑥〖日语〗気のきかぬ奴とかけてところてんととく。〖答案〗心はつきだされるのが多い（284）。〖汉语〗不聪明的奴仆和冻粉（洋菜）有什么相似之处？〖答案〗前者最好被推出门去（解雇）；后者可以推出作为正餐前的小菜。〖解析〗日语中，「突き出し（つきだし）」既表示“推出”，也表示“冷盘，小菜”。⑦〖日语〗忍ぶ夜の明月とかけて根から枯れる木ととく。〖答案〗心は月憎い（つきにくい）（313）。〖汉语〗避人耳目悄悄做某事的月夜和根部枯萎的树木有什么相似之处？〖答案〗前者憎恨月亮；后者很难扎根生长。〖解析〗日语中，「つき」也表示“植物扎根生长”。⑧〖日语〗流行る餅屋とかけて開帳場の乞食ととく。〖答案〗心はやたらに搗く（付く）（374）。〖汉语〗受欢迎的糕点店和商店开张时赶过来的乞丐有什么相似之处？〖答案〗前者糕点中的米捣得很到位；后者像牛皮膏药一样紧追不舍向人要钱。⑨〖日语〗剣付鉄砲とかけて小さい米屋ととく。〖答案〗心は突い（搗い）たりうったり（294）。〖汉语〗有刺刀的步枪和经销大米的小商店有什么相似之处？〖答案〗前者有时用刺刀戳，有时用枪射击；后者有时捣成年糕卖，有时直接卖。⑩〖日语〗粟餅の曲搗きとかけて待ち兼ねた鱈ととく。〖答案〗心は搗く

（着く）とうれる（251）。〖汉语〗捣粟饼和难以得到的鳕鱼有什么相似之处？〖答案〗前者捣好后很叫卖；后者一到货就可以卖掉。

1060. 〖つぐ・さす〗〖日语〗急須とかけてぼろきれととく。〖答案〗心はついだりさしたり（238）。〖汉语〗小茶壶和破布有什么相似之处？〖答案〗前者斟茶、倒茶；后者缝缝补补。

1061. 〖つく・まいる〗〖日语〗寺の談義とかけてところてんととく。〖答案〗心は突けば参る（348）。〖汉语〗寺庙的佛教讲道和洋菜有什么相似之处？〖答案〗前者如果说中了就去参拜寺庙；后者如果捣碎了，就承受损失了。

1062. 〖つのめだつ〗〖日语〗金米糖とかけて仲の良い同士の夫婦喧嘩ととく。〖答案〗心はつのめ立っても甘い（301）。〖汉语〗金米糖和关系好的夫妇吵架有什么相似之处？〖答案〗前者长角，但很甜；后者虽然有时产生矛盾冲突，但也很甜蜜。〖解析〗金米糖是东南亚砂糖果的一种，有若干小角，大小如同豆粒。

1063. 〖つぶす〗〖日语〗養豚とかけて押糊の飯ととく。〖答案〗心は潰してから用に立つ（414）。〖汉语〗饲养的猪和用饭粒做的浆糊有什么相似之处？〖答案〗前者杀了之后才能吃肉；后者捣碎或碾碎后才能做成饭浆糊。

1064. 〖てがつけられぬ〗〖日语〗焼けた鍋とかけてならず者ととく。〖答案〗心は手が付けられぬ（406）。〖汉语〗烤热的锅和无赖有什么相似之处？〖答案〗前者无从下手；后者无法管教。

1065. 〖てる〗〖日语〗隠し上戸とかけて谷の紅葉ととく。〖答案〗心は人知らず照る（273）。〖汉语〗不为人所知的海量和山谷中的红叶有什么相似之处？〖答案〗前者在家独自喝了酒脸变红，没有人看到；后者的红叶没有人欣赏。

1066. 〖でる〗①〖日语〗汐干狩の女中とかけて婚礼の吸物ととく。

〖答案〗心は蛤が出るであろう(309)。〖汉语〗在落潮的海滨捡拾贝壳等物品的赶海女子和婚礼上的高汤有什么相似之处?〖答案〗前者捡取文蛤;后者宴席上首先让客人品尝煮有文蛤的高汤。〖解析〗高汤为日本菜肴中的一种汤,在用干松鱼碎片、海带等煮成的汤汁里加盐、酱油等。盛入容器时呈透明状。②〖日语〗糠袋とかけて裏籔の竹の子ととく。〖答案〗心は出るだけずつ使われる(363)。〖汉语〗澡堂的糠袋子和竹丛里面的竹笋有什么相似之处?〖答案〗前者使用从糠袋子里挤出来的糟糠擦身;后者一出头就会被采摘吃掉。③〖日语〗活版の刷物とかけて少しな夕立ととく。〖答案〗心は出たっきりあとがない(275)。〖汉语〗活版印刷的东西和夏季傍晚的雷阵雨有什么相似之处?〖答案〗前者印刷之后没有再版;后者下了之后马上停止。〖解析〗日语中,「でる」既表示"出版",也表示"发生现象或疾病",如「風が出てきた」(起风了)。

1067.〖とぜん〗〖日语〗箸十膳とかけて奥山の一軒家ととく。〖答案〗心は十ぜん(徒然)(243)。〖汉语〗十双筷子和深山一户人家有什么相似之处?〖答案〗前者是十双;后者显得寂寞。〖解析〗日语中,「ぜん」既表示筷子的计量单位"双",也表示"无聊"。

1068.〖とりこ〗〖日语〗米の粉とかけて敵ととく。〖答案〗心は取り粉(虜)(300)。〖汉语〗大米粉和敌人有什么相似之处?〖答案〗前者是干粉;后者成为俘虏。〖解析〗干粉又称为"浮面",表示"为使打制出的黏糕不粘手而撒的米粉"。

1069.〖なる〗①〖日语〗時計とかけて果物ととく。〖答案〗心は時が来ると鳴る(実る)(355)。〖汉语〗钟表和水果有什么相似之处?〖答案〗前者如果设置了闹钟,到时肯定会响;后者到了一定的季节肯定会结 1 果实。②〖日语〗張子の釣鐘とかけて山吹きの花ととく。〖答案〗心はどうしても鳴(実)らん(374)。〖汉语〗纸糊的吊钟和棣棠之花有什么相似之处?

〖答案〗前者不能敲响;后者不能生成果实。

1070. 〖にく〗〖日语〗美人の笑顔とかけて斎食ととく。〖答案〗心はいつでも憎(肉)はない(377)。〖汉语〗美人的笑颜和素食有什么相似之处?〖答案〗前者很招人喜欢;后者没有肉。

1071. 〖にごる〗〖日语〗下戸の水鉢とかけて五月雨の川水ととく。〖答案〗心は濁りどおしじゃ(292)。〖汉语〗不喝酒的人的酒杯和梅雨时的河水有什么相似之处?〖答案〗前者的酒杯(不喝酒,因而不清洗)一直不干净;后者一直很浑浊。〖解析〗日语中,「濁(にご)る」既表示"不干净",也表示"浑浊"。

1072. 〖にる〗〖日语〗忙しいへっついとかけて二(双)子兄弟ととく。〖答案〗心は何だかにて煮て(似て)いるようだ(254)。〖汉语〗很忙的炉灶和双胞胎兄弟有什么相似之处?〖答案〗前者好像在煮什么东西;后者好像长得很相似。

1073. 〖ね〗〖日语〗鋳上げた釣鐘とかけて初物の売出しととく。〖答案〗心はまだ音(値)が分からん(252)。〖汉语〗刚刚铸成的吊钟和当年刚刚上市的食品的初次销售有什么相似之处?〖答案〗前者不知道它的音色;后者不知道它的价格高低。

1074. 〖ねぎとつくいも〗〖日语〗でも絵の石蘭とかけて八百屋の店ととく。〖答案〗心は葱とつく芋(348)。〖汉语〗画得不好的石韦和蔬菜店有什么相似之处?〖答案〗前者好像葱和佛掌薯蓣;后者出售葱和佛掌薯蓣。〖解析〗石韦为水龙骨科常绿蕨类植物。

1075. 〖のびる〗〖日语〗金持とかけてひまな蕎麦屋ととく。〖答案〗心はとかくのびる(276)。〖汉语〗有钱人和空闲的荞麦面店老板有什么相似之处?〖答案〗前者势力扩大;后者面条(失去弹性而)变长。〖解析〗日语中,「のびる」既表示"业绩增加,发展,进步",也表示"荞麦面条没有筋道"。

1076.〖のみ〗①〖日语〗ずぶろくの身代とかけてへぼ大工の仕事ととく。〖答案〗心は呑(鑿)潰そ(326)。〖汉语〗醉鬼的私人财产和拙劣木匠的工作有什么相似之处？〖答案〗前者因为喝酒倾家荡产；后者弄坏了凿子。②〖日语〗穴掘り大工の粗相とかけて上戸の連れ合いととく。〖答案〗心は飲み(鑿)ぬけて困る(249)。〖汉语〗凿孔的木匠失手和爱喝酒的伙伴有什么相似之处？〖答案〗前者掉了凿子，很尴尬；后者都是酒囊饭袋，很伤脑筋。

1077.〖のみ・か〗①〖日语〗直した酒とかけて夏の夜の愚痴ととく。〖答案〗心は呑(蚤)も悪し香(蚊)も悪し(357)。〖汉语〗给快要走味的酒中加上香味后制成的酒和夏夜发牢骚抱怨有什么相似之处？〖答案〗前者喝起来口感不好，香味也不好；后者虱子叮、蚊子咬。②〖日语〗夏の夜とかけて安い煙草ととく。〖答案〗心は飲み(蚤)もわるいが香(蚊)もわるい(359)。〖汉语〗夏夜和廉价的香烟有什么相似之处？〖答案〗前者跳蚤、蚊子多；后者口感不好，香味也不好。③〖日语〗夏の夜とかけて上戸の宴会ととく。〖答案〗心は蚤蚊(飲み家)が多い(359)。〖汉语〗夏夜和喝酒人举办宴会有什么相似之处？〖答案〗前者跳蚤、蚊子多；后者喝酒的人多。

1078.〖のみ・くい〗〖日语〗コレラ予防とかけて夏の夜の小児ととく。〖答案〗心は飲食(蚤喰)に気を付ける(301)。〖汉语〗预防霍乱和夏夜的小孩有什么相似之处？〖答案〗前者需要注意饮食卫生；后者要防止跳蚤咬。

1079.〖のみて〗〖日语〗名も知れぬ西洋酒とかけて下戸の一座ととく。〖答案〗心は飲みてがない(360)。〖汉语〗连名字也不知道的西洋酒和不喝酒的人坐在一起有什么相似之处？〖答案〗前者没有人喝；后者没有人陪着喝。

1080.〖のりかける〗〖日语〗火事場の馬とかけて蕎麦の花巻ととく。〖答案〗心は乗り(海苔)かける(274)。〖汉语〗火灾现场的马和荞麦馒头有什么相似之处？〖答案〗前者人们骑着马逃命；后者添加有紫菜。

1081.〖はいたつ〗①〖日语〗郵便箱とかけて夏の砂糖箱ととく。〖答案〗心はふたをあければ配達(蠅立つ)(411)。〖汉语〗邮局的邮箱和夏天的砂糖箱子有什么相似之处?〖答案〗前者打开后抓紧时间配送;后者打开后苍蝇会飞走。②〖日语〗新聞好きとかけて愛子を育てる親心ととく。〖答案〗心は配達(這立)をまつ(324)。〖汉语〗喜欢读报纸和精心呵护孩子成长的父母的心情有什么相似之处?〖答案〗前者等待报纸配送;后者孩子刚会爬,就希望孩子会站起来。〖解析〗相似的习语为「立てば歩めの親心」(立步未稳盼儿走,望子成龙父母心)。③〖日语〗郵便書を配るとかけて風向きの火鉢ととく。〖答案〗心は配達(灰立つ)(411)。〖汉语〗配送邮件和朝着风的火盆有什么相似之处?〖答案〗前者分配邮件;后者扬起灰尘。

1082.〖はし〗〖日语〗浅い小川とかけて握り飯ととく。〖答案〗心は橋(箸)が入らぬ(247)。〖汉语〗很浅的小河和饭团有什么相似之处?〖答案〗前者不用架桥;后者不用筷子。

1083.〖はなつきゆき〗〖日语〗雪月花とかけてよく利いた山葵ととく。〖答案〗心は花月雪(鼻突き行き)(330)。〖汉语〗雪月花和味道比较浓的山嵛菜有什么相似之处?〖答案〗前者可以改为花月雪;后者气味直接刺激人的鼻孔。

1084.〖パンク〗〖日语〗動かぬ自動車とかけてパン九つととく。〖答案〗心はパンク(237)。〖汉语〗不能动的汽车和九个面包有什么相似之处?〖答案〗前者爆胎;后者是九个面包。

1085.〖ひきかける〗〖日语〗錠とかけて独り者の寝酒ととく。〖答案〗心は引掛けて寝る(318)。〖汉语〗锁和一个人睡前喝酒有什么相似之处?〖答案〗前者上锁后睡觉;后者独斟后睡觉。

1086.〖ひらく〗①〖日语〗汁粉屋の開店とかけて生花の蓮花ととく。〖答案〗心はうまく開く(321)。〖汉语〗小豆汤店开张和莲花插花有什么相似之处？〖答案〗前者开张大吉；后者娇艳盛开。②〖日语〗到来の菓子折とかけて桜ととく。〖答案〗心は開かぬうちがよし（353）。〖汉语〗收到的点心盒和樱花有什么相似之处？〖答案〗前者没有打开时，充满期待；后者没有盛开时，让人期盼。③〖日语〗梅の蕾とかけて用のある手紙ととく。〖答案〗心は開く間を待ちかねる（261）。〖汉语〗梅花花蕾和写有要事的信件有什么相似之处？〖答案〗前者迫不及待希望它开花；后者心急火燎想把它拆开。④〖日语〗鉢植の蕾とかけて婚礼の夫婦ととく。〖答案〗心は開くを待ちかねる（369）。〖汉语〗盆景的花蕾和举行婚礼的新郎、新娘有什么相似之处？〖答案〗人们急不可耐地等待前者开花；后者焦灼地等待婚宴结束。〖解析〗日语中，「ひらく」既表示"开花"，也表示"宴会结束"。根据习俗，在婚宴上说"结束"属于犯忌。⑤〖日语〗府県会とかけて蕾の花ととく。〖答案〗心はやがて開く（384）。〖汉语〗府县议会和含苞待放的花有什么相似之处？〖答案〗前者不久要开会；后者几乎要开花了。⑥〖日语〗蕾とかけて開墾地ととく。〖答案〗心は次々ひらく（345）。〖汉语〗花蕾和开垦土地有什么相似之处？〖答案〗前者次第开放；后者一点一点地被开发。⑦〖日语〗鰻とかけて傘ととく。〖答案〗心はひらいてさす（261）。〖汉语〗鳗鱼和伞有什么相似之处？〖答案〗前者中，人们将鳗鱼剖开，然后用竹签将鳗鱼串起；后者中，人们将伞撑开，然后打伞。〖解析〗日语中，「さす」既表示"串成串"，也表示"打，撑，举擘"。

1087. 〖びん・ぴん〗〖日语〗洋酒店とかけて裏店ととく。〖答案〗心は瓶（貧）ばかり（414）。〖汉语〗洋酒店和大杂院有什么相似之处？〖答案〗前者充斥着瓶子；后者都是穷人。〖解析〗日语中，「裏店」表示"后街或背里胡同简陋的出租房屋"。

1088. 〖ふくろ・おふくろ・すい〗〖日语〗青い蜜柑とかけて色町の婆さんととく。〖答案〗心はお袋が酸い（粋）（246）。〖汉语〗绿色的蜜橘和花

街柳巷的鸨母有什么相似之处？〖答案〗前者水果瓣皮很酸；后者是风流老手，通晓世故人情。〖解析〗风流或潇洒「粋（すい）」是日本江户时代前期的一种审美意识，以关西一带的妓馆为中心发展起来。

1089．〖ふし〗①〖日语〗鰹節の虫とかけて竹の葉ととく。〖答案〗心は節より生じる（275）。〖汉语〗干制鲣鱼的虫和竹叶有什么相似之处？〖答案〗前者从鲣鱼干里产生；后者来自竹子节。〖解析〗日语中，「節」既是「鰹節」的略语，也表示"竹子节"。②〖日语〗名人の浄瑠璃とかけて鰹節ととく。〖答案〗心は節がよくってうまい故よく聞（効）く（402）。〖汉语〗名人净琉璃和干制鲣鱼有什么相似之处？〖答案〗前者曲调好，因此常听；后者鲣鱼干质高味美，所以很畅销。③〖日语〗寒声とかけて傘職人ととく。〖答案〗心は節揃えて張り（貼り）上げ（281）。〖汉语〗寒冬练嗓子和制伞匠人有什么相似之处？〖答案〗前者利用各种曲调，高声喊叫；后者备齐竹节，开始粘贴。〖解析〗日语中，「ふし」（竹节）表示"旋律，节拍"；「はる」既表示"大叫"，也表示"粘贴"。寒冬练嗓子指声乐家、僧侣等为练嗓音而于寒冬的早晨和夜间在室外进行发音练习和诵经。

1090．〖ふたかわ〗〖日语〗米俵とかけて鋏箱ととく。〖答案〗心はふたかわきせる（300）。〖汉语〗装米的草包袋和衣物箱有什么相似之处？〖答案〗前者有草包圆盖；后者有漆皮覆盖。

1091．〖ふち〗〖日语〗士族の月給とかけて繕い直した火鉢ととく。〖答案〗心は扶持（縁）が変った（311）。〖汉语〗士族每月的俸禄和刚修过的火盆有什么相似之处？〖答案〗前者的禄米发生了变化；后者的盆边发生了变化。

1092．〖ふとい〗①〖日语〗手製のうどんとかけて苦役を懲りぬ奴ととく。〖答案〗心はどうしても太い（347）。〖汉语〗手制的面条和不畏惧惩罚的奴才有什么相似之处？〖答案〗前者太粗；后者更加胆大妄为。②〖日语〗大山師とかけてこの節の蝋燭ととく。〖答案〗心はしんが太い(267)。〖汉语〗大骗子和节日时点燃的蜡烛有什么相似之处？〖答案〗前者胆子大；后者蜡烛芯较粗。〖解析〗日语中，「太い」既表示"胆子大"，也表示"棒状物体内芯的直径粗"。

1093.〖ぶんながす〗〖日语〗青楼の夜の雪とかけて板子の下の芥ととく。〖答案〗心は明けて見ればぶん流す気になる(328－329)。〖汉语〗青楼夜雪和船底板下的垃圾有什么相似之处？〖答案〗前者天明后，顾客希望继续待在青楼；后者掀开后，想让水把它冲走。

1094.〖ほうじ〗〖日语〗われ焙烙とかけて貧な葬ととく。〖答案〗心は焙じ(法事)ができぬ(422)。〖汉语〗坏了的砂锅和贫穷人的葬礼有什么相似之处？〖答案〗前者无法烤制东西；后者没有钱做法事。〖解析〗日语中，「ほうじ」既表示"烤制"，也表示"法事"。

1095.〖ほね〗①〖日语〗かるわざ師とかけて赤鱏の汁ととく。〖答案〗心は骨が柔らかじゃ(279)。〖汉语〗杂技或轻功演员和赤魟熬的汁有什么相似之处？〖答案〗前者身体骨头软；后者鱼骨柔软入味。②〖日语〗からんだ凧とかけて年寄の坂道ととく。〖答案〗心は骨が折れる(279)。〖汉语〗缠绕成一团的风筝和年老的人上坡有什么相似之处？〖答案〗前者风筝骨折断；后者费劲。③〖日语〗写し絵の障子とかけて蛸ととく。〖答案〗心は骨がない(261)。〖汉语〗临摹的画(照片)中的隔扇和章鱼有什么相似之处？〖答案〗前者没有真实隔扇的木头骨架；后者没有骨头。〖解析〗日语中，"骨头"也表示"骨状物"，如伞骨「傘の骨」。章鱼为软体动物。④〖日语〗謎の難題とかけてちぢれ髪ととく。〖答案〗心はとくに骨が折れる(359)。〖汉语〗难解的谜语和卷曲的头发有什么相似之处？〖答案〗前者让人费尽心思；后者费劲，打理起来很麻烦。〖解析〗「骨か折れる」表示"费力，费劲"。

1096.〖み〗①〖日语〗すっぽんの付焼とかけて敵を求めた身の上ととく。

〖答案〗心は身がこわい(326)。〖汉语〗甲鱼烧烤和寻找敌人战斗有什么相似之处?〖答案〗前者身体很难看;后者自己处境很危险。〖解析〗日语中,「身」既表示“身体”,也表示“自身”。②〖日语〗山吹の花とかけて拾うた金ととく。〖答案〗心はどうしても実(身)にならぬ(410)。〖汉语〗棣棠花和拾到的金子有什么相似之处?〖答案〗前者不结实;后者不会对身心有益(或成为自己的东西)。③〖日语〗中間の脇差とかけて山吹の花ととく。〖答案〗心はみがない(343)。〖汉语〗仆役长的腰刀和棣棠的花有什么相似之处?〖答案〗前者没有刀身;后者没有果实。〖解析〗仆役长腰中携带木刀,没有钢制刀身。

1097.〖みや・みやげ〗〖日语〗下戸の癖とかけて甲子へ参詣の人ととく。〖答案〗心はお土産に(お宮に)大福願います(292)。〖汉语〗不喝酒的人的嗜好和参拜甲子园附近的神社的人有什么相似之处?〖答案〗前者不喝酒,因此供奉土特产祈求大的福气;后者在神社里向大福神祈祷。〖解析〗日语中,「土産(みやげ)」(土特产)与「宮(みや)」(神社)发音相似。

1098.〖みるく〗〖日语〗西洋家の養生とかけてひどくされる継子の実親ととく。〖答案〗心はミルク(見る苦)がたえぬ(328)。〖汉语〗西洋养生和受到虐待的继子的亲生父母有什么相似之处?〖答案〗前者牛奶不断,天天饮用;后者看到自己亲生的孩子被养父母虐待,心中无法承受痛苦。

1099.〖むすび〗〖日语〗二俣竹とかけて花火の弁当ととく。〖答案〗心はむすび楽しむ(385)。〖汉语〗同根的两只竹子和花火便当有什么相似之处?〖答案〗前者根开心地连在一起;后者是饭团。

1100.〖むね・やける〗〖日语〗芋を食べた後とかけて大火事ととく。〖答案〗心は胸(棟)が焼ける(259)。〖汉语〗刚吃过芋头和发生火灾有什么相似之处?〖答案〗前者吃了之后不消化,肚子难受;后者烧了屋顶。〖解析〗日语中,「むね」既表示“胸口”「胸」,也表示“屋顶”「棟」;「やける」既表示

"食物不消化，烧心"，也表示"燃烧"。

1101. 〖めし〗〖日语〗赤飯とかけてきびしい差紙ととく。〖答案〗心はこわい飯（召）だ（329）。〖汉语〗糯米小豆饭和没有任何商量余地的传票有什么相似之处？〖答案〗前者是恐怖（红色的，像血一样，所以可怕）的糯米饭；后者是政府发出的征召命令。〖解析〗「赤飯」又被称为「おこわ」，是「おこわめし」的略语。糯米小豆饭又被称为"红豆饭"，是在糯米中加入赤豆或豇豆蒸煮而成的一种饭，在日本被广泛用于庆祝仪式。

1102. 〖もち〗①〖日语〗こそこそ盗人とかけて下戸の付合ととく。〖答案〗心はちょっくら持ち（餅）から始め（298）。〖汉语〗偷偷摸摸的盗贼和与不喝酒的朋友交往有什么相似之处？〖答案〗前者从开始偷小东西（小时偷针，长大偷金）；后者的就餐从年糕开始（而不是从酒开始）。②〖日语〗寒の水とかけて餌さし竿ととく。〖答案〗心は餅浸けて（黐付けて）おく（281）。〖汉语〗冷水和黏鸟杆有什么相似之处？〖答案〗前者用于揉糯米饼；后者在上面涂胶水。〖解析〗制作日式牡丹饼过程中，捏糯米团时全程都需双手沾冷开水。黏鸟杆指在竹竿的一头放黏性强的糯米面团捉小鸟，也被称为"糯米面团竹竿"，有时也使用从细叶冬青的树皮中提制出的胶。

1103. 〖よわない〗〖日语〗昼ばかりの国とかけて水の多い酒ととく。〖答案〗心は酔わ（夜は）ない（380）。〖汉语〗只有白昼的国家或地方和掺水很多的酒有什么相似之处？〖答案〗前者没有夜晚；后者不会让人醉。

第八节　居　住

1104. 〖あて〗〖日语〗塗屋の嵐とかけて節季の金繰りととく。〖答案〗心はどこもあてがない（364）。〖汉语〗用土涂抹的家遭遇暴风雨和年终筹措资金有什么相似之处？〖答案〗前者没有损伤；后者没有任何人可以依赖和求助。〖解析〗用泥土厚厚涂抹的家没有缝隙，因此没有修补的痕迹。

1105. 〖ありがた〗〖日语〗貧民へ二度の施行とかけて土間へ置いた砂糖ととく。〖答案〗心は有難(蟻がた)かったろう(382)。〖汉语〗两次给贫民施舍和泥土房间里放的砂糖有什么相似之处?〖答案〗前者贫民会很感激;后者会有很多蚂蚁聚集。

1106. 〖いけ〗〖日语〗池の溜まり水とかけて長居のお客ととく。〖答案〗心はイケとも言われない(237)。〖汉语〗一摊积水和久留的客人有什么相似之处?〖答案〗前者不能称为池塘;后者主人碍于情面,无法直接说让其离开。〖解析〗日语中,「いけ」既表示"池塘"「池」,也表示"走"「行く」的命令形"走开"「イケ」。

1107. 〖いぬもけしかけ〗〖日语〗弥次馬とかけて人別帳の調べととく。〖答案〗心は犬もけしかけ(居ぬも消し掛け)(406)。〖汉语〗瞎起哄的人和江户时代的户籍簿有什么相似之处?〖答案〗前者唆使狗向对方跑去;后者居民如果不在居住地点,可能被注销户籍。

1108. 〖かわら〗〖日语〗堅い目的とかけて板屋根ととく。〖答案〗心は変わら(瓦)ない(275)。〖汉语〗坚持自己的目标和木板制成的屋顶有什么相似之处?〖答案〗前者矢志不移;后者不使用瓦片。

1109. 〖きえる〗〖日语〗悪い堅炭とかけて幽霊ととく。〖答案〗心はじきに消える(422)。〖汉语〗劣质煤炭和幽灵有什么相似之处?〖答案〗前者很快熄灭;后者很快消失。

1110. 〖くらく〗〖日语〗人の心とかけて建てこめた家ととく。〖答案〗心は苦楽(暗く)あり(378)。〖汉语〗人心和关着门窗的家有什么相似之处?〖答案〗前者有苦有乐;后者光线较暗。

1111. 〖さらにつきもる〗〖日语〗破れた屋根とかけて心太ととく。〖答案〗心は更に月漏る(皿に突き盛る)(409)。〖汉语〗破烂的屋顶和冻粉有什么相似之处?〖答案〗前者有新月透进来;后者盛在浅盘子里。

1112.〖じく・しゅく〗〖日语〗絵画会とかけてあちこち引っ越す書生とといく。〖答案〗心はよい軸（宿）が少なく（272）。〖汉语〗绘画展览和不断搬家的书生有什么相似之处？〖答案〗前者没有好的可以悬挂的字画；后者没有理想的住处。

1113.〖しょたい〗〖日语〗二階住いとかけて研究の積んだ字書ととく。〖答案〗心は段々上がって世帯（書体）も構える（361）。〖汉语〗住在二楼和研究成果积累而成的字典有什么相似之处？〖答案〗前者拾级而上，已经成家；后者水平一点点提高，字体也有不错的形态。

1114.〖すき〗〖日语〗場末の新築とかけて鍬で掘る飾り穴ととく。〖答案〗心はすきなしにたてる（369）。〖汉语〗远离城市中心的偏僻地区的新建房屋和用锄挖成的栽种门松的坑有什么相似之处？〖答案〗前者没有风雅；后者没有用窄刃锹。〖解析〗日语中，「鍬」表示“锄”；「すき」可以是“犁”「犂」，也可以是“铁锹”「鋤」。

1115.〖すりつける〗〖日语〗マッチとかけて群集の人ごみととく。〖答案〗心はすりつける（397）。〖汉语〗火柴和人群有什么相似之处？〖答案〗前者用火柴棒摩擦火柴盒上的磷，以此生火；后者摩肩接踵。

1116.〖たてひき〗〖日语〗戸障子とかけて男伊達ととく。〖答案〗心はたて引きする（356）。〖汉语〗门的隔扇和漂亮小伙子有什么相似之处？〖答案〗前者可以开关；后者经常因为意气用事而固执己见。

1117.〖どそう〗〖日语〗この節の新仏とかけて貧乏町内ととく。〖答案〗心は土葬（土蔵）が少ない（300）。〖汉语〗这个时节刚埋葬的死者和贫穷的町内居民有什么相似之处？〖答案〗前者实行土葬的少；后者土墙仓房少。

1118.〖なう〗〖日语〗風呂の蓋とかけて縄ととく。〖答案〗心は無う（綯う）て使う（244）。〖汉语〗澡桶（盆、池）的盖子和绳子有什么相似之处？

〖答案〗前者没有时（指掀开盖子，放在一边），才可以使用澡桶（盆、池）；后者捻搓后，才能使用。〖解析〗日语中，「なう」既表示“没有”「無う」，也表示“将多股线捻拧或搓成一股”「綯う」。

1119.〖ねしずまってきこえよる〗〖日语〗夜声八丁とかけて肥料の効果ととく。〖答案〗心は寝しずまって聞こえよる（根静まって木肥えよる）（414）。〖汉语〗夜间钟声和肥料效果有什么相似之处？〖答案〗前者在夜深人静之时睡着了也能听到；后者在植物根上施肥。

1120.〖のみにくい〗〖日语〗巻煙草とかけて夏の夜ととく。〖答案〗心は短く熱く飲み難い（暑く蚤憎い）（395）。〖汉语〗卷烟和夏夜有什么相似之处？〖答案〗前者很短、很热、很难吸；后者夜短，天气闷热，跳蚤很可恶。

1121.〖はしら〗〖日语〗曲った材木とかけて時限の急便ととく。〖答案〗心は柱（走ら）にゃならぬ（395）。〖汉语〗弯曲的木材和有时间限制的急件有什么相似之处？〖答案〗前者无法当柱子；后者不快速跑着送达不行。〖解析〗日语中，「はしら」既表示“柱子”，也是“跑”的否定形式「走らぬ」的一部分。

1122.〖ひっこむ〗〖日语〗夕暮の川越しとかけて明け方の化け物ととく。〖答案〗心は足を洗って引込む（410）。〖汉语〗日暮过河和黎明的怪物有什么相似之处？〖答案〗前者是洗脚、回家；后者是金盆洗手、鸣锣收兵。〖解析〗日语中，「足を洗う」既表示“洗脚”，也表示“改邪归正”。

1123.〖ふさがる〗〖日语〗よい貸家とかけてあがった蛤ととく。〖答案〗心はふさがったらあかん（413）。〖汉语〗上好的出租房和刚刚做好的文蛤有什么相似之处？〖答案〗前者不能关门闲置；后者如果双壳闭合，就不处于开启状态。

1124.〖まにあわない〗〖日语〗出来合の建具とかけて頓馬な男ととく。〖答案〗心は間に合わない（347）。〖汉语〗手头现成的门窗隔扇和愚蠢的男

子有什么相似之处？〖答案〗前者不合乎自己房间的规格；后者不起作用。

1125.〖やもり〗〖日语〗長屋の喧嘩とかけて古家の壁ととく。〖答案〗心は家守（守宮）が出る（358）。〖汉语〗大杂院里的人家争吵和旧房子的墙壁有什么相似之处？〖答案〗前者管家会出面解决问题；后者有壁虎出现。

第九节　航　行

1126.〖あかり〗①〖日语〗闇の夜とかけて浦を漕ぐ船ととく。〖答案〗心はあかりが頼り（410）。〖汉语〗黑夜和在海湾划船有什么相似之处？〖答案〗两者都依赖光亮。②〖日语〗底の抜けた提灯とかけて理をもって非に落ちた人ととく。〖答案〗心は明りが足らぬ（332）。〖汉语〗没有底的灯笼和有理却变得无理的人有什么相似之处？〖答案〗前者亮度不够；后者证据不足。〖解析〗日语中，“光亮”也表示“证据”。

1127.〖いたく〗〖日语〗物貰とかけて難船の水主ととく。〖答案〗心は戴いて（板抱いて）助かる（404）。〖汉语〗乞丐和遇难船只的水手有什么相似之处？〖答案〗前者拿了很多东西，有了活路；后者在水中抱住木板（或因为有木板），因而获救。

1128.〖おいて〗〖日语〗仲居のおべっかとかけて風を待つ船ととく。〖答案〗心は追風が欲しい（357）。〖汉语〗女招待讨好客人和等待合适风向的船有什么相似之处？〖答案〗前者中，女招待讨好客人，希望有相应的好事；后者希望有顺风。

1129.〖おき〗〖日语〗お髯の塵を払うとかけて帆ばかり見える船ととく。〖答案〗心はお気（沖）に入る（270）。〖汉语〗拍马屁和只能看到船帆有什么相似之处？〖答案〗前者让人满意、开心、中意；后者船只已经到了远海上。〖解析〗船只已经到了远海上，于是只能看到船上的帆，不能看到船的下面部分。

1130. 〖おもて・いかり・しずめる〗①〖日语〗堪忍とかけて港のかかり船ととく。〖答案〗心は怒(碇)をしずめる(281)。〖汉语〗忍耐和港口停泊的船有什么相似之处?〖答案〗前者息怒;后者将锚沉入水底,使船舶停泊。②〖日语〗不人相のおかめとかけて渡海の舟ととく。〖答案〗心は表に怒り(碇)が見える(386)。〖汉语〗不好看的女丑角面具和海上的船有什么相似之处?〖答案〗前者外表有怒气;后者在船首附近能看到锚。〖解析〗女丑角假面具特点是:眼角下垂,有着一张苹果脸,长相很有福气。女丑角面具又表示"胖脸丑女",一般用于嘲笑奚落妇女的场合。在海上航行时,锚在水面以上位置。到了港口,船才会抛锚到水下。③〖日语〗不人相のおかめとかけて気取りの下手な女房ととく。〖答案〗心は細工風(妻風)が悪い(386)。〖汉语〗不好看的女丑角面具和装腔作势的妻子有什么相似之处?〖答案〗前者工匠手艺不好;后者妻子风格欠佳。④〖日语〗美人のお多福とかけて立花の根締めととく。〖答案〗心は鼻(花)が低い(377)。〖汉语〗丑女人和献花中为调整根株形状而添插的花草有什么相似之处?〖答案〗前者鼻子长得低;后者花位置很低。〖解析〗说"多福"是丑女人,是因为丑女人的长相类似"多福"面具。献花(或供花)是日本最古老的插花样式,后来以铜制花器立正插花的方式予以定型。17 世纪由二代池坊专好集大成,以佛教的世界观、自然观、人生观为根本思想。⑤〖日语〗谷の桜とかけておかめの面ととく。〖答案〗心は両方が高く中に花(鼻)が見える(338)。〖汉语〗山谷中的樱花和胖脸丑女有什么相似之处?〖答案〗前者两边高,谷底有花;后者两边脸颊高,鼻子低。

1131. 〖かきたてる〗〖日语〗暗い行灯とかけてうらみの文ととく。〖答案〗心は搔き(書き)立てる(290)。〖汉语〗昏暗的灯笼和仇恨的文章有什么相似之处?〖答案〗前者需要拨亮灯笼里面的蜡烛灯芯;后者为引人注意而大写特写。〖解析〗日语中,「搔(か)き立(た)てる」(拨亮)与「書(か)き立(た)てる」(——

写出，列举）发音相似。

1132.〖かく〗①〖日语〗下手な唐絵とかけて道中の駕籠ととく。〖答案〗心は山は描（舁）きにくい（389）。〖汉语〗水平低的中国画和旅途中的轿子有什么相似之处？〖答案〗前者很难画出山的神韵；后者抬轿上下山很辛苦。②〖日语〗巻紙とかけて鰹節ととく。〖答案〗心は書く（掻く）と減る（244）。〖汉语〗把对开纸横着连接卷成的信纸和干制鲣鱼有什么相似之处？〖答案〗前者越写越少；后者越削越少。〖解析〗日语中，「かく」既表示“书写”「書く」，又表示“切，削，刨”「掻く」。③〖日语〗得意の駕籠とかけて人形筆ととく。〖答案〗心は舁（書）くで出入する（354）。〖汉语〗顾客坐轿和偶人笔有什么相似之处？〖答案〗前者由轿夫抬轿，出出入入；后者书写时有偶人进进出出。〖解析〗偶人笔是摄津有马名产，也被称作“带小人的笔”。拿起笔来，笔后有小小的偶人出来；把笔放倒下，偶人就会回到里面。偶人笔传统悠久，颜色鲜明，招人喜爱，朴素的竹子工艺也很受人欢迎。④〖日语〗背中の腫物とかけて政治論の原稿ととく。〖答案〗心は十分書（掻）かれぬ（330）。〖汉语〗背上的肿块和政论稿有什么相似之处？〖答案〗前者不能使劲抓挠；后者不能书写得淋漓尽致。

1133.〖かける〗①〖日语〗襷とかけて郵便さんととく。〖答案〗心は掛けて（駆けて）働く（241）。〖汉语〗肩上的环状布带和邮递员有什么相似之处？〖答案〗前者斜挂着起作用；后者奔跑履行自己的职责。②〖日语〗商法とかけて馬車の馬ととく。〖答案〗心はかけひき（319）。〖汉语〗商业法则和马车的马有什么相似之处？〖答案〗前者讨价还价；后者骑马拽马。〖解析〗日语中，表示“讨价还价”与“骑马跑，拉马”的日语发音相同。③〖日语〗牛たつれて夕立に逢うとかけて不通の電信ととく。〖答案〗心は駆け（掛け）度くも駆け（掛け）られぬ（260）。〖汉语〗牵着牛遇到阵雨和不能接通的电信通讯有什么相似之处？〖答案〗前者即使驱赶也不能前进；后者即使打电报或打电话也不能沟通。④〖日语〗歯のない茶釜とかけて火事場の躄ととく。〖答案〗心は懸(駆)けられぬ(372)。〖汉语〗周围没有带子的茶锅和火灾现场的瘫子有什么相似之处?〖答案〗前者没有带子,不能悬挂起来;后者不能跑步逃命。⑤〖日语〗人力車とかけて蜘蛛の巣ととく。〖答案〗心は(駈)掛ければ食う種ができる(324)。〖汉语〗人力车和蜘蛛网有什么相似之处?〖答案〗前者快跑,才有饭吃;后者结网,才能捕捉到猎物,并将其吃掉。〖解析〗日语中,「かける」既表示"快跑",又表示"悬挂"。⑥〖日语〗早い人力とかけて不如帰ととく。〖答案〗心はてっぺんからかける(372)。〖汉语〗速度快的人力车和杜鹃有什么相似之处?〖答案〗前者从最高处往下跑;后者从顶峰向下飞。⑦〖日语〗婦人の肩掛けとかけて郵便脚夫ととく。〖答案〗心は我先にと掛(駈)けて歩く(385)。〖汉语〗夫人的披肩和邮局雇佣的脚夫有什么相似之处?〖答案〗前者急不可耐披在肩上招摇过市;后者争先恐后赶路送邮件。⑧〖日语〗枡落のすかたんとかけて老いたる馬ととく。〖答案〗心は掛ける(駆ける)に精がない(396)。〖汉语〗捕鼠器失灵和老马有什么相似之处?〖答案〗前者让人再没有用机关捕捉老鼠的心情;后者没有奔驰的精力。〖解析〗日语中,「かける」既表示"用机关捕捉",也表示"马飞奔"。⑨〖日语〗鍋の氷とかけて足袋の紐ととく。〖答案〗心は掛(駆)けるととける(360)。〖汉语〗锅里的冰和日本式短布袜的带子有什么相似之处?〖答案〗前者架到火上,随后融化;后者跑步的话,马上会松开。⑩〖日语〗人力車とかけて算盤の早割りととく。〖答案〗心は掛け(駆け)て引く(324)。〖汉语〗人力车和用算盘做除法有什么相似之处?〖答案〗前者拉车快跑;后者先乘后减。⑪〖日语〗人力車とかけて巻き忘れた時計ととく。〖答案〗心は駈(掛)けると廻る(324)。〖汉语〗人力车和忘记上弦的钟表有什么相似之处?〖答案〗前者快跑,车轮转动;后者上弦,时针转动。〖解析〗"快跑"的日语也表示"使(机器)启动"。⑫〖日语〗曲馬とかけてとろろ汁ととく。〖答案〗心は乗り(海苔)こなして駆け(掛け)(286)。〖汉语〗马戏和山药汁有什么相似之处?〖答案〗前者训练有素后就可以骑马表演;后者将海带弄碎,盖到饭上。〖解析〗日语中,「のり」既表示“骑”「乗り」,又表示“海带”「海苔」;「熟し」既表示“按自己所想的处理”,又表示“弄碎”;「かける」既表示“骑马奔跑”「駆け」,又表示“(为做菜而)放在火上”「掛け」。

1134.〖かすかに〗〖日语〗目のわるい人とかけて沖の船ととく。〖答案〗心はかすかに見ゆる(403)。〖汉语〗视力不好的人和海上的船有什么相似之处?〖答案〗前者能模模糊糊地看到眼前的东西;后者只能看到影子。

1135.〖くが〗〖日语〗楽隠居とかけて日本より外国への旅ととく。〖答案〗心は苦が(陸)なし(417)。〖汉语〗悠闲隐居和从日本到外国的旅行有什么相似之处?〖答案〗前者没有苦痛;后者不走陆路。

1136.〖くさり〗〖日语〗懐中時計とかけて船板の塀ととく。〖答案〗心は鎖(腐り)が目に立つ(272)。〖汉语〗怀表和船板做成的围墙有什么相似之处?〖答案〗前者的链条很醒目;后者的腐朽很容易被注意到。〖解析〗日语中,「くさり」既表示“锁”「鎖」,又表示“腐烂”「腐り」。怀表经常有表链。船板经过水的浸泡,很容易腐烂。

1137.〖くるまで〗〖日语〗東京の往来とかけて婚礼の晩ととく。〖答案〗心は車で(来る迄)せわしい(351)。〖汉语〗东京道路往来和婚礼之夜有什么相似之处?〖答案〗前者车水马龙,交通繁忙;后者圆房之前忙忙碌碌。

1138.〖こぎだす〗〖日语〗船宿の小僧とかけてねむがる人ととく。〖答案〗心は船をこぎだす(386)。〖汉语〗垂钓船或游船出租者的小伙计和困倦有睡意的人有什么相似之处?〖答案〗前者划船;后者打瞌睡。〖解析〗

打瞌睡时，身体前倾后仰，如同划船。

1139．〖ごようじょう〗〖日语〗飛脚とかけて病気上りととく。〖答案〗心は御用状（御養生）が肝腎（377）。〖汉语〗飞脚和疾病初愈有什么相似之处？〖答案〗前者所持的文件很重要；后者养生很重要。

1140．〖さき〗①〖日语〗宛のない手紙とかけて打ち掛けて折った釘ととく。〖答案〗心は先まで届かぬ（249）。〖汉语〗没有收信人地址的信件和尖端弯曲的钉子有什么相似之处？〖答案〗前者无法到达收信人；后者无法钉入目标物体。〖解析〗日语中，「さき」既表示“收信人”，又表示“前方”。②〖日语〗人ごみの人力とかけて粗末な進物ととく。〖答案〗心は先へは出されぬ（378）。〖汉语〗人群中的人力车和粗糙的礼品有什么相似之处？〖答案〗前者不能迅速走出人群；后者不好拿出给对方。〖解析〗日语中，「さき」（前方）也表示“对方”。③〖日语〗敵の滅亡とかけて使いからしの筆ととく。〖答案〗心は先がない（322）。〖汉语〗敌人的灭亡和用秃了的毛笔有什么相似之处？〖答案〗前者没有未来；后者笔尖已经严重磨损，甚至消失。④〖日语〗花とかけて弱将の一陣ととく。〖答案〗心は咲（先）乱れて散る（372）。〖汉语〗花和弱将打先锋有什么相似之处？〖答案〗前者被风吹散，随后凋落；后者先乱了阵脚，随后牺牲。

1141．〖さる〗〖日语〗猿とかけて廻船ととく。〖答案〗心は皆戸（港）へ付く（306）。〖汉语〗拉门的插销和船有什么相似之处？〖答案〗前者附着在门上；后者到港口停靠。

1142．〖たてる〗〖日语〗鼻緒の切れた下駄とかけて泥棒心のある店子ととく。〖答案〗心はたてねばならぬ（371）。〖汉语〗断了木屐带的木屐和想偷盗的房客（或租房人）有什么相似之处？〖答案〗前者不增加木屐带不行；后者不将其赶出去不行。〖解析〗木屐带是系在木屐上的细绳带，也指夹在大拇趾和下一趾之间的那部分带子。

1143.〖たびさき〗〖日语〗絵葉書とかけて足の方の寒さととく。〖答案〗心は旅先（足袋先）から来る（237）。〖汉语〗明信片和脚冷有什么相似之处？〖答案〗前者来自旅行的停留地点；后者从袜子的脚尖开始感觉到。

1144.〖てつだう・てつどう〗〖日语〗汽車とかけて大勢してする仕事ととく。〖答案〗心は鉄道（手伝う）で早い（238）。〖汉语〗列车和许多人一起做事有什么相似之处？〖答案〗前者是铁道，速度快；后者有许多人帮忙，效率高。

1145.〖ときつけて〗①〖日语〗遊説者とかけて郵便監察役ととく。〖答案〗心は説き付けて（時つけて）あるく（411）。〖汉语〗游说和邮政监察使有什么相似之处？〖答案〗前者四处走动，说服别人听命于己；后者定时巡查情况。②〖日语〗謎作りとかけて恋人に打明け話ととく。〖答案〗心は心現わして解き付ける（358）。〖汉语〗制作谜语和给恋人说实话有什么相似之处？〖答案〗前者谜语关键显现，即可解开谜语；后者开诚布公，说服恋人使之听命于己。

1146.〖なか〗〖日语〗両ガラスの時計とかけて人力車の合乗りととく。〖答案〗心は中よく見える（418）。〖汉语〗玻璃表壳的钟表和人力车同乘有什么相似之处？〖答案〗前者能看到表盘；后者看起来关系好。

1147.〖ぬれくさる〗〖日语〗旅の雨とかけて昔男ととく。〖答案〗心はぬれくさる（339）。〖汉语〗旅行中下雨和以前的男子有什么相似之处？〖答案〗前者被淋湿；后者和异性有风流韵事。

1148.〖のりあい〗〖日语〗経師細工とかけて客の満ちた渡し船ととく。〖答案〗心は糊合（乗合）がむずかしい（285）。〖汉语〗修复经书的人和满载乘客的渡船有什么相似之处？〖答案〗前者不容易用糨糊糊好；后者航行起来有点困难。〖解析〗日语中，「糊合（のりあ）い」（用糨糊糊）与「乗（の）り合（あ）い」（乘坐）发音相似。

1149. 〖のる〗〖日语〗病後の車夫とかけて割算の疑いととく。〖答案〗心は乗ってみる(380)。〖汉语〗病后的车夫和对除法运算结果持疑虑有什么相似之处？〖答案〗乘客可以试着坐一下前者的车;可以用乘法验算后者。

1150. 〖はいはい〗〖日语〗返事のよい仲間とかけて人ごみをひく馬ととく。〖答案〗心ははいはい(391)。〖汉语〗善于回答的朋友和在人群中拉着马有什么相似之处？〖答案〗前者回答:"是！是！"后者大声说:"驾！驾！"

1151. 〖ふく〗①〖日语〗宝船とかけて燃えぬ薪ととく。〖答案〗心は福(吹く)ばかりだ(336)。〖汉语〗宝船和不能燃烧的木柴有什么相似之处？〖答案〗前者满是福气;后者只能使劲用嘴吹。②〖日语〗あつべ焼の餅とかけて門に立つ虚無僧ととく。〖答案〗心は吹かにゃ食われんじゃないかいな(236)。〖汉语〗热饼和门口站着的虚无僧有什么相似之处？〖答案〗前者需要吹凉了再吃;不听后者吹嘘,就不会上当。③〖日语〗焼芋とかけて伊勢の神楽ととく。〖答案〗心は吹いて叩いてそれかぶれ(245)。〖汉语〗烤土豆和伊势神乐有什么相似之处？〖答案〗前者吹吹土豆让其降温,因为烫手因此拍打土豆,然后把嘴凑上去吃土豆;后者拍打乐器,然后把嘴凑上去吹乐器。④〖日语〗春風とかけて首の汗ととく。〖答案〗心は吹くものどか(拭くも喉か)(374)。〖汉语〗春风和脖子上的汗水有什么相似之处？〖答案〗前者吹拂;擦后者时,摸到的部位是喉咙。

1152. 〖ほ・ほお〗〖日语〗遠見の舟とかけてお多福横顔ととく。〖答案〗心は帆(頬)ばっかり(354)。〖汉语〗远处的小船和比较胖的脸部侧面像有什么相似之处？〖答案〗前者只看到帆;后者只看到面颊。

1153. 〖ほうぼう〗〖日语〗田舎の江戸見物とかけて火の見の番人ととく。〖答案〗心は方方を見る(257)。〖汉语〗乡下人到江户参观和火警值班员有什么相似之处？〖答案〗两者都是到处看一下。

1154. 〖ほをかける〗〖日语〗帆前船とかけて駆落ち者ととく。〖答案〗

心はほをかけて走る（394）。〖汉语〗帆船和私奔的人有什么相似之处？〖答案〗前者挂帆前进；后者加快步子奔跑。〖解析〗日语中，「ほをかける」既表示"扬帆"「帆をかけて」，又表示"加快步伐"「歩をかけて」。

1155. 〖まご〗①〖日语〗荷馬とかけて婆さんのへそくりととく。〖答案〗心は馬子（孫）につかわるる（361）。〖汉语〗驮着东西的马和奶奶的私房钱有什么相似之处？〖答案〗前者跟着马夫；后者花在孙子身上。②〖日语〗若い婆さんとかけて野馬ととく。〖答案〗心は孫（馬子）はあるまい（421）。〖汉语〗年轻的婆婆和野马有什么相似之处？〖答案〗前者还没有抱孙子；后者没有马夫。③〖日语〗隣から出た火事とかけて隠居の他行ととく。〖答案〗心はまごつく（馬子付く）（356）。〖汉语〗邻居失火和隐居的人到外面其他地方有什么相似之处？〖答案〗前者张皇失措，怕大火蔓延到自己家里；后者让马夫随行跟着自己。

1156. 〖まにあう〗〖日语〗汽車の乗り遅れとかけていびつな畳ととく。〖答案〗心は間に合わぬ（283）。〖汉语〗没有赶上火车和变形的榻榻米有什么相似之处？〖答案〗前者已经来不及；后者不适合铺在屋子里面。

1157. 〖まわる〗①〖日语〗車の損じとかけて貧乏人ととく。〖答案〗心は廻りが悪い（290）。〖汉语〗车子受损和穷人有什么相似之处？〖答案〗前者旋转不好；后者命运不好。〖解析〗日语中，「廻り」表示"旋转"。相近的词语「回り合わせ」表示"运气，运道，命运"。②〖日语〗貧乏世帯とかけて心棒のない独楽ととく。〖答案〗心は回りかねる（381）。〖汉语〗贫穷之家和没有中心的陀螺有什么相似之处？〖答案〗前者很难周到地处理事情；后者很难旋转。〖解析〗日语中，「まわる」既表示"周到"，如「気が回る」（考虑周到，心细），又表示"旋转"。

1158. 〖みずをかける〗〖日语〗早船とかけて秘蔵な植木ととく。〖答案〗心はみずをかける（373）。〖汉语〗开得快的小船和珍藏的盆栽有什

么相似之处?〖答案〗前者在水中快速行驶;后者需要浇水。

1159.〖みち・すじ〗①〖日语〗蒸汽車とかけて理屈ととく。〖答案〗心は道が違っては通らぬ(317)。〖汉语〗蒸汽机车和道理有什么相似之处?〖答案〗前者如果走错轨道,就不能到达目的地;后者如果思路错误,就无法言之成理。②〖日语〗鉄道とかけて生酔の理屈ととく。〖答案〗心は筋が違っては通らぬ(347)。〖汉语〗铁路和喝醉的人讲道理有什么相似之处?〖答案〗前者如果轨道错误,就无法到达目的地;后者乖谬,无法理喻。

1160.〖みちゆき・くらい〗〖日语〗神戸通いの汽車とかけて立たぬ言い訳ととく。〖答案〗心は道行きに暗い所がある(295)。〖汉语〗通往神户的火车和无法自圆其说的辩解有什么相似之处?〖答案〗前者路途中有黑暗的地方;后者话语中有难以成理的地方。〖解析〗「暗い所」一般特指监狱。

1161.〖みなと〗〖日语〗沖の船とかけて懸金ととく。〖答案〗心は港(みな戸)に着く(267)。〖汉语〗湖面上的船和悬赏通告有什么相似之处?〖答案〗前者到了港口;后者贴到了各家各户门上,广而告之。

第十节 娱 乐

1162.〖あう〗〖日语〗素人の狂言とかけて古着の買物ととく。〖答案〗心はどこやらが合わぬ(321)。〖汉语〗外行人演狂言和买二手衣服有什么相似之处?〖答案〗前者听起来总有点不太对头;后者穿上总感觉不合身。

1163.〖あせがでる〗〖日语〗下手な浄瑠璃とかけて夏の昼なかととく。〖答案〗心は汗が出る(389)。〖汉语〗拙劣的净琉璃和夏日白天有什么相似之处?〖答案〗前者中,演员认真表演,不断出汗,但劳而无功;后者让人汗流浃背。

1164.〖いわず〗①〖日语〗唖の浄瑠璃とかけて道成寺ととく。〖答案〗心は言わず語らず(268)。〖汉语〗沉默的净琉璃和道成寺有什么相似之处?

〖答案〗前者不出声；后者不言不语。〖解析〗《道成寺》为能剧名，由观世信光创作。道成寺位于和歌山县日高郡川边町，701年由纪道成创建，以安珍清姬的传说闻名。清姬暗恋安珍，安珍恐惧，竭尽全力回避，躲进道成寺的大钟内。安珍急火攻心，变为一条蛇，缠住了大钟，烧死了安珍。四百年后，道成寺铸成新钟，举行法会。坠入情网的清姬的魂灵变作舞伎出现在道成寺钟法会上，舞毕跃入钟内化作蛇身。②〖日语〗難しき天気とかけて啞の馬子ととく。〖答案〗心はどうともいわれぬ（401）。〖汉语〗易变的天气和哑巴马夫有什么相似之处？〖答案〗前者无法预测；后者无法让马听命。

1165.〖うく〗①〖日语〗春の花見とかけて瓢箪の川流れととく。〖答案〗心は浮いてあるく（375）。〖汉语〗春天赏花和瓢顺水漂流有什么相似之处？〖答案〗前者兴高采烈行走；后者漂浮在水面上，向下游走。②〖日语〗春の旅とかけて嵐山の景色ととく。〖答案〗心は気（木）が浮いている（375）。〖汉语〗春天旅行和岚山风景有什么相似之处？〖答案〗前者兴致勃勃；后者看到树木浮在半空。〖解析〗岚山是京都市的一个观光地，以秋季赏枫叶和春季赏樱花而知名。

1166.〖うつす・とる・うつる〗①〖日语〗写真鏡とかけて実のあるおいらんととく。〖答案〗心は誠をうつす（315）。〖汉语〗镜头和真心实意的花魁有什么相似之处？〖答案〗前者真实映照人像；后者传达诚意。②〖日语〗写真とかけて植疱瘡ととく。〖答案〗心はうつしてとる（315）。〖汉语〗照片和接种疫苗有什么相似之处？〖答案〗前者映照到镜头内，然后摄影；后者让其传染，形成免疫力。③〖日语〗曇天の写真とかけて若い者の後生願ととく。〖答案〗心は写り（移り）が悪い（421）。〖汉语〗阴天照相和年轻人祈求死后转生有什么相似之处？〖答案〗前者照片效果不好；后者心情不好。〖解析〗日语中，「うつり」既表示“照片、电视等的显像”「写り」，又表示“事物和人心的变化，变迁，变心”「移り」。日语中，与「後生」有关的日语有:“求你修好积德,饶了我吧!”「後生だから、勘弁してくれ」、“热心积德,能获得来世的极乐往生”「後生は徳の余り」。④〖日语〗写真鏡とかけて附貸の宿替えととく。〖答案〗心はそのままうつる(315)。〖汉语〗镜头和有家具出租有什么相似之处?〖答案〗前者如实反映;后者拎包入住。⑤〖日语〗風船の流行とかけて雨夜のガス燈ととく。〖答案〗心は空へ気がうつる(382)。〖汉语〗气球和雨夜汽灯有什么相似之处?〖答案〗前者气球向空中移动;后者光线向空中映照。

1167. 〖うまい・あげる〗〖日语〗上等な天麩羅とかけて貸座敷の若い衆ととく。〖答案〗心はうまく上げる(318)。〖汉语〗上等的炸虾和妓馆的年轻客人有什么相似之处?〖答案〗前者油炸得很美味;后者被欢天喜地引上楼。〖解析〗日语中,「うまい」既表示“可口的”,又表示“令人满意的”;「あげる」既表示“油炸”,又表示“引客”。

1168. 〖うんじょう〗〖日语〗芸者とかけて天人の病気ととく。〖答案〗心は運上(雲上)に苦しむ(352)。〖汉语〗艺人和神仙得病有什么相似之处?〖答案〗前者因为税赋而痛苦;后者是白云之上的病痛。〖解析〗日语中,「うんじょう」既表示“税赋的负担”「運上」,又表示“天上”「雲上」。

1169. 〖おもしろい〗〖日语〗下手の芝居を見るとかけて比目魚の片側ととく。〖答案〗心は面白くない(尾も白くない)(390)。〖汉语〗水平不高的戏剧和牙鲆鱼的一侧有什么相似之处?〖答案〗前者没有趣味性;后者尾巴不是白色。〖解析〗牙鲆双眼均在左侧,长眼睛的一侧呈暗褐色。

1170. 〖かきいた〗〖日语〗新富座の天井とかけていんきん田虫ととく。〖答案〗心はかきいた(掻きいた)(323)。〖汉语〗新富座的天花板和顽癣有什么相似之处?〖答案〗前者使用丝柏、罗汉松等锯成的薄板;后者抓挠皮肤瘙痒抓挠到疼痛的程度。

1171. 〖かさ〗〖日语〗曇った天気とかけて色の青い野郎ととく。

〖答案〗心は傘（瘡）（290）。〖汉语〗多云的天气和脸色发青的家伙有什么相似之处？〖答案〗前者可能下雨，需要打伞；后者有皮肤病、湿疹。〖解析〗日语中，「傘(かさ)」（伞）与「瘡(かさ)」（皮肤病）发音相似。

1172. 〖かたず・のむ〗〖日语〗下手拳の酒好きとかけて角力の見物人ととく。〖答案〗心は勝たず（堅唾）飲む（388）。〖汉语〗不擅长猜拳和看相扑比赛的客人有什么相似之处？〖答案〗前者输了的话就必须喝酒；后者因为紧张不停地咽唾沫。

1173. 〖かった・かう・かつ・まける〗①〖日语〗市の売り物とかけて勝相撲ととく。〖答案〗心は向うは負けたこっちは勝った（買った）（255）。〖汉语〗市场出售的东西和相扑比赛有什么相似之处？〖答案〗前者是卖家让价，买家赚（买）了；后者是一输一赢。②〖日语〗戦地の景況とかけて市の売物ととく。〖答案〗心は勝（買）ったり負けたり（331）。〖汉语〗战地的情况和市场买卖有什么相似之处？〖答案〗前者有输有赢；后者有购物有让价。③〖日语〗年の市とかけて素人の角力ととく。〖答案〗心は買（勝）ったものより負けたが多い（355）。〖汉语〗新年集市和外行人参加相扑比赛有什么相似之处？〖答案〗前者卖家降价多，顾客买东西的人少（或卖家赔钱赚吆喝）；后者输多赢少。

1174. 〖かなわない〗〖日语〗値安のお鉢とかけて非力な角力ととく。〖答案〗心は金輪ない（叶わない）（366）。〖汉语〗便宜的饭钵和实力不足的相扑选手有什么相似之处？〖答案〗前者没有金环（或金属环）；后者不能对抗实力强的选手。

1175. 〖かみしも〗〖日语〗年始の生酔とかけて祝儀の振舞ととく。〖答案〗心は上下（裃）で騒ぐ（366）。〖汉语〗拜年时醉酒和仪式上的舞蹈有什么相似之处？〖答案〗前者让进出不方便；后者穿着和服上衣与裙裤，为大家助兴。〖解析〗日语有习语「裃を着る」（拘谨，严守礼仪）和「裃を脱ぐ」

(不拘束,轻松融洽,无拘束地相处)。「裃」表示"上身和下身的衣服"。

1176.〖カルタ〗〖日语〗農家の出来秋とかけて春遊ととく。〖答案〗心は刈る田(カルタ)で忙しい(366)。〖汉语〗农家秋收和春游有什么相似之处?〖答案〗前者忙于在农田收割庄稼;后者忙于打牌。〖解析〗日语中,「カルタ」既表示"在农田收割庄稼"「刈る田」,又表示"打牌"。

1177.〖かん〗〖日语〗下手な浄瑠璃とかけてこわれた徳利ととく。〖答案〗心は甲(燗)ができない(389)。〖汉语〗拙劣的净琉璃和破烂的酒壶有什么相似之处?〖答案〗前者无法发出高音域的音;后者无法烫酒或温酒。

1178.〖かんじ〗〖日语〗下手な音曲とかけて陶器にエレキととく。〖答案〗心は少しも感じない(388)。〖汉语〗水平低的歌曲和给陶器通电有什么相似之处?〖答案〗前者让听者没有喜悦兴奋的感觉;后者没有任何反应。〖解析〗陶器不导电。

1179.〖く〗①〖日语〗三に三を掛けるとかけて達者な俳諧師ととく。〖答案〗心はすぐ九(句)になる(308)。〖汉语〗三乘以三和有经验的俳谐艺人有什么相似之处?〖答案〗前者乘积为九;后者很快能写成俳句。②〖日语〗気楽人とかけて一二三四五六七八十ととく。〖答案〗心は苦(九)がない(286)。〖汉语〗心情舒畅的人和"一、二、三、四、五、六、七、八、十"有什么相似之处?〖答案〗前者没有苦恼;后者没有"九"。

1180.〖くじうつ〗〖日语〗寄席の景物とかけて官員の出仕ととく。〖答案〗心は鬮売って(九時打って)出る(415)。〖汉语〗曲艺场助兴的好东西和官员上班有什么相似之处?〖答案〗前者出售占卜用的签;后者九点钟到达工作地点。

1181.〖こえ〗①〖日语〗音曲の芸人とかけて百姓ととく。〖答案〗心は声(肥)が肝腎(271)。〖汉语〗俗曲艺人和老百姓有什么相似之处?〖答案〗前者重视声音;后者看重作为肥料的粪尿。〖解析〗俗曲艺人指在三味线的伴奏下演奏“端呗”（小曲、短歌）、“都都逸”的艺人。短歌是日本和歌的一种形式，由五、七、五、七、七构成的五个句子、31 个音组成，七世纪前后形成并固定下来。②〖日语〗惚れた同士とかけて田圃道ととく。〖答案〗心は恋（肥）風が身にしむ（394）。〖汉语〗热恋中的同伴和田圃道路有什么相似之处？〖答案〗前者恋爱的味道如沐春风；后者充满了粪便的气味。③〖日语〗電話とかけて谷の鶯ととく。〖答案〗心は声は聞けども、姿はねえのだ（242）。〖汉语〗电话和山谷中的黄莺有什么相似之处？〖答案〗两者都是“只闻其声，不见其形”。④〖日语〗馬車とかけて植付けた稲ととく。〖答案〗心はたびたび声（肥）をかける（369）。〖汉语〗马车和种植的水稻有什么相似之处？〖答案〗前者总是不断地吆喝；后者需要不断施肥。

1182．〖ごしょうぎ〗〖日语〗温柔な老人とかけて風雅の会席ととく。〖答案〗心は後生気（碁、将棋）もある（271）。〖汉语〗温柔的老人和风雅的聚会有什么相似之处？〖答案〗前者认为来生安乐而放心；后者有围棋和将棋。〖解析〗日语中，「ごしょうぎ」（不知愁苦，无忧无虑）也表示“围棋和将棋”。

1183．〖こだち・は〗〖日语〗冬の山とかけて芝居の切れ物ととく。〖答案〗心は木立（小太刀）に葉（刃）がない（387）。〖汉语〗冬天的山和演戏时使用的刀有什么相似之处？〖答案〗前者树木没有叶子；后者短刀没有刀刃。

1184．〖こと・ことのね〗①〖日语〗幽霊の足とかけて貧乏な三味線屋ととく。〖答案〗心は見る事（琴）がない（411）。〖汉语〗幽灵的脚和贫穷的三味线艺人有什么相似之处？〖答案〗前者看不到；后者没有三味线琴。②〖日语〗一言の誤りとかけて峰の松風ととく。〖答案〗心は事の根（琴の音）（255）。〖汉语〗一句失言和山峰的松风有什么相似之处？〖答案〗前者成为事情的祸根；后者近似琴的声音。

1185．〖さい〗①〖日语〗双六とかけて新聞記者ととく。〖答案〗心は賽

(才)がもとで(325)。〖汉语〗双六游戏和新闻记者有什么相似之处?〖答案〗前者必须有骰子;后者需要有才华。②〖日语〗蘭奢膳立とかけて病男ととく。〖答案〗心は菜(妻)無い(417)。〖汉语〗用兰奢待准备饭菜和生病的男子有什么相似之处?〖答案〗前者没有菜;后者没有妻子。〖解析〗兰奢待是日本正仓院宝物黄熟香的雅名,被认为是日本最高级的名香。

1186. 〖さす〗①〖日语〗江戸相撲とかけてさんだらととく。〖答案〗心は組で回る(237)。〖汉语〗江户相扑和草包圆盖有什么相似之处?〖答案〗前者二人一组在相扑场上比赛技巧和力量;后者用稻草一圈一圈绕。〖解析〗草包圆盖用稻草制成,堵在装米草包的两端,以防止内装物漏出。在日本,用于放置给道祖神的供物,或为治愈天花而往河里流放。②〖日语〗針のない磁石とかけて小僧の頭ととく。〖答案〗心はさし所がない(374)。〖汉语〗没有针的磁铁和和尚的头有什么相似之处?〖答案〗前者不能用箭头指方向;后者不能插发簪。〖解析〗日语中,「さす」既表示"插入"「挿す」,如"插发簪"「かんざしを挿す」,又表示"指向"「指す」,如"时针指向12点"「針が十二時を指す」。③〖日语〗年越とかけて小禄の侍ととく。〖答案〗心は赤鰯をさす(355)。〖汉语〗过年和享受微禄的武士有什么相似之处?〖答案〗前者将咸沙丁鱼穿在一起;后者腰间佩戴生红锈的刀。〖解析〗日语中,"刺,扎,穿"也表示"佩带"。咸沙丁鱼或干沙丁鱼的名字「赤鰯」源自鱼肉带红色。谜底后半句是对佩带生红锈刀的武士的嘲笑。④〖日语〗比丘尼に簪子とかけて一人酒盛ととく。〖答案〗心はさすところがない(377)。〖汉语〗比丘尼的簪子与一人独饮有什么相似之处?〖答案〗前者没有插的地方;后者没有机会给其他人斟酒。⑤〖日语〗盃とかけて蚤ととく。〖答案〗心は差(刺)せばおさえる(302)。〖汉语〗酒杯和跳蚤有什么相似之处?〖答案〗前者如果对方劝酒,就反过来要求对方喝酒;后者如果咬人,就将其摁杀。〖解析〗日语中,「さす」既表示"添酒",也表示"蜇,咬";「おさえる」既表示"让劝酒的人喝酒”，也表示“压，摁，按”。

1187.〖じょう〗〖日语〗安半切の手紙とかけて三番叟ととく。〖答案〗心は色の黒い状(尉)(407)。〖汉语〗便宜的作信纸用的横阔型日本纸和三番叟有什么相似之处？〖答案〗前者是黑色的纸张；后者是黑脸色的老翁。〖解析〗三番叟是(日本能乐《翁》里，继“千岁”“翁”舞之后)狂言演员的表演内容及所扮演角色的名称。「尉」表示“老翁”，是日本能乐中老翁所戴的各种假面的称呼，有白式尉、父尉、黑式尉等。反义词为「姥」。

1188.〖すみ・にごり〗〖日语〗天地とかけて名人の謡ととく。〖答案〗心はすみ濁りを分かつ(350)。〖汉语〗天地和名人唱歌有什么相似之处？〖答案〗前者清浊分开：上部清，成为天，下部浊，成为地；后者吐字清音和浊音咬得很清楚。

1189.〖そら〗①〖日语〗〖日语〗空鉄砲とかけて落語家ととく。〖答案〗心はそらを放す(話す)(278)。〖汉语〗没装炮弹的大炮和落语演员有什么相似之处？〖答案〗前者朝天放空炮；后者撒谎(逗人乐)。〖解析〗日语中，「そら」既表示“天空”，也表示“撒谎”，相当于「偽(いつわ)り」，如「空を言う」。落语是日本大众曲艺之一，指由「小咄」(小笑话)发展而成的日本独特的滑稽说话艺术。②○にて発行の新聞とかけて好天気ととく。〖答案〗心はそら(空)ばかり(312)。〖汉语〗某地发行的报纸和好天气有什么相似之处？〖答案〗前者净是谎言；后者天空万里无云。③〖日语〗凧とかけて仮病つかいととく。〖答案〗心は空でうなり(337)。〖汉语〗风筝和装病有什么相似之处？〖答案〗前者在空中发出笛响；后者在无病呻吟。〖解析〗日语中，「空」既表示“天空”，也表示“故作，假装”；「うなり」既表示“风筝的笛响”，也表示“呻吟”。

1190.〖そり・きり〗〖日语〗浄瑠璃会とかけて当時の男のあたまととく。〖答案〗心は反り(剃り)もあり短う切りもある(319)。〖汉语〗净琉璃

和当代的男子有什么相似之处?〖答案〗前者有可以立即拔出刀来的架势,也有终场;后者有刮剃,也有剪。

1191.〖たま〗①〖日语〗珊瑚の簪とかけてはやり芸者ととく。〖答案〗心は言い玉だねえ(307)。〖汉语〗珊瑚簪子和受人欢迎的艺妓有什么相似之处?〖答案〗前者是宝玉;后者是美丽女子。②〖日语〗美人の集まりとかけて算盤ととく。〖答案〗心は玉ぞろい(243)。〖汉语〗很多美人和算盘有什么相似之处?〖答案〗前者美女云集;后者有许多算盘珠。〖解析〗日语中,俗语「たま」(美女)也表示"算盘珠"。

1192.〖つちがつく〗〖日语〗力士の全勝とかけてさら下駄ととく。〖答案〗心は土つかず(245)。〖汉语〗相扑力士全胜和全新的木屐有什么相似之处?〖答案〗前者没有败;后者没有接触过地面。〖解析〗日语中,「土が付く」既表示"相扑中一方被摔倒着地,从而输了比赛",也表示"开始使用木屐走路"。

1193.〖て〗①〖日语〗上手な相撲とかけて千手観音ととく。〖答案〗心は手が多い(318)。〖汉语〗上等的相扑和千手观音有什么相似之处?〖答案〗前者招数多;后者手多。②〖日语〗無筆の離縁とかけて按摩ととく。〖答案〗心は人の手が叩き出す(402)。〖汉语〗没有笔写休书和按摩有什么相似之处?〖答案〗前者用手印画押,粗暴地将妻子赶走;后者用手敲打起来。

1194.〖とく〗①〖日语〗むずかしい謎とかけて貧乏な家ととく。〖答案〗心は解けない(時計無い)に困る(401)。〖汉语〗难解的谜题和贫穷之家有什么相似之处?〖答案〗前者为找不到谜底而为难;后者为没有时钟而发愁。②〖日语〗黒繻子の帯とかけて日あたりの雪ととく。〖答案〗心はそらどけがする(290)。〖汉语〗缎子腰带和太阳照耀下的雪有什么相似之处?〖答案〗前者自然松开;后者很快融化。〖解析〗日语中,「空解け」既表示"带子、细绳的自然松开(男女情投意合,女人对男人以身相许)",也表示

“融化”。③〖日语〗謎の本とかけて思う仲ととく。〖答案〗心はとけておもしろい(359)。〖汉语〗谜语书和要好的朋友有什么相似之处?〖答案〗前者解开后,觉得很有趣;后者关系很融洽,时间过得很快。④〖日语〗難しい謎とかけてもつれた糸ととく。〖答案〗心は解けにくい(244)。〖汉语〗难解的谜语和缠在一起的毛线有什么相似之处?〖答案〗两者都很难解开。〖解析〗日语中,「解ける」既表示抽象的“解谜题”,也表示具体的“解开缠在一起的毛线”。

1195.〖としより〗〖日语〗談義の場とかけて秋茄子ととく。〖答案〗心は年寄が多い(340)。〖汉语〗评书剧场和秋天的茄子有什么相似之处?〖答案〗前者听众中老人居多,后者已经干瘪,皱纹很多。

1196.〖なつめ〗〖日语〗庭の手入れとかけて茶人ととく。〖答案〗心は夏芽(棗)をふいて(拭いて)楽しむ(342)。〖汉语〗照顾庭院和喜欢茶道的人有什么相似之处?〖答案〗前者看到草木吐芽或发芽,自得其乐;后者擦拭枣形罐,怡然自得。〖解析〗夏芽为当年长成枝叶并开花的芽。枣形罐为茶道用的茶罐。

1197.〖なまり〗〖日语〗ばい回しとかけて当地の人と田舎の人と角力ととく。〖答案〗心は鉛(訛り)の方が強い(367)。〖汉语〗用东风螺做成的陀螺和当地人与乡下人进行相扑比赛有什么相似之处?〖答案〗前者是铅制陀螺更好;后者是当地人会取胜。〖解析〗东风螺里面灌上蜡,可以作为陀螺使用。不过,相比而言,铅制陀螺更好玩。「訛り」表示“土音,乡音”。可能因为声援的人很多,所以当地胜出。

1198.〖なりもの〗〖日语〗芝居がかりの話とかけて夕立ととく。〖答案〗心はもう鳴り物が出そうだ(313)。〖汉语〗戏剧台词和夏季傍晚的阵雨有什么相似之处?〖答案〗前者很快会有伴奏;后者很快会伴有雷鸣。〖解析〗戏剧的伴奏一般指除三味线以外的乐器合奏,特指歌舞伎剧等的打击乐器和笛子的伴奏。

1199. 〖にどとみる〗〖日语〗下手な芝居とかけて人の死に目ととく。〖答案〗心は二度と見る人なし(389)。〖汉语〗水平低的演出和人去世之后瞑目有什么相似之处?〖答案〗前者观众不会再看;后者人们不会再次看到。

1200. 〖にない〗〖日语〗下手な声色とかけて鮹屋のこはだととく。〖答案〗心は似ないで(煮ないで)つかう(388)。〖汉语〗拙劣模仿他人的嗓音声调和章鱼店的幼鰶有什么相似之处?〖答案〗前者模仿他人的嗓音声调,却不能惟妙惟肖;后者不用煮也可以使用或食用。〖解析〗模仿声调是日本曲艺表演艺术之一,专指模仿某一当红演员说台词的声音和腔调。日语中有表达方法「毛抜き寿司」,表示将幼鰶等切成三片,沾上盐和醋做成寿司。这表明幼鰶不煮也可以食用。

1201. 〖にほん〗①〖日语〗我が国の紙幣とかけて箸ととく。〖答案〗心は日本(二本)でなければ通用せぬ(421)。〖汉语〗东洋的纸币和筷子有什么相似之处?〖答案〗前者只能在日本使用;后者必须两根配合使用。〖解析〗日语中,「にほん」既表示"日本"「日本」,也表示"两根"「二本」。②〖日语〗東洋第一の開進国とかけて維新前の武士ととく。〖答案〗心は日本(二本)をさす(353)。〖汉语〗东洋第一开放国和明治维新前的武士有什么相似之处?〖答案〗前者指的是日本;后者身上插着两把刀。

1202. 〖ねこ〗〖日语〗髭さんの雪見とかけて魚屋の油断ととく。〖答案〗心は猫に釣られる(377)。〖汉语〗官员赏雪宴和卖鱼人疏忽有什么相似之处?〖答案〗前者受艺伎吸引;后者的鱼被猫偷走。

1203. 〖はいり・でる〗①〖日语〗怠け者の小遣帳とかけて芝居のはねととく。〖答案〗心は入りがなくって出るばかり(360)。〖汉语〗懒汉的收支账本和演出结束有什么相似之处?〖答案〗前者入不敷出;后者只有退出舞台的部分,不再有上场的表演。②〖日语〗古足駄とかけて遊女町ととく。

〖答案〗心は歯入らしゃんせ(はいらしゃんせ)(387)。〖汉语〗旧木屐和红灯区有什么相似之处?〖答案〗前者没有屐齿,脚无法穿;后者最好视为雷区,不要入内。③〖日语〗下手な玉転がしとかけて役者の悪い芝居ととく。〖答案〗心は滅多入らぬ(388)。〖汉语〗拙劣的台球选手和水平低的表演有什么相似之处?〖答案〗前者的台球很少进球袋;后者很难有观众进入剧院看戏。

1204.〖はずす〗〖日语〗名人の射的とかけて役者揃いの芝居ととく。〖答案〗心は滅多にはずさん(402)。〖汉语〗名人射箭和演员荟萃一堂的戏剧有什么相似之处?〖答案〗前者很少错过目标;后者几乎没有退席的观众。〖解析〗日语中,「はずす」(没有击中目标)也表示"离席"。

1205.〖ひっくりかえる〗〖日语〗気の定まらぬ人とかけて角兵衛獅子ととく。〖答案〗心はよくひっくり返る(284)。〖汉语〗心神不定的人和角兵卫狮子舞有什么相似之处?〖答案〗前者像热锅上的蚂蚁;后者很会翻跟斗。〖解析〗日语中,「ひっくり返る」既表示"心神不宁",也表示"翻跟斗,颠倒"。

1206.〖ひとくち〗〖日语〗上手な浄瑠璃とかけてよくきいた辛子ととく。〖答案〗心は一口で泣かせる(318)。〖汉语〗一流的净琉璃表演和效果很强烈的芥子有什么相似之处?〖答案〗前者演员一开口表演就让观众流泪;后者吃上一口就让人流泪。

1207.〖ふえ〗〖日语〗獅子舞とかけて汽車ととく。〖答案〗心は笛鳴らすとまいだす(310)。〖汉语〗狮子舞和火车有什么相似之处?〖答案〗前者听到笛声的信号就开始舞蹈;后者听到汽笛声就开车。

1208.〖ふかす〗〖日语〗ゴールデンのタバコとかけて秋の夜の月ととく。〖答案〗心は誰もふかす(301)。〖汉语〗上乘的香烟和秋夜的月亮有什么相似之处?〖答案〗前者烟民都想抽烟;后者人们都想熬夜欣赏月亮。〖解析〗

日语中,「吹かす」(吸烟)和「更かす」(熬夜)发音相似。

1209.〖ふところ〗〖日语〗種の知れる手づまとかけて付き合い嫌いととく。〖答案〗心はふところがせまい(339)。〖汉语〗被人看穿把戏的魔术和不喜欢和人交往有什么相似之处?〖答案〗前者魔术招数太少;后者囊中羞涩。

1210.〖ふりそう〗①〖日语〗しぐれ天気とかけて気の強いおいらんととく。〖答案〗心は降(振)りそうだ(309)。〖汉语〗晚秋阴天和性格要强的花魁有什么相似之处?〖答案〗前者马上要下雨;后者马上要甩掉情人。〖解析〗日语中,「ふる」既表示"降雨"「降る」,也表示"拒绝,谢绝,甩掉"「振る」。②〖日语〗安い凧とかけて五月雨ととく。〖答案〗心は振(降)ってあがらん(406)。〖汉语〗便宜的风筝和梅雨有什么相似之处?〖答案〗前者晃动着,不能升空;后者一直降雨,天总也不晴。③〖日语〗日本中の雨とかけて行きすぎた男ととく。〖答案〗心はどこへ行っても降(振ら)れる(362)。〖汉语〗整个日本都下雨和办事出格的男子有什么相似之处?〖答案〗前者走到哪里都下雨;后者到哪都会被人拒绝。④〖日语〗馬鹿なお客さんとかけて凧の尾ととく。〖答案〗心はいつも振られている(367)。〖汉语〗愚蠢的客人和风筝尾巴有什么相似之处?〖答案〗前者总被人拒绝;后者总是被风吹着摆动。〖解析〗日语中,「ふる」既表示"谢绝",也表示"摇动,摆动"。⑤〖日语〗白酒の徳利とかけて上方の雨ととく。〖答案〗心は横には振(降)らない(321)。〖汉语〗白甜酒酒壶和高空下雨有什么相似之处?〖答案〗前者不会横着摇晃;后者不会横着下雨。〖解析〗喝甜酒的一般是女性。即使酒壶见底,她们也不会摇着酒壶要酒。高空的雨不会横着下降。⑥〖日语〗夜中の酒盛とかけて大雪ととく。〖答案〗心は振って(降って)つもる(416)。〖汉语〗半夜宴乐和大雪有什么相似之处?〖答案〗前者晃晃最后一杯酒准备结束宴席;后者降雪,然后雪堆积起来。⑦〖日语〗夏の夕方とかけて年寄の頭ととく。〖答案〗心は降る鳴る（古なる）光る（242）。〖汉语〗夏天傍晚的阵雨和老年人的头有什么相似之处？〖答案〗前者电闪、雷鸣、下雨；后者摇晃、耳鸣，秃头发出亮光。⑧〖日语〗雷様とかけて鈴の音ととく。〖答案〗心は降る（振る）鳴る光る（277）。〖汉语〗雷公和铜铃有什么相似之处？〖答案〗前者落雷，产生雷鸣，发出闪电；后者振动，发出响声，黄铜发出光芒。⑨〖日语〗酒のない徳利とかけて大名の国入りととく。〖答案〗心はうまく振る（304）。〖汉语〗没有酒的酒壶和进入自己领地的大名有什么相似之处？〖答案〗前者客人使劲摇晃，示意主人添酒；后者的手下使劲摇晃羽毛旗和扎枪，以示显摆。⑩〖日语〗こわれた引戸とかけて御入部の槍ととく。〖答案〗心は降（振）り込む（301）。〖汉语〗坏了的拉门和领主进入自己的采邑（领地）有什么相似之处？〖答案〗前者雨雪潲进屋内；后者居民使劲晃动扎枪，表示热烈欢迎。

1211．〖ぼたん〗〖日语〗獅子の鼻高とかけて洋服ととく。〖答案〗心はボタン（牡丹）引掛かる（310）。〖汉语〗狮子舞中狮子趾高气扬和西装有什么相似之处？〖答案〗前者挂着牡丹花；后者前面缝有扣子。

1212．〖まく〗①〖日语〗素人芝居とかけて大時計ととく。〖答案〗心は幕（巻く）に手間を取る（321）。〖汉语〗业余戏剧表演和大钟表有什么相似之处？〖答案〗前者为演戏花费劳力和时间；后者为上弦费工夫。②〖日语〗簾とかけて文ととく。〖答案〗心は巻いてとめる（326）。〖汉语〗帘子和文章有什么相似之处？〖答案〗前者卷起来，然后固定；后者联吟，然后心中记住。

1213．〖まゆ〗〖日语〗役者とかけて桑の日焼けととく。〖答案〗心は眉（繭）がない（406）。〖汉语〗演员和桑树被晒黑有什么相似之处？〖答案〗前者没有眉毛；后者缺少蚕茧。〖解析〗演员在眼睛上方画上眉毛；桑树被晒蔫，影响蚕的正常吐丝结茧。

1214. 〖みなり〗〖日语〗芸妓の元手とかけて大借人の月給ととく。〖答案〗心は身なり(皆利)にいる(291)。〖汉语〗艺伎的本钱和借其他人很多钱的人的月薪有什么相似之处?〖答案〗前者用钱买装束,打扮自己;后者需要用月薪支付借款产生的利息。〖解析〗日语中,「身形」(装束)与「皆利」(都是利息)发音相似。

1215. 〖もってまわる〗〖日语〗どんな口上とかけて髪結の台箱ととく。〖答案〗心はもって回る(357)。〖汉语〗演员开场白和梳头发的人挑的箱子有什么相似之处?〖答案〗前者在舞台上边兜圈子边说话;后者挑着盛有梳头工具的箱子到处走。

1216. 〖ゆうれい〗〖日语〗音羽屋の狂言とかけて夏の祝事ととく。〖答案〗心は幽霊(夕礼)が多い(269)。〖汉语〗音羽屋的歌舞伎剧和夏天的祭祀活动有什么相似之处?〖答案〗前者幽灵多;后者傍晚时举行的仪式多。

1217. 〖よくもてる〗〖日语〗通人の遊びとかけて百日の旱魃ととく。〖答案〗心はよく持てる(よくも照る)(344)。〖汉语〗精通游乐之道的人找乐子和持续一百天干旱有什么相似之处?〖答案〗前者受人欢迎;后者天天阳光普照,干旱得不得了。

1218. 〖よむ〗〖日语〗新聞好きとかけて芸者買いととく。〖答案〗心は読んで(呼んで)楽しむ(324)。〖汉语〗喜欢报纸和雇请艺人表演有什么相似之处?〖答案〗前者读了之后心情愉快;后者喊上门之后满心欢喜欣赏表演。

1219. 〖わた〗〖日语〗破れ布団とかけて芝居の毒薬ととく。〖答案〗心はわたがみ出している(409)。〖汉语〗破烂被子和演戏时的毒药有什么相似之处?〖答案〗前者棉花露了出来;后者表演中毒吐血时使用蘸有红颜色的棉花。

1220. 〖わらい・わら・いる〗①〖日语〗道外方とかけて稽古弓ととく。

〖答案〗心は笑い(藁射)する(352)。〖汉语〗丑角和练习射箭有什么相似之处?〖答案〗前者让人发笑;后者瞄准稻草靶子射击。②〖日语〗下手なちゃり語りとかけてからしととく。〖答案〗心は笑うてきかぬ(388)。〖汉语〗水平低的滑稽说唱故事和芥末有什么相似之处?〖答案〗前者不可笑;后者如果吃的时候笑,就不再辣或冲人。③〖日语〗滑稽演説の出版とかけて鉢植の梅ととく。〖答案〗心は笑うのに値打がある(298)。〖汉语〗滑稽演说的出版和盆栽的梅花有什么相似之处?〖答案〗前者可资一笑;后者开花才物有所值。〖解析〗日语中,「笑う」(笑)与「咲う」(开花)发音相同。

第十一节 身 体

1221.〖いね〗〖日语〗不行儀な娘の寝姿とかけて不作な秋入ととく。〖答案〗心は寝(稲)がわるい(383)。〖汉语〗不顾举止礼貌的女孩的睡姿和歉收的秋天有什么相似之处?〖答案〗前者睡相难看;后者稻谷收成不好。

1222.〖けがなし〗〖日语〗禿頭とかけて口先の大喧嘩ととく。〖答案〗心はちっとも毛が無し(怪我なし)(368)。〖汉语〗秃头和口头争吵有什么相似之处?〖答案〗前者没有一根毛发;后者毫发无损。

1223.〖そる〗〖日语〗斬切とかけて傴僂ととく。〖答案〗心は剃る(反る)事ができぬ(307)。〖汉语〗被斩首和驼背有什么相似之处?〖答案〗前者无法理发;后者身体挺不起来。

1224.〖とおい〗〖日语〗つんぼうとかけて田舎の火事ととく。〖答案〗心は遠い遠い(346)。〖汉语〗聋子和乡下失火有什么相似之处?〖答案〗前者听任何声音都好像从很远的地方传来;后者离城市很远。

1225.〖ぬける〗〖日语〗馬鹿とかけて鞘走った脇差ととく。〖答案〗心はぬけている(367)。〖汉语〗笨蛋和从刀鞘中滑出的腰刀有什么相似之处?〖答案〗前者智力低下;后者从刀鞘中脱落。

1226. 〖はい〗〖日语〗欠け火鉢とかけて薬罐頭ととく。〖答案〗心は灰(蝿)がたもたん(273)。〖汉语〗缺口的火盆和秃头有什么相似之处?〖答案〗前者火盆不能积攒灰烬;后者苍蝇无法在上面立足。

1227. 〖はまる・いたい〗〖日语〗堅い指輪とかけて結構な奉公口ととく。〖答案〗心ははまったら痛い(居たい)(275)。〖汉语〗稍微小的戒指和合适的职位有什么相似之处?〖答案〗前者嵌入手指后有点发痛;后者如果合适的话,就想长期干下去。

1228. 〖ひかる〗①〖日语〗雨夜のガス灯とかけて剃りたての禿げ頭ととく。〖答案〗心は光が一倍(250)。〖汉语〗雨夜的汽灯和刚刮过胡子的秃子有什么相似之处?〖答案〗两者光亮都增加了一倍。②〖日语〗錆びた刃物とかけて日蝕ととく。〖答案〗心は光がない(306)。〖汉语〗生锈的刀和日食有什么相似之处?〖答案〗前者没有刀锋的光;后者没有日光。③〖日语〗気むずかしい親父とかけて研ぎたての鏡ととく。〖答案〗心は見るとひかりかける(285)。〖汉语〗难以取悦的父亲和刚刚磨好的镜子有什么相似之处?〖答案〗前者盛气凌人;后者光彩照人。〖解析〗日语中,「光る」既表示"严加监视",也表示"容貌光彩照人"。④〖日语〗親爺の頭とかけてランプととく。〖答案〗心はてらてら光る(271)。〖汉语〗父亲的头和灯有什么相似之处?〖答案〗前者秃头发出亮光;后者燃烧放射光芒。⑤〖日语〗蝋燭とかけて掘り出した金銀ととく。〖答案〗心は世に光る(420)。〖汉语〗蜡烛和出土的金银有什么相似之处?〖答案〗前者照亮了世界;后者在世间闪光。

1229. 〖ひな〗〖日语〗坊主の雛とかけて田舎の美女ととく。〖答案〗心は雛(鄙)には珍しい(392)。〖汉语〗没有毛的鸡雏和乡下美女有什么相似之处?〖答案〗前者在鸡雏中很少见;后者是乡间少见的美人。

1230. 〖ほおだす・ほりだす〗〖日语〗いねの悪いおなごとかけて安う買った道具ととく。〖答案〗心はほり出しじゃ(257)。〖汉语〗睡相难看的

少女和便宜购得的工具有什么相似之处？〖答案〗前者脸蛋突出；后者是意外买到的便宜东西。

1231.〖まげ〗〖日语〗斬切とかけて正直者ととく。〖答案〗心は頭も髷（曲げ）ない（307）。〖汉语〗斩首和正直的人有什么相似之处？〖答案〗前者没有发髻；后者“宁为玉碎，不为瓦全”。

1232.〖みっつめ〗〖日语〗三つ目錐とかけて盲二人ととく。〖答案〗心は四つ目がない（400）。〖汉语〗三角锥和两个盲人有什么相似之处？〖答案〗前者没有四个棱；后者没有四只眼睛。

1233.〖みる〗〖日语〗西洋の火事とかけて盲目の覗き目鏡ととく。〖答案〗心はなんぞ見る筈がない（328）。〖汉语〗西方失火和失明的人看万花筒有什么相似之处？〖答案〗前者不能映入日本人的眼帘；后者无法看见。

1234.〖め〗〖日语〗寒夜の頬冠りとかけて冬野の草ととく。〖答案〗心は目（芽）ばかり出ている（282）。〖汉语〗寒夜用毛巾从头包住双颊和冬天原野中的小草有什么相似之处？〖答案〗前者只露出眼；后者只露出芽。

第三章

婚姻家庭

第一节 爱 情

1235.〖あいたい〗①〖日语〗座頭が猿に引掻かれたとかけて色事の出合ととく。〖答案〗心はあ痛かった(逢いたかった)(305)。〖汉语〗盲人被猴子抓挠和从事风流韵事的约会有什么相似之处?〖答案〗前者喊叫"啊,痛!";后者两人很想见面。②〖日语〗恋病とかけて魚二匹ととく。〖答案〗心は会いたい(鮎鯛)(294)。〖汉语〗相思病和两条鱼有什么相似之处?〖答案〗前者希望相见;后者是香鱼和鲷鱼。

1236.〖あおる・あつい〗①〖日语〗若い者の色事とかけて土瓶の湯ととく。〖答案〗心はあおられるとあつくなる(421)。〖汉语〗年轻人的情事和陶制容器里的开水有什么相似之处?〖答案〗前者越煽动,越心情急切;后者扇子越扇,温度越高。〖解析〗日语中,「あおる」既表示"煽动情绪",也表示"扇动火焰";「あつく」既表示"感情升温",也表示"温度升高"。②〖日语〗夏の天気とかけて惚れた女ととく。〖答案〗心は熱くなって来た(359)。〖汉语〗夏天和被异性吸引的女孩有什么相似之处?〖答案〗前者温度越来越高;后者感情越陷越深。③〖日语〗鍋焼うどんとかけて南インドととく。〖答案〗心は熱いのが名物(360)。〖汉语〗砂锅面条和南印度有什么相似之处?〖答案〗前者以烫著名;后者以气温高著名。

1237.〖あま・くさい〗①〖日语〗西の黒い雲とかけて女の坊主ととく。

〖答案〗心はあまくさい(242)。〖汉语〗西边的乌云和女僧人有什么相似之处？〖答案〗前者像是要下雨；后者有尼姑的样子。〖解析〗日语中，「あま」既表示“雨”，也表示“尼”；「くさい」既表示“有……的样子”，如「古くさい」(陈腐的)、「しろうくさい」(像个外行)，也用以加强表示不喜欢的语意，如「ばかくさい」(愚蠢透了)、「めんどうくさい」(麻烦极了)。

1238.〖あらわれる〗①〖日语〗悪事の百年目とかけて小娘の初契ととく。〖答案〗心は顕われる(247)。〖汉语〗恶贯满盈和小姑娘的情窦初开有什么相似之处？〖答案〗前者会被人发现；后者会表现出来。②〖日语〗運のよい泥棒とかけて掛け替えのない褌ととく。〖答案〗心はいつまでも顕われぬ(洗われぬ)(262)。〖汉语〗运气好的小偷和一直不更换的兜裆布有什么相似之处？〖答案〗前者一直没有被发现；后者一直不洗。③〖日语〗夜這の失策とかけて灰神楽ととく。〖答案〗心は這い(灰)付けて顕(洗)われる(416)。〖汉语〗私通不成功和在有火的灰里洒水时灰尘飞起有什么相似之处？〖答案〗前者贴地爬行到私通地点，却被发现；后者灰尘溅到身上，然后身上被洗净。

1239.〖いつか〗〖日语〗結納の来た娘子とかけて日が十日あるととく。〖答案〗心は何時か何時か(五日五日)待つ(411)。〖汉语〗有人送彩礼来定亲的小姑娘和十天有什么相似之处？〖答案〗前者在“何时才能来？何时才能来？”的疑问中等待；后者过了五天还要五天。〖解析〗「結納」表示“定亲礼”，是男女双方互赠金钱或礼物作为订婚的信物，据说起源于「ゆいのもの」(新联姻的两家共进的酒肴)一词。

1240.〖いぬ〗〖日语〗猫の恋とかけて独り者の洗濯ととく。〖答案〗心は落ちて犬(いぬ)に困り(365)。〖汉语〗两只猫谈恋爱和一个人在洗衣服有什么相似之处？〖答案〗前者为半路杀出的狗而烦恼；后者为洗不掉污渍而烦恼。

1241.〖おさしみ〗〖日语〗鮪とかけて男女の情愛ととく。〖答案〗心はおさしみがよい(395)。〖汉语〗金枪鱼和男女情爱有什么相似之处?〖答案〗前者是做寿司的好材料;后者认为接吻感觉好极了。〖解析〗日语中,「おさしみ」既表示"寿司",也表示"接吻"。

1242.〖おそろしい〗①〖日语〗初の出合とかけて生煮えの飯ととく。〖答案〗心は恐い(剛い)が半分(371)。〖汉语〗男女最初的幽会和煮得不太熟的米饭有什么相似之处?〖答案〗前者有点害怕;后者有点夹生。②〖日语〗放した大筒とかけて二階の屁ととく。〖答案〗心は響が恐ろしい(371)。〖汉语〗大炮射击和二楼放屁有什么相似之处?〖答案〗前者炮声很大,让人害怕;后者响声很大,让人避而远之。

1243.〖おっこちる〗〖日语〗不器量な男とかけて上手の軽業ととく。〖答案〗心はおっこちたものがない(383)。〖汉语〗无能的男子和水平高的杂技有什么相似之处?〖答案〗前者无人爱慕他;后者不会坠落下来。

1244.〖かきにくい〗〖日语〗禿筆とかけて垣越しに見る別嬪ととく。〖答案〗心は書きにくい(垣憎い)(287)。〖汉语〗秃笔和隔着墙看到美女有什么相似之处?〖答案〗前者不好书写;后者太讨厌围墙。〖解析〗日语中,「書(か)きにくい」(不好书写)与「垣憎(かきにく)い」(憎恶围墙)发音相似。

1245.〖かたおもい〗①〖日语〗よその女房に惚れたとかけて提灯の釣鐘ととく。〖答案〗心は片思い(片重い)(415)。〖汉语〗钟情于别人的妻子和扁担一头是灯笼、一头是吊钟有什么相似之处?〖答案〗前者单相思;后者一头重。②〖日语〗出来ぬ恋とかけて天秤商人ととく。〖答案〗心は片思(肩重い)だろう(347)。〖汉语〗无法实现的恋爱和天平商人有什么相似之处?〖答案〗前者是单相思;后者(实现平衡前)一个秤盘比另一个秤盘沉重。③〖日语〗鮑とかけて隣の娘の惚れたととく。〖答案〗心は片思い(251)。〖汉语〗鲍鱼和邻家女孩的恋慕有什么相似之处?〖答案〗前者只有一片贝壳；后者单相思。

1246.〖きってもきれぬ〗①〖日语〗悪縁とかけて錆びた鋏ととく。〖答案〗心は切っても切れぬ(247)。〖汉语〗不好的姻缘和生锈的剪子有什么相似之处？〖答案〗前者割也割不开；后者剪也剪不断。②〖日语〗惚れた同士のあいなかとかけて切れ切れの着物ととく。〖答案〗心は切(着)るに切(着)られぬ(394)。〖汉语〗恋爱中的对象和破破烂烂的衣服有什么相似之处？〖答案〗前者想割断联系也无法割断；后者想穿也不能穿在身上。③〖日语〗敵の剣とかけてぬれ紙ととく。〖答案〗心は切れそうで切れない(324)。〖汉语〗敌人的剑和湿了的纸有什么相似之处？〖答案〗前者想割断其他东西割不断；后者想切断但切不断。

1247.〖くち〗〖日语〗娘盛りの縁談とかけて入りの悪い炭俵ととく。〖答案〗心は口が多い(401)。〖汉语〗妙龄少女的姻缘和状况不好的焦炭草包有什么相似之处？〖答案〗前者提亲的人多；后者破烂的窟窿多。

1248.〖くろぶち・きじ・にぎょう〗〖日语〗猫の駆落ちとかけて新聞に会葬の礼ととく。〖答案〗心は黒ブチ付いてキジ猫逃ぎょう(黒縁付いて記事二行)(364)。〖汉语〗两只猫的私奔和媒体报道葬礼有什么相似之处？〖答案〗前者是白猫跟着黑斑点的猫逃跑；后者是报纸上的大标题用黑框边，写上两行悼词。

1249.〖こい〗〖日语〗まめ男とかけて茶飲婆ととく。〖答案〗心は恋(濃い)をすく(398)。〖汉语〗好色的男子和喜欢饮茶的老太太有什么相似之处？〖答案〗前者喜欢恋爱；后者喜欢浓茶。

1250.〖こいし〗〖日语〗待つ恋とかけて賽の河原ととく。〖答案〗心は恋し(小石)が積もる(396)。〖汉语〗望穿秋水的恋情和冥河河滩有什么相似之处？〖答案〗前者恋情集聚，不能消散；后者垒石造塔。〖解析〗死去的孩子在冥河河滩为供养父母垒石造塔，魔鬼来后石塔崩溃，比喻死后行孝、劳而无功。

1251.〖こいし・おもい・かき〗〖日语〗艶書とかけて夏の間は砂利運びととく。〖答案〗心は恋し思いで書き送る(小石重いで夏季送る)(264)。〖汉语〗情书和夏天运送沙石有什么相似之处?〖答案〗前者将自己的思恋写入,给意中人送去;后者夏天搬运沉重的小石子。

1252.〖こいにかし〗〖日语〗出合茶屋とかけて若殿の泉水遊びととく。〖答案〗心は恋に貸し(鯉に菓子)(346)。〖汉语〗供人约会的茶屋和幼主到泉水边游玩有什么相似之处?〖答案〗前者借给恋人约会;后者给鲤鱼喂点心。〖解析〗不忍池池畔的茶屋以恋人约会最为著名。

1253.〖こころ〗〖日语〗むずかしい謎とかけて浮気な女ととく。〖答案〗心は心が知れぬ(401)。〖汉语〗难解的谜题和轻浮的女子有什么相似之处?〖答案〗前者不知道谜底;后者不能理解其心思。

1254.〖しきじょう・ふくしゅう〗〖日语〗色欲とかけてあただ覚えの隠し芸ととく。〖答案〗心は色情(式場)で復讐(復習)もする(309)。〖汉语〗色欲和突然想起不为人所知的技艺有什么相似之处?〖答案〗前者为了情欲而复仇;后者在举行仪式的会场温习。

1255.〖する〗①〖日语〗間男とかけてへたな商人ととく。〖答案〗心は心配しながらする(394)。〖汉语〗情夫和水平低的商人有什么相似之处?〖答案〗前者提心吊胆与他人的妻子私通;后者虽然小心翼翼,但仍然亏本。②〖日语〗巾着切とかけて理髪床の職人ととく。〖答案〗心は人をすって世を渡る(287)。〖汉语〗小偷和理发店的理发师有什么相似之处?〖答案〗前者掏包度日;后者为人理发打发日子。〖解析〗日语中,「する」既表示“扒窃”「掏る」,也表示“理发”「剃る」。此时,它是「剃る」的讹音。③〖日语〗停止になった新聞とかけて箱無きマッチととく。〖答案〗心は刷(摺)ることが出来ぬ(346)。〖汉语〗停刊的报纸和没有火柴盒的火柴棒有什么相似之处?〖答案〗前者无法印刷报纸;后者无法擦出火。〖解析〗旧时火柴盒上有磷。

将火柴棒的头部与火柴盒上的磷摩擦，可以生火。④〖日语〗禿げ頭とかけて落とし味噌ととく。〖答案〗心はすらずとよい(368)。〖汉语〗秃头和圆豆豆酱有什么相似之处？〖答案〗前者没有理发的麻烦；后者不需要将豆子磨碎。⑤〖日语〗乳呑子の月代とかけていろ同士の痴話ととく。〖答案〗心は寝てから剃る(する)(342)。〖汉语〗吃奶的孩子剃半月额发型和知己说悄悄话有什么相似之处？〖答案〗前者睡了后理发；后者躺下后说话。⑥〖日语〗子供の月代とかけて士族の商法ととく。〖答案〗心は泣き泣き耗(剃)る(299)。〖汉语〗给小孩剃半月额发型和士族商法有什么相似之处？〖答案〗前者边哭边被理发；后者血本无归，欲哭无泪。⑦〖日语〗納豆汁とかけてとろろととく。〖答案〗心はすらねばくえぬ(359)。〖汉语〗纳豆酱汤和山药泥有什么相似之处？〖答案〗前者必须将豆磨成粉才能食用；后者必须将土豆捣成泥才能成为食品。⑧〖日语〗墨と硯とかけて夫婦仲ととく。〖答案〗心はするだけ濃くなる(326)。〖汉语〗墨、砚和夫妻关系有什么相似之处？〖答案〗前者越磨越浓；后者夫妻关系越来越甜蜜。⑨〖日语〗免官のお髯とかけて催促をうけた活版屋ととく。〖答案〗心は剃(刷)らねばならぬ(403)。〖汉语〗被免职官员的胡须和被催促的印刷厂有什么相似之处？〖答案〗前者必须刮胡子；后者必须抓紧时间印刷。⑩〖日语〗幽霊の色事とかけて上手の手妻ととく。〖答案〗心はするのが見えぬ(411)。〖汉语〗幽灵发生关系和水平高的魔术有什么相似之处？〖答案〗前者看不到实体；后者看不到魔术的秘密花招。⑪〖日语〗士族の商法とかけて墨ととく。〖答案〗心は耗(磨)りて苦労(黒う)する(311)。〖汉语〗士族商法和墨有什么相似之处？〖答案〗前者赔钱赚吆喝；后者磨墨后手粘上了黑色。

1256. 〖たぬき〗〖日语〗知らぬ振りとかけて田地の中の電柱ととく。〖答案〗心は狸寝入り(田の木根入り)もする(321)。〖汉语〗装作不知道的样子和田地里的电线杆有什么相似之处？〖答案〗前者是假睡；后者是木桩的根部插入田地里。

1257．〖ちぎる〗〖日语〗間男とかけて干鳥賊ととく。〖答案〗心は横からちぎる(394)。〖汉语〗情夫和干乌贼有什么相似之处？〖答案〗前者横刀夺爱，凭空破坏他人的婚姻；后者横着撕成块(或片)，然后食用。

1258．〖つがい〗〖日语〗上手な具足とかけて鴛鴦ととく。〖答案〗心は番離れぬ(318)。〖汉语〗质量好的日用器具和鸳鸯有什么相似之处？〖答案〗前者离不开各种材质的部件将家具(或用具)各个部分连接起来；后者雌雄总在一起。〖解析〗日语中，「番(つがい)」既表示"关节，连接部"，也表示"雌雄，公母，夫妇，一对"。

1259．〖とげる・きれる〗〖日语〗錆た鋏とかけて浮気の色事ととく。〖答案〗心はとげる(遂げる)とすぐに断れる(306)。〖汉语〗生锈的剪刀和始乱终弃的风流韵事有什么相似之处？〖答案〗前者磨好后可以切断东西；后者心满意足后就分手。

1260．〖ともす〗〖日语〗ぶら提灯とかけて御殿女中ととく。〖答案〗心はともすと下げられる(298)。〖汉语〗灯笼和贵族家中的女官有什么相似之处？〖答案〗前者点燃后提在手中；后者和异性相好后就被雇主解雇。

1261．〖とる〗〖日语〗箱入娘とかけて泰平の落ちた物ととく。〖答案〗心は見せたばかりで取られぬ(369)。〖汉语〗不出闺房的千金小姐和太平时代掉在地上的东西有什么相似之处？〖答案〗前者只让看，不让娶；后者即使看到，也不拾起据为己有。

1262．〖なまず〗〖日语〗小指の長爪とかけて弁天の池ととく。〖答案〗心は生爪(鯰め)放す(300，301)。〖汉语〗小指指甲长和辩才天女池有什么相似之处？〖答案〗前者留长指甲；后者放生鲇鱼。〖解析〗「小指の長爪」也表示"情人欲壑难填"。

1263．〖ねんごろ〗〖日语〗上手な演説者とかけて花嫁の帯ととく。

〖答案〗心はねんごろに説く(解く)(318)。〖汉语〗出色的演讲者和新娘的衣带有什么相似之处?〖答案〗前者诚恳地说话;后者睡觉时解开。

1264.〖のき〗〖日语〗律義者とかけて雨宿りととく。〖答案〗心は人の気に入る(軒に居る)(418)。〖汉语〗知道自律的人和避雨有什么相似之处?〖答案〗前者讨人喜欢;后者进入其他人屋檐下停留。

1265.〖はれ〗①〖日语〗好いた同士の許婚とかけて入梅の雨ととく。〖答案〗心は晴れを待つ(324)。〖汉语〗关系好的娃娃亲的两个人和梅雨时节有什么相似之处?〖答案〗前者等待婚礼的时刻;后者等待天晴。②〖日语〗婚礼の夜とかけてたんのう瘤ととく。〖答案〗心は一生のはれじゃ(302)。〖汉语〗婚礼之夜和胆囊瘤有什么相似之处?〖答案〗前者是一生的盛况;后者是一生挥之不去的肿胀。〖解析〗日语中,「晴れ」(盛况,正式场合)也表示"肿块"「腫れ」。正式场合穿礼服,着盛装,吃丰盛的酒菜,言行须有礼。③〖日语〗夕立雨とかけて蜂にさされたととく。〖答案〗心はじきに晴(腫)れる(411)。〖汉语〗夏天傍晚阵雨和被蜜蜂蜇到有什么相似之处?〖答案〗前者马上就晴;后者立刻就肿。④〖日语〗姦通とかけて雷ととく。〖答案〗心は天下(天が)晴れてはならぬ(鳴らぬ)(281)。〖汉语〗通奸和打雷有什么相似之处?〖答案〗前者不能大白于天下;后者天气晴朗的时候是不会发生的。⑤〖日语〗雷とかけて官吏の商法ととく。〖答案〗心は晴れては鳴(成らず)(277)。〖汉语〗雷和官吏做生意有什么相似之处?〖答案〗前者晴天不会产生;后者如果心情好的话就没有这种事。〖解析〗此时的商法有不计得失的含义。

1266.〖ふかい・ほれる〗①〖日语〗病院とかけて東京議事堂ととく。〖答案〗心は不快(府会)の人が集まる(380)。〖汉语〗医院和东京议事堂有什么相似之处?〖答案〗前者集中了生病的人;后者云集了政府机关的人。②〖日语〗睦まじい夫婦とかけて麹町の井戸ととく。〖答案〗心はふかい中だ(402)。〖汉语〗和睦的夫妻和麹町的水井有什么相似之处?〖答案〗前者关系很好;后者很深。③〖日语〗好き合うた中とかけて上町の井戸ととく。〖答案〗心は惚(掘)れて深うなる(325)。〖汉语〗两情相悦和上町的水井有什么相似之处?〖答案〗前者越是爱慕,迷恋就越深;后者越挖越深。〖解析〗日语有习语「惚れた腫れた」(一见钟情),是对「惚れる」加以强调或嘲弄的词。其中,「腫れる」为因合辙押韵而接续的词。「惚れた腫れたは当座の内」表示"一见钟情不长久"。

1267.〖ぶちやみけが〗〖日语〗猫の駆落ちとかけて勝った喧嘩ととく。〖答案〗心はブチや三毛が(打ちや身怪我)手引いて逃ぐる(364)。〖汉语〗两只猫的私奔和打架获胜有什么相似之处?〖答案〗前者是斑点猫和花猫手拉手逃走;后者给对方重创,但自己身体稍微受伤。和自己的过去断绝联系,然后远遁他乡。〖解析〗「三毛」又表示"杂色猫",指白、黑、茶三色混合的猫。

1268.〖ふみ〗①〖日语〗处女の恋とかけて蒟蒻屋の仕事ととく。〖答案〗心は文(踏み)付ける(320)。〖汉语〗少女情窦初开和魔芋店的工作有什么相似之处?〖答案〗前者寄出情书;后者用脚踩踏。〖解析〗加工过程中,魔芋的块茎需要用脚踩踏。②〖日语〗畳屋の自慢とかけて放蕩書生ののろけととく。〖答案〗心は踏み(文)を見せて自慢(338)。〖汉语〗榻榻米商人的自豪和放荡书生的爱情故事有什么相似之处?〖答案〗前者让人看自己的榻榻米,充满自豪;后者让人看自己的书信,非常骄傲。③〖日语〗内気者の恋とかけて蒟蒻屋の地震ととく。〖答案〗心は文(踏み)付けて逃げる(260)。〖汉语〗内向的人谈恋爱和魔芋店发生地震有什么相似之处?〖答案〗前者将情书递给意中人马上就逃;后者踩住魔芋逃跑。④〖日语〗麸や蒟蒻とかけて机ととく。〖答案〗心は踏み搔き(文書き)回す(387)。〖汉语〗麦糠、魔芋和桌子有什么相似之处?〖答案〗前者需要用脚一圈一圈踩;后者反复书写。⑤〖日语〗忍び足とかけて池の鯉ととく。〖答案〗心は浮上がって踏みつくる（麸見付くる）（313）。〖汉语〗蹑手蹑脚和池子里的鲤鱼有什么相似之处？〖答案〗前者用不踏实的虚浮的脚步走；后者浮上来找麸子吃。〖解析〗鲤鱼可以以麸子为食物。⑥〖日语〗今夜の踊子とかけて搗き臼ととく。〖答案〗心は踏み付ける（239）。〖汉语〗舞女和捣米臼有什么相似之处？〖答案〗前者使劲跳；后者需要用脚踩住。〖解析〗捣米臼需要有人用脚踩，以便分离米与壳。⑦〖日语〗飛脚とかけて道楽息子ととく。〖答案〗心は文持ちて（不身持で）つかいに行く（377）。〖汉语〗飞脚和道德败坏的孩子有什么相似之处？〖答案〗前者持有书信，奉命奔跑投递，飞速送达；后者行为不端，浪费钱财。

1269. 〖もどる〗①〖日语〗子守女とかけて田植時分の百姓ととく。〖答案〗心は飯時になると戻る（300）。〖汉语〗看护孩子的女佣和种田时节的百姓有什么相似之处？〖答案〗两者都是在吃饭时分回家吃饭。②〖日语〗男の子の手習とかけて田植女ととく。〖答案〗心は汚れて戻る（269）。〖汉语〗男孩习字和插秧女子有什么相似之处？〖答案〗前者墨弄脏手后回家；后者泥巴弄脏手后回家。

1270. 〖わかれる〗〖日语〗未練とかけて腐れ桶ととく。〖答案〗心は別れて切れて気が残る（輪枯れて切れて木が残る）（400）。〖汉语〗依恋和腐朽的木桶有什么相似之处？〖答案〗前者互相告别，但感情残存；后者桶箍枯干断裂，剩下木片。

第二节　夫　妻

1271. 〖あいおい〗〖日语〗松とかけて夫婦中の返事ととく。〖答案〗心はあいおい（相生）（397）。〖汉语〗松树和夫妇之间回答有什么相似之处？〖答案〗前者是自根部长出两根树干的松树；后者说“喂”和“是”。〖解析〗日语中，「あいおい」与「相老いの松」谐音，表示“夫妻白头偕老”。「おい」

表示“喂”，是招呼平辈或晚辈时的男性用语。「あい」表示“是”，表示“回答呼唤或同意”。

1272. 〖おさめる〗〖日语〗夫婦喧嘩とかけて焼接ぎ屋ととく。〖答案〗心は二つ付けて丸く納める(382)。〖汉语〗夫妻吵架和将破损的陶瓷器涂上釉烧制后接上的师傅有什么相似之处？〖答案〗前者两人和好后情绪恢复镇定；后者将陶瓷器合二为一后复原。

1273. 〖おちる〗①〖日语〗雷とかけて入札のつもりものととく。〖答案〗心はどこへ落ちるか知れぬ(277)。〖汉语〗雷和投标预测有什么相似之处？〖答案〗前者不知道会落到哪里；后者不知道花落谁家。〖解析〗日语中，「おちる」既表示“落雷”，也表示“归属于”，如“以两亿美元为代价，凡·高的画归我了”「ゴッホの絵は二億ドルで落ちた」。

1274. 〖おっと・ない・おっとまかせ〗①〖日语〗従順な女房とかけて飛立つ掛声ととく。〖答案〗心は夫任せ(オットマカセ)(326)。〖汉语〗顺从的妻子和高兴而激动时发出的吆喝有什么相似之处？〖答案〗前者全部让丈夫处理；后者发出“啊”或“哎呀”的声音。〖解析〗日语中，「おっと」既表示“丈夫”，也表示突然发觉或略感惊讶时发出的声音“啊、喔”或“哎呀”。②〖日语〗亭主持のおいらんとかけておつもりの盃ととく。〖答案〗心は夫(おっと)は内々(無い無い)(346)。〖汉语〗有丈夫的花魁和宴会上的最后一杯酒有什么相似之处？〖答案〗前者说“丈夫在家里”；后者说“没了，没了”。

1275. 〖おとこ〗〖日语〗堅い後家とかけて西洋造の座敷ととく。〖答案〗心は男(お床)なしに立てる(建てる)(275)。〖汉语〗规规矩矩的寡妇和西洋房间(或客厅)有什么相似之处？〖答案〗前者没有丈夫，一个人生活；后者没有日式草席地板(榻榻米)衬垫。

1276. 〖かいたい〗〖日语〗種とりの妾とかけて徴兵の親ととく。

〖答案〗心は懐胎（解隊）を待つ（339）。〖汉语〗传宗接代的妾和儿子应征入伍的父母有什么相似之处？〖答案〗前者期望自己怀胎；后者期望儿子退伍。

1277.〖かかあ〗①〖日语〗やもめ男とかけて立枯れの梅の花ととく。〖答案〗心は嬶（香が）ない（410）。〖汉语〗鳏夫和枯死的梅花有什么相似之处？〖答案〗前者没有妻子；后者没有香味。〖解析〗日语中，「かかあ」既表示"妻子"「嬶」，又与"香味"的日语发音相似。②〖日语〗独身者とかけて無筆な人ととく。〖答案〗心は嬶（書か）ない（355）。〖汉语〗光棍汉和不识字的人有什么相似之处？〖答案〗前者没有妻子；后者不书写。〖解析〗日语中，「かかあ」与「書かない」（不书写）发音相近。③〖日语〗洋算とかけて子供を欲しがる人ととく。〖答案〗心は書か（嬶）なくては出来ぬ（413）。〖汉语〗靠西洋算法计算和希望得到孩子的人有什么相似之处？〖答案〗前者不写在纸上不行；后者没有妻子不行。

1278.〖かかやく〗〖日语〗別嬪の居候とかけて真宗の仏壇ととく。〖答案〗心は嬶焼いて（輝いて）いる（390）。〖汉语〗美女在男子家里寄食和净土真宗的佛坛有什么相似之处？〖答案〗前者让妻子嫉妒；后者因为点燃的蜡烛而闪着光辉。

1279.〖かくれがさ・ひかげのはな〗①〖日语〗宝物とかけて日かげ者ととく。〖答案〗心は隠れ笠（336）。〖汉语〗宝物和生活在阴影中的人有什么相似之处？〖答案〗前者是隐身斗笠；后者是出不得头或见不得人的人。〖解析〗《隐身斗笠》是日本古代故事，内容是一男子得到可以隐身的天狗斗笠，后被其妻烧毁，遂以灰涂身来隐身。见不得人的人包括妾或有前科的人。②〖日语〗囲い者とかけて朝顔ととく。〖答案〗心は日陰の花（273）。〖汉语〗妾和牵牛花有什么相似之处？〖答案〗前者是避世隐忍的女性；后者在背阴处开花。〖解析〗「日陰の花」原意为"在背阴处静静地开放的花"，特指"妾"。

1280. 〖かじ〗〖日语〗妻君とかけて消防人足ととく。〖答案〗心は家事(火事)を治むる(302)。〖汉语〗妻子和消防人员有什么相似之处?〖答案〗前者治理家务;后者消灭火灾。

1281. 〖かね〗〖日语〗権妻とかけて六十六部ととく。〖答案〗心は前に金(鉦)がある(301)。〖汉语〗妾和六十六部有什么相似之处?〖答案〗前者总有钱;后者胸前有钲。〖解析〗妾得到主人的宠爱,有充足的钱。钲是古代的一种乐器,用铜制成,形似钟而狭长,有长柄可执,口向上以物击之而鸣,在行进时敲打。六十六部是日本云游四方的游方僧。他们身带抄写的《法华经》,分送全国六十六处寺院庙宇各一部,故名。这种现象始于室町时代。到江户时代,也有俗人头戴斗笠,身背佛龛,一路摇铃击钲,朝山拜佛。

1282. 〖かねをつく〗〖日语〗不器量な嫁とかけて鍾撞きの給金ととく。〖答案〗心は金(鐘)を付(撞)いてもらう(383)。〖汉语〗不灵巧的媳妇和撞钟人的工资有什么相似之处?〖答案〗前者需要女方父母给女方钱,以便给男方作为补偿;后者是撞钟所得的报酬。

1283. 〖かみさま〗〖日语〗嬶孝行とかけて日本国ととく。〖答案〗心は上様(神さま)を大事にする(273)。〖汉语〗惧内和日本有什么相似之处?〖答案〗前者对夫人唯命是从;后者尊重神灵。〖解析〗日语中,「かみさま」既表示"老板娘"「上様」,也表示"神灵"「神様」。

1284. 〖きりかみ〗〖日语〗若後家とかけて芝居の雪ととく。〖答案〗心は切髪(切紙)はむだなようだ(421)。〖汉语〗年轻的寡妇和演戏使用的雪有什么相似之处?〖答案〗女为悦己者容,前者剪短垂发好像在浪费时间、金钱和精力;后者无节制地往空中撒纸片,充当雪花。〖解析〗短垂发是日本古代大名或旗本的遗孀的发型,风格为剪齐发髻的前端,用头绳扎起。

1285. 〖きんじょ〗〖日语〗小僧とめくらとかけて仲の悪い夫婦ととく。〖答案〗心は御近所の厄介物(298)。〖汉语〗和尚、盲人和关系不好的夫妇有

什么相似之处？〖答案〗前者被附近居住的人厌恶；后者是邻居讨厌的对象。〖解析〗日语有谚语「近所に事勿（なか）れ」，表示“四邻无事我自安”。因为近处发生变故，自己总要受影响，所以希望近处不要发生任何不好的事情。

1286. 〖さいく〗〖日语〗はやる職人とかけて心配性の女房ととく。〖答案〗心は細工（妻苦）が絶えぬ（373－374）。〖汉语〗受人欢迎的工匠和疑心的妻子有什么相似之处？〖答案〗前者制作工艺品的活不断；后者是妻子爱操心，很辛苦。

1287. 〖しじゅうく〗①〖日语〗連合にひめができたのとかけて五十に一つ足らんととく。〖答案〗心は四十九じゃ（346）。〖汉语〗妻子有了女儿和差一不到五十有什么相似之处？〖答案〗前者的妻子始终辛苦；后者是四十九。②〖日语〗不精者の犢鼻褌とかけて五十前の人ととく。〖答案〗心は始終臭い（四十九歳）（385）。〖汉语〗懒怠人的内裤和快到五十岁的人有什么相似之处？〖答案〗前者始终很臭；后者四十九岁。

1288. 〖しりにしく〗〖日语〗釜敷とかけて甲斐性のない人ととく。〖答案〗心は尻にしかれ通しじゃ（277）。〖汉语〗锅垫和没出息的人有什么相似之处？〖答案〗前者始终被压在锅屁股下；后者始终被老婆欺负。〖解析〗「尻に敷く」表示“妻子管住丈夫，欺负丈夫”。

1289. 〖そば〗①〖日语〗権妻とかけて引越しの振舞ととく。〖答案〗心はいつでもお側（蕎麦）だ（301）。〖汉语〗妾和搬家后招待新邻居有什么相似之处？〖答案〗前者总在身边；后者使用荞麦面。〖解析〗古人一般喜欢自己的妾，因此总伴随在身边。「権妻」为明治时代用语，意为临时的妻子。②〖日语〗好き合うた仲とかけて鳥黐ととく。〖答案〗心はそばへよると離れにくい（325）。〖汉语〗相亲相爱的关系和粘鸟胶有什么相似之处？〖答案〗前者遇到后就离不开；后者鸟粘上后就逃不脱。③〖日语〗朱碗に糞とかけて御姫様ととく。〖答案〗心はそばへ寄付かれん（316）。〖汉语〗朱

红色的碗装粪和公主殿下有什么相似之处?〖答案〗前者臭不可闻,不能接近;后者普通人无法靠近。

1290.〖たれる〗①〖日语〗馬方の小便とかけて半可通の道連れととく。〖答案〗心は歩きながらたれる(261)。〖汉语〗马的小便和一知半解的同路人有什么相似之处?〖答案〗前者边走边尿;后者一路上抱怨不断。②〖日语〗川辺の柳とかけて盲の小便ととく。〖答案〗心は水に垂れる(238)。〖汉语〗河边的柳树和盲人小便有什么相似之处?〖答案〗前者的枝条垂在水面上;后者看不到自己的尿液向下滴。〖解析〗日语中,「垂れる」既表示"垂",也表示"流"。「水に」可以解读成「見ずに」。

1291.〖ちとせ〗①〖日语〗松とかけて惚れ合うた女夫ととく。〖答案〗心は千歳かわらぬ色(397)。〖汉语〗松树和关系很好的夫妻有什么相似之处?〖答案〗前者万古长青;后者如胶似漆,历久弥坚。②〖日语〗昔の馴染とかけて老松ととく。〖答案〗心は千(先)年の色(401)。〖汉语〗以前的相识和老松树有什么相似之处?〖答案〗前者还是以前的脸色和容颜;后者的绿色历经千年不改。

1292.〖ちんちん〗①〖日语〗権妻の免職とかけて洋犬の芸ととく。〖答案〗心はちんちんだろう(301)。〖汉语〗将妾休去和西洋犬的技艺有什么相似之处?〖答案〗前者是因丈夫的正妻吃醋所致;后者后肢立起,不断向主人讨要好吃的东西。②〖日语〗相惚れの恋路とかけて獣二匹鳥二匹ととく。〖答案〗心はちんちんかもかも(246)。〖汉语〗如胶似漆的恋爱经历和两只兽、两只鸟有什么相似之处?〖答案〗前者男女和睦恩爱;后者是两只哈巴狗和两只鸭子。〖解析〗日语中,「ちんちんかもかも」既表示俗语"男女和睦恩爱",也表示"两只哈巴狗和两只鸭子"。「狆」表示"哈巴狗,狮子狗",有扁塌的鼻子和大而圆的眼睛,供玩赏。日语有习语「狆が嚔をしたよう」(丑八怪有着滑稽而难看的相貌或神情)。

1293.〖つつみ・つづみ〗〖日语〗若後家とかけて隅田の花景色ととく。〖答案〗心は色香は包み（堤）（421）。〖汉语〗年轻的寡妇和隅田满是鲜花的景色有什么相似之处？〖答案〗前者将自己的姿色包在里面，不外露；后者的鲜艳颜色和香味主要在土堤上。

1294.〖つま・ひ〗〖日语〗夫婦喧嘩とかけて炬燵の草履ととく。〖答案〗心は妻（端）が火になっている（382）。〖汉语〗夫妻吵架和火炉边的草鞋有什么相似之处？〖答案〗前者妻子很生气；后者边缘被烧。

1295.〖つましい〗〖日语〗倹約な人とかけて亭主の癔症ととく。〖答案〗心は倹しい（妻強い）（294）。〖汉语〗俭省的人和丈夫胆怯有什么相似之处？〖答案〗前者勤俭持家；后者妻子比较厉害。

1296.〖ていしゅ・ていし〗〖日语〗筆の滑り過ぎた新聞とかけて丙午の女房ととく。〖答案〗心は停止（亭主）を食う（386）。〖汉语〗报纸的报道超过了新闻审查的限度和丙午年出生的妻子有什么相似之处？〖答案〗前者被勒令停业；后者克夫。〖解析〗因为丙和午都属于五行中的火，所以有丙午年火灾多、丙午年出生的女人克夫等迷信。

1297.〖てをひく〗〖日语〗三味線の許し物とかけて若い夫婦連れととく。〖答案〗心は手をひくのもおもしろい（306）。〖汉语〗师傅传授的三味线技巧和年轻夫妇有什么相似之处？〖答案〗前者觉得练练手也很有趣；后者觉得即使手拉手也很幸福。〖解析〗「てをひく」也表示“撒手作罢，洗手不干；引导”。

1298.〖なか〗①〖日语〗思い合うた女夫とかけて朽木の伽羅ととく。〖答案〗心は中がよい（270）。〖汉语〗想法一致的夫妇和腐朽的沉香有什么相似之处？〖答案〗前者关系亲密；后者虽然表面腐朽，里面的材质还是完好无损。〖解析〗沉香是日本香道使用的优质香之一。②〖日语〗暑中の鶏卵とかけて嫁姑ととく。〖答案〗心は中（仲）が難しい（320）。〖汉语〗热天的鸡

蛋和婆媳关系有什么相似之处？〖答案〗前者里面容易腐烂；后者难以和谐相处。〖解析〗「難しい」既表示“容易坏”，也表示“发展不顺利，情况不令人满意”。

1299．〖のせる〗〖日语〗人力車とかけて目先の早い芸者ととく。〖答案〗心は客のせていてじゃ(324)。〖汉语〗人力车和机敏的艺人有什么相似之处？〖答案〗前者让顾客乘车；后者把客人稳住。

1300．〖ふりこむ〗〖日语〗大嵐とかけてやきもちの女房ととく。〖答案〗心は振り込む(降り込む)(266)。〖汉语〗大风和吃醋的妻子有什么相似之处？〖答案〗前者吹入房间；后者大声诉苦。〖解析〗日语中，「ふりこむ」既表示“风、雨、雪溯进房间”，也表示“抗议”，与「怒鳴り込む」近义。

1301．〖むこ・むこう〗〖日语〗瞽女の婚礼とかけて闇の夜の鉄砲ととく。〖答案〗心は婿(向)が見えぬ(298)。〖汉语〗盲女的婚礼和在漆黑的夜晚用步枪射击有什么相似之处？〖答案〗前者看不到新郎；后者看不到目标。

1302．〖めかけなしにおればかり〗〖日语〗棹の折れた古秤とかけて奥様の十分ととく。〖答案〗心は目掛けなしに折れ秤(妾なしに俺ばかり)(302)。〖汉语〗秤杆折断的秤和妻子的信心有什么相似之处？〖答案〗前者折断后没有秤星；后者的丈夫没有妾，只有正妻。

1303．〖りんき〗〖日语〗摺付木置場の火事とかけて夫婦喧嘩ととく。〖答案〗心は燐気(悋気)から起こる(327)。〖汉语〗火柴厂发生火灾和夫妇吵架有什么相似之处？〖答案〗前者因为磷的燃烧；后者因为吃醋。

第三节　父母子女

1304．〖あかつき〗〖日语〗別の鶏鐘とかけて湯嫌いの子を洗うととく。〖答案〗心は暁(垢付)になく(421)。〖汉语〗公鸡啼鸣和不喜欢洗澡的孩子有什么相似之处？〖答案〗前者啼鸣报晓；后者因为身体有污垢却不想洗澡而啼哭。

1305.〖あまい〗〖日语〗継母にまま子とかけて砂糖生姜ととく。〖答案〗心は甘いようで辛い(398)。〖汉语〗继母对继子(继女)和砂糖、生姜有什么相似之处?〖答案〗前者对继子(继女)好像很好,实际上很苛刻;后者好像很甜,实际上很辣。

1306.〖おおなみだ〗〖日语〗荒磯とかけて里親の子別れととく。〖答案〗心は打返すのが大波だ(涙)(251)。〖汉语〗波涛汹涌的海滨和养父母送别孩子有什么相似之处?〖答案〗前者(巨大的波浪等退下后再冲上)每次都是惊涛拍岸;后者一次又一次泪如雨下。

1307.〖おぼつかない〗〖日语〗公債の増殖とかけて道楽息子ととく。〖答案〗心は先が覚束無い(294)。〖汉语〗公债的增加和浪子有什么相似之处?〖答案〗前者让人心中不安;后者靠不住。

1308.〖おりあう〗〖日语〗大きな菓子とかけて嫁と姑の中ととく。〖答案〗心は折り合わない(266)。〖汉语〗大的点心和婆媳关系有什么相似之处?〖答案〗前者不能装进盒子;后者水火不容。〖解析〗日语中,「折り合わない」既表示"不能装进盒子",也表示"婆媳互不妥协"。「折」为助数词,表示"盒"或者"匣",是用来计算装有东西的纸盒、木盒的量词,如「菓子一折」(一盒点心)。

1309.〖おりこう〗〖日语〗不景気な機場とかけて我儘に育てる子福者ととく。〖答案〗心は織り子(お利口)がすくない(384)。〖汉语〗不景气的纺织厂和溺爱培养的子女有什么相似之处?〖答案〗前者织工很少;后者聪明的子女不多。

1310.〖かねをへらす〗〖日语〗砥石とかけて放蕩息子ととく。〖答案〗心は金を減らす(350)。〖汉语〗磨刀石和浪荡子有什么相似之处?〖答案〗前者磨损金属;后者耗费钱财。

1311.〖きがね〗〖日语〗嫁の病気とかけて鉄屑ととく。〖答案〗心は気兼ね(生鉄)から出る(416)。〖汉语〗儿媳妇生病和铁屑有什么相似之处?〖答案〗前者出于对婆婆的顾虑和拘束;后者因为生铁的原因。

1312.〖きかん〗〖日语〗蒸汽車とかけて子に異見ととく。〖答案〗心は汽罐で(聞かんで)運び出す(317)。〖汉语〗蒸汽机和孩子不同意父母的意见有什么相似之处?〖答案〗前者靠蒸汽缸运行;后者不问孩子的意见,执意实施。

1313.〖きょうだい〗〖日语〗一人子とかけて貧乏人の嫁入ととく。〖答案〗心は兄弟(鏡台)がない(378)。〖汉语〗独生子和穷人嫁女有什么相似之处?〖答案〗前者没有兄弟姐妹;后者没有梳妆台。

1314.〖こ〗①〖日语〗はらびと女とかけてぶっかれ梯子ととく。〖答案〗心は子がぬける(243)。〖汉语〗孕妇和坏掉的梯子有什么相似之处?〖答案〗前者不久孩子呱呱坠地;后者梯子的横木脱落。②〖日语〗安い金巾とかけて蜂の巣ととく。〖答案〗心は叩けば粉(子)が出る(406)。〖汉语〗便宜的细棉布和蜂巢有什么相似之处?〖答案〗前者敲一下会出现纺织品的粉末;后者敲击一下,蜜蜂会飞出来。③〖日语〗牡丹餅行水とかけて潰れた梯子ととく。〖答案〗心はこが落ちた(393)。〖汉语〗经过沐浴的牡丹饼和散架的梯子有什么相似之处?〖答案〗前者没有了粉;后者横向的脚蹬掉下。〖解析〗日语中,「こ」既表示"食物表面的粉",也表示"梯子上用来踩踏的横木"。

1315.〖こう〗〖日语〗太陽とかけて親子の道ととく。〖答案〗心は恩と孝(光)無ければ世界が闇(335)。〖汉语〗太阳和父母与孩子相处之道有什么相似之处?〖答案〗前者如果没有光,世界将黯淡无光;后者如果父母没有爱,孩子不孝顺,前途一片黑暗。

1316.〖こうかい〗〖日语〗目のさめた道楽息子とかけて三菱の渡世と

とく。〖答案〗心は後悔（航海）（403）。〖汉语〗浪子回头和三菱的经营之道有什么相似之处？〖答案〗前者后悔；后者航海。

1317．〖こがします〗〖日语〗親譲りの借金の始末とかけて下手な飯焚ととく。〖答案〗心は子がします（焦がします）（271）。〖汉语〗父母留下来的债务的处理和不善于烧饭有什么相似之处？〖答案〗前者最后由孩子偿还；后者饭烧煳了。

1318．〖このたび・あんじる〗①〖日语〗我が子田舎へ下るとかけて冷たい詮議しようととく。〖答案〗心は子の旅（この度）（421）。〖汉语〗让孩子到乡下和无情的审议有什么相似之处？〖答案〗前者是疼爱孩子，所以让其旅行；后者总是以"这件事……"开头。〖解析〗日本谚语「可爱い子には旅をさせよ」意思是"如果确实疼爱孩子的话，就应该让孩子出外旅行，尝受到世间的各种辛苦，积累生活经验"。「この度」表示"这次事件，此次，这回"。②〖日语〗秘蔵息子の旅立とかけて餅のない汁粉ととく。〖答案〗心は餡汁（案じる）ばかりだ（377）。〖汉语〗娇生惯养的孩子外出旅行和没有年糕的小豆汤有什么相似之处？〖答案〗前者让父母一直担心；后者只有小豆馅汤。

1319．〖さばける〗〖日语〗ビールの製造とかけて頑固親爺ととく。〖答案〗心はずぶさばけない（380）。〖汉语〗啤酒制造和顽固的父亲有什么相似之处？〖答案〗前者完全不畅销；后者一点也不通情达理。〖解析〗日语中，"旺销，好卖"也表示"开明"。啤酒制作之初，它的口味不被人们了解，销售形势不好。

1320．〖さんよう〗〖日语〗算盤とかけて子早い女房ととく。〖答案〗心は算用（産よう）する（333）。〖汉语〗算盘和早早生下孩子的妻子有什么相似之处？〖答案〗前者在计算；后者很早已经打算生孩子。

1321．〖しゅうと〗〖日语〗おとなしい嫁とかけて慈悲深い獄吏ととく。〖答案〗心は舅（囚徒）をよくする（269）。〖汉语〗温和敦厚的儿媳和慈悲为

怀的狱吏有什么相似之处？〖答案〗前者善待公公；后者善待囚徒。〖解析〗日语中，「しゅうと」既表示“公公”，也表示“囚徒”。

1322.〖しょうこん〗〖日语〗馬鹿な息子とかけて安売りの植木ととく。〖答案〗心は性根（正根）がない（368）。〖汉语〗不成器的孩子和低价出售的盆栽有什么相似之处？〖答案〗前者缺乏毅力和耐心；后者没有大树的根。〖解析〗日语中，「しょうこん」既表示“毅力”「性根」，也表示“大树根”「正根」。

1323.〖しりをもちこむ・しりがくる〗①〖日语〗辻の大便所とかけて放蕩な倅ととく。〖答案〗心は所々から色々な尻を持込む（345）。〖汉语〗十字路口的厕所和浪子有什么相似之处？〖答案〗前者各种各样的人的屁股挤了进来；后者好多人讨债上门。②〖日语〗道ばたの便所とかけて放埒息子ととく。〖答案〗心はどんな尻が来るかもわからぬ（244）。〖汉语〗路边的厕所和放荡不羁的孩子有什么相似之处？〖答案〗前者不知道谁会来解手；后者的父母不知道会受到什么牵连。〖解析〗日语中，「尻が来る」既表示“屁股到来解手”，也表示“受到（不好事情的）牵连”。「放埒」表示“任性，品行不端”。「埒」为马场周围的栅栏，「放埒」原意为“马冲出栅栏离去”。谜语的另外的变体是「道楽な娘とかけてごたごたととく」。〖答案〗心はどんな尻が来うも知れぬ」（354）。沉湎于不良嗜好的女儿和纠纷有什么相似之处？〖日语〗長屋の雪隠とかけていかもの師の商人ととく。〖答案〗心はいろいろな尻が来る（358）。〖汉语〗大杂院的厕所和出售赝品的商人有什么相似之处？

1324.〖しんぼう・する〗〖日语〗独楽とかけておとなしい息子ととく。〖答案〗心は心棒を磨る（辛抱をする）（300）。〖汉语〗陀螺和温顺的孩子有什么相似之处？〖答案〗前者磨损陀螺中间的芯；后者必须忍耐。

1325.〖ちち〗〖日语〗やもお育ちの子供とかけて西洋風の養成家とと

く。〖答案〗心は父(乳)が便りだ(410)。〖汉语〗鳏夫养大的孩子和依照西洋风格培养的人有什么相似之处?〖答案〗前者靠父亲;后者靠牛奶。

1326.〖つかう〗①〖日语〗利口な主人とかけて人形遣ととく。〖答案〗心はおもしろく人を使う(418)。〖汉语〗聪明的主人和操纵木偶有什么相似之处?〖答案〗前者能很巧妙地让仆人信服,忠诚于自己;后者用线灵巧操纵木偶,让观众开心。②〖日语〗働きのよい奉公人とかけて富の当ったのととく。〖答案〗心はどうでも使える(369)。〖汉语〗勤奋的佣工和中彩有什么相似之处?〖答案〗前者无论如何都会为主人服务;后者能够自由使用。

1327.〖とうさん・ぎゃくたい〗〖日语〗まま子とかけて下手大工ととく。〖答案〗心は父さんが違うて虐待(戸と桟が違うて逆たい)(398)。〖汉语〗继子(继女)和水平低的木匠有什么相似之处?〖答案〗前者遭到继父区别对待,不断虐待;后者将门和(拉门、隔窗的)格棂弄错。

1328.〖とと〗①〖日语〗後家の子とかけて精進料理ととく。〖答案〗心は父(魚)はない(296)。〖汉语〗寡妇的孩子和吃素食有什么相似之处?〖答案〗前者没有父亲;后者没有鱼。②〖日语〗悋気深い嬶とかけて刺身の大根ととく。〖答案〗心はととに付いている(419)。〖汉语〗嫉妒心强的妻子和生鱼片萝卜有什么相似之处?〖答案〗前者与丈夫形影不离;后者和鱼在一起。

1329.〖とびだす〗〖日语〗蝙蝠とかけて極道息子ととく。〖答案〗心は日暮から飛び出す(295)。〖汉语〗蝙蝠和浪荡的儿子有什么相似之处?〖答案〗前者黄昏飞出;后者傍晚离家。〖解析〗日语中,“飞出”也表示“毅然决然地飞快地跑出去”。

1330.〖な・つける〗〖日语〗生まれた赤子とかけてさらの釣瓶ととく。〖答案〗心はまだ名は(縄)付かぬ(237)。〖汉语〗刚出生的孩子和新的吊水桶有什么相似之处?〖答案〗前者还没有名字;后者还没有拴绳子。

1331. 〖のむ〗〖日语〗泣く子に乳とかけて建前ととく。〖答案〗心はのまさにゃならぬ(358)。〖汉语〗给哭闹的孩子喂奶和场面话有什么相似之处?〖答案〗前者必须让孩子吃奶;后者其他人不想听,但必须听。

1332. 〖ばば〗〖日语〗威張る嫁とかけて肥取り柄杓ととく。〖答案〗心は婆婆(糞)突き廻す(257)。〖汉语〗傲慢的儿媳和有柄的舀粪勺子有什么相似之处?〖答案〗前者将婆婆指挥得团团转;后者将粪便向四处抛洒。

1333. 〖はらをかかえる〗〖日语〗当り月とかけて大笑ととく。〖答案〗心は腹を抱える(249)。〖汉语〗到了预产期和大笑有什么相似之处?〖答案〗前者抱着肚子;后者捧腹大笑。

1334. 〖ふくらす〗〖日语〗盛粉の煙草とかけて五つ月目の取上げ婆ととく。〖答案〗心はふくらしたとこへ帯する(405)。〖汉语〗盛着烟草的袋子和五个月孕妇的接生婆有什么相似之处?〖答案〗前者鼓胀的烟草袋随身携带;后者为挺着的孕妇肚子上加根托带。

1335. 〖ぼう・らんぷ〗①〖日语〗巡査とかけて子煩悩ととく。〖答案〗心は棒(坊)は放さぬ(317)。〖汉语〗巡警和育儿的烦恼有什么相似之处?〖答案〗前者离不开警棍;后者心里放不下孩子。②〖日语〗徒歩荷物とかけて暴れ者ととく。〖答案〗心は棒で世を送る(275)。〖汉语〗挑着担子徒步行走和混世魔王有什么相似之处?〖答案〗前者靠扁担谋生;后者以棍棒制服别人,借此谋生。③〖日语〗父も子もある我が儘夫婦とかけて夜中のおまわりととく。〖答案〗心はランプとぼう(棒)が邪魔(342)。〖汉语〗父子两个都很任性的婚姻和巡夜的警察有什么相似之处?〖答案〗前者孩子和光头父亲都是电灯泡,影响夫妻生活;后者拿着灯和警棍不方便。

1336. 〖ほしがる〗〖日语〗三つ子の心とかけて無月の夜ととく。〖答案〗心は欲しがる(星がある)ばかり(399)。〖汉语〗三岁的孩子和无月的黑夜有什么相似之处?〖答案〗前者只想着得到自己想得到的东西;后者天空只有星星。

1337.〖みずちょうし〗〖日语〗姑の留守とかけて急ぎの洗濯ととく。〖答案〗心は水調子(316)。〖汉语〗婆婆不在家和抓紧时间洗衣服有什么相似之处？〖答案〗前者中,儿媳用三味线弹《水调子》;后者用水奏出了一支歌曲。〖解析〗《水调子》曲调低沉。儿媳妇趁着婆婆不在家,在家中弹奏这首曲子,以驱散自己平日的郁闷情绪。

1338.〖めがない〗〖日语〗よい子を儲けた親なにとかけて乾鮭ととく。〖答案〗心は目が無い(413)。〖汉语〗得到好孩子的父母和干鲑鱼有什么相似之处？〖答案〗前者爱孩子爱得要命;后者已经没有眼睛。〖解析〗日语习语「目がない」表示"着迷,非常喜爱"。

1339.〖めんどうがってたちもしない〗①〖日语〗撃剣家の仕損いとかけて泣き止まぬ赤子ととく。〖答案〗心は面胴(面倒)がとどかぬ(293)。〖汉语〗击剑手失败和孩子哭有什么相似之处？〖答案〗前者没有面部盔甲;后者大人照顾不周。〖解析〗日语中,「面胴(めんどう)」(面部盔甲)与「面倒(めんどう)」(照顾)发音相似。②〖日语〗骨惜しみとかけて剣術家ととく。〖答案〗心は面倒がって起ちもしない(面胴買って太刀も竹刀)(394)。〖汉语〗懒惰和剑术家有什么相似之处？〖答案〗前者连站起来也觉得麻烦,索性躺着、坐着;后者买了防护面具、长刀和竹剑。

1340.〖ようし〗①〖日语〗柳とかけて十二三の聟入ととく。〖答案〗心は楊枝(養子)になって歯に噛んだ(はにかんだ)(408)。〖汉语〗柳树和十二三岁的女婿有什么相似之处？〖答案〗前者作为牙签,可以噙在嘴里,咬在牙中;后者如果作为养子,不好意思。②〖日语〗骨惜しみとかけて芋田楽の娘ととく。〖答案〗心は用しない(養子ない)で人頼み(394)。〖汉语〗吝惜自己力气的人和芋香田乐饭店老板的女儿有什么相似之处？〖答案〗前者不干活,只能依赖别人;后者老板没有养子,只能求助于他人。

1341.〖よく〗〖日语〗安物とかけて子供ととく。〖答案〗心は善く(慾)はない(407)。〖汉语〗便宜东西和不懂事的孩子有什么相似之处?〖答案〗前者不会有好东西;后者不会有欲望。

1342.〖よめ〗①〖日语〗横文字の文とかけて意地の悪い姑ととく。〖答案〗心はよめにくい(414)。〖汉语〗横写的文字和心术不良的婆婆有什么相似之处?〖答案〗前者很难读;后者让儿媳妇处境艰难。②〖日语〗無筆無学な人とかけて親父と息子二人暮しととく。〖答案〗心は読め(嫁)ない(402)。〖汉语〗没有学习过读书写字的人和只有父子两人生活有什么相似之处?〖答案〗前者读不懂书;后者没有媳妇。

1343.〖わる・おや・かける〗①〖日语〗びいどろの徳利とかけて十五六の娘ととく。〖答案〗心はわると親がおこる(376)。〖汉语〗玻璃酒壶和十五六岁的小姑娘有什么相似之处?〖答案〗酒壶打碎,受委托照料酒壶的人生气;姑娘说出秘密,父母生气。②〖日语〗西瓜とかけて算盤ととく。〖答案〗心は割って見ねば知れね(324)。〖汉语〗西瓜和算盘有什么相似之处?〖答案〗前者如果不打开,就不知道里面怎么样;后者如果不用除法,就不知道结果。③〖日语〗算盤とかけて薪ととく。〖答案〗心は割ったりかけたり(333)。〖汉语〗算盘和柴有什么相似之处?〖答案〗前者算了除法再算乘法;后者劈柴、添柴。

第四章

各行各业

第一节　政治与司法

1344.〖うえ〗〖日语〗夕月の打水とかけて仁政ととく。〖答案〗心は上が明かで下が潤う(411)。〖汉语〗月夜洒水或泼水和仁政有什么相似之处?〖答案〗前者上面明亮,下面湿润;后者上面圣明,下面百姓富足安康。

1345.〖うじこ・すくう〗①〖日语〗鎮守様とかけてだる柄杓ととく。〖答案〗心は氏子(蛆子)を救う(掬う)(241)。〖汉语〗镇守官和粪勺有什么相似之处?〖答案〗前者拯救族人;后者舀粪池里面的蛆虫。〖解析〗族人或宗人指在土地神和出生地守护神镇守之地出生的人以及该地区的居民。②〖日语〗大事の預り道具とかけて鳥羽車ととく。〖答案〗心は失うては(牛無うては)ならぬ(334)。〖汉语〗需要精心保管的物品和鸟羽车有什么相似之处?〖答案〗前者如果丢失了,就非同小可;后者如果没有牛,就无法办事。〖解析〗鸟羽车从三重县东端鸟羽出发,到京都市,由牛运送物品。鸟羽车和淀川水运一起成为当地运输的动脉。

1346.〖かたがつく〗〖日语〗長崎の談判とかけて入梅の小紋染ととく。〖答案〗心はかたが付かぬ(358)。〖汉语〗长崎的谈判和梅雨时节小花纹印染纺织品有什么相似之处?〖答案〗前者事情没有办妥;后者花纹难以固定。〖解析〗日语中,「かたがつく」既表示“事情办妥,债务还清”,也表示“成型”。入梅后,天气潮湿,小花纹印染纺织品难以成型。

1347. 〖かろく〗〖日语〗維新後の士族とかけて毒深い子の天然痘ととく。〖答案〗心は家禄(軽く)はない(254)。〖汉语〗明治维新后的士族和内毒很深的孩子的天花有什么相似之处?〖答案〗前者失去了以前曾经拥有的俸禄;后者病得不轻。

1348. 〖きぬけ〗〖日语〗洋紙製造所の襤褸選りとかけて議員の投票ととく。〖答案〗心は絹気(気抜け)は用いぬ(414)。〖汉语〗西洋纸制造厂选取的破布和议员选举投票有什么相似之处?〖答案〗前者不用绢;后者不能松懈。

1349. 〖くちがあく〗〖日语〗国会とかけて生焼けの蛤ととく。〖答案〗心はまだ口があかぬ(298)。〖汉语〗国会和未烤熟的文蛤有什么相似之处?〖答案〗前者议员尚未开口发言;后者的口尚未打开。

1350. 〖けんかく〗〖日语〗竹刀とかけて地方の議員ととく。〖答案〗心は剣客(県下区)につかわる(312)。〖汉语〗竹剑和地方议员有什么相似之处?〖答案〗前者跟着剑客;后者为县区服务。〖解析〗剑道练习用竹制剑。

1351. 〖こうか〗〖日语〗天保年間とかけて手水鉢ととく。〖答案〗心は弘化(後架)の前にある(350)。〖汉语〗天保年间和洗手钵有什么相似之处?〖答案〗前者在弘化前面;后者在厕所前面。〖解析〗弘化是日本江户末期的年号,由天保改元而来。

1352. 〖こうさい・さい〗①〖日语〗貧士族とかけて山家の気楽ととく。〖答案〗心は公債(交際)がない(380)。〖汉语〗贫穷士族和山中自得其乐的人家有什么相似之处?〖答案〗前者没有公债;后者不与世界接触。〖解析〗公债代表了公民的财富。②〖日语〗貧乏な士族とかけて妻をなくした老人の独り者ととく。〖答案〗心は公債(後妻)を持たぬ(381)。〖汉语〗贫穷的士族和妻子去世后没有续弦的丈夫有什么相似之处?〖答案〗前者没有公债;后者没有后妻。③〖日语〗貧者の膳立とかけて男やもめととく。〖答案〗心

は妻(菜)なし(381)。〖汉语〗穷人的菜谱和鳏夫有什么相似之处?〖答案〗前者没有菜;后者没有妻子。

1353.〖ごしょく〗〖日语〗三国の名士とかけて粗末な活版ととく。〖答案〗心は呉蜀(誤植)が多い(307)。〖汉语〗三国名士和粗糙的印刷品有什么相似之处?〖答案〗前者多在吴蜀;后者错字很多。

1354.〖ごぜんでしじゅうになる〗〖日语〗八文ぜんざいとかけて殿様の風鈴ととく。〖答案〗心は五膳で四十になる(御前で始終に鳴る)(370)。〖汉语〗八文钱一份的饭和殿下大人的风铃有什么相似之处?〖答案〗前者五份就是四十文;后者始终在佛龛前鸣响。

1355.〖さんぎ〗〖日语〗当時の政事とかけてトととく。〖答案〗心は何事も参議(算木)(352)。〖汉语〗现在的政事和占卜有什么相似之处?〖答案〗前者任何事都靠参议;后者靠占卜用具。

1356.〖さんもん〗〖日语〗貧乏な士族とかけて荒れ果てた寺院ととく。〖答案〗心は三文(山門)もない(381)。〖汉语〗贫穷的士族和荒废的寺院有什么相似之处?〖答案〗前者连三文钱也没有;后者没有山门。

1357.〖しょき〗〖日语〗府県会の役員とかけて氷ととく。〖答案〗心は書記(暑気)だけ銭になる(384)。〖汉语〗府县议会的职员和冰有什么相似之处?〖答案〗前者只有书记有工资;后者只有在夏季能卖钱。

1358.〖すじみち〗〖日语〗賄賂事件の裁判とかけて市区改正ととく。〖答案〗心は筋道が多くなる(420)。〖汉语〗贿赂事件的裁判和市区修正有什么相似之处?〖答案〗前者盘根错节;后者越来越复杂。

1359.〖たいてき〗〖日语〗日露戦争とかけて風呂屋の釜たきととく。〖答案〗心は大敵(焚いて木)を滅ぼす(242)。〖汉语〗日俄战争和澡堂烧开水的大锅有什么相似之处?〖答案〗前者大破强敌;后者燃烧耗尽木柴。〖解析〗日语中,「たいてき」既表示"大敌"「大敵」,也表示"烧柴"「焚いて木」。

1360.〖たたかう・すむ〗〖日语〗朝鮮の談判とかけて田舎初夏の景ととく。〖答案〗心は戦わず済む(ただ蛙棲む)(344)。〖汉语〗朝鲜谈判和乡下初夏的风景有什么相似之处?〖答案〗前者不战而和;后者只有青蛙栖息。

1361.〖たばねる〗〖日语〗庄屋の人別とかけて髪結床ととく。〖答案〗心は人のあたまを束ねる(319)。〖汉语〗村长的户籍簿和梳头发的人有什么相似之处?〖答案〗前者管理户籍簿中的人员(或人头);后者捆扎人的头发。〖解析〗日语中,「たばねる」既表示"统帅,管理,治理",也表示"捆,扎,束"。

1362.〖ちかい〗〖日语〗賊の亡滅とかけて連判状ととく。〖答案〗心は近い(誓)(332)。〖汉语〗盗贼的灭亡和联名签字的公约有什么相似之处?〖答案〗前者是秋后的蚂蚱:蹦跶不了几天;后者是决心书。

1363.〖とうほうからさすがこうみょう〗〖日语〗朝空とかけて裁判の名人ととく。〖答案〗心は東方から射すが光明(問う方からさすが巧妙)(248)。〖汉语〗早晨的天空和裁断的名人有什么相似之处?〖答案〗前者因为从东方放射的光芒而明亮;后者提问方开始裁判确实很巧妙。

1364.〖とが・とぎ〗①〖日语〗錆びたきれ物とかけて洒落にする盗みととく。〖答案〗心は咎(科が)にゃなるまい(306)。〖汉语〗生锈的刀和逍遥法外的盗贼有什么相似之处?〖答案〗前者必须磨;后者必须惩处。②〖日语〗錆刀とかけて国事に倒れし爱国者ととく。〖答案〗心はなんぞ研が(科)なくて捨てらる(306)。〖汉语〗生锈的刀和为国牺牲的爱国者有什么相似之处?〖答案〗前者没有磨的话,就只能丢掉;后者留下无可指摘的业绩,为国捐躯。③〖日语〗深く錆びぬ刀とかけて安産の看護人ととく。〖答案〗心は研ぎ(伽)が楽だ(383)。〖汉语〗铁锈不多的刀和顺产孕妇的看护人有什么相似之处?〖答案〗前者不用使劲磨;后者看护很轻松。

1365.〖ひじをはる〗〖日语〗名主大屋とかけてひきがえるととく。

〖答案〗心はまかり出て肘を張る(360)。〖汉语〗村长、房东和癞蛤蟆有什么相似之处？〖答案〗两者都抛头露面、横行霸道。〖解析〗日本江户时代的村长叫名主。名主是地方三种村吏之一，身份为百姓，受郡代和代官的领导，统辖全村，收取年贡，派遣劳役。有的地方又称为「庄屋」、「肝煎」。江户时代，租房人不具有作为一个成人应有的公共权利和义务。房东对租房人则负有保证和责任，因此日语有一句谚语「大屋と言えば親も同然、店子と言えば子も同然」(房东与房客犹如父子一般)。村长和房东虽然起了很大作用，但有时他们也过于自大。谜语讽刺村长和房东的自以为是。

1366. 〖ぶきよう〗〖日语〗泰平の御代とかけて利口な人ととく。〖答案〗心は武器用なし(不器用なし)(335)。〖汉语〗太平统治和聪明人有什么相似之处？〖答案〗前者刀枪入库；后者不是不中用。

1367. 〖ふさんせい〗〖日语〗会議の原案に反対とかけて学校を休みし生徒ととく。〖答案〗心は不賛成(不参生)(272)。〖汉语〗反对会议草案和放假的学生有什么相似之处？〖答案〗前者不赞成；后者是不上学的学生。

1368. 〖もつれ〗〖日语〗すき櫛とかけて裁判所ととく。〖答案〗心はもつれを解く(240)。〖汉语〗篦子和裁判有什么相似之处？〖答案〗前者梳理凌乱的头发；后者解决纠纷。〖解析〗篦子是用于剔除头发间污秽物的一种细齿梳子。

1369. 〖よしあし・かき〗〖日语〗裁判所書記とかけて川辺の熊手ととく。〖答案〗心は善し悪し(葭葦)を書き(掻き)(302)。〖汉语〗法院书记和河边的竹耙子有什么相似之处？〖答案〗前者记录善恶；后者耙梳芦苇。〖解析〗因[葦(あし)]的音与「悪(あ)し」相通，故名「善(よ)し」。日语有谚语「葦の髄から天井覗く」，表示“坐井观天，鼠目寸光”。

第二节 主 仆

1370.〖あらび・すむ〗〖日语〗豊年とかけてよく働く下女ととく。〖答案〗心は荒ごともなくすむものなり(392)。〖汉语〗丰年和很勤奋的女仆有什么相似之处?〖答案〗前者没什么大事,顺顺当当安然度过;后者不会散漫,问心无愧。〖解析〗日语中,「荒びる」既表示"土地荒芜",也表示"涣散"。

1371.〖ありつく〗〖日语〗奉公人出替りとかけてこぼれた砂糖ととく。〖答案〗心はあり(蟻)付きたがる(391)。〖汉语〗仆人找工作岗位和洒落的砂糖有什么相似之处?〖答案〗前者想找到工作;后者蚂蚁想爬过去吃糖。

1372.〖きをあわす〗〖日语〗よき奉公人とかけて指物屋ととく。〖答案〗心はうまく気(木)を合わす(414)。〖汉语〗水平高的学徒和木器家具店有什么相似之处?〖答案〗前者能够和其他人互相配合;后者能够将木器部件适当调和搭配。

1373.〖たな・くろう〗〖日语〗土人形の布袋とかけて三井大丸の丁稚ととく。〖答案〗心は棚で黒う(店で苦労)する(345)。〖汉语〗粘土制作的布袋和尚和三井大丸公司的学徒有什么相似之处?〖答案〗前者放在搁板上被熏黑;后者在店里辛苦劳作。

1374.〖とのさん〗①〖日语〗家令とかけてかきがねととく。〖答案〗心は殿さん(戸の桟)に付く(279)。〖汉语〗管家和门锁有什么相似之处?〖答案〗前者紧跟着大名;后者挂在门的木条上。〖解析〗日语中,「とのさん」既表示"古代对大名或旗本的敬称"「殿さん」,也表示"门上的木条"「戸の桟」。②〖日语〗南京錠とかけてお妾ととく。〖答案〗心は戸の桟(殿さん)へかかる(361)。〖汉语〗挂锁和妾有什么相似之处?〖答案〗前者挂在门上;后者跟着自己的老爷。

1375.〖ともしび〗〖日语〗丁稚の居眠とかけて虫の音ととく。〖答案〗

心は灯を見るとすぐじゃ(347)。〖汉语〗学徒打瞌睡和昆虫的声音有什么相似之处？〖答案〗前者看到灯火马上就想睡；后者看到灯火马上扑过来。

1376. 〖ながい〗①〖日语〗呉服屋の丁稚の挨拶とかけて退屈な文使いととく。〖答案〗心は長い返事だ(300)。〖汉语〗和服衣料店小学徒打招呼和无聊(或不忠于职守)的信使有什么相似之处？〖答案〗前者说“是”的声音拉长；后者送信需要很长时间。②〖日语〗井戸替の綱とかけて講釈師の明晩ととく。〖答案〗心は長く引張る(256)。〖汉语〗井绳和连续不断讲到第二天晚上的宣讲师有什么相似之处？〖答案〗前者绳子长；后者时间长。

1377. 〖なりふり・こまづかう〗〖日语〗別品の下女とかけて夕立上りの田仕事ととく。〖答案〗心はなり振りがよくて子間使(鳴り降り止うで駒使)(390)。〖汉语〗漂亮的女仆和雷阵雨雨过天晴后到田地里干活有什么相似之处？〖答案〗前者是装饰得体的侍女；后者电闪雷鸣停止之后驱赶小马干活。

1378. 〖はら〗①〖日语〗この節の新聞屋とかけて女中方の買い食いととく。〖答案〗心は薩摩芋で腹をふくらせる(299)。〖汉语〗这个时节的新闻社和女佣人自己买东西有什么相似之处？〖答案〗前者因为报道西南战争让人生气；后者吃地瓜吃得肚子胀。②〖日语〗地震とかけて下手な按摩ととく。〖答案〗心はゆすって原(腹)もむ(310)。〖汉语〗地震和拙劣的按摩有什么相似之处？〖答案〗前者让大地震动；后者只会揉搓腹部。③〖日语〗麦飯とかけて春の雪ととく。〖答案〗心は腹(原)にたまらぬ(401)。〖汉语〗麦饭和春天的积雪有什么相似之处？〖答案〗前者在肚里不会积存，很快会被消化；后者不会堆积，很快会融化。

1379. 〖ひび〗〖日语〗開化進歩とかけて冬取付の下女ととく。〖答案〗心は日々(皹)新なり(272)。〖汉语〗开化进步和冬天劳作的女佣有什么相似之处？〖答案〗前者每天有新变化；后者每天有新的皲裂。

1380.〖みちくさをくう〗〖日语〗折助の使とかけて野辺の馬ととく。〖答案〗心は道草を食う(271)。〖汉语〗派出奴仆办事和原野的马有什么相似之处?〖答案〗前者想开小差;后者吃原野上的青草。〖解析〗日语中,「道草を食う」(在路上吃草)也表示"在路上闲逛"。日语有「折助根性」的说法,指佣工、仆人在别人看不见的地方尽量偷懒的性格。

1381.〖やっこどうふ〗〖日语〗娘さんの散髪とかけて冬の豆腐屋ととく。〖答案〗心は奴にする世話がない(402)。〖汉语〗姑娘乱蓬蓬散乱的头发和冬天的豆腐店有什么相似之处?〖答案〗前者没有奴仆照顾;后者不用费心将其变成凉拌豆腐。〖解析〗凉拌豆腐是将凉豆腐切成四方块,用酱油和作料拌制而成。冬天气温低,减少了制作程序和环节。

第三节　工匠与工艺

1382.〖おに〗〖日语〗日本一の暴れ者とかけて今戸の瓦ととく。〖答案〗心は鬼を焼いて食う(362)。〖汉语〗日本最勇敢的混世魔王和今户烧制的瓦有什么相似之处?〖答案〗前者将鬼烧死吃掉;后者靠烧制兽头瓦谋生。〖解析〗今户烧或今户陶器是东京都台东区今户地区制作的素烧陶器,始于天正年间的烧瓦。

1383.〖からくり〗〖日语〗貧乏人とかけて竹田の細工人ととく。〖答案〗心はからくりで気を揉む(381)。〖汉语〗贫穷人和大分县竹田市制作工艺品的师傅有什么相似之处?〖答案〗前者为钱烦恼;后者为了由某种装置驱动的活动偶人而放心不下。〖解析〗日语中,「からくり」既表示"巧妙安排",也表示"活动偶人"。活动偶人是使用线绳、发条、弹簧等做成的机关,能自己活动。

1384.〖き〗①〖日语〗阿呆者とかけてしかけ普請ととく。〖答案〗心は気(木)がたらない(250)。〖汉语〗傻瓜和半途而废的土木工程有什么相似之处?〖答案〗前者智慧不足;后者木材缺乏。②〖日语〗遠国にコレラの再発とかけて嵐ととく。〖答案〗心は気(木)がもめる(271)。〖汉语〗远方某国家霍乱再次爆发和暴风雨有什么相似之处?〖答案〗前者让人不安;后者让树木凌乱。③〖日语〗間男とかけて板橋ととく。〖答案〗心は切る気(木)がある(395)。〖汉语〗情夫和板子做的桥有什么相似之处?〖答案〗有意和前者切断联系;后者有断裂的板材。〖解析〗板桥同时也是日本东京都北部一地区和日本旧中山道上的驿站。④〖日语〗松に鶯とかけてうぬぼれな野郎ととく。〖答案〗心は木(気)が違い(397)。〖汉语〗飞到松树上的黄莺和自负的人有什么相似之处?〖答案〗前者弄错了树木;后者性情古怪。〖解析〗日语中,「木」(木)与「気」(性情)发音相似。黄莺喜欢梅花。有两个谚语为证:「鳴(泣)きながら梅(埋め)に行く」为隐语"葬礼";「鶯鳴かせた事も有る」表示美丽的梅花盛开,招惹黄莺站在枝头歌唱。比喻某人年轻时也曾风流一时。关于黄莺,还有另外两个谚语:「鶯のかいごの中の時鳥」中的「かいご」意为"蛋"。这个句子出自杜鹃产蛋在黄莺巢中,指望黄莺养育,表示明明是自己的孩子,却硬说不是自己的孩子;「鶯の谷渡り」表示"黄莺飞来飞去,撒下一路歌声"。此外,「気が違い」既表示"性情古怪",又表示"发疯,神经质,神经错乱"。日语歇后语「桃に鶯:気(木)が違う」(720)也可以作同样解释。⑤〖日语〗行届いた探偵とかけて木挽尻ととく。〖答案〗心はこまかく気(木)が付く(412)。〖汉语〗无微不至的侦探和伐木者的屁股有什么相似之处?〖答案〗前者考虑很周到,细微之处也无遗漏;后者有细小的木屑粘到上面。⑥〖日语〗自惚れた女とかけて縁日の鉢植ととく。〖答案〗心は気(木)が高い(261)。〖汉语〗自我陶醉的女子和庙会的盆栽有什么相似之处?〖答案〗前者很高傲;后者盆栽植物有一定高度。⑦〖日语〗凧とかけて恋わずらいととく。〖答案〗心は木(気)に掛かってぶらぶら(337)。〖汉语〗风筝和相思病有什么相似之处?〖答案〗前者挂到了树上,下垂并且摇晃;后者挂念异性，天天无所事事。⑧〖日语〗禿げ山とかけて上戸に汁粉ととく。〖答案〗心は木（気）がない（368）。〖汉语〗秃山和给喜欢喝酒的人端上小豆汤有什么相似之处？〖答案〗前者没有树；后者不感兴趣。⑨〖日语〗片思いの恋とかけて折れた錐ととく。〖答案〗心は気（木）を揉むばかりで通らぬ（275）。〖汉语〗单相思和头部折断的锥子有什么相似之处？〖答案〗前者空着急，不能使对方理解自己的心意；后者只能搓捻，穿不透木头。〖解析〗日语中，「揉む」表示"将锥子夹在手掌间搓捻，使之转动"。

1385.〖きをつかう〗〖日语〗不器用大工とかけて苦労性ととく。〖答案〗心はむだな木（気）を使う（383）。〖汉语〗不中用的木匠和爱操心有什么相似之处？〖答案〗前者浪费木材；后者不管什么事都放在心上。〖解析〗日语中，「きをつかう」（使用木材）也表示"好操心"。

1386.〖きをつめる〗〖日语〗小細工とかけて材木屋の置場ととく。〖答案〗心は気（木）をつめる（297）。〖汉语〗小工艺品匠人和木材堆积场有什么相似之处？〖答案〗前者屏息集中精力工作；后者堆积木材。

1387.〖くちさき〗〖日语〗瓦斯燈とかけて口巧者の生物知りととく。〖答案〗心は口先で明るい（274）。〖汉语〗汽灯和口才好的人有什么相似之处？〖答案〗前者嘴部喷出明亮火焰；后者口头能说好听的话（或净说漂亮话）。

1388.〖さかん〗①〖日语〗大工の手を引く普請とかけて英学ととく。〖答案〗心はこれから左官（盛ん）だ（333）。〖汉语〗邀请木工干活和关于英国的学问有什么相似之处？〖答案〗前者从此以后是泥瓦匠；后者未来将会非常兴盛。②〖日语〗等外一等出仕とかけて咲揃わぬ花ととく。〖答案〗心は最も少しで属（盛）になる（351）。〖汉语〗等外一等员外官和没有全部开放的花朵有什么相似之处？〖答案〗前者很快会成为有编制的属官；后者很快会进入全部开放的全盛期。〖解析〗属官表示"下级官吏"或"各官厅下级文官”。

1389.〖だいく〗〖日语〗芸娼妓の投書とかけて御造営の職人ととく。〖答案〗心は代句(大工)が多い(291)。〖汉语〗艺伎在报刊上刊登的投诉文章和营造宫殿的匠人有什么相似之处?〖答案〗前者往往由他人代笔;后者中木匠很多。〖解析〗日语中,「代(だい)句(く)」(由他人代写)与「大(だい)工(く)」(木匠)发音相似。

1390.〖とうりょう・とうりゅう〗〖日语〗大工の親方とかけて道中雨に逢うととく。〖答案〗心は棟梁(逗留)(333)。〖汉语〗木工师傅和路上遇雨有什么相似之处?〖答案〗前者是栋梁;后者是逗留。〖解析〗东京人称木工师傅为栋梁。

1391.〖とき〗〖日语〗難しい考句とかけて時計職人ととく。〖答案〗心は解(時)で苦労する(401)。〖汉语〗难句和钟表匠人有什么相似之处?〖答案〗前者为解释而费心思;后者为了计时器而费心。

1392.〖はたらき〗〖日语〗馬鹿な奉公人とかけて糸の切れた人形ととく。〖答案〗心は働きがないに困る(367)。〖汉语〗愚蠢的公职人员和没有线的木偶有什么相似之处?〖答案〗前者不起作用,只会耽误事情;后者不能动弹,给人增添了一件废物。

1393.〖はなにかける〗〖日语〗眼鏡屋の細工とかけてよい娘ととく。〖答案〗心は鼻にかける(403)。〖汉语〗眼镜店的精美产品和美丽的姑娘有什么相似之处?〖答案〗前者架到鼻子上;后者很骄傲。

1394.〖ひがふる〗〖日语〗貧乏人とかけて鍛冶屋ととく。〖答案〗心は火が降る(381)。〖汉语〗贫穷人和铁匠有什么相似之处?〖答案〗前者家贫如洗;后者火光熊熊。〖解析〗日语中,「火が降る」既表示“生活困苦”,也表示“火星飞溅”。

1395.〖ひけ〗〖日语〗地回りとかけて安売りの瀬戸物ととく。〖答案〗

心はひけだひけだ(314)。〖汉语〗地痞和廉价出售的濑户陶瓷器有什么相似之处?〖答案〗前者呼喊“下班了,下班了”;后者降价出售。〖解析〗「地回り」是无赖、流氓或二流子。在自己的势力范围内,他们可以决定商户的营业时间。

1396. 〖ほる〗〖日语〗本の板元とかけて掘抜の井戸屋ととく。〖答案〗心は彫(掘って)抜けると喜ぶ(394)。〖汉语〗出版社和打井人有什么相似之处?〖答案〗前者付梓后很高兴;后者井打成后很欣喜。

1397. 〖みかど〗〖日语〗三つ目錐とかけて公卿衆の喧嘩ととく。〖答案〗心は三角(御門)が揉める(400)。〖汉语〗三棱锥(钻)和公卿之间的争吵有什么相似之处?〖答案〗前者用三角钻钻木;后者在皇宫门口发生纠纷。〖解析〗「三つ目錐」也表示“尖端为三棱形的木工锥(钻)”。

1398. 〖めがね〗〖日语〗細かい細工とかけてこの節の橋普請ととく。〖答案〗心は眼鏡でできる(300)。〖汉语〗精巧工艺品和这个时节的造桥工程有什么相似之处?〖答案〗前者需要戴眼镜制作;后者中桥的名字是眼镜。〖解析〗在荷兰人指导下,长崎县长崎市和平户市曾经建造过眼镜桥。

第四节　学　习

1399. 〖あげ〗〖日语〗工学校の軽気球とかけてひど工面の仕払済ととく。〖答案〗心はようやく上げました(294)。〖汉语〗理工学校的氢气球和筹措经费有什么相似之处?〖答案〗前者终于升空;后者终于经费到位。

1400. 〖いう・ゆう〗①〖日语〗下手な謎とかけて仕習いの鹿子絞りととく。〖答案〗心は言(結)う間に解ける(389)。〖汉语〗设计低劣的谜语和刚刚学习鹿点花纹扎染布有什么相似之处?〖答案〗前者没有说完就被解开;后者还没扎上就松散开来。〖解析〗鹿点花纹也叫“白斑点花纹”,是类似鹿皮花纹的图案。扎染布是用线扎起来染成的布,扎住的部分不染颜色。

②〖日语〗姑にいびられる嫁とかけて斬切頭ととく。〖答案〗心は言う（結う）に言（結）われぬ（316）。〖汉语〗遭受婆婆折磨虐待的儿媳妇和被斩了头的人有什么相似之处？〖答案〗前者有口难言；后者无法梳辫子。③〖日语〗内緒話とかけて奴頭の髪ととく。〖答案〗心は高く言（結）われぬ（357）。〖汉语〗悄悄话和梳着线鬓发型的仆从有什么相似之处？〖答案〗前者不会高声说话；后者不会梳理得很高。〖解析〗线鬓是日本古代男子发型的一种。该发型把头发剃去，只留鬓角下边窄窄的一条，在脑后结成髻。江户初期流行于武士、仆役长、仆人、侠客、优伶艺人之间。④〖日语〗比丘尼の頭とかけて法華宗の念仏ととく。〖答案〗心は結う（言う）ものはあるまい（377）。〖汉语〗比丘尼的头与法华宗念佛有什么相似之处？〖答案〗前者没办法梳辫子；后者没有台词。⑤〖日语〗坊様の髪とかけて親に意見ととく。〖答案〗心は結（言）うに結（言）われぬ（392）。〖汉语〗和尚的头发和给父母提意见有什么相似之处？〖答案〗前者想扎，却无法扎；后者想说，却无法说。

1401.〖いっぽん・ちょうだい〗〖日语〗剣術の稽古とかけて巻煙草ととく。〖答案〗心は一本頂戴（293）。〖汉语〗剑术练习和卷烟有什么相似之处？〖答案〗前者敬请出剑；后者表示“请给我一支香烟”。〖解析〗日语中，「一本」既表示“一剑”，也表示“一只香烟”；「頂戴」既表示“受到”（意思为“顶在头上”），也表示“请给我……”。该表达用于句末，表示用亲昵的语气请求别人给予某样东西，等于「ください」。

1402.〖いと〗①〖日语〗復習講とかけて筋のよい蚕ととく。〖答案〗心は糸がたんと出る（267）。〖汉语〗复习讲座和纹理比较清楚的蚕有什么相似之处？〖答案〗前者思路和线索清晰；后者的丝很容易抽出。〖解析〗日语中，「糸」既表示“路径”，也表示“丝，生丝”。②〖日语〗三味線とかけていかのぼりととく。〖答案〗心は糸を引く（315）。〖汉语〗三味线和风筝有什么相似之处？〖答案〗前者拨弦；后者拉线。

1403. 〖いる〗〖日语〗欄干のない橋とかけて楊弓の的ととく。〖答案〗心は中行(射)ったらよい(417)。〖汉语〗没有栏杆的桥梁和弓箭的靶子有什么相似之处?〖答案〗前者最好走到桥中间,不要走到桥两边;后者如果射到靶心,就会更好。

1404. 〖うける・ながす〗〖日语〗撃剣とかけて質置く人ととく。〖答案〗心は受けたり流したり(293)。〖汉语〗击剑和去当铺典当东西的人有什么相似之处?〖答案〗前者有时躲得过去,有时躲不过去;后者有时赎回抵押品,有时赎不回。〖解析〗日语中,「受ける」既表示"承受,遭受",也表示"赎回典当物"。「流す」既表示"躲过岔开",也表示"当死"。

1405. 〖がいぶんをかく〗〖日语〗恥とかけて外国人に送る手紙ととく。〖答案〗心は外聞を欠く(外文を書く)(369)。〖汉语〗出丑和寄给外国人的信件有什么相似之处?〖答案〗前者失去名誉;后者使用外文书写。〖解析〗日语中,「がいぶんをかく」既表示"失去名誉"「外聞を欠く」,也表示"用外文书写"「外文を書く」。

1406. 〖かお・かおり・あらわす〗〖日语〗手習子とかけて夜の梅とかけてととく。〖答案〗心は顔洗わする(香をあらわする)(348)。〖汉语〗学习写字的孩子和夜里的梅花有什么相似之处?〖答案〗前者弄脏了脸,需要洗脸;后者香气四溢。

1407. 〖かけん〗〖日语〗手習入りの子供とかけてひびきのいった茶碗ととく。〖答案〗心はまだ書(欠)けん(348)。〖汉语〗刚刚学习写字的孩子和产生了裂隙的茶碗有什么相似之处?〖答案〗前者还不会写字;后者只是产生了裂纹,还没有缺失任何一个部分。

1408. 〖きたない・きたい〗〖日语〗見習いとかけて磁石の針ととく。〖答案〗心は指す奉公(方向)も鍛い(北い)寄る(400)。〖汉语〗见习者和指南针有什么相似之处?〖答案〗前者照着工作(服务)的方向锻炼;后者也可以说是指北针。

1409.〖こぐち〗〖日语〗法律学とかけて書籍にかかる鼠ととく。〖答案〗心は多くは小口をかじる(392)。〖汉语〗学习法律和啃书的老鼠有什么相似之处?〖答案〗前者一点一点零星地学习;后者啮咬书的切口。〖解析〗日语中,「こぐち」既表示"少量,小额,零星",也表示"书的切口"。书的切口指书脊以外的其他三边,特别指与书脊相对的一边。

1410.〖さいほう〗〖日语〗地獄道中とかけて女紅場の生徒ととく。〖答案〗心は西方(裁縫)の道を尋ねる(310)。〖汉语〗去地狱途中和学习缝纫的女学生有什么相似之处?〖答案〗前者询问到西天的路;后者询问裁剪之道。

1411.〖しゃくに〗〖日语〗弓の稽古とかけてあてこすりの噂ととく。〖答案〗心は尺二(癪に)さわる(412)。〖汉语〗学习射箭和带有含沙射影性质的传闻有什么相似之处?〖答案〗前者射一尺两寸的靶子;后者让被讽刺的人生气发怒。

1412.〖たんご・たご〗〖日语〗小学校生徒とかけて小便の市ととく。〖答案〗心は単語(担桶)を読む(317)。〖汉语〗小学生和出售小便的市场有什么相似之处?〖答案〗前者读单词;后者计算小便粪桶的数量,然后收费。

1413.〖のりき〗〖日语〗この節の小学校とかけて寒明け後の品川冲ととく。〖答案〗心は漸く乗り気(海苔期)になった(299)。〖汉语〗这个时节的小学校和寒尽春来后的品川海上有什么相似之处?〖答案〗前者方兴未艾;后者到了海苔(或紫菜)收获的季节。〖解析〗品川指东京都品川区东北部地区。

1414.〖はつわかな〗〖日语〗手習子とかけて春の七種ととく。〖答案〗心は皆初は仮名(初若菜)(348)。〖汉语〗学习写字的孩子和春天的七种菜有什么相似之处?〖答案〗前者刚开始学习假名;后者都是头茬嫩菜。

〖解析〗初春生长的、可食用的七种草和蔬菜包括“芹菜”「芹」、“荠菜”「薺」、“鼠麴草”「御形」、“繁缕”「繁縷」、“稻槎菜”「仏の座」、“芜菁”「菘」、“萝卜”「蘿蔔」。其中，日语习语「芹摘む」表示“单相思，无法实现的恋情”。源自日本民间传说：一地位卑微的男子看到一地位高贵的女子吃芹菜，心生爱慕并送去芹菜，却以徒劳告终。

1415.〖ほんに〗〖日语〗書籍館とかけて金のある華族ととく。〖答案〗心は本(ほん)に不足がない(319)。〖汉语〗图书馆和有钱的华族有什么相似之处？〖答案〗前者有很多书；后者确实不缺钱。〖解析〗「本」可以作名词“书”，「本に」表示副词“确实，实在”。

1416.〖ほんやく〗〖日语〗へぼ洋学者とかけて書林の出火ととく。〖答案〗心は翻訳(本焼く)に困る(390)。〖汉语〗水平低的外语学者和书店失火有什么相似之处？〖答案〗前者因为不会翻译，所以尴尬；后者书被烧掉，无计可施。

1417.〖やく〗①〖日语〗下手な洋学者とかけて紺屋の明後日ととく。〖答案〗心は訳(約)をまちがえる(390)。〖汉语〗水平低的外语学者和染坊的后天有什么相似之处？〖答案〗前者翻译错误；后者搞错了约定的日期。〖解析〗日语有谚语「紺屋の明後日」(染坊约时间，一天支一天，今天推明天)。古代染坊不能按时交货，是人所共知的常识。这可能与染坊需要晾晒染过的布匹而依靠天气好坏有关。②〖日语〗官員の転任とかけて下手な洋学者ととく。〖答案〗心は役(訳)を違える(280)。〖汉语〗官员调至他地工作和拙劣的外文学者有什么相似之处？〖答案〗前者调换工作；后者翻译错误。③〖日语〗政府金庫の紙幣とかけて東京府下の人民ととく。〖答案〗心は時々焼かるる(328)。〖汉语〗政府的纸币和东京府统治下的民众有什么相似之处？〖答案〗前者常常回收旧币烧毁；后者有时也很痛苦。④〖日语〗夫婦仲とかけて葬ととく。〖答案〗心はやくもありやかぬもあり(382)。

〖汉语〗夫妻关系和葬礼有什么相似之处？〖答案〗前者有吃醋的，也有不吃醋的；后者有火葬的，也有土葬的。⑤〖日语〗魴鮄のひらきとかけて女房のりんきととく。〖答案〗心はやくのがうまい（392）。〖汉语〗鲂鮄鱼干和妻子妒忌有什么相似之处？〖答案〗前者烧烤之后很好吃；后者善于吃醋。〖解析〗日语中，「やく」既表示"烧烤"，也表示"夫妻的一方吃醋"。

1418.〖わから〗〖日语〗文盲な年寄とかけてこぐらかった菅糸ととく。〖答案〗心はわからぬには困る（405）。〖汉语〗不识字的老人和微暗处的莎草丝有什么相似之处？〖答案〗前者因为不懂文字，很为难；后者因为不能将其各根丝区分，很尴尬。

第五节　商　业

1419.〖あかるい〗①〖日语〗瓦斯燈とかけて商法馴れた人ととく。〖答案〗心は道が明るい（274）。〖汉语〗汽灯和精通生意之道的人有什么相似之处？〖答案〗前者照亮了道路；后者前途光明。②〖日语〗提灯に花模様とかけて植木屋の亭主ととく。〖答案〗心は花が明るい（344）。〖汉语〗有花纹的灯笼和花木店老板有什么相似之处？〖答案〗前者因为有灯火，所以花朵很明亮；后者对鲜花很精通。③〖日语〗往来の瓦斯燈とかけて聖人の教えととく。〖答案〗心は人の道を明くする（265）。〖汉语〗街上的汽灯和圣人的说教有什么相似之处？〖答案〗前者照亮路面；后者照亮世人。

1420.〖あきない〗〖日语〗店の繁昌とかけて蟬の声ととく。〖答案〗心は商い（秋啼い）てせわしい（399）。〖汉语〗商店生意兴隆和蝉声有什么相似之处？〖答案〗前者因为生意忙得不可开交；后者秋天里的叫声让人焦躁。〖解析〗日语中，「あきない」既表示"经商"「商い」，也表示"蝉在秋天鸣叫"「秋啼いて」。

1421.〖あける〗〖日语〗明日天気とかけて風呂敷包みととく。〖答案〗

心は開けて見なければ分からない(236)。〖汉语〗明天的天气和包袱有什么相似之处?〖答案〗前者是不到明天,不知道明天的天气;后者是不打开包,不知道里面的东西是什么。

1422.〖あし〗①〖日语〗下駄とかけて銭箱ととく。〖答案〗心はおあしがはいるであろう(292)。〖汉语〗木屐和钱箱有什么相似之处?〖答案〗前者用脚穿;后者装钱。〖解析〗「下駄」可以换为「足袋」。②〖日语〗鏡立てとかけて浜千鳥ととく。〖答案〗心は脚(葦)わけて立つ(273)。〖汉语〗镜架和海滨的鸻鸟有什么相似之处?〖答案〗前者两脚分开站立;后者分开芦苇站立。③〖日语〗水茶屋のお客とかけて寄合の炬燵ととく。〖答案〗心はおあしを出すもあり出さぬもあり(399)。〖汉语〗茶店的客人和集会场所的暖炉有什么相似之处?〖答案〗前者有些人交钱买茶,有些人不交钱,也不买茶;后者有些人伸腿,有些人不伸腿。④〖日语〗章魚とかけて金持ちととく。〖答案〗心はおあしがえっとある(241)。〖汉语〗章鱼和有钱人有什么相似之处?〖答案〗前者脚多;后者钱多。⑤〖日语〗きりぎりすとかけて晩方の影法師ととく。〖答案〗心は足が長い(287)。〖汉语〗蝈蝈和黄昏的人影有什么相似之处?〖答案〗前者腿长;后者步幅大。〖解析〗日语中,「足」既表示"脚",也表示"人的腿部走路时在地上形成的阴影"。「影法師」表示"映在地上或拉门上等处的人影"。⑥〖日语〗炬燵の無遠慮とかけて大江の岸ととく。〖答案〗心は足(芦)をのばす(298)。〖汉语〗在火炉前表现得无所顾忌和大江沿岸有什么相似之处?〖答案〗前者可以伸脚;后者芦苇旺盛生长。

1423.〖あたらしい〗〖日语〗夕河岸の魚とかけてこの謎本ととく。〖答案〗心はみな新しい(411)。〖汉语〗晚上捕捞到船上、接着到达河岸的鱼和这本谜语书有什么相似之处?〖答案〗前者很新鲜;后者是崭新的谜语。

1424.〖あたる〗①〖日语〗火のない炬燵とかけて富の札ととく。〖答案〗心はあたりてが少ない(379)。〖汉语〗没有火的火炉和彩票有什么相似之处？〖答案〗前者没有人伸手烤火；后者中奖的机会很少。日语中，「あたる」既表示“导热，火或热到达物体里层，遭受光、热、风雨”，也表示“穿过，透过，命中”。②〖日语〗夜這とかけて闇に鉄砲ととく。〖答案〗心はあたりが知れぬ(416)。〖汉语〗私通和黑暗中开枪有什么相似之处？〖答案〗前者不知道是否成功；后者不知道是否击中。③〖日语〗芝居狂言とかけてあたった的ととく。〖答案〗心はあたりを悦ぶ(313)。〖汉语〗戏剧狂言和枪或箭击中靶子有什么相似之处？〖答案〗前者为成功而喜悦；后者为命中目标而高兴。④〖日语〗地球の破裂説とかけて河豚汁ととく。〖答案〗心は中ったら大変(341)。〖汉语〗地球板块学说和河豚汤有什么相似之处？〖答案〗前者地球各个板块如果碰撞，将产生严重后果；后者如果中毒，将会有不可收拾的局面。〖解析〗因为河豚的剧毒与鲜美并存，所以日语有谚语「河豚食う無分別、河豚食わぬ無分別」(拼死吃河豚是笨蛋，害怕吃河豚是傻瓜)。⑤〖日语〗腹立上戸とかけて蝶のある河豚ととく。〖答案〗心はどこへかあたる(374)。〖汉语〗喝多了就生气的人和有毒的河豚有什么相似之处？〖答案〗前者迁怒某个东西；后者让人中毒。⑥〖日语〗鰒汁とかけて素人楊弓ととく。〖答案〗心は折ふし当る(383)。〖汉语〗河豚汁和外行人弓射杨柳有什么相似之处？〖答案〗前者有时会中毒；后者偶尔会命中目标。⑦〖日语〗寒中の炬燵とかけて名人の通し矢ととく。〖答案〗心はあたり通しだ(281)。〖汉语〗寒冷中的火炉和名人远射有什么相似之处？〖答案〗前者一直烤火；后者持续命中。⑧〖日语〗火鉢とかけてはやる芝居ととく。〖答案〗心はみな当る(379)。〖汉语〗火炉和流行的戏剧有什么相似之处？〖答案〗前者大家都去取暖；后者大家都来观看捧场。⑨〖日语〗評判の良い役者とかけて炬燵ととく。〖答案〗心は四方であたる(380)。〖汉语〗判断得当的官员和火炉有什么相似之处？〖答案〗前者能应对各方面的困难；后者让人在四周都能烤火。〖解析〗「あたる」表示“应对，应付，顺利进行”。

⑩〖日语〗辻占とかけて焚火の施しととく。〖答案〗心はあたる者もありあたらぬものもあり(345)。〖汉语〗十字路口占卜和野营烤火有什么相似之处?〖答案〗前者有预测准确的情况,也有预测不准确的情况;后者因为人多,有人烤得上,有人烤不上。⑪〖日语〗玉転がしの大景物とかけてこたつの大砲ととく。〖答案〗心はあたらんで退く人が多い(339)。〖汉语〗台球表演和火炉旁放屁有什么相似之处?〖答案〗前者即使不能进球袋,观众(担心球撞击到自己身上)也要往后退;后者即使不能闻到,也让人退避三舍。⑫〖日语〗人ごみの炬燵とかけて生の大福ととく。〖答案〗心はあったかでない(378)。〖汉语〗周围有很多人的火炉和生的豆馅团子有什么相似之处?〖答案〗前者不能靠近烤火;后者不热。〖解析〗日语中有大福饼的说法,也有三角大福的典故:三木武夫、田中角荣、大平正芳、福田赳夫。

1425.〖あめ〗〖日语〗日でりの田とかけて取っかえべえととく。〖答案〗心は雨(飴)を持って実り(身の利)を得る(378)。〖汉语〗缺水的田地和收头发的人有什么相似之处?〖答案〗前者有雨就会长庄稼;后者靠糖获得利润。〖解析〗收头发的人用糖换取头发,然后出售头发获利。

1426.〖いっせん〗〖日语〗葉書とかけて電信ととく。〖答案〗心は一銭(一線)で通る(367)。〖汉语〗明信片和电报有什么相似之处?〖答案〗前者用一文钱即可送达;后者因为一根电报线路而牵连。〖解析〗日语中,「いっせん」既表示"一文钱"「一銭」,也表示"一根线"「一線」。

1427.〖うごく〗〖日语〗金貸とかけて水鳥の脚ととく。〖答案〗心は油断なく動いている(276)。〖汉语〗放债人和水鸟的脚有什么相似之处?〖答案〗前者必须谨慎行事,否则会血本无归;后者不能有一丝疏忽,否则会滑倒跌跤。

1428.〖うらない〗〖日语〗人相見とかけて押絵ととく。〖答案〗心は(占い)裏ない(363)。〖汉语〗给人相面和贴画(贴花)有什么相似之处?〖答

案〗前者是算卦；后者没有背面（背面没有图案）。〖解析〗日语中，「うらない」既表示“算卦”「占い」，也表示“没有背面”「裏ない」。贴画或贴花是日本纺织工艺品的一种，将画有人物或花卉图案的底样填入棉花后，用布包起来成浮雕状。该艺术在江户时代发展起来，现在尚用于毽子板等。

1429.〖おくり〗〖日语〗質屋の蔵とかけて問屋の状差しととく。〖答案〗心はおくりがたまり（312）。〖汉语〗典当行的仓库和批发商的信袋有什么相似之处？〖答案〗前者有许多用于典当的物品；后者装了许多送货单。

1430.〖かいこ・かいこう〗〖日语〗桑苗の売買とかけて横浜地価の騰貴ととく。〖答案〗心は蚕（開港）を見込む（290）。〖汉语〗桑树苗销售和横滨地价上涨有什么相似之处？〖答案〗前者因为预估养蚕有利可图；后者因为预估横滨开放港口，进行通商贸易。〖解析〗日语中，「蚕（かいこ）」（蚕）与「開（かい）港（こう）」（开放港口）发音相似。

1431.〖かいて〗〖日语〗停止をくった新聞屋とかけて店を張る商人ととく。〖答案〗心は解停（買手）を待つ（347）。〖汉语〗被停刊的报社和商店开张时的商人有什么相似之处？〖答案〗前者等待解封；后者等待买家。

1432.〖かすり〗〖日语〗高利貸とかけて薩摩木綿ととく。〖答案〗心は貸す利（飛白）が多い（295）。〖汉语〗高利贷和萨摩木棉有什么相似之处？〖答案〗前者获得高利息；后者轮廓飞白的花纹多。〖解析〗萨摩在今天的鹿儿岛。

1433.〖かねをくう〗〖日语〗初鰹とかけて手妻使いととく。〖答案〗心は金をくうようなものだ（370）。〖汉语〗刚上市的鲣鱼和魔术有什么相似之处？〖答案〗前者很贵，买来吃等于无谓地浪费钱；后者观众眼睁睁看着好像魔术师吞下了金子，实际上是使用花招骗人。

1434.〖きがつく〗〖日语〗湯屋の番頭とかけて見え坊の人ととく。

〖答案〗心は着物に気が付く(413)。〖汉语〗澡堂的掌柜和爱打扮修饰的人有什么相似之处?〖答案〗前者用心照看洗澡顾客的衣服;后者爱虚荣,注重自己的衣服。

1435.〖くら〗①〖日语〗高介とかけて裸馬ととく。〖答案〗心は蔵(鞍)がない(241)。〖汉语〗高介和裸马有什么相似之处?〖答案〗前者没有仓库;后者没有马鞍。〖解析〗日语中,「くら」既表示"仓库"「蔵」,也表示"马鞍"「鞍」。仓库是富有的标志。高介在日本冈山县。古时,因为税赋沉重,因此居民很贫穷,没有仓库。②〖日语〗質屋の蔵とかけてじごくの引き手ととく。〖答案〗心は蔵が利(暗がり)に立つ(311)。〖汉语〗典当行的仓库和地狱向导有什么相似之处?〖答案〗前者仓库为利而建;后者前面一片黑暗。

1436.〖こうり・こおり〗〖日语〗当時の金貸とかけて暑さの売物ととく。〖答案〗心は高利(氷)が多い(352)。〖汉语〗时下的贷款和夏天畅销的商品有什么相似之处?〖答案〗前者高利贷较多;后者冰很多。

1437.〖さばく〗〖日语〗先の切れた箒とかけて夏の団炭売ととく。〖答案〗心はちっともさばけぬ(303)。〖汉语〗没有头的扫帚和夏天的块状煤炭销售有什么相似之处?〖答案〗前者完全无法操纵;后者根本无法销售出去。〖解析〗日语中,「さばく」既表示"处理",也表示"销售"。

1438.〖しょしき・あがる〗〖日语〗染分けの紙鳶とかけて此の節の売物ととく。〖答案〗心は諸色が揚がる(333)。〖汉语〗染成不同颜色的风筝和这个时节的商品有什么相似之处?〖答案〗前者各种颜色在空中升腾;后者一切都在涨价。〖解析〗日语中,「諸色」既表示"各种商品",也表示"物价",还表示"各种颜色"。

1439.〖せり・うり〗〖日语〗野菜の着物とかけて夏の競売ととく。〖答案〗心は芹瓜で厚司(糶売りで暑し)(406)。〖汉语〗卖蔬菜的人穿的衣服和夏天竞卖有什么相似之处?〖答案〗前者穿大阪厚司布,卖芹菜和瓜;后

者在天热时搞拍卖。〖解析〗大阪厚司布也被称为“大阪粗布”，是用青榆树皮纤维织成的布。

1440. 〖そんじる〗〖日语〗下手な商人とかけてガラス器の送り荷ととく。〖答案〗心は損じ易い(389)。〖汉语〗水平低的商人和运送玻璃器皿货物有什么相似之处？〖答案〗前者经常亏本；后者很容易破损。

1441. 〖たまる〗〖日语〗金持とかけて不精者の灰吹ととく。〖答案〗心は溜まる程汚くなる(276)。〖汉语〗有钱人和懒惰者的烟灰筒有什么相似之处？〖答案〗前者钱越多越肮脏；后者越堆积越脏。〖解析〗日语中有谚语「金持ちと灰吹きは溜まる程汚い」(财产愈多愈吝啬，财厚孽深)。烟灰筒是将烟斗灰磕入烟灰缸的筒。

1442. 〖つみもの〗〖日语〗春の野とかけて客商売の店開きととく。〖答案〗心は摘み物(積物)で賑しい(375)。〖汉语〗春天的原野和服务行业的商店开张有什么相似之处？〖答案〗前者可以采摘的东西很多；后者开店大吉的赠礼或贺礼很多。

1443. 〖のばす〗〖日语〗電信の針金とかけて借金の言いわけととく。〖答案〗心はだんだん延ばす(350)。〖汉语〗输电用的金属线路和归还欠款的承诺有什么相似之处？〖答案〗前者不断向前延展；后者接连延期，还款无望。

1444. 〖はずれる〗〖日语〗士族の商法とかけて下手な占ととく。〖答案〗心はとかく外れる(311)。〖汉语〗士族的商法和拙劣的占卜有什么相似之处？〖答案〗前者反正都是亏；后者总是算不准。

1445. 〖はりがね〗〖日语〗電信とかけて勝負事ととく。〖答案〗心は針金(張り金)がたより(349)。〖汉语〗电话、电报和赌博有什么相似之处？〖答案〗前者依赖金属丝传递消息；后者依赖下赌的赌注。

1446. 〖はんしょうする〗〖日语〗よく売れる店とかけて近所の火事と

とく。〖答案〗心は繁昌す（半鐘擂）る（414）。〖汉语〗比较畅销的商店和附近地区失火有什么相似之处？〖答案〗前者生意兴隆；后者赶紧敲打望火楼吊钟。

1447．〖まげもの〗〖日语〗質屋の蔵とかけて山本土産ととく。〖答案〗心は皆曲げ物入り（312）。〖汉语〗典当行和山本的特产有什么相似之处？〖答案〗前者装满了典当品；后者包括圆木桶。〖解析〗〖まげもの〗既表示“送当铺典当的东西”，又表示“圆盒（将丝柏、杉树等的薄板弯成圆形或椭圆形，接头用樱树皮等连接，装上底板的容器）”。

1448．〖まける〗①〖日语〗極堅い商人とかけて強い関取ととく。〖答案〗心はめったにまけない（296）。〖汉语〗非常固执的商人和实力很强的相扑选手有什么相似之处？〖答案〗前者一般不让价；后者很少输掉比赛。②〖日语〗浅草の年の市とかけて弱い人の喧嘩ととく。〖答案〗心は負けた負けた（248）。〖汉语〗浅草的年集和胆小的人的争吵有什么相似之处？〖答案〗前者是“降价了！降价了！”后者是“我输了，我输了。”③〖日语〗値のなった商とかけて天狗の鞠ととく。〖答案〗心は負けた負けた（魔蹴た魔蹴た）（365）。〖汉语〗成交的商品和天狗踢球有什么相似之处？〖答案〗前者高呼“降价了！降价了！”后者是魔鬼踢足球。

1449．〖まつ・たけ・うめ〗①〖日语〗流行る湯屋とかけて松竹梅ととく。〖答案〗心はこめば待つ（松）、ぬるければ焚け（竹）、熱ければ埋め（梅）（374）。〖汉语〗受欢迎的澡堂和松、竹、梅有什么相似之处？〖答案〗就前者而言，澡堂人多的话，让客人等一下；水不热的话，烧木材加热一下；水过热的话，往开水里兑凉水。就后者而言，是松、竹、梅三友。②〖日语〗春の鶯とかけて湯加減のやけどととく。〖答案〗心は梅（うめ）に来てなく（375）。〖汉语〗春天的黄莺和给澡堂加水时被烫伤有什么相似之处？〖答案〗前者到了梅花枝头鸣叫；后者没人来兑凉水，所以感到难过而叹息。〖解析〗日语中，

「なく」既表示“鸣叫”，也表示“悲叹”。

1450.〖まる〗〖日语〗造幣局とかけてしゃぼん玉ととく。〖答案〗心は丸をふき出す(331)。〖汉语〗造币厂和肥皂泡有什么相似之处?〖答案〗前者生产钱币;后者冒出肥皂泡。

1451.〖みさげる〗〖日语〗火見櫓とかけて成上りの金持ととく。〖答案〗心は人を見下げる(243)。〖汉语〗在高大的烽火台上和飞黄腾达的有钱人有什么相似之处?〖答案〗前者俯视他人;后者看不起人。〖解析〗日语中,「みさげる」(向下看)也表示“轻视,蔑视”。

1452.〖みたものがない〗〖日语〗城の売り買いとかけてならずの柿ととく。〖答案〗心は見た者がない(321)。〖汉语〗买卖城池和不结柿子的柿树有什么相似之处?〖答案〗前者史无前例;后者并不存在(没有人看见过不结柿子的柿树)。

1453.〖むじん・あたる・おや〗①〖日语〗無尽の鬮取りとかけて盲人の石投げととく。〖答案〗心は何処に当るか知れぬ(401)。〖汉语〗标会抽签和盲人扔石头有什么相似之处?〖答案〗前者不知道会轮到谁使用基金;后者不知道石头会击中何处。〖解析〗标会始于镰仓时代,一直延续至今,是一种具有悠久历史的民间信用融资行为。它通常建立在亲情、乡情、友情等血缘、地缘关系基础上,带有合作互助性质,兼具筹措资金和赚取利息双重功能。会员缴纳一定的会款或缴大米,形成基金,按抽签或投标定先后顺序使用基金款项。标会是一个概称,具体的会名五花八门,有日日会、互助会、楼梯会等。由于缺乏具体法律约束,操作的随意性大,标会带来了一系列不良社会后果。②〖日语〗頼母子とかけて二十四孝ととく。〖答案〗心は親が大事(339)。〖汉语〗标会和二十四孝有什么相似之处?〖答案〗前者受委托照料基金的人很重要;后者孝敬父母。③〖日语〗無尽の始まりとかけてひまな豆腐屋ととく。〖答案〗心は空(糟)がない(401)。〖汉语〗标会刚开始运行和悠闲的豆腐店有什么相似之处?〖答案〗前者不会没有基金;后者没有豆腐渣。④〖日语〗無尽の空とかけてぼろ着物の質物ととく。〖答案〗心は取るところがない(401)。〖汉语〗标会没有基金和拿破衣服典当有什么相似之处?〖答案〗前者没有可以提取的资金;后者没有地方(典当行)收取。

1454.〖もうかる・もをかる・たまる・もうける〗①〖日语〗繁昌な店とかけて夏の川ざらいととく。〖答案〗心は儲かる(藻を刈る)とたまる(376)。〖汉语〗生意兴隆的商店与疏浚河道有什么相似之处?〖答案〗前者赚钱攒钱;后者割掉藻类后将藻类堆在一起。〖解析〗「たまる」既表示“攒钱”,又表示“堆积东西”。②〖日语〗仕入れの高い商品とかけて刈りじまいの稲ととく。〖答案〗心は儲からない(もう刈らない)(309)。〖汉语〗采购价比较高的商品和已经收割完毕的稻谷有什么相似之处?〖答案〗前者不可能会赚钱;后者已经不再收割。

1455.〖もの・ものおき〗〖日语〗御幣担ぎとかけて裏続きの空き店ととく。〖答案〗心はものを気(物置)にする(300)。〖汉语〗讲究迷信和暗中经营无人居住的店铺有什么相似之处?〖答案〗前者担心鬼魂;后者作为储物的库房。〖解析〗「空き店の恵比寿」表示“有客无客笑脸常在;在无人处埋头苦干的人”。

1456.〖もんぐ〗〖日语〗郵便箱とかけて辻占の煎餅ととく。〖答案〗心はあければいろいろな文句が出る(411)。〖汉语〗邮局的邮箱和卖占卜煎饼有什么相似之处?〖答案〗前者打开后,有许多信件;后者打开纸条后,有很多吉凶词句。〖解析〗煎饼占卜指将写有吉凶词句的小纸条夹入卷煎饼中,让顾客随意抽取,以此占卜吉凶,也指写有吉凶词句的小纸条。

1457.〖やすり〗〖日语〗高利貸とかけて貧乏な金物屋ととく。〖答案〗心は安利(鑢)はなし(295)。〖汉语〗高利贷和贫穷的五金店有什么相似之处?〖答案〗前者利息不菲;后者没有锉刀。

1458．〖ゆくさき〗〖日语〗切れた凧とかけて所書のない手紙ととく。〖答案〗心は行く先が知れぬ(287)。〖汉语〗断线的风筝和没有书写地址的信件有什么相似之处？〖答案〗前者不知所终；后者不知道寄往哪里。〖解析〗日语中,「行先」既表示"最终归宿",也表示"收件人地址"。

1459．〖よいちえ〗〖日语〗思案とかけて昼は乾店ととく。〖答案〗心はよい智恵も(夜市へも)出る(308)。〖汉语〗思考和白天摆露天售货摊有什么相似之处？〖答案〗前者能够想出好主意；后者夜市也会摆摊。

1460．〖よくばる〗〖日语〗思う事一つ叶えばまた一つとかけて延着の郵便ととく。〖答案〗心は欲張り(夜配り)(270)。〖汉语〗一件事满足了而又希望满足另一件事和迟到的邮件有什么相似之处？〖答案〗前者贪得无厌；后者晚上连夜派件。〖解析〗日语中,「よくばる」既表示"欲壑难填"「欲張る」,也表示"晚上派件"「夜配り」。

1461．〖り〗〖日语〗日済しの借り手とかけて無法な議論ととく。〖答案〗心は利(理)に倒るる(378)。〖汉语〗借印子钱的承借人和不讲道理的论争有什么相似之处？〖答案〗前者因为利息而破产；后者因为不顾情理,因而不能自圆其说。

1462．〖わすれる〗〖日语〗記憶の悪い人の学問とかけて桶屋の前垂れととく。〖答案〗心は忘れ(輪摺れ)(282)。〖汉语〗记忆力不好的人做学问和制桶匠的围裙有什么相似之处？〖答案〗前者容易忘记；后者被箍桶的圆圈磨损。

第五章

动植物

第一节　花　木

1463.〖おにはじゅうはち〗〖日语〗年頃とかけて盆栽道楽ととく。〖答案〗心は鬼は十八で(お庭中鉢で)花盛り(355)。〖汉语〗正值妙龄和喜欢盆栽有什么相似之处?〖答案〗前者丑女妙龄貌也美;后者满院子都是盆景,花盆中的鲜花盛开。〖解析〗日语有习语「鬼も十八、番茶も出花」(魔鬼妙龄也美丽,粗茶新沏也生香;女大十八变,越变越好看)。

1464.〖か〗〖日语〗闇の梅とかけて夏の夕暮ととく。〖答案〗心は香(蚊)をたずねる(410)。〖汉语〗黑暗中的梅花和夏天的傍晚有什么相似之处?〖答案〗前者需要根据香味寻找梅花;后者寻找蚊子将其消灭。

1465.〖かんきでめふく〗〖日语〗嬉しなきとかけて福寿草ととく。〖答案〗心は歓喜で目拭く(寒気で芽吹く)(262)。〖汉语〗喜极而泣和侧金盏花有什么相似之处?〖答案〗前者因为高兴而擦眼泪;后者在寒风中发芽。〖解析〗侧金盏花在早春开黄花,可以作为元旦的盆栽观赏。

1466.〖さけざけ〗〖日语〗年始の客とかけて室の梅ととく。〖答案〗心は無理に酒酒(咲け咲け)(366)。〖汉语〗拜年的客人和室内的梅花有什么相似之处?〖答案〗前者主人强行让客人喝酒;后者娇艳盛开。〖解析〗日语中,「さけざけ」既表示"很多酒"「酒酒」,也表示"盛开"「咲け咲け」。

1467.〖しも〗〖日语〗布達ものとかけて寒菊の蕾ととく。〖答案〗心は

下(霜)に触れて出る(385)。〖汉语〗安民告示和寒菊的花蕾有什么相似之处？〖答案〗前者一涉及下层老百姓，就会发布；后者遇到霜而开放。

1468.〖しん・とめる・たより〗①〖日语〗電信の糸渡りとかけて朝顔の手入れととく。〖答案〗心は蔓をたわめて信(心)をとめる(349)。〖汉语〗通过电报电话传递信息和培育牵牛花有什么相似之处？〖答案〗前者依靠电线记录信息；后者将藤蔓弯曲，固定住花心。②〖日语〗テレガラフとかけて畑の西瓜ととく。〖答案〗心はつる一筋が便りだ(348)。〖汉语〗电报和田里的西瓜有什么相似之处？〖答案〗前者依赖一根电线传递消息或信息；后者依赖一根藤蔓。③〖日语〗世辞のよい女とかけて太き牛蒡ととく。〖答案〗心はしんがこわい(329)。〖汉语〗说漂亮话的女子和粗大的牛蒡有什么相似之处？〖答案〗前者心很坏；后者芯很硬。

1469.〖におう〗①〖日语〗梅の蕾とかけて牛馬の仔ととく。〖答案〗心はまだ匂わん(荷負わん)(261)。〖汉语〗梅花花蕾和牛犊、小马有什么相似之处？〖答案〗前者还没有香味；后者背上还不能负重。②〖日语〗薬種屋の前の肥取りとかけて掛香ととく。〖答案〗心は両方が匂う(406)。〖汉语〗药铺前取粪和香囊有什么相似之处？〖答案〗前者药铺药物发出香味，粪发出臭味；后者香包和香料都发出香味。③〖日语〗痩馬とかけて伽羅の煙殻ととく。〖答案〗心は荷負わぬ(匂わぬ)(407)。〖汉语〗瘦马和沉香灰烬有什么相似之处？〖答案〗前者无法负重；后者没有香味。

1470.〖は〗〖日语〗古足駄なにとかけて姥桜ととく。〖答案〗心は歯(葉)が無い(387)。〖汉语〗旧木屐和寒樱有什么相似之处？〖答案〗前者没有屐齿；后者没有叶子。〖解析〗屐齿是接在木屐下面的板。

1471.〖はなさき・かお〗〖日语〗手拭掛けとかけて冬至梅ととく。〖答案〗心は鼻先(花咲き)かけて顔(香を)つつむ(348)。〖汉语〗洗手巾和冬至开的梅花有什么相似之处？〖答案〗前者放到鼻尖处洗脸；后者开花，让人闻到芳香。

1472.〖はなみ〗〖日语〗雨天の桜狩りとかけて老人の口中ととく。〖答案〗心は花見(歯並み)が悪い(261)。〖汉语〗雨天赏樱花和老人的嘴有什么相似之处?〖答案〗前者花不好看;后者牙齿不整齐、不好看。

1473.〖むだ〗〖日语〗冬瓜の花とかけて奢り好きの暮しととく。〖答案〗心はむだが多い(351)。〖汉语〗冬瓜花和奢侈度日有什么相似之处?〖答案〗前者花多果实少;后者浪费得多。

1474.〖もえる〗〖日语〗蝋燭とかけて春の樹木ととく。〖答案〗心は燃え(萌え)て心を出す(420)。〖汉语〗蜡烛和春天的树木有什么相似之处?〖答案〗前者燃烧露出烛芯;后者萌芽。

第二节　鸟

1475.〖え〗〖日语〗飼鳥とかけて鷹匠提灯ととく。〖答案〗心は柄(餌)を付けねばならぬ(273)。〖汉语〗饲养的鸟和鹰匠的提灯有什么相似之处?〖答案〗前者没有饵料不行;后者没有柄不行。

1476.〖カナリヤ〗〖日语〗泥坊の流行とかけて小鳥好きととく。〖答案〗心はカナリヤで気をもむ(357)。〖汉语〗小偷流行语和喜欢小鸟有什么相似之处?〖答案〗前者总是惦记着有钱人家;后者喜欢金丝雀。〖解析〗日语中,小偷流行语为「カナリヤ」,表示“有钱人家”「金有屋」。这个词也表示“金丝雀,白玉鸟”。

1477.〖くちまね〗〖日语〗年礼とかけて鸚鵡の鳥ととく。〖答案〗心は両方でおめでたいという(366)。〖汉语〗拜年和鹦鹉有什么相似之处?〖答案〗前者双方都说“祝贺新年”;后者中,鹦鹉学着人说“祝贺新年”。〖解析〗此外,「目出度くなる」是「死ぬ」、「こわれる」等的忌讳说法或委婉语。

1478. 〖しじゅうから〗〖日语〗貧者の長持とかけて小鳥ととく。〖答案〗心は始終空(四十雀)(380)。〖汉语〗穷人的盛衣箱和小鸟有什么相似之处？〖答案〗前者始终空空如也；后者是白脸山雀。

1479. 〖とりかくす〗〖日语〗鶯の籠桶とかけて盗人ととく。〖答案〗心は鳥(取り)隠す(260)。〖汉语〗装有黄莺的鸟笼和盗贼有什么相似之处？〖答案〗前者罩住了鸟；后者偷东西后藏匿起来。

1480. 〖とりもち・さす〗〖日语〗婚礼の仲人とかけて雀刺しととく。〖答案〗心はとりもちでさす(302)。〖汉语〗婚姻中介和粘鸟有什么相似之处？〖答案〗前者撮合，让婚姻双方结合；后者用涂有粘鸟胶的粘鸟杆捉鸟。〖解析〗日语中，「とりもち」既表示“从中间斡旋”，也表示“具有黏着力的半固体物质”；「さす」既表示“使，令，让”，也表示“用粘鸟杆捉鸟”。

1481. 〖ながいき〗〖日语〗鶴亀の命とかけて大船の帆柱ととく。〖答案〗心は長いきをする(346)。〖汉语〗龟鹤的寿命和大船的帆柱有什么相似之处？〖答案〗前者长寿；后者是很长的木材。

1482. 〖なく〗①〖日语〗暗闇の黒ん坊とかけて時鳥ととく。〖答案〗心はないても見えない(290)。〖汉语〗黑暗中的肤黑之人和杜鹃有什么相似之处？〖答案〗前者哭了，也看不到在哪里；后者发出叫声，但看不到身影。②〖日语〗哀れな芝居とかけてよくきいた辛子ととく。〖答案〗心は泣き泣きほめる(251)。〖汉语〗让人感到哀伤的戏剧和非常辣的辣椒有什么相似之处？〖答案〗前者让人边流泪边夸奖演得好；后者让人边流泪边夸奖辣椒很辣。③〖日语〗死んでからの苦労とかけて秋の虫ととく。〖答案〗心は草葉のかげでなく(323)。〖汉语〗死了之后还要受苦和秋天的虫有什么相似之处？〖答案〗前者死后在阴影下哭泣；后者在草叶的阴影下鸣叫。④〖日语〗蚊とかけて別れの盃ととく。〖答案〗心は鳴いて(泣いて)さす(276)。〖汉语〗蚊子和临行前的酒有什么相似之处？〖答案〗前者鸣叫着叮咬人；后者中送行人哭着给人添酒。⑤〖日语〗浄瑠璃の稽古とかけて鰯捕りととく。〖答案〗心は腹切で泣かせる(319)。〖汉语〗练习净琉璃和捕沙丁鱼有什么相似之处?〖答案〗前者演员切腹让观众哭;后者沙丁鱼腹部腐烂,让渔夫哭泣。〖解析〗沙丁鱼腹部腐烂,说明沙丁鱼已经无法出售。⑥〖日语〗浄瑠璃語りとかけて百眼ととく。〖答案〗心は泣くかと思えばすぐに笑う(319)。〖汉语〗净琉璃故事和百眼节目有什么相似之处?〖答案〗前者眼看演员哭,结果马上就笑了;后者的演员使用道具在喜悦和哭泣间来回变幻。〖解析〗百眼是一种曲艺节目。

1483.〖にがした〗〖日语〗賽の目が五が出たとかけて間抜けの鳥刺ととく。〖答案〗心は二が下(逃がした)(302)。〖汉语〗骰子扔出后,上面是“五”和愚蠢的粘鸟行为有什么相似之处?〖答案〗前者骰子对立的底面是“二”;后者鸟逃之夭夭。

1484.〖にわ〗〖日语〗嫁入とかけて梅が香慕う鶯ととく。〖答案〗心は荷は(庭)先に来る(416)。〖汉语〗出嫁和喜爱梅花香的黄莺有什么相似之处?〖答案〗前者的嫁妆先来到夫家;后者飞到庭前梅花上。

1485.〖はなし〗〖日语〗放し鳥とかけて熟柿ととく。〖答案〗心は放し(葉無し)喜ぶ(371)。〖汉语〗把鸟放生和熟柿子有什么相似之处?〖答案〗前者被放生,很高兴;后者没有叶子,让人高兴。〖解析〗日语中,「はなし」既表示“放生”「放し」,也表示“无叶子”「葉無し」。

1486.〖はる〗①〖日语〗冬の鶯とかけて破れ障子ととく。〖答案〗心は春(貼る)を待つ(387)。〖汉语〗冬天的黄莺和破损的隔扇有什么相似之处?〖答案〗前者等待春天;后者等待用新的纸张粘贴。②〖日语〗印紙とかけて菜種のさかりととく。〖答案〗心は貼るの(春野)に限る(259)。〖汉语〗印花税票和油菜花最壮观的景象有什么相似之处?〖答案〗前者只能贴在凭证上,代表一定的金额;后者只限于春天的原野。

1487.〖ひとこえ〗〖日语〗時鳥の初音とかけて田畑によい雨ととく。〖答案〗心は一声聞いた(一肥利いた)(393)。〖汉语〗杜鹃初次啼鸣声和田间及时雨有什么相似之处?〖答案〗前者让人听到了初啼;后者一次施肥就起了作用。

1488.〖ほくち〗〖日语〗鴻雁とかけて付け木の火ととく。〖答案〗心は北地(火口)から移る(294)。〖汉语〗鸿雁和引火木片有什么相似之处?〖答案〗前者从北方迁移到南方;后者从火绒处得到火。〖解析〗日语中,「ほくち」既表示"北边"「北地」,也表示"火绒"「火口」。火绒用茼葵的茎、壳等做成,在燧石打火时使用。

1489.〖まちかね〗〖日语〗時鳥とかけて料理人のけいはくととく。〖答案〗心は待ちかね(393)。〖汉语〗杜鹃和对厨师的恭维有什么相似之处?〖答案〗前者急不可耐催促人们播种;后者焦急等待美味佳肴,等得不耐烦。

1490.〖みのほど〗〖日语〗金持った町人とかけて鵜の真似する烏ととく。〖答案〗心は身の程を知らぬ(277)。〖汉语〗有钱的町人和模仿鱼鹰的乌鸦有什么相似之处?〖答案〗前者得意忘形;后者不知天高地厚。〖解析〗町人指江户时代生活在城市中的手艺人和商人。

第三节　鱼

1491.〖からす〗〖日语〗こそこそ盗人とかけて鯊釣りととく。〖答案〗心は空巣(秋洲)をねらい(298)。〖汉语〗鬼鬼祟祟的盗贼和钓虾虎鱼有什么相似之处?〖答案〗前者瞄准主人没有在家的时候;后者要到有水的地方。

1492.〖くわぬ〗〖日语〗下手の魚つりとかけて安毛抜ととく。〖答案〗心はすっきりくわぬ(390)。〖汉语〗水平低的垂钓者和鱼肉拔刺不干净有什么相似之处?〖答案〗前者的鱼不上钩;后者无法快速地吃。

1493.〖こいがわり〗〖日语〗鮒の滝上りとかけて色気付いた息子ととく。

〖答案〗心は鯉代り(声変り)(386)。〖汉语〗鲫鱼跳龙门和到了青春期的儿子有什么相似之处?〖答案〗前者代替了鲤鱼;后者处于变声期。

1494.〖こちふくとたこ〗〖日语〗春先とかけて魚市場ととく。〖答案〗心は東風吹くと凧(鯒河豚と蛸)も上(揚)げる(375)。〖汉语〗初春和鱼市有什么相似之处?〖答案〗前者春风一吹,风筝就飞上了天;后者中,捕获了印度鲬、河豚和章鱼,供应市场。〖解析〗日语中,「上げる」表示"捞出,从水中取出,移至陆地"「揚げる」。

1495.〖このしろ〗〖日语〗海べの漁師とかけて寄せ手の大将ととく。〖答案〗心はこの城(鰶)を取る(261)。〖汉语〗海边的渔夫和攻上来的将领有什么相似之处?〖答案〗前者抓住了斑鰶;后者攻夺了城池。

1496.〖こほね・こうほね〗〖日语〗鱧、太刀魚とかけて生花の稽古ととく。〖答案〗心は小骨(河骨)に困る(372)。〖汉语〗海鳗、带鱼和练习插花有什么相似之处?〖答案〗前者鱼刺多,让人为难;后者有萍蓬草,平添了困难。

1497.〖しり〗①〖日语〗猿利口な人とかけて鰻を捕った鵜ととく。〖答案〗心は呑みこみが早く尻へ抜ける(306)。〖汉语〗耍小聪明的人和捕鱼的鸬鹚有什么相似之处?〖答案〗前者理解很快,但听过就忘;后者在水中捕到鱼后,吞咽很快,一会就到了肚子里。②〖日语〗見えすいた嘘とかけて安い脇差ととく。〖答案〗心は尻から裂ける(398)。〖汉语〗明显的谎言和廉价的腰刀有什么相似之处?〖答案〗前者隐瞒的事情会暴露;后者的尾部会开裂。

1498.〖せにおう〗〖日语〗ランドセルとかけて急流の鮎ととく。〖答案〗心は背(瀬)に負(追)われて行く(417)。〖汉语〗学龄儿童的背包和激流中的香鱼有什么相似之处?〖答案〗前者背在背后,上下学;后者被流水驱使,在其中游走。

1499.〖つりあげる〗〖日语〗竿を折った釣士とかけて商いに小札や銭

の払底ととく。〖答案〗心は鈎上げるに困る(302)。〖汉语〗钓鱼竿折断的钓鱼者和没有零钱的商人有什么相似之处？〖答案〗前者很难钓上鱼；后者很难给顾客找零。

1500．〖つれ〗〖日语〗一人旅の色事とかけて下手な漁師ととく。〖答案〗心は連れ(釣れ)なくて楽(378)。〖汉语〗一个人旅行途中的风流韵事和拙劣的渔夫有什么相似之处？〖答案〗前者没有同伴，自享其乐；后者虽然没有鱼儿上钩，但渔夫很轻松。

1501．〖ひも・もたす〗〖日语〗根付とかけて夏の残り魚ととく。〖答案〗心は紐(火も)通して持たす(365)。〖汉语〗腰包(荷包)和夏季残留下的鱼有什么相似之处？〖答案〗前者用细绳穿着拿在手中；后者用火加工，以便长期持久保存。

1502．〖みず〗①〖日语〗魚類とかけて生まれ付の盲目ととく。〖答案〗心は水(見ず)に育つ(286)。〖汉语〗鱼和天生失明有什么相似之处？〖答案〗前者生活在水中；后者成长中看不到光明。〖解析〗日语中，「水(みず)」与「見(み)ず」发音相似。②〖日语〗座頭さんの色事とかけて日向の氷ととく。〖答案〗心は見ず(水)にする(305)。〖汉语〗盲人的风流韵事和朝阳的冰有什么相似之处？〖答案〗前者不用看，只管做；后者经不住晒，变成了水。〖解析〗「日向に氷」表示“朝阳的冰经不住晒，比喻逐渐消失”。③〖日语〗座頭の角力とかけて鯉にやる菓子ととく。〖答案〗心は見ず(水)に投げる(305)。〖汉语〗盲人打架和给鲤鱼吃糖果有什么相似之处？〖答案〗前者看不到，同时试图将对方摔倒；后者往水中投掷。〖解析〗日语中，「なげる」表示“抱住或抓住对方，并用臂力或腰力将其摔倒”。④〖日语〗盲目の喧嘩とかけて網舟ととく。〖答案〗心は見ず(水)に打ってじゃ(403)。〖汉语〗盲人打架和舟上撒网有什么相似之处？〖答案〗前者只管打，不用看；后者往水中撒网。

1503．〖むしる〗〖日语〗坊主の喧嘩とかけて小魚の焼物ととく。〖答案〗心はむしるところがない(392)。〖汉语〗和尚打架和小鱼烧烤有什么相似之处?〖答案〗前者无法薅揪头发;后者无法撕成碎片。〖解析〗小鱼很小,无法撕得更小。

1504．〖めをとおす〗〖日语〗鰯の目刺とかけて検査ととく。〖答案〗心は目を通す(259)。〖汉语〗穿成串的沙丁鱼和视察监督有什么相似之处?〖答案〗前者被竹签穿过眼睛连在一起;后者需要用眼睛浏览。〖解析〗日语中,「めをとおす」既表示"经由眼睛串起来",也表示"过目"。

1505．〖ものすき〗〖日语〗弥次馬とかけて池の中の金魚ととく。〖答案〗心は物好き(藻のすき)に出る(406)。〖汉语〗瞎起哄的人和池子中的金鱼有什么相似之处?〖答案〗前者很好奇,因此围观、胡乱发言;后者喜欢海藻,常出没于其间。

第四节　虫

1506．〖かおやく・かをやく〗〖日语〗男伊達とかけて夏の夜ととく。〖答案〗心は蚊を焼く(269)。〖汉语〗漂亮的小伙子和夏夜有什么相似之处?〖答案〗前者是头面人物;后者要熏蚊子。〖解析〗日语中,「顔役」(有权势的人)和「蚊を焼く」(熏蚊子)发音相似。

1507．〖かかし〗〖日语〗一本足とかけて虫除け線香ととく。〖答案〗心は案山子に(蚊が死に)たっとる(256)。〖汉语〗一条腿和蚊香有什么相似之处?〖答案〗前者是稻草人;后者可以驱蚊。

1508．〖かに〗①〖日语〗夏の夕暮とかけて屋島の汐干ととく。〖答案〗心は蚊に(蟹)困る(359)。〖汉语〗夏天傍晚和屋岛潮汐有什么相似之处?〖答案〗前者蚊子多,很麻烦;后者螃蟹被困海滨。〖解析〗屋岛位于日本香山县高松市东北部,以源平之战的古战场而闻名。②〖日语〗谷間の梅とかけて磯辺の騒動ととく。〖答案〗心は香に（蟹）迷う（338）。〖汉语〗谷间的梅花和海岸边的骚动有什么相似之处？〖答案〗前者让游客迷恋于花香；后者是因为螃蟹迷路。

1509. 〖しみ〗〖日语〗雨乞の雪踏とかけて古本ととく。〖答案〗心は凍み（紙魚）（250）。〖汉语〗穿着竹皮草履祈雨和旧书有什么相似之处？〖答案〗前者冻得慌；后者会有蠹鱼。〖解析〗蠹鱼又名“衣鱼”或“书虫”，银白色，状似鱼，蛀蚀书籍、衣物等。

1510. 〖たやす〗〖日语〗稲虫とかけて国事犯ととく。〖答案〗心は絶やさにゃならぬ（257）。〖汉语〗稻谷害虫和政治犯有什么相似之处？〖答案〗两者都必须消除。

1511. 〖だんだん・かける〗〖日语〗謎の見物とかけて蜘蛛の巣ととく。〖答案〗心はだんだんに掛ける（359）。〖汉语〗解谜语和蜘蛛网有什么相似之处？〖答案〗前者一条一条地解开谜语；后者一段一段结网。〖解析〗三段谜语需要一段一段地解开。

1512. 〖つる〗①〖日语〗空を飛ぶ亀とかけて伏せた鍋ととく。〖答案〗心は鶴（鉉）が下にいる（333）。〖汉语〗在空中飞翔的乌龟和倒扣的锅有什么相似之处？〖答案〗前者下面有仙鹤；后者下面有抓手。〖解析〗乌龟和仙鹤在一起源自仙鹤背着乌龟飞翔的童话。②〖日语〗破れ蚊帳なにとかけて島台ととく。〖答案〗心は鶴（吊る）と亀（蚊め）がいる（409）。〖汉语〗破蚊帐和蓬莱山盆景有什么相似之处？〖答案〗前者挂起来，就会有蚊子进来咬人；后者有鹤和龟。〖解析〗蓬莱山盆景又被称作“仙山盆景”，可以摆在喜宴上作装饰使用，多在沙洲形盆景上加置松、竹、梅、龟、鹤等。

1513. 〖とうがい〗〖日语〗智恵のない官員とかけて火取虫ととく。〖答案〗心は等外（燈蓋）で果てる（341）。〖汉语〗愚蠢的官员和扑向灯火的虫有什么相似之处？〖答案〗前者最后也没有进入等级和序列；后者在灯罩外边死亡。

1514.〖とりにくい〗〖日语〗毛の中へ逃こんだ蚤とかけてあい惚れの後朝(きぬぎぬ)ととく。〖答案〗心は捕りにくい(鶏憎い)(293)。〖汉语〗逃入毛发中的跳蚤和情投意合的人共寝到次日早晨有什么相似之处?〖答案〗前者很难捉住;后者讨厌公鸡啼鸣。〖解析〗「後朝」指古代日本男女共寝时将脱下的衣服重叠盖在被上,分别时再各自穿上自己的衣服,因此得名。

1515.〖むしくう・むしゅく〗〖日语〗樟脳の絶えぬ本箱とかけて今の博奕打ととく。〖答案〗心は虫食わない(無宿はない)(319)。〖汉语〗放着樟脑的书箱和现在的赌博有什么相似之处?〖答案〗前者没有书虫;后者不会输得无家可归。

第五节　其　他

1516.〖おこる・おこす〗①〖日语〗一揆の蓆旗とかけて蟹の鋏ととく。〖答案〗心は起こる(怒る)と立てる(256)。〖汉语〗起义的草席旗和螃蟹的剪刀有什么相似之处?〖答案〗前者是农民起义发生时揭竿而起;后者是螃蟹被激怒时举起。〖解析〗日语中,「おこる」既表示"发生,起"「起こる」,也表示"愤怒"「怒る」。②〖日语〗夏干の炭団とかけて疳癪持ととく。〖答案〗心はじきにおこる(359)。〖汉语〗夏天的干炭和阵发性痉挛有什么相似之处?〖答案〗前者很快就着火;后者很快会复发。③〖日语〗湿った炭とかけて堪忍強い人ととく。〖答案〗心はめったにはおこらぬ(314)。〖汉语〗潮湿的煤炭和忍耐性很强的人有什么相似之处?〖答案〗前者很难烧得着;后者一般不会生气。④〖日语〗消炭とかけて客扱いの悪い旅籠屋ととく。〖答案〗心は熾(怒)って立つ(292)。〖汉语〗熟炭和不能善待旅客的客栈有什么相似之处?〖答案〗前者炭火燃烧起来,然后变为灰烬;后者客人很生气,拂袖而去。〖解析〗日语中,「熾(おこ)る」(火熊熊燃烧)与「怒(おこ)る」

（生气）发音相似。熟炭也指未烧尽的木炭，因为质地松软，易引燃。⑤〖日语〗隠居の昼寝とかけて富士程の炭団ととく。〖答案〗心は起（煽）してがない(259)。〖汉语〗隐居的人白天睡觉和富士山一般大小的煤炭有什么相似之处？〖答案〗前者没人叫醒隐居者；后者体形和质量太大了，没法扇动使之燃烧。

1517．〖かえる〗〖日语〗気の短い客とかけてとやについた卵ととく。〖答案〗心は帰る（孵る）のが早い（284）。〖汉语〗没耐性的客人和母鸡抱窝的鸡蛋有什么相似之处？〖答案〗前者急于回家；后者很快会（或需要很长时间才能）孵出鸡雏。

1518．〖くさかった・くさき・くさくて〗①〖日语〗野馬とかけて腰巻の蚤ととく。〖答案〗心は草食て（臭くて）はねる（243）。〖汉语〗野马和内裙的跳蚤有什么相似之处？〖答案〗前者吃草、跳跃；后者很臭，不断蹦跳。〖解析〗日语中，「くさくて」表示“吃草”，与「臭くて」（臭）发音相似。②〖日语〗植物学者とかけて蝿ととく。〖答案〗心は草木（臭き）を好む（319）。〖汉语〗植物学家和苍蝇有什么相似之处？〖答案〗前者喜欢草木；后者喜欢臭味。③〖日语〗草原へ行く朝仕事とかけてアンモニアの傍におる人ととく。〖答案〗心は草刈った（臭かった）（288）。〖汉语〗出发到草原干活的人和在氨气旁边的人有什么相同之处？〖答案〗前者去割草；后者感觉很臭。〖解析〗氨气又名“阿摩尼亚”，常温下无色，带刺激性异臭。日语中，「臭かった」（臭）与「草刈った」（割草）发音相似。④〖日语〗屁をひっておかしくもなし独り者とかけて神農ととく。〖答案〗心は臭くて（草食って）苦い顔(390—391)。〖汉语〗一个人放了屁不觉得好笑和神农有什么相似之处？〖答案〗前者觉得很臭，脸皱作一团；后者尝了难吃的草，一脸苦相。〖解析〗历史上有神农尝百草而造福人类的传说。

1519．〖こうじ〗〖日语〗大景物とかけて代言人ととく。〖答案〗心はこ

うじ(公事)で出る(333)。〖汉语〗难得一看的景观和律师有什么相似之处?〖答案〗前者是龙;后者在辩护中出现。

1520.〖じ〗〖日语〗古き書物とかけて馬の小便ととく。〖答案〗心は地に穴があく(387)。〖汉语〗旧书和马小便有什么相似之处?〖答案〗前者纸张表面上会有虫蛀的洞;后者会在地面上冲出一个洞。

1521.〖しみる〗〖日语〗祭の見物とかけて狸の化け物ととく。〖答案〗心は見てしみるはさて(397)。〖汉语〗观赏仪式和狸变成的怪物有什么相似之处?〖答案〗前者看到让人兴奋;后者让人不寒而栗。

1522.〖じゅう〗〖日语〗放し亀とかけて鉄砲の狙いととく。〖答案〗心は筒(銃)の上にある(371)。〖汉语〗放生的乌龟和步枪射击有什么相似之处?〖答案〗前者在竹筒的上方;后者在枪筒的上方。〖解析〗大阪售卖乌龟时,将短竹筒树立,将没有捆绑的乌龟放在上面。乌龟脚能够在空中划动,但身体在竹筒上不能移动。「鉄砲」表示"步枪",原为大炮、步枪的总称。

1523.〖たがえる〗〖日语〗草木とかけて鶏ととく。〖答案〗心は時をたがえず(331)。〖汉语〗草木和鸡有什么相似之处?〖答案〗前者不违时节发芽开花;后者按时啼鸣。

1524.〖つちをもつ〗〖日语〗もぐらもちとかけて瓦屋の手伝いととく。〖答案〗心は土をもつ(404)。〖汉语〗鼹鼠和给瓦匠帮忙有什么相似之处?〖答案〗前者需要有土;后者运送泥土。

1525.〖つめたい〗〖日语〗猫の鼻とかけて夏の井戸水ととく。〖答案〗心はよいと冷たい(365)。〖汉语〗猫的鼻子和夏天的井水有什么相似之处?〖答案〗前者身体健康时鼻子凉;后者夏天水摸起来冰凉。

1526.〖ねずみ〗〖日语〗猫とかけて新聞好きととく。〖答案〗心は鼠で(寝ず見で)苦労する(364)。〖汉语〗猫和喜欢看报纸有什么相似之处?〖答案〗前者为了抓老鼠而辛苦;后者不休不眠看报纸,比较辛苦。

1527.〖ばち〗〖日语〗猫の皮とかけてもったいない事した人ととく。〖答案〗心はいずれ後には撥（罰）が当たる（364）。〖汉语〗猫皮和浪费东西的人有什么相似之处？〖答案〗前者会被拨子碰撞；后者会遭报应。〖解析〗日语中，「ばち」既表示“拨子”「撥」，也表示“报应”「罰」。猫皮经常被覆在三味线乐器的表面。拨子是拨动三味线、琵琶等琴弦的道具，如“琴声清越”「撥の音がさえる」。

1528.〖はつか〗〖日语〗子鼠の枡落しとかけて十九日ととく。〖答案〗心はあくれば二十日（299）。〖汉语〗捕鼠器和十九号有什么相似之处？〖答案〗打开前者，发现里面是鼷鼠；后者到了第二天是二十日。

1529.〖はねる〗①〖日语〗桜炭とかけてじゃじゃ馬ととく。〖答案〗心はむやみにはねる（303）。〖汉语〗樱花炭和烈马有什么相似之处？〖答案〗前者不断爆裂；后者不停地跳起。〖解析〗日语中，“爆裂”也表示“跳起”。②〖日语〗けんちょう馬とかけてだれぴりととく。〖答案〗心ははねたりくったり（239）。〖汉语〗脾气坏的马和痢疾有什么相似之处？〖答案〗前者蹦跳咬人；后者排泄物喷溅，人有气无力。

1530.〖ひ〗①〖日语〗木の茶釜とかけてもぐらもちととく。〖答案〗心は火（日）をきらう（284）。〖汉语〗木质茶炊和鼹鼠有什么相似之处？〖答案〗前者怕火；后者怕太阳。〖解析〗日语中，「火（ひ）」（火）与「日（ひ）」（太阳）发音相同。茶炊即茶釜，为茶道用的烧水锅，在茶室中常成为观赏的对象。②〖日语〗上等の酒とかけて雷管打の銃ととく。〖答案〗心は火がいらぬ（318）。〖汉语〗上等的酒和使用扳机的枪有什么相似之处？〖答案〗前者不需要加热；后者不需要火绳。③〖日语〗山の手の火事とかけてガス燈ととく。〖答案〗心は火が高い（410）。〖汉语〗近山处发生火灾和煤气灯有什么相似之处？〖答案〗前者高处起火；后者火力猛。

1531.〖ひく〗①〖日语〗猫に紙袋とかけて敵軍隊ととく。〖答案〗心は後へ引くばかり(364)。〖汉语〗让猫套上纸袋和敌军有什么相似之处?〖答案〗前者只往后退;后者不断撤退。②〖日语〗皮のない三味線とかけてたて引の若者ととく。〖答案〗心は引くに引かれぬ(280)。〖汉语〗没有蒙皮的三味线和因为意气用事而固执己见的年轻人有什么相似之处?〖答案〗前者无法弹奏;后者想拉拉不住。「引くに引かれず」表示"骑虎难下"。③〖日语〗流行風邪とかけて猫に鰹節ととく。〖答案〗心は油断するとひく(418)。〖汉语〗流行感冒和猫旁边放置干制鲣鱼有什么相似之处?〖答案〗前者稍不注意就会感染;后者稍不留心就会被猫叼走。

1532.〖へい〗〖日语〗鼬とかけて逃げそこのうた盗人ととく。〖答案〗心は屁(塀)で命をしまう(255)。〖汉语〗黄鼠狼和未能逃脱的贼人有什么相似之处?〖答案〗前者靠放臭屁掩护自己逃跑;后者因为墙的阻拦送了命。

1533.〖ほる〗〖日语〗もぐらもちの居所とかけて黄金の釜ととく。〖答案〗心は掘ってもあるまい(404)。〖汉语〗鼹鼠的巢穴和黄金锅有什么相似之处?〖答案〗前者从地面往下挖,不一定能挖到鼹鼠;后者往下挖,不一定能挖到黄金锅。〖解析〗关于黄金,日语有数个谚语,如:「黄金の釜を掘り出した様」(喜出望外);「黄金と侍は朽ちても朽ちぬ」(黄金不锈,名将不朽。日本所谓的武士英名不朽,与黄金同辉);「黄金花咲く」(黄金出土,如鲜花盛开)。

1534.〖みなみなし〗〖日语〗東西北とかけて玩具の貝ととく。〖答案〗心は南(みな身)なし(352)。〖汉语〗东西北和玩具海螺有什么相似之处?〖答案〗前者没有南方;后者中间没有海螺的肉。〖解析〗日语中,「みなみなし」既表示"没有南"「南なし」,也表示"全都没有海螺的肉身"「みな身なし」。

1535.〖みぬく〗〖日语〗名人の占とかけて栄螺殻ととく。〖答案〗心は見(身)抜く(402)。〖汉语〗名人给他人占卜和荣螺壳有什么相似之处?

〖答案〗前者能看透世事，未卜先知；后者的肉身已经从壳中脱离，只剩空壳。

1536. 〖やんま〗〖日语〗水の流れとかけて秋の末の蜻蛉ととく。〖答案〗心は息む間（やんま）がない（399）。〖汉语〗水的流动和秋末的蜻蜓有什么相似之处？〖答案〗前者的流动没有停歇的时间；后者没有大蜻蜓。〖解析〗「やんま」表示"大蜻蜓"。秋末时，蜻蜓已经到了该消亡的时间，因此没有大个头的蜻蜓。

第六章

人　物

1537.〖あか・かろう〗〖日语〗大星由良之助とかけて唐辛子ととく。〖答案〗心は赤穂家老(赤かろう)(267)。〖汉语〗大星由良之助和辣椒有什么相似之处?〖答案〗前者是赤穗家老;后者大概是红颜色。〖解析〗日语中,「赤穂(あかほ)」与「赤(あか)」(红)发音相近;「かろう」既表示"总管"「家老」,也表示推断的语气。

1538.〖オイオイ〗〖日语〗夜更けの按摩とかけてからっけつの与市兵衛ととく。〖答案〗心はオーイオーイと呼びてがない(416)。〖汉语〗半夜按摩和空无一物的与市兵卫有什么相似之处?〖答案〗前者不会传来"喂喂"揽客的吆喝声;后者不会被斧定九郎"喂喂"唤住。〖解析〗山崎街道上,与市兵卫拿着钱,被斧定九郎"喂喂"喊住,然后被杀害。

1539.〖おおいし〗〖日语〗沢庵とかけて四十七士の夜討ととく。〖答案〗心は大石がなくてはできない(241)。〖汉语〗泽庵萝卜和四十七士夜间复仇有什么相似之处?〖答案〗前者没有大石头不行;后者没有大石良雄不能成功。〖解析〗腌萝卜需要用重石压住。

1540.〖かご・なり〗〖日语〗六段目のおかるとかけて虫買りのきりぎりすととく。〖答案〗心は駕籠(籠)のなりでこがるる(420)。〖汉语〗《忠臣藏》第六幕关于轻的内容和待出售的蝈蝈有什么相似之处?〖答案〗前者为轿中的阿轻焦急;后者为虫笼子中的鸣叫声焦急。

1541.〖かなでほん〗〖日语〗寺入の子供とかけて忠臣蔵ととく。

〖答案〗心は仮名手本(348)。〖汉语〗进入私塾学习的孩子和《忠臣蔵》有什么相似之处？〖答案〗前者依赖假名习字帖；后者全名是《假名手本忠臣藏》。〖解析〗《忠臣藏》具有深刻含义。日文的假名有四十七个字母，所以"假名"一词暗指四十七个浪士。"手本"表示榜样。"藏"表示仓库。《假名手本忠臣藏》实际上表示四十七位堪称楷模的忠臣义士聚集在一起。

1542．〖かなわん〗〖日语〗早野勘平とかけて手離した病人ととく。〖答案〗心はもうかなわん(373)。〖汉语〗早野勘平和医生已经放弃救治努力的病人有什么相似之处？〖答案〗前者已经无法忍受心理的折磨；后者已经无法承受身体的折磨。

1543．〖くだをいう・くだをまく〗①〖日语〗生酔とかけて定九郎の親爺ととく。〖答案〗心は管言う(九太夫)(360)。〖汉语〗醉汉和定九郎的父亲有什么相似之处？〖答案〗前者胡乱说话；后者是九太夫。〖解析〗定九郎即斧定九郎。在山崎街道，他杀了与市兵卫，夺去了与市兵卫卖掉女儿所得的五十两金子。后来，斧定九郎被早野勘平杀死。斧定九郎是斧九太夫的儿子。②〖日语〗忠臣蔵揚屋はとかけて糸車のつもととく。〖答案〗心はくだを巻く(343)。〖汉语〗《忠臣藏》的妓院和纺车的纺锤有什么相似之处？〖答案〗前者在酒后说醉话；后者用线缠绕纺锤。〖解析〗日语中，「くだを巻く」(醉酒后缠住别人絮絮叨叨说一些不着边际的话)也表示"用线缠绕纺锤"。

1544．〖こ〗〖日语〗与市兵衛の五十両とかけて蕎麦切ととく。〖答案〗心は子(粉)を売(打)って拵える(413)。〖汉语〗与市兵卫的五十两和切手制荞麦面条有什么相似之处？〖答案〗前者卖了女儿，筹措资金；后者擀面条，制作荞麦面。

1545．〖さいふ〗〖日语〗天満宮へ入る泥棒とかけて定九郎ととく。〖答案〗心は宰府(財布)の金を取る(304)。〖汉语〗闯入天满宫盗窃的盗贼和定九郎有什么相似之处？〖答案〗前者偷宰府的钱；后者拿走钱包的钱。

〖解析〗太宰府天满宫是位于日本福冈县太宰府市的神社。

1546. 〖しじゅうしち〗〖日语〗忠臣蔵とかけて貧乏人ととく。〖答案〗心は四十七(始終質)で気をもむ(343)。〖汉语〗《忠臣藏》和穷人有什么相似之处?〖答案〗前者四十七人心情烦闷;后者因为始终要典当物品而非常烦恼。

1547. 〖しゅじんなんぎ〗〖日语〗丁稚の寝ぼけとかけて塩冶判官の腹切ととく。〖答案〗心は主人難儀じゃ(347)。〖汉语〗学徒睡眼惺忪和盐冶判官切腹自杀有什么相似之处?〖答案〗前者让主人为难;后者是主人的麻烦。

1548. 〖しょしな〗〖日语〗市とかけて赤穂の忠臣ととく。〖答案〗心は諸品(諸氏名)を得る(255)。〖汉语〗集市和赤穗忠臣有什么相似之处?〖答案〗在集市上,人们获得各种物品;后者每个人都赢得了不朽的声名。

1549. 〖しん〗〖日语〗由良之助の生酔とかけて煮豆の生煮ととく。〖答案〗心はしんが固い(413)。〖汉语〗由良之助喝醉和豆子煮得半生不熟有什么相似之处?〖答案〗前者内心坚定不移;后者豆心坚硬夹生,没有煮好。〖解析〗为了复仇,忠臣们故意在妓馆鬼混,吃喝玩乐,迷惑敌人的视线,麻痹仇人的警惕性。

1550. 〖しんちゅう〗①〖日语〗よき燭台とかけて寺岡平右衛門ととく。〖答案〗心は下にいても真鍮(心中)が光りかがやく(414)。〖汉语〗上好的烛台和寺冈平右卫门有什么相似之处?〖答案〗前者下面锃亮的黄铜也发出光芒;后者地位虽低,但一片忠诚、光彩照人。〖解析〗寺冈平右卫门是《忠臣藏》的人物。在四十七义士中,他地位最低,但也对主人赤胆忠心。②〖日语〗四十七人仇討とかけて水売りの茶碗ととく。〖答案〗心は真忠(真鍮)が揃う(310)。〖汉语〗四十七人报仇和卖水的茶碗有什么相似之处?〖答案〗前者忠臣云集;后者是黄铜茶碗整齐排列在一起。

1551. 〖すみ〗〖日语〗手習子とかけて師直の最期ととく。〖答案〗心はすみだらけだ(347)。〖汉语〗习字的学生和师直的最终结局有什么相似之处?〖答案〗前者浑身墨汁;后者浑身炭黑。〖解析〗《忠臣藏》中,高师直遇到忠臣的讨伐。为了逃避,他躲避到家中炭房,满身乌黑。最后被发现,然后处死。

1552. 〖ちゅう〗〖日语〗鼠の神さまとかけて由良之助ととく。〖答案〗心はちゅう神(忠臣)じゃ(365)。〖汉语〗鼠神和由良之助有什么相似之处?〖答案〗前者是"吱吱"叫的神;后者是忠臣。

1553. 〖はち・はじ・しをとる〗〖日语〗浅野内匠頭とかけて8－4＝4ととく。〖答案〗心は恥から死(四)をとる(248)。〖汉语〗浅野内匠头和8－4＝4有什么相似之处?〖答案〗前者因为耻辱而自杀;后者从8中减去4。〖解析〗浅野内匠头即浅野长矩。长矩袭父的赤穗藩主职位。袭封后称内匠头。

1554. 〖はな〗〖日语〗派手に咲いた花とかけて本望とげた義士ととく。〖答案〗心は花(鼻)が高い(371)。〖汉语〗灿烂盛开的花和因夙愿以偿而感到满意的义士有什么相似之处?〖答案〗前者花很高;后者很骄傲。

1555. 〖りょうしん〗〖日语〗極道息子とかけて赤穂義士ととく。〖答案〗心は両親(良臣)が苦労する(296)。〖汉语〗品行不端的孩子和赤穗义士有什么相似之处?〖答案〗前者是父母受苦;后者是良臣受苦。

附录:《日汉大辞典》中的语言游戏

1. 麻布の御方で気が知れぬ:(「木が知れぬ」转为「気が知れぬ」的诙谐语)真意不明。源于麻布地区附近有个地方叫"六本木",意思是"六棵树",麻布的人不清楚这"六棵树"在哪里(33)。

2. あたる:忌讳「する」"将财产用尽、用光"之意而使用的委婉表达。「剃る」、「こする」的委婉表达,如"刮脸"「顔をあたる」和"研碎芝麻"「ごまをあたる」。同理,「当たり箱」是"砚台盒"的委婉表达,「当たり鉢」是"研钵,擂钵,乳钵"的委婉表达(46)。

3. 一寸延びれば尋延びる:熬过一时苦,享受百日福。苦尽甘来(137)。

4. いも:菲仪,菲敬。在日本,赠送礼物时,写在包装纸最表层上的平假名,形如干鲍鱼丝,与"干鲍鱼片,礼签"「のし」同义(155)。

5. 遅かりし由良之助:悔之晚矣,追悔莫及。在等得不耐烦或错过时机时说的俏皮话。源自歌舞伎《假名手本忠臣藏》中判官剖腹后对才赶到的大星由良之助说的台词(299—300)。

6. 恐(おそ)れ入谷(いりや)の鬼子母神(きしもじん):岂敢岂敢,甘拜下风。「恐(おそ)れ入(い)ります」的诙谐说法。「入谷(いりや)」是地名,位于东京都台东区北部,莺谷车站以东,以鬼子母神庙和牵牛花市出名(300)。

7. 男(おとこ)の目(め)には糸(いと)を引(ひ)け、女(おんな)の目(め)には鈴(すず)を張(は)れ:男人的眼睛细长、端庄、有神为美,女人的眼睛大而圆为美(305)。男(おとこ)は度胸(どきょう)、女(おんな)は愛嬌(あいきょう):男子要宽容,女子要温柔。男(おとこ)は松(まつ)、女子(おなご)は藤(ふじ):男如松,女如藤

(305)。男は辞儀に余れ:多讲谦让话,铁树也开花(305)。男は閾を跨げば七人の敵が有る:男子要出头,步步有对手(305)。

8. 亀の甲より年の功:姜是老的辣。老马识途(431)。

9. 義理と褌欠かされぬ:礼不可疏,礼多人不怪。原意为“兜裆布”和“情义”一样重要。

10. 義理張るより頬張れ:求虚礼不如谋实利。在社交中与其过分讲究情面,还不如谋取自己的利益(566)。

11. 鵠を刻してあひるに類す:刻鹄类鹜(《后汉书・马援传》)。努力向严谨而正直的人学习,即使不及英雄,也可成为像他一样的善人(747)。

12. 乞食を三日すれば止められぬ:讨上三天饭,帝王也不换。比喻懒惰的恶习一旦染上,就难以去除(765)。

13. 小綬鶏:竹鸡,叫声响亮,听起来像说日语「コッチコイ」(过来一下)(768)。

14. コロリ:霍乱的异名。コロリと行く:突然死亡(803)。

15. 財宝は地獄の家苞:活时守财,死后难带。财宝积蓄再多,人死去也只能成为赶赴地狱的礼品(828)。

16. 魚は殿様に焼かせろ餅は乞食に焼かせろ:煎鱼慢动,烙饼勤翻。万事找行家(834)。

17. さつきの鯉の吹き流し:一根肠子通到底(850)。

18. 里ことば:方言,里词(854)。

19. さようしからば:繁文缛节;那样的话(866)。

20. 三夕の和歌:三首结句为「秋の夕暮」的和歌(878)。

21. 三無主義:20世纪70年代后的青年无干劲、无兴趣、无责任。后来,又加上无感情、无礼节,成为“五无”(886)。

22. 詩を作るより田を作れ:写诗不如种田(890)。

23. 白壁(しらかべ):(古代宫中女官隐语)豆腐(1069)。

24. 親(しん)は泣き寄り、他人は食い寄り:发生不幸时,骨肉亲人怀着悲痛的心情赶来,外人则赶来吃喝葬礼上的酒食。表示骨肉亲人在痛苦的时候会互相帮助,但旁人只在表面上表示同情。

25. 大食腹(たいしょくはら)に満(み)つれば、学問腹(がくもんはら)に入(い)らず:肚子饱了,脑子就笨了。

26. 蛸の糞で頭に上がる:字面义是章鱼的粪在头上,引申义为讨厌的东西在上方,自视清高,自鸣得意(1306)。

27. 出す事は舌を出すも嫌い:伸伸舌头怕亏己,非常吝啬(1309)。

28. 月を指せば指を認む:给他指月亮,他却只看你手指。咬文嚼字,死抠牛角尖(1413)。

29. 手練手管:(以同义词重复的形式强化词义)欺瞒,哄骗。欺骗他人并使之为己服务的手段(1470)。

30. 遠(とお)くの火事(かじ)、背中(せなか)の灸(きゅう):远处着火不在心,背上施灸却在意。比起与己无关的大事,身边小事更能令人感到痛痒(1519)。

31. 土用三郎:日本对"立夏"前 18 天中第 3 天的异称。据说根据该日的天气可预卜秋天的丰歉,晴则丰收,雨则歉收。公历约 7 月 20 日(1554)。

32. どようのうしのひ:立秋前 18 天的丑日。在日本,夏天一般有吃名字带「う」的东西(如鳗鱼)的习惯(1554)。

33. 鳴(な)く蝉(せみ)よりも鳴(な)かぬ蛍(ほたる)が身(み)を焦(こ)がす:默默无言者比滔滔不绝者城府更深。此时无声胜有声(1588)。

34. 仲人(なこうど)は宵(よい)の口(くち):婚礼毕,媒人去。事情办完就应离去,不该久坐(1589)。

35. ナポリを見(み)て死(し)ね:(因为那不勒斯以世界三大美港之一而著称)不见那不勒斯,死也不能瞑目。「日光を見ずして結構と言う勿れ」利用「にっこう」与「けっこう」的合辙押韵编成的俏皮话:不见"日光",慢说"够了";

“日光”建筑甲天下。对日光东照宫建筑之精美的强调说法。以上两个谚语极言那不勒斯和日光风景之美(1598,1627—1628)。日光位于日本栃木县西北部。

36. 鈍間の一寸、馬鹿の三寸:糊涂人关门留一寸缝,傻子关门留三寸缝。提醒把门关紧的说法(1683)。

37. 鼻の下が干上がる:不能糊口。「鼻の下」指“嘴”。鼻の下の建立:募捐不是为了建庙,而是为了庙里和尚糊口。鼻の下を養う:谋生(1738)。

38. 暑さ寒さも彼岸まで:冷到春分,热到秋分(1793)。

39. 額垂る:刮脑门子。「垂(た)る」代替忌讳语「剃る」(1806)。

40. 人と屏風は直ぐには立(た)たず:方圆兼备,处世三味(1813)。

41. 一文字:(古代宫中女官用语)葱(1818)。

42. 一人口は食えぬが二人口は食える:有家节省易,无家破费多(1818)。

43. 百姓読み:念半边字,“秀才只读半边音”,念汉字时只念偏旁,如将「膏肓」误读为「こうもう」(1827)。

44. 河豚食う無分別、河豚食わぬ無分別:河豚的剧毒与鲜美并存。拼死吃河豚是笨蛋,害怕吃河豚是傻瓜(1870)。

45. 仏法僧:三宝鸟。佛法僧科候鸟。大小如鸽子,翼长约 20 厘米,旧时认为其发声与“佛法僧”的日语发音相似,故名,并被视为灵鸟(1894)。

46. 臍繰り:(「臍繰り金」的略语)偷偷积攒的私房钱。原意为有人把搓成的长麻绳缠在卷轴上时,总要拿掉两三根据为己有。因为日语称卷轴为「綜麻」,发音与「臍」相同,均读作「へそ」,故两词混用(1941)。

47. 頬は面:半斤八两(1982)。

48. 負けて悔しき玉手箱:(模仿「開けて悔しき玉手箱」的说法)大失所望。象棋等比赛输棋时说的俏皮话(2031)。

49. 目出度くなる：「死ぬ」「こわれる」的忌讳语(2136)。

50. やくざ：原指在“三张纸牌”的赌博中如出现「八(や)」、「九」、「三」这三张牌，就不能得分，引申义为“痞子，无赖，流氓”。反义词为正直(的性格)、正当(的职业)「かたぎ」(2176)。

51. 柳を折る：折柳惜别。柳枝柔软，弯曲后会弹回原处，寓“归还”之意(2186)。

52. 藪医竹庵：(俗语)庸医。亦作「藪井竹庵」。将「藪竹医者」人名化的用语(2188)。

53. 夕虹、百日の日照り：夕虹现，百日旱。彩虹出傍晚，晴天来不断(2210)。

54. 横板に雨垂れ：(「立て板に水」的模仿语)笨嘴拙舌。立て板に水：口若悬河，滔滔不绝(2237)。

55. 吉原话：日本江户时代妓女使用的特殊语言，如「ありんす」、「里ことば」(2242)。吉原是日本江户时代的官准妓馆区。

56. 世の中は相持ち：人帮人，百事顺(2246)。

57. 夜の衣を返す：翻着睡衣睡，能把情人会(2250)。

58. 来年の事を言うと鬼が笑う：空谈未来事，鬼也笑你痴(2255)。

59. ラムネ：也表示(俗语)按月分期付款，因为喝柠檬汽水会打嗝，“打嗝”日语与“分期付款”日语发音相同，均为「げっぷ」(2264)。

60. 臨済の喝、徳山の棒：为进行指导，临济禅师常给以大喝，德山和尚常以痛棒交加。比喻禅的修行之严厉(2297)。

61. るまた「ル又」：(因形似「ル」与「又」相结合，故名)(殳)部。日语汉字偏旁之一，如「役」、「投」、「段」等字的右侧的「殳」(2306)。

62. れこ：(代词)俗语。「これ」的颠倒说法(不便直接说时使用)这个。对方清楚的某事物，尤指恋人、情人(2315)。

63. 六無斎（ろくむさい）:六无斋。日本林子平的号。曾作和歌云“无父母、无妻、无子、无著作、无钱、无意死”,故自号“六无斋”(2333)。

参考文献

日本境内出版物

阿刀田高. ことば遊びの楽しみ[M]. 東京:岩波書院,2006.

鶴田洋子. ことば遊び:ことばの小径[M]. 東京:誠文堂新光社,1988.

铃木棠三. 新版ことば遊び辞典[M]. 東京:東京堂出版,1981.

中国境内出版物

鲍秀颖. 中日双关语的对照研究[D]. 大连:辽宁师范大学硕士论文,2014.

胡振平,等译. 日汉大辞典[Z]. 上海:译文出版社,日本讲谈社,2002.

刘静静. 试析日语中的双关语[D]. 济南:山东师范大学硕士论文,2012.

苏琦. 关于现代日本语言游戏使用现状的研究——以「シャレ」为中心[D]. 大连:辽宁师范大学硕士论文,2007.

王程辉. 日语语言游戏实例精华[M]. 苏州:苏州大学出版社,2019.

日本株式会社旺文社. 日汉双解学习词典[Z]. 王萍,等译. 北京:外语教学与研究出版社,2001.